Kirchhoff/Piwinger
Die Praxis der Investor Relations

Jubiläumsjahr 1999
Von Profi zu Profi. Seit 75 Jahren

Klaus Rainer Kirchhoff
Manfred Piwinger (Hrsg.)

Die Praxis der Investor Relations

Effiziente Kommunikation zwischen Unternehmen und Kapitalmarkt

Luchterhand

Die Deutsche Bibliothek – CIP-Einheitsaufnahme

Die **Praxis der Investor-Relations** : effiziente Kommunikation zwischen Unternehmen und Kapitalmarkt / Klaus Rainer Kirchhoff ; Manfred Piwinger (Hrsg.). – Neuwied ; Kriftel: Luchterhand, 2000
ISBN 3-472-03882-9

Produktmanager: Thomas Hoch

Satz: Hümmer, Waldbüttelbrunn
Druck: Wilhelm & Adam, Heusenstamm
Bindung: Wilhelm & Adam, Heusenstamm
Printed in Germany, November 1999

♾ Gedruckt auf säurefreiem, alterungsbeständigem und chlorfreiem Papier.
Dieses Buch wurde nach den Regeln der neuen deutschen Rechtschreibung erstellt.

Geleitwort

von Rüdiger von Rosen

Bis vor einigen Jahren waren Investor Relations in Deutschland nur wenig verbreitet und damit nur einigen Experten geläufig. Dies hat sich grundlegend geändert. Die zunehmende Popularität des Finanzierungsinstruments Aktie hat das Thema Investor Relations in den Blickpunkt der Öffentlichkeit gerückt. Die Pflege der Beziehungen zu aktuellen und potenziellen Anlegern ist einer der wichtigsten Bausteine für den Erfolg eines Unternehmens am Kapitalmarkt. Diese Erkenntnis setzt sich bei deutschen Unternehmen immer stärker durch. Im wachsenden Wettbewerb um Kapital bedarf es einer transparenten und aktiven Kommunikation. Nur so kann die von den Investoren geforderte internationale Vergleichbarkeit von Unternehmen hergestellt und gleichzeitig eine Vertrauensbasis aufgebaut werden. Kernelemente effizienter Investor Relations sind dabei Vollständigkeit, Zuverlässigkeit und Zeitnähe der Informationen. Verfügt der gegenwärtige oder potenzielle Investor über ausreichend Informationen über das Unternehmen, so verringert sich für ihn das Risiko seiner Anlage und die Gefahr unliebsamer und unerwarteter Überraschungen nimmt ab. Mit dieser Verringerung des Risikos für den Anleger korrespondiert auf der Unternehmensseite eine Reduzierung der Kapitalkosten. Denn je niedriger das Risiko für den Investor ist, desto niedriger ist auch die vom Kapitalmarkt verlangte Risikoprämie.

Die Pflege der Beziehungen zu aktuellen und potenziellen Investoren ist jedoch keine statische Tätigkeit. Globalisierung und technischer Fortschritt stellen ständig neue Anforderungen an den Emittenten, eröffnen aber gleichzeitig neue Chancen. Als Beispiel sei nur die zunehmende Popularität der Namensaktie genannt. Eines der zentralen Argumente für die Einführung der Namensaktie ist die Verbesserung der Investor Relations. Die Namensaktie ermöglicht dem Unternehmen einen tieferen Einblick in seine Aktionärsstruktur und schafft damit eine bessere Grundlage für die Investor-Relations-Arbeit. Die Aktionäre können direkt angesprochen werden, was gerade in Zeiten des verschärften weltweiten Wettbewerbs um Kapital ein unschätzbarer Vorteil sein kann.

Ein Investor Relations-Instrument, das bis jetzt noch nicht ausreichend genutzt wird, ist das Internet. Insbesondere bei der Durchführung der Hauptversammlung bietet sich hier noch weiteres Potenzial. Die von einigen Unternehmen bereits praktizierte Übertragung der Hauptversammlung im Internet ist zwar ein erster Schritt und vergrößert die Öffentlichkeitswirkung und die Bindung der Aktionäre an das Unternehmen. Die bloße Übertragung markiert aber sicherlich nicht den Endpunkt der Entwicklung. Es wird bereits intensiv über die Durchführung der Hauptversammlung im Internet nachgedacht. Für die Investor Relations-Manager bleibt hier noch viel zu tun.

Mit diesem Sammelband soll dem Leser ein Überblick über alle praktischen Aspekte der Investor Relations-Arbeit vermittelt werden. Im Interesse der weiteren Entwicklung einer Aktienkultur in Deutschland, zu der auch effiziente und international wettbewerbsfähige Investor Relations gehören, ist ihm eine weite Verbreitung und Beachtung zu wünschen.

Prof. Dr. Rüdiger von Rosen
Geschäftsführendes Vorstandsmitglied
Deutsches Aktieninstitut e. V., Frankfurt am Main

Vorwort

»Welche Stelle ist in Ihrem Unternehmen für Investor Relations zuständig – wie ist deren Bezeichnung?«

Laut IRES-Investor Relations-Studie von 11/1998 gaben 61 Prozent der befragten Unternehmen an, dies sei die Abteilung bzw. der Bereich »Investor Relations«. 1991 hingegen konnten das erst 23 Prozent der Unternehmen von sich behaupten. Die anderen gaben an, der Bereich »Finanzen«, »Öffentlichkeitsarbeit« bzw. »PR« kümmere sich auch um die IR.

Auch an dieser Umfrage lässt sich deutlich ablesen, dass nicht zuletzt aufgrund der Neuemissionsflut der letzten Wochen und Monate an den deutschen Börsen die Kommunikationsform Investor Relations (IR) für börsennotierte Unternehmen immer wichtiger wird.

Die Palette der möglichen Maßnahmen ist groß: vom Geschäftsbericht über TV-Spots, Pressekonferenzen und Einzelgespräche bis hin zu Internet- und Onlinediensten hat das Unternehmen einen großen Handlungsspielraum.

Mit unserem Buch »Die Praxis der Investor Relations« möchten wir allen Vorständen, IR-Managern und Öffentlichkeitsarbeitern von börsennotierten Unternehmen einen praxisbezogenen Gesamtüberblick über das weite Feld der Investor Relations geben. Ergänzend können Sie anhand der Checklisten herausfinden, wie Sie Ihre IR-Arbeit künftig noch effizienter gestalten können.

Den Herausgebern war vor allem daran gelegen, Formen der Inszenierung von Selbstdarstellung als auch weitere kommunikative Aspekte der Finanzkommunikation stärker als es in anderen Büchern zu diesem Thema bisher der Fall ist, in den Mittelpunkt zu rücken. Nirgendwo sonst als auf den Finanzmärkten bekommt Kommunikation eine vergleichbare Funktion als Werttreiber für ein Unternehmen als auf dem Gebiet der Investor Relations.

Wir freuen uns, führende Fondsmanager, Multiplikatoren/ Wirtschaftsjournalisten und IR-Manager als Autoren für unser Buch gewonnen zu haben. An dieser Stelle möchten wir uns bei diesen für ihre Beiträge bedanken, die größtenteils unter großem Zeit- und Performancedruck entstanden sind!

Bedanken möchten wir uns auch bei Herrn Thomas Hoch vom Hermann Luchterhand Verlag für die gute und konstruktive Zusammenarbeit.

Verlag und Herausgeber gehen davon aus, dass das Buch künftig zu einem Standardwerk für die IR-Arbeit wird.

Hamburg/Wuppertal im November 1999

Klaus Rainer Kirchhoff
Manfred Piwinger

Inhaltsübersicht

A Einleitung

Investor Relations als Inszenierungs- und Kommunikationsstrategie

von Manfred Piwinger

Im Folgenden soll deutlich gemacht werden, dass Kommunikation ein Prozess der Selbstrepräsentation ist, der nach bestimmten Regeln verläuft. Hingewiesen wird auf die Verknüpfung von Investor Relations mit verschiedenen Steuerungsfunktionen im Unternehmen. Zusammen mit anderen investiven Aufgaben im Unternehmen trägt Kommunikation zur Erhöhung des Unternehmenswertes bei, indem sie Reputation, Ansehen und Vertrauen schafft. Außerdem wird dafür plädiert, jede Kommunikation einfach zu halten, wobei das Wie oft wichtiger sein kann als das Was. Dabei ist kritische Selbsteinschätzung nötig, denn nicht alles, was das Unternehmen selbst für wichtig hält, interessiert auch andere. Aufgabe des Managements ist es, die Unternehmensidee überzeugend darzustellen und dafür zu werben.

1. IR als Inszenierungsstrategie

Die Herausgeber betrachten Investor Relations als eine Inszenierungsstrategie mit wertschöpfendem Charakter. Jede Inszenierung braucht jedoch Aufmerksamkeit, denn erst Aufmerksamkeit führt zur notwendigen Beachtung und ist die Voraussetzung, dass sich »jemand« mit »einem« befasst.

Solche Inszenierung oder, im angelsächsischen Wirtschaftsraum, »the Marketing of Self« ist als ein Prozess aufzufassen. Dieser ist durchaus beeinflussbar und damit abhängig von den Faktoren Zeit, Arbeitseinsatz und Geld.

Mit der Selbstdarstellung soll ein »Bild von sich« im Bewusstsein der Öffentlichkeit etabliert werden. Generell ist jedoch davon auszugehen ist, dass diese »Öffentlichkeit« nicht immer das erforderliche Interesse dafür aufbringt. Wenn es also nicht gelingt, das Eigene gegen das Andere durchzusetzen, wird jede darauf gerichtete Initiative scheitern.

Empfehlenswert ist es daher, in einer Phase der Pre-Evaluation eine Erfolgsabschätzung der geplanten Selbstinszenierung vorzunehmen: Was interessiert

Der Autor

Manfred Piwinger

andere? Wie wecke ich Gefühle? Mit wem werde ich verglichen? Gibt es Vorurteile mir gegenüber? Auf welche Widerstände werde ich stoßen? Was ist der richtige Zeitpunkt? Auf welche Stimmung trifft meine Initiative. Ferner gehört hierzu das Wissen um die allgemeinen Voraussetzungen für die Wirksamkeit von Inszenierungsstrategien.

Es ist nicht nur sinnvoll, sondern vor allem wirtschaftlich, sich derartige Fragen ante und nicht post eventum zu stellen. Wenn alles »gelaufen« ist, kenne ich zwar das Resultat, kann es aber nicht mehr beeinflussen.

Die Erörterung der Frage, welche Handlungsstrategien konkret geeignet sind, ein positives Selbstbild zu erzeugen, hat vorrangig im Rahmen der so genannten »Impression-Management-Theorie« stattgefunden. Diese Theorie, die stark von den Untersuchungen Goffmans beeinflusst wurde, geht davon aus, dass Individuen den Eindruck, den sie bei ihren Interaktionspartnern machen, kontrollieren und steuern.

2. Sonderfall Börse

Aushandlungsprozesse, wie sie an der Börse stattfinden, sind hochkommunikativ trotz der Besonderheit des Börsengeschäfts, es nur mit einem »imaginären«Verhandlungspartner zu tun zu haben – man sieht, hört und kennt seinen Kontrahenten nicht; als identifizierbare Person gibt es ihn auch nicht.

Die einzige »feste Größe« ist der Börsenkurs. Er ist Orientierungshilfe bei Kauf und Verkauf, für Zuwarten und Spekulation. Für Händler ist die Börse eine Handlungsplattform wenn nicht ein Spielertisch, an dem sehr hohe Einsätze gewagt werden. Über Nacht werden alte Millionäre arm und neugeborene reich – den »todsicheren Tipp« gibt es nicht.

Der Aktienmarkt ist ein gutes Beispiel, wie in weitgehend virtueller Kommunikation und ohne real rechenbare Gegengrößen Wertsteigerungen und Wertverluste allein auf Grund von Erwartungen, Fantasie oder Einschätzungen in erheblichen Maße stattfinden.

Die Teilnehmer am Börsengeschehen sind auf Prognosen, Mutmaßungen und ihr »Bauchgefühl«, auf die Einschätzung von Stimmungsfaktoren u. v. a. m. angewiesen. Selbst unter tatsächlichen oder selbst ernannten Börsengurus ist keiner in der Lage, den Kursverlauf bloß des nächsten Tages vorherzusagen. Der größte Wunsch, den ein Börsianer haben könnte, sofern er einen Wunsch frei hätte, wäre es, den Börsenkurs vom Januar des nächsten Jahres zu kennen. Er ist unerfüllbar. Trotz technischer und Fundamentalanalyse lebt die Börse von ihrer Unbestimmtheit, die zugleich den Reiz des Börsengeschehens ausmacht. Die Priester des antiken Orakels sind mit ihren oft zweideutigen und missverständlichen Wahrsagungen nur in ein anderes Gewand geschlüpft.

Aber es gibt sie noch in der Person von Wertpapieranalysten, Herausgebern von Börsenbriefen oder bei den Anlageberatern der Geschäftsbanken.

Wenn aber trotz vieler Unbestimmtheiten dennoch professionell (und oft erfolgreich) gehandelt wird, dann stellt sich die Frage nach den tatsächlichen Entscheidungs- und Beeinflussungsfaktoren, den kursbewegenden Faktoren.

3. Stimmungen statt Fakten

Setzt man die unerlässliche Grundinformiertheit über wirtschaftliche Zusammenhänge voraus, bleibt noch ein großer Rest an Psychologie und viel Fingerspitzen- oder Bauchgefühl. Dem entsprechen sogar die Überschriften auf den Finanzseiten der großen Tageszeitungen, die irritierend oft an einen Wetterbericht erinnern. Da ist von Hochs und Tiefs, von heraufziehenden Unwettern, von Aufhellungen, Schönwetterperioden, frostiger Stimmung und ähnlichen klimatischen Bedingungen die Rede, als würde eine Großwetterlage beschrieben. Dabei wird gleichzeitig auch noch das Gefühl vermittelt, diese sei im Einzelnen nicht durch eine persönliche Handlung zu beeinflussen.

Gerade dieses Ausgeliefertsein bestimmten Umständen gegenüber stärkt das Gefühl der Unbestimmtheit. Doch ist dieses spezielle Börsenklima nur ein Verunsicherungsfaktor für potenzielle Investoren. Hinzu kommen in der Regel Stimmungsfaktoren.

Die Börse lebt von Stimmungen. Stimmungen sind die »Wünschelrute« der Kommunikation. Da liest man von »lustloser« oder »schläfriger« Stimmung, wenn nur geringe Kauf-oder Verkaufsaktivitäten zu verzeichnen sind; sie wird sofort als »zuversichtlich« bezeichnet, wenn eine rege Nachfrage herrscht oder neue Investitionen getätigt werden. Die Finanzmärkte scheinen in einer Atmosphäre von Übernahmegerüchten und Fusionsfieberschüben, von wahlpolitischen Hoffnungen und auch Befürchtungen ihren Stimmungen stärker nachzugeben als dem nackten Zahlenwerk jedes noch so gut gemachten Geschäftsberichts.

4. Auf Stimmungsfang

Ein wichtiger Aspekt besteht darin, dass Stimmungen als Information betrachtet und genutzt werden können. Stimmung kann die einem Ereignis vorauseilende Gefühlsbotschaft sein. Stimmungen sind Signale, Symptome, eine Art »Vorbeben«, das auf meist noch nicht klar erkennbare Veränderungen hinweist. Wegen ihres Prognosewertes können Stimmungen – richtig gedeutet und bewertet – als Vorausinformation zu handfesten wirtschaftlichen Vorteilen führen.

In einem Sektor wie dem Finanzmarkt, bei dem der Außenstehende ein hohes Maß an Rationalität und Berechenbarkeit unterstellt, dominieren bei näheren Hinsehen Emotionen und andere nichtrationale Faktoren. Generell gesehen bestimmen sie die Kursverläufe an den Weltbörsen, wenn gemeldet wird: »Die Stimmung auf dem Parkett ist auf dem Tiefpunkt«, »Der Börse fehlt es an Fantasie« unter anderem. Folglich gilt: Wenn keine Fantasie im Markt ist, sind die Umsätze gering und der Handel leblos. Die Stimmung für eine Aktie wechselt in diesen unberechenbaren Börsenzeiten schneller als die Fundamentaldaten.

In verschiedenen Untersuchungen wird der Einfluss nichtrationaler Faktoren auf Investionsentscheidungen nachgewiesen. So stellt die Boston Consulting Group in einer Studie aus dem Jahre 1999 fest, »dass Investitionsentscheidungen für Finanztitel bis zu 40 Prozent von »unter-bewussten Gefühlen«, »Emotionen« und »nicht-finanziellen Informationen« beeinflusst sind«. Die Vertreter einer neuen Forschungsrichtung der Finanzmarkttheorie, der sogenannten Behaviord Finance, befürworten daher eine Erweiterung der Finanzmarkttheorie um psychologische Gesetzmäßigkeiten.

Was die Börse bewegt, sind also Faktoren von unerwarteter Bedeutung: Erwartungen, Fantasie, Gerüchte, Stimmungen, Hoffnungen, Ängste, Träume, Vorurteile, persönliche Einstellungen, Spekulationen, Gefühle, Bindungen, Sympathie und einiges mehr.

Für die Kursentwicklung ist daneben die öffentliche Wahrnehmung ein entscheidender Faktor.

5. Bekanntheit als Gewinn

Das aber heißt, dass jeder, der durch IR Einfluss auf das Börsengeschehen nimmt, neben den durch Finanz- und Kreditanalysten festgestellten Fakten eine Reihe anderer einflussreicher Bedingungen zu beachten hat. So erwähnt die Studie der Boston Consulting Group eine entsprechende Untersuchung bei 350 amerikanischen Unternehmen über einen Zeitraum von 20 Jahren hinweg. Eine der dabei gewonnen Erkenntnisse war, dass allein die Bekanntheit des Unternehmens eine durchschnittliche Prämie von sieben Prozent erwirtschaftet, Firmen mit niedriger Bekanntheit dagegen hätten einen Discount von vier Prozent hinzunehmen. »Eine Steigerung der Bekanntheit ist insbesondere für Unternehmen, die dem Kapitalmarkt und der Öffentlichkeit noch wenig oder gar nicht bekannt sind, eine wichtige Voraussetzung dafür, dass sich die Zielgruppen überhaupt mit dem Unternehmen als mögliches Invest auseinander setzen« (John Lange in Kapitel D. 4).

6. Bauch und Logik

Heißt dies, dass das Kursgeschehen an der Börse nicht berechenbar ist? Fest steht, dass die Kursentwicklung nicht automatisch an Fakten gekoppelt ist. Denn wenn allein Fakten die Kurse bewegen oder verharren lassen würden, dann müssten positive Unternehmensmeldungen automatisch zu einem Anstieg des Tageskurses führen und umgekehrt schlechte Nachrichten den Aktienwert in den Keller sinken lassen. Doch jeder, der das Börsengeschehen eine Zeit lang regelmäßig beobachtet, wird wissen, dass dies nicht oder nur selten passiert. Es gibt in der täglichen Berichterstattung genügend Beispiele, die jeder Logik entbehren (Josef Leis in Kapitel B. 3).

Die Nichtvorhersagbarkeit des Börsengeschehens hat den Satz geprägt, dass »Börse Psychologie« sei. »Kurz-und mittelfristig macht sie 90 Prozent aus«, wird Börsenguru André Kostolany gern zitiert. »Für den Finanzmarkt muss man einfach ein Gespür entwickeln«, meinen die einen, andere sagen: »Rechne im Kopf, aber entscheide mit dem Bauch.«

Immer wieder ist es spannend, die darauf bezogenen Spruchweisheiten der Börsianer nach dem Wahrheitsgehalt zu beurteilen. Vieles ist darin, was sich dem rationalen Zugriff entgegenstemmt. Börsensprüche sind ein »Schatz«, der auch dem privaten Anlegern vieles erklären kann. Einige der geläufigsten Börsenweisheiten seien hier zitiert:

»Greife nie in ein fallendes Messer« (Never catch a falling knife)
»Billig einkaufen, teuer verkaufen«
»Kauf bei Gerüchten, verkaufe bei Fakten«
»Der Rentier kann gut schlafen, der Aktionär kann gut essen«
»Angst ist ein schlechter Ratgeber«
»Durch Gewinnmitnahmen ist noch niemand arm geworden«
»Wenn die Nacht am dunkelsten, ist der Tag sehr nahe«
»Haussen sterben in Übermut«
»Cash ist fesch«
»In steigende Kurse beißen«
»Gewinne laufen lassen«
»The trend is your friend«

Investor Relations im engeren Sinne sind ein Prozess der Selbstdarstellung mittels Inszenierungsstrategien. Darunter sind alle Inszenierungsformen, -regeln und -praktiken zu verstehen, die in der Öffentlichkeit wirken. Image ist stets das Resultat eines doppelten Leistungsstroms: einerseits der technisch-fachlichen Kompetenz auf der Produkt- und Leistungsseite, andererseits die Inszenierung eines Habitus, eines Darstellungsstils von Werten, Bildern oder einem spezifischen Selbstverständnis.

Der Aufwand steckt in der Inszenierung und ist als Investition in den Goodwill von Unternehmen anzusehen. Die »Rendite« bzw. der Return on Investment drücken sich in der Wertschöpfung bezogen auf den Marktwert des einzelnen Unternehmens aus.

Gerade in einer Zeit einer raschen Globalisierung der Waren- und Geldmärkte und besonders in Zeiten der zunehmenden Austauschbarkeit und Verwechselbarkeit von Produkten erhalten die Inszenierungsformen der Unternehmenskommunikation Nutzencharakter. Im Unterschied zu Investitionen in Sachanlagen handelt es sich nämlich bei Investitionsaufwendungen für die Reputation des Unternehmens um Investitionen in Meinungen, Bindungen, Wertschätzungen und Ansehen, damit also um – vordergründig betrachtet – immaterielle Güter.

Sobald ein Unternehmen eine über seinen Bilanz- und Finanzstatus hinausgehende Kursentwicklung erzielt, erreicht es einen Wertzuwachs, der in Mark und Pfennig der Vermögenslage auszudrücken ist. Heute sind in allen uns bekannten Unternehmen Imagekosten »versteckte Kosten«, ohne gesonderten Ausweis, ohne gesonderte Zurechnung. Es ist daher unverständlich, dass die betriebswirtschaftlichen Werte der Unternehmenskommunikation bislang noch nicht in der Investitionsplanung eines Unternehmens berücksichtigt werden.

Dieses scheinbar »immaterielle« Leistungsziel eines Unternehmens wird in der Regel unterschätzt. Das herkömmliche Kontrollinstrumentarium für betriebswirtschaftliche Prozesse erfasst nur einen Teilausschnitt aus den Prozessen der Wertschöpfung. Der Erfolg, besonders der bilanzielle Erfolg, ist aber in hohem Maße abhängig von der öffentlichen Positionierung eines Unternehmens.

7. Aktien als Markenartikel

»Die Aktie muss als Markenartikel angesehen und auch so behandelt werden«, forderte Michael Dürr schon 1995 in seinem Buch »Investor Relations« (2.Aufl.). Inzwischen haben sich zahlreiche Autoren diese Forderung zu Eigen gemacht. Auch die Medien nahmen sich des Themas an: In der Sendung »Telebörse« (n-tv 25. Aug. 1999) bemängelte Karl-Heinz Maul von Coopers & Lybrand, dass der wahre Unternehmenswert aus den Bilanzen nicht abzulesen sei, weil immaterielle Unternehmenswerte unberücksichtigt blieben. Dabei hätten Berechnungen seines Hauses in Verbindung mit Prof. Henrik Sattler von der Universität Jena ergeben, dass der Gesamtunternehmenswert bei Konsumgütern 58 Prozent, bei Dienstleistungen 43 Prozent und bei Industriegütern 18 Prozent vom Markenwert getragen wird. »Markenbildung fördert ein Grundvertrauen in die Aktie, durch das der Informationsbedarf und die Unsicherheit des Anlegers sowie die Anfälligkeit der Aktie gegenüber negativen Einflüssen reduziert werden können« (John Lange in Kapitel D. 4). Wenn kein Vertrauen da ist, wird nicht investiert.

Eine »Marke«, ob sie für eine Produkt oder ein ganzes Unternehmen steht, bedarf der ständigen Kommunikation zur Vitalisierung und, um in der Erinnerung ständig präsent zu bleiben. Dies zu leisten, ist eine weitere Aufgabe der IR. Eine Marke aber muss bekannt sein, sonst ist sie nichts wert. Eine hohe Bekanntheit ist jedoch für das Gros der börsennotierten Gesellschaften keinesfalls selbstverständlich. Etliche Titel leiden unter Nichtbeachtung durch private Anleger, Analysten und Fondsmanager. »Dann liegt der Kurs wie Blei und kommt auch so schnell nicht wieder hoch, unabhängig davon, welche Zahlen man bringt« (Heiner Kamps auf dem Capital Market Relations-Forum am 30. 4. 1999 in Frankfurt). Die wirtschaftlichen Folgen des Daseins im Schatten kann jeder an seinen Fingern abzählen: die Firma ist kein Thema an der Börse, wird wenig gehandelt – die Aktie zeigt zwangsläufig eine weit unterdurchschnittliche »Performance«. Die Börse spricht dann von »Mauerblümchen-Titeln«, die im Grunde dasselbe Schicksal erleiden wie im richtigen Leben.

8. Image, Name, Stil und Form

Auf der betriebswirtschaftlichen Seite erlaubt ein ausgefeiltes System von Kennzahlen, Soll-Ist-Vergleichen etc. eine ökonomisch orientierte Feinsteuerung und prognostisch orientierte Untermauerung von Entscheidungen. Dagegen sind Controllingverfahren auf der ökonomisch nicht minder bedeutsamen Ebene des Markenbildes, der Markenkommunikation oder des Images noch weitgehend unbekannt.

In Verbindung mit dem Image der Unternehmens-Marke stellt sich für viele, insbesondere für die niedrigkapitalisierten kleinen und mittleren Unternehmen bei der Vorbereitung auf den Börsengang die Frage nach dem richtigen Namen. Nomen ist noch immer omen. Darauf weist Manfred Gotta in seinem Beitrag (Kapitel D. 2) nachhaltig hin: »Betrachten Sie den Namen als eine extrem wichtige und sinnvolle Investition – er ist das am häufigsten gesprochene, geschriebene, gedruckte und gesehene Element« lautet sein Ratschlag, der, so meint man bei der Durchsicht der Firmennamen des Nemax, bei jungen Firmen auf taube Ohren stößt. Firmenbezeichnungen wie »ADVA Optical Networking AG« oder »AT&S Austria Technologie & Systemtechnik AG« erfüllen ebenso wenig wie zum Beispiel »EMPRISE Management Consulting AG« die Anforderung, der Unternehmensname müsse klar und unverwechselbar sein. Er muss, laut Gotta, nicht einmal die Geschäftstätigkeit des Unternehmens ausdrücken.

Kommunikationsfehler wie die genannten schaffen von vornherein Nachteile für das betreffende Unternehmen. Eine spätere Änderung auf Grund besserer Einsicht kommt in der Regel teuer zu stehen, da sämtliche Firmenunterlagen vom Briefbogen bis zur Webseite im Internet geändert werden müssten und auch Kunden, Mitarbeiter und Investoren sich an den neuen Namen zu gewöhnen haben. Empfehlenswert ist es, vor dem Börsengang einen Namens-Check durchzuführen, der gleichzeitig ein Test für internationale Schutzfähigkeit ist.

Am Namen hängt aber nicht zuletzt auch das Image. Einem Unternehmen mit kompliziertem Namen werden keine einfachen Problemlösungen zugetraut; ihm werden eher komplexe Personalbeziehungen und eine hohe Regelungsdichte unterstellt.

Ein weiterer Schritt ist die Klärung von Stil- und Formfragen. Ihnen kommt innerhalb der Darstellungsformen eines Unternehmens hohe Bedeutung zu, da durch sie in der Regel die Gefühlswelt des Unternehmens zum Ausdruck gebracht wird. Außerdem besitzen Stil- und Formfragen auf Grund ihrer symbolischen Ausdruckskraft die Eigenschaft, immaterielle Botschaften zu vermitteln. Begriffe wie »sympathisch«, »offen«, »glaubwürdig« oder »vertrauenswürdig« sind in direkter Kommunikation nicht vermittelbar. Sie müssen »zum Ausdruck« gebracht werden.

Symbolische Ausdrucksphänomene kommunizieren das Unternehmen als Ganzes. Ihr Einfluss auf Anlageentscheidungen und Kursbildung wird immer noch dramatisch unterschätzt.

9. Kapitalisiertes Image

In einer Marke manifestiert sich das auf dem Markt der Meinungen und Eindrücke unter Wettbewerbsbedingungen durchgesetzte Image eines Unternehmens. Eine neue Bedeutung erhält die Image-Debatte auch durch wachsende Bemühungen deutscher Unternehmen, den Image-Wert nach angelsächsischem Vorbild als Eigenkapital zu bilanzieren.

Ein positives Image schafft auch Shareholder Value, belegt die »Imagery 2«-Untersuchung von Gruner + Jahr (Nov. 1998). Eine in dieser Untersuchung gestellte Frage lautete: »Welche Rolle spielt das Markenbild einer Unternehmens-Marke für die Bereitschaft, Aktien dieses Unternehmens zu kaufen?« Für 15 von insgesamt 30 Dax-Werten weist die Untersuchung nach, dass ein klares inneres Markenbild die Bereitschaft zum Aktienkauf erhöht, insbesondere durch die Dimensionen Qualität, Sympathie und Dynamik geprägt wird und der Wettbewerbsfähigkeit dient.

Nach unserer Auffassung ist die Betrachtung der Aktie als Marke längst über den Rahmen der theoretischen Erörterung hinaus ein Faktum, über das eigentlich nicht mehr diskutiert werden müsste. Als immaterieller Wert erhöht die Unternehmens-Marke den Unternehmenswert in einigen Sektoren beträchtlich und wird somit zu einem wesentlichen Ziel der Finanzmarkt-Kommunikation.

10. Aufmerksamkeit versus Aufwand

In kommunikativen Prozessen funktioniert in der Regel nur, was auf einfache Weise vermittelt werden kann. Hochkomplizierte und differenzierte Darstellungsweisen bergen leicht die Gefahr von Missverständnissen, denn Wahrnehmung ist immer Auswahlverhalten. Bei allen kommunikativen Prozessen spielen Vorwissen, Fachkenntnis, Voreingenommenheit und das Eigeninteresse des Adressaten eine Rolle. Nach einem in der Wirtschaft häufig anzutreffenden Fehlschluss herrscht die Annahme vor, dass das, was man selbst für wichtig hält, in gleicher Weise auch bei anderen auf Interesse stößt. Allerdings hat schon der deutsche Psychologe Alfred Adler darauf hingewiesen, dass »der Mensch nur das wahrnimmt, was ihm in den Kram passt«.

Die Leistung jedweder Kommunikation besteht grundsätzlich darin, Aufmerksamkeit zu finden und ausgewählte Informationen und Botschaften »an den Mann« zu bringen. Oft genug wird jedoch schon der bloße Aufwand für Kommunikation als Erfolgsmaßstab herangezogen. An den Finanzmärkten wird es, weil immer mehr Firmen sich um das Kapital möglicher Investoren bemühen, sogar immer schwieriger, Interesse zu finden und vor allem dauerhaft zu binden. Doch nur, was wahr- und aufgenommen wird, zählt, und nicht das, was man – mit wie viel Aufwand auch immer – »abgesendet« hat. Was nicht ankommt, geht ins Leere und hat keinen Wert.

Für das Gelingen von Selbstdarstellung und Eindruckssteuerung ist entscheidend, wie etwas »zum Ausdruck« kommt. Häufig wird übersehen, dass fast alle Handlungen, die im weitesten Sinne mit der Darstellung des Unternehmens zu tun haben, symbolisch verstanden und interpretiert werden. Viel hängt infolgedessen von der Art der Präsentation ab. Das Was alleine ist noch keine Erfolgsgarantie. Selbstdarstellung ist außerdem stets an eine graduelle Idealisierung des wirklichen Geschehens gebunden. Dramaturgische Loyalität und dramaturgische Disziplin tragen deshalb ebenfalls zum Gelingen der Inszenierung bei. Denn ein bestimmtes Image kann man nicht wechseln wie sein Hemd, es sei denn um den Preis des Verlustes von Glaubwürdigkeit.

Der tiefere Sinn liegt darin, dass wir auf eine Art von Typisierung angewiesen sind, um erkennbar und unterscheidbar zu werden und auf dieser Basis handeln und entscheiden zu können. Typisierungen, und um solche handelt es sich bei Eindrücken im Sinne von Images, organisieren Wissen und vereinfachen Kommunikation. Sie bieten Orientierungshilfen, indem sie komplexe Sachverhalte auf griffige Formeln reduzieren.

11. Das Management ist gefordert

Investor Relations sind eine Kommunikationsaufgabe von großer Bedeutung. Es gibt Schätzungen, dass etwa vierzig Prozent des Kurswertes einer Aktien von der Kommunikation abhängen kann (Klaus Rainer Kirchhoff in Kapitel B. 2). Seit kurzem erst wird damit Kommunikation als wertschöpfender Faktor erkannt und deshalb in der Hierarchie unternehmerischer Entscheidungsprozesse höher gestuft. Für viele Vorstände mag es nach wie vor ungewohnt sein, für Kommunikation viel Geld bereitzustellen, weil sie nicht gewohnt sind, in Kategorien immaterieller Leistungsprozesse zu denken. Doch Kommunikation gibt es nicht zum Nulltarif.

Börsen- und Finanzkommunikation erfordert daneben die aktive Beteiligung des Managements an der unternehmerischen Selbstdarstellung. Der Vorstandsvorsitzende und der Finanzchef sind gefragt, aber häufig in dieser Rolle noch ungeübt. Doch viele haben in der Kunst der Selbstdarstellung dazu gelernt. Charisma ist Kapital. Unternehmen, die sich nicht »personalisieren«, sind von vornherein im Nachteil.

Aufgabe des Management ist es, die Unternehmensidee überzeugend darzustellen und dafür zu werben. »Zum anderen muss jedes Unternehmen daran interessiert sein, sich im Wettbewerb auf dem Kapitalmarkt durch die Herstellung, die Pflege und Intensivierung der Kommunikation mit den Investoren möglichst optimal zu positionieren« (Zitzmann/Taubert im Kapitel C.2). Selbstdarstellung beginnt mit der Bilanzpolitik, reicht über den Geschäftsbericht bis zur Hauptversammlung, der Abfassung und dem Stil von Verlautbarungen und Firmenpublikationen und gilt ebenso für den Auftritt der Unternehmer und Vorstände, die zusätzlich unter einem gewissen Vermarktungsdruck stehen. Bei all dem ist wichtig, dass erst Kontinuität in der Kommunikation zur gewünschten Vertrauensbildung bei Investoren führt. Doch stößt Selbstdarstellung auch auf Grenzen. Denn: »Unternehmen, die in dieser Hinsicht zur Selbstverherrlichung neigen, laufen Gefahr, dass ihre Stellungnahmen und Publikationen von der Öffentlichkeit besonders skeptisch beurteilt werden« (Ulrike Diehl 1998, S. 19).

Lange ist es noch nicht her, seit sich Unternehmen an der Börse und vor der Finanzöffentlichkeit »präsentieren« müssen. Erst seit der globale Wettbewerb sich nicht mehr allein auf die Güter- und Warenmärkte bezieht, sondern zunehmend die Finanzmärkte einschließt, entstand diese Notwendigkeit. Eine nicht unbedeutende Folge ist, dass einst erfolgreiche Inszenierungsstrategien nicht mehr greifen. Das »Understatement« – lange Zeit ein hoch geschätzter sozialer Wert – ist bei den börsennotierten Unternehmen auf Grund der Vielzahl neuer Titel nur noch in ganz wenigen Fällen als effektive Strategie durchzuhalten.

Die Schattenseiten der ungeheuren Vermehrung und Beschleunigung von Kommunikation in der modernen Gesellschaft werden nicht nur von Kulturkritikern beklagt. Alle Beteiligten am Kommunikationsprozess geraten immer stärker unter Druck. Dem Einzelnen fällt es zunehmend schwerer zu entscheiden, was von dem vielen, was geboten wird, für ihn wichtig sein könnte. Aber nicht nur die Relevanz, auch die Glaubwürdigkeit der einzelnen Information wird zunehmend in Zweifel gezogen. Zu vieles wird versichert, behauptet und versprochen. Heute gilt:

12. Was nicht öffentlich wird, findet nicht statt

Nur wer Aufmerksamkeit findet, hat überhaupt die Chance, Gehör zu finden. Und nur wer Gehör findet oder es sich verschafft, der kann etwas von sich, seiner Denkweise und der Stimmung im Unternehmen vermitteln. »Dem Unternehmen und seiner Führung muss dabei bewusst sein, dass die Vermarktung ihrer Aktien genauso viel Aufmerksamkeit bedarf wie die ihres originären Geschäfts« (Thomas Knorr in Kapitel D. 1). Da sich immer mehr Firmen um das Kapital möglicher Investoren bemühen, wird es tendenziell immer schwieriger, die Aufmerksamkeit der Investoren auf sich zu ziehen. »Aufmerksamkeit ist die knappste Ressource der Informationsverarbeitung«, heißt es zu Recht im Essay von Georg Franck (Kapitel B. 1). Er spricht von der »Entmaterialisierung der wirtschaftlichen Wertschöpfung« als einer Tendenz, die die Wahrnehmung des aktuellen Wandels der Gesellschaft beherrscht. Dabei werden die Formen der Beschaffung von Aufmerksamkeit immer skurriler, schriller und scheuen keine Tabus, denn »Information«, so Georg Franck, »die keine Aufmerksamkeit findet, hat keinen ökonomischen Wert«.

13. IR brauchen Events

Erst vor diesem Hintergrund ist zu verstehen, was manchmal ungläubiges Kopfschütteln abnötigt: Börsengänge werden mehr und mehr zu gesellschaftlichen Ereignissen mit hoch bezahlten Auftritten bekannter Fernsehstars wie Verona Feldbusch oder knapp bekleidete Models, die Schokoladenbrüstchen verteilten, beim Börsengang von Beate Uhse. Banales wird hochstilisiert. Hauptsache es wird ein »Event« daraus und dem Börsenkurs kann auf die Sprünge geholfen werden.

Das eigentliche Dilemma besteht darin, dass die Grenzkosten für die Unternehmen steigen, je mehr Personen und Firmen sich auf den »Jahrmarkt der Eitelkeiten« begeben. Wenn aber die Beschaffung von Aufmerksamkeit der Flaschenhals ist, durch den Wahrnehmung überhaupt erst möglich wird, dann bedeutet dies zwangsläufig, dass die eigene Kommunikationsstrategie sich gegen viele und immer mehr Konkurrenz aufmerksamkeitsstark durchsetzen muss.

Wer angesicht der täglichen Überfülle an Informationsarten- und veranstaltungen bestehen will, braucht nicht nur gute Nerven, sondern auch Durchstehvermögen und ein großes Wissen darüber, wie kommunikative Prozesse in der heutigen Mediengesellschaft ablaufen und wie man an ihnen zum Nutzen des Unternehmens teilhaben kann. Hier setzt die legitime Aufgabe von Investor Relations ein.

Unternehmensvorstände stehen ja nicht nur unter dem Druck, gute Ergebnisse vorweisen zu müssen, sondern zunehmend auch unter dem Druck der Aktionäre, die immer unverblümter die ungenügende Kurspflege ihres Unternehmens in der Hauptversammlung kritisieren. Gute Geschäftsergebnisse sind für eine gute Kursentwicklung längst nicht mehr ausreichend. Denn die Börse ist oft irrational und neigt zu Übertreibungen.

In der Boston Consulting Studie (1999) wird der Wert der Investor-Relations-Arbeit für ein Unternehmen unterstrichen: »Zwischen 51 und 56 Prozent der Analysten empfehlen eine Aktie nicht, wenn die IR-Arbeit starke Mängel aufweist; 48 Prozent der Portfoliomanager schrecken sogar vor einem Kauf zurück«. Entsprechend werden IR immer wichtiger, aber auch schwieriger, nicht zuletzt, weil der Druck auf sie durch die Erwartung schneller Erfolge wächst.

14. Fachleute fehlen

Wenn der Kurszettel der Deutschen Börse AG wie im Jahre 1999 um etwa 150 Titel zunimmt (nachdem schon im Vorjahr 67 Börsenneulinge zu verzeichnen waren), dann ist es für unattraktive oder unbekannte Firmen sehr schwer, überhaupt die Beobachtung von Finanzanalysten zu finden. Überdies sind zahlreiche »Going Public«-Firmen kommunikativ unerfahren, was wiederum Beratungsfirmen einen neuen Markt und hohe Einnahmen verspricht. Doch Vorsicht ist geboten. Es gibt heute in Deutschland nur wenige gut ausgebildete und kompetente Kommunikationsfachleute für den Finanzmarkt, und die sind gefragt wie selten. Immerhin beansprucht ein Börsengang 8 bis 10 Prozent des Emissionsvolumens. Etwa die Hälfte davon sind Kommunikationskosten, und auf ein paar 100 000,– Euro mehr oder weniger kommt es dabei fast schon nicht mehr an.

15. IR als Wertschöpfung

Investor Relations sind bislang das einzige Feld der Kommunikation, in welchem sich der Return on Investment vom Inszenierungsaufwand berechnen lässt. In einer Zeit, in der eine immer größere Zahl auch kleiner und mittlerer Unternehmen die Börse zur Quelle der Eigenkapitalbeschaffung wird, generiert die Selbstdarstellung des Unternehmens materiellen Wert. Standing, Image, Reputation, guter Ruf und Bekanntheit bekommen kapitalähnliche Eigenschaften und werden so zu einer wichtigen Ressource der Wertschöpfung im Unternehmen. Kommunikationsaufwendungen sind in diesem Zusammenhang als Investitionen zu begreifen und müssen auch wie diese behandelt werden. Durch diese Auffassung von Investor Relations wird gleichzeitig ein

IR-Controlling als Erweiterung des betriebswirtschaftlichen Controllings möglich. In eine ähnliche Richtung argumentieren Volkart/Labhart (Kapitel C. 3). Sie sehen in Investor Relationes den eigentlichen Werttreiber des Unternehmens und sprechen von IR als Wertschöpfungsmanagement.

Beide Sichtweisen haben den gleichen Ansatz, gleichwohl von unterschiedlichen Standpunkten aus das Thema angegangen wird. Der Anspruch an die Gestaltung des strategischen und operativen Managements im Hinblick auf eine angemessene finanzielle Wertschöpfung ist in beiden Modellen enthalten. »Die Steigerung des Unternehmenswertes aus Sicht der Anteilseigner wird zum Maßstab des Unternehmenserfolgs. Ziel der wertorientierten Unternehmensführung ist es, den Marktwert des Eigenkapitals zu steigern«, heißt es denn auch in einer internationalen Studie von Coopers & Lybrand von 1996: »Aus diesem Blickwinkel ist – entgegen der bislang überwiegend herrschenden Auffassung der periodenbezogenen buchhalterischen Erfolgsermittlung – ein Unternehmen nicht schon dann als erfolgreich einzustufen, wenn es einen positiven handelsrechtlichen Jahresüberschuss erwirtschaftet, sondern erst, wenn die erwirtschafteten Ergebnisse über den Eigen- und Fremdkapitalkosten liegen.«

16. IR muss dosieren

Investor Relations als Inszenierungsprozess des Unternehmens beginnt schon lange vor dem Börsengang und macht auch eine »innere Umkehr« im Denken des Unternehmens notwendig. Während beim Börsengang selbst die Inszenierung und Kommunikation auf einen festgelegten Zeitpunkt gerichteten Höhepunkt deutet, kommt es im börslichen Alltag darauf an, das Unternehmen ständig im Gespräch zu halten, ohne »zu nerven« oder »zu langweilen«. Eine Kunst immerhin, die nur wenige, dann aber umso erfolgreicher beherrschen.

Demgegenüber stehen Unternehmen, die nicht regelmäßig von der Menge der Finanzanalysten untersucht werden. Es hat daher Sinn, wenn Volkart/Labhart Publikumsgesellschaften kleiner und mittlerer Marktkapitalisierung raten, Investitionen in IR vordringlich in Betracht zu ziehen. Dem Aufbau ihrer Reputation kommt erhebliche Bedeutung zu, weil der Inszenierungsprozess auf Vorteilsverschaffung gegenüber vergleichbaren Wettbewerbsfirmen zielt und höhere Wertschätzung auf dem Meinungsmarkt erreichen kann. Der Vorteil ist ein Differenzwert, denn er drückt den Grad der Besserstellung aus, den ein Unternehmen durch seine Selbstdarstellungsstrategie auf Dauer erreicht.

17. Soft facts manipulieren hard facts

Schon am Anfang haben wir gesagt, dass IR ein hochkommunikativer Prozess sind. Denn es nützt keine Inszenierungsform, wenn sich nicht auch öffentlich wird. Die Inszenierung bedarf darum der Öffentlichkeit als Publikum, das es zu unterhalten gilt. Auf den Finanzmärkten haben wir es kommunikationstechnisch mit zwei gänzlich verschiedenen Teilmärkten zu tun, mit dem Markt der »hard facts« (informationsgetrieben) und dem Markt der »soft facts« (gefühlsgetrieben).

Beide Märkte unterscheiden sich vor allem auf der Angebotsseite, um auch hier im wirtschaftlichen Sprachgebrauch zu bleiben. Herrscht auf der Seite der »hard facts« gewissermaßen ein inflationäres Überangebot, so hat es einige Berechtigung, auf dem Gebiet der »soft facts« von Mangelwirtschaft zu sprechen.

Beides hat für die Kommunikationsarbeit innerhalb der Investor Relations, dem »Value Reporting« (Volkert/Labhart), Bedeutung. Normalerweise reagieren Märkte auf ein Überangebot mit Preissenkungen (übersetzt: geringere Wertbeimessung) und einem höheren Pulsschlag in den werblichen Maßnahmen (Kostenerhöhung). In dieser ungünstigen Situation fällt der Wertschöpfungsbeitrag in der Regel gering aus, bzw. er sinkt. Daraus lässt sich der Schluss ableiten, dass Differenzierungsstrategien, die vermehrt emotionale Faktoren in ihre »Performance« einbeziehen, mit positiveren Ergebnissen rechnen können.

18. Nackte Zahlen zum Nulltarif

Auf den Weltfinanzmärkten im engeren Sinn wird der Fakten-bezogene Informationsbedarf der Investoren, insbesondere der Aktionäre, heute optimal befriedigt. So gut wie keine Frage bleibt mehr unbeantwortet. Sowohl volkswirtschaftliche Daten wie Zins-, Währungs- und Konjunkturentwicklung sind heue im Internet online abrufbar. Gleiches gilt für Unternehmensdaten, wie Umsatz- und Gewinnschätzungen. Durch Einklicken kann jeder Interessent sich die Bilanzen einer Aktiengesellschaft mehrerer Jahre in Kurzform ansehen und Veränderungen der Eigenkapitalquote oder des Verschuldungsgrades selbst analysieren. Neben Aktien-, Devisen- und Optionskursen finden Anleger kostenlos Analystenmeinungen oder die jüngsten Empfehlungen der Banken zum Kauf oder Verkauf bestimmter Werte.

Das eigentlich Bedeutsame an dieser noch gar nicht so alten Entwicklung im Zuge der weltweiten Vernetzung der Nachrichten- und Datenströme ist, dass diese Informationen allen Benutzern zeitgleich zur Verfügung stehen. Wenn nun aber jeder Teilnehmer an den Finanzmärkten über alle Zeitzonen hinweg jederzeit über die gleichen Informationen verfügen kann, gibt es praktische keinen Informationsvorsprung mehr, den der Einzelne zu seinen Gunsten in seiner Anlageentscheidung verwerten kann. Alle haben theoretisch den gleichen Informationsstand! Das ist eine völlige neue Situation auf dem Kommunikationssektor. Ebenso neu ist daneben aber auch, dass die Kosten für die Informationsbeschaffung inzwischen gegen Null tendieren und relevante Informationen nicht nur den Fachleuten, sondern auch dem privaten Anleger ohne besondere Mühe zugänglich sind. Damit verlieren Informationen ihren Wert als ein »kostbares Gut«. Gott sei Dank ziehen nicht alle aus denselben Daten und Fakten die gleichen Schlussfolgerungen.

Doch selbst, wenn alle den gleichen Informationsstand haben, heißt das noch lange nicht, dass auch alle dasselbe tun. Demnach sind für eine differenzierte IR-Politik Betrachtung andere Faktoren bedeutsam. Sie herauszufinden und gezielt nutzbringend einzusetzen, ist neben der Informationsbereitstellung die Aufgabe der IR-Verantwortlichen. Dass es sich hierbei insbesondere um die kommunikative Einbeziehung so genannter »soft facts« handelt, ist schon deutlich geworden. Im »money game« geht es vor allem um Stimmungen, Bekanntheit, Sympathie, Vorurteile, Klatsch und um Gerüchte, Einstellungen und Meinungen, um »Börsengeflüster« und manchmal sogar um abergläubische Rituale vor allem dann, wenn fundamental neue Nachrichten nicht zur Verfügung stehen.

19. IR als Neuland

Der Berufsstand der Investor-Relations-Fachleute orientiert sich mangels anderer Möglichkeiten an den praktischen Erfahrungen in anderen Ländern mit einer ausgeprägteren Börsentradition als in Deutschland. Er orientiert sich zudem an Nachbardisziplinen wie PR/Öffentlichkeitsarbeit, Marketing, Recht, Consulting und an den Definitionen von Investor Relations der nationalen Verbände.

In Deutschland gibt es keine ausgeprägte Tradition von Investor Relations. Die heute auf diesem Gebiet tätigen Fachleute orientieren sich weitgehend an amerikanischen Standards und an praktischen Erfahrungen. In vielen Unternehmen ist die IR-Aufgabe den PR-und Kommunikationsabteilungen zugeordnet worden, in einigen Fällen sind es Stabsstellen beim Finanzvorstand und in wenigen Fällen sind die IR-Verantwortlichen unmitelbar beim Vorstandsvorsitzenden angesiedelt. Ein spezielles Kommunikationswissen hat sich auf diesem Sektor noch nicht angesammelt; eine kommunikationswissenschaftliche Forschung existiert nach dem Wissen der Herausgeber nicht.

Als Folge davon kommen in der Praxis der Investor Relations sowohl Elemente der Bankbetriebswirtschaftslehre, der Volkswirtschaft, der Markenpsychologie und Imageforschung und der Alltagspsychologie zur Anwendung. Das wäre an sich eine gute Mischung. Nur finden diese Fächer nur selten aus einem einheitlichen Wissensbestand heraus praktische Anwendung, sondern bleiben meist unverbunden nebeneinander stehen. Zu fordern wäre an dieser Stelle ein eigener Ausbildungs- und Karriereweg für Fachleute der Investor Relations. Neben ausgeprägtem Wissen um die Regeln des Geschehens an den Finanzmärkten, müsste eine solche Ausbildung stark kommunikationsspezifisch geprägt sein.

Investor Relations qua definitione

Das »Copyright« des Begriffes Investor Relations liegt laut Dürr (1995, S. 2) bei dem US-Unternehmen General Electric, das bereits 1953 ein Kommunikationsprogramm speziell für private Investoren mit dem Titel »Investor Relations« erstellte. Der erste Beleg in der deutschen Literatur findet sich nach Dürr in einer Dissertation der Universität München aus dem Jahre 1967 (erschienen 1968 »Die große Publikumsgesellschaft und ihre Investor Relations«). Das erste deutsche Buch über diese komplexe Thematik mit der Schnittstelle Börse, Finanzen, Presse/PR/Öffentlichkeitsarbeit, Marketing, Recht, Consulting von Michael Dürr erschien im Februar 1994 (Dürr 1995).

20. Literatur

Buss, Eugen/Piwinger, Manfred: Dem Image einen Wert geben, in: »Blick durch die Wirtschaft«, 5. Mai 1998

Diehl, Ulrike: Effiziente Kapitalmarkt-Kommunikation, Ulrike Diehl/Otto Leistl/ Heinz Krehkugler. Stuttgart, 1998.

Dürr, Michael: Investor Relations. Handbuch für Finanzmarketing und Unternehmenskommunikation, 2. Aufl. München, 1995.

Piwinger, Manfred/Niehüser, Wolfgang: Stimmungsinformation und Unternehmenskommunikation, in: Ahrends R./Scherer H./Zerfaß, A. (Hrsg.): Integriertes Kommunikationsmanagement, Frankfurt/M., 1995, S. 211–230.

Piwinger, Manfred (Hrsg.): Stimmungen, Skandale, Vorurteile. Formen symbolischer und emotionaler Kommunikation. Frankfurt/M.: IMK, 1997.

Piwinger, Manfred/Ebert, Helmut: Impression Management. Heft 8 der Schriftenreihe »PR-Kolloquium«.Wuppertal, 1998.

B Grundlagen der Investor Relations

1. Jenseits von Geld und Information – Zur Ökonomie der Aufmerksamkeit

von Georg Franck

- Die Wissenschaft und die Medien bieten ihren Output häufig kostenlos an.
- Die Messung des Informationsoutputs findet in diesen Bereichen in der Messgröße Aufmerksamkeit statt.
- Das Streben nach materiellem Reichtum wird durch die zunehmende Befriedigung materieller Bedürfnisse immer mehr durch andere Werte abgelöst: Prominenz, Aufmerksamkeit, Eindruck und Beachtung werden zum Hauptmotiv wirtschaftlichen Handelns.
- Während die Geldmenge vermehrt werden konnte, bleibt die Menge an Aufmerksamkeit konstant.

1.1 Einleitung

Zwei Tendenzen beherrschen die Wahrnehmung des aktuellen Wandels der Gesellschaft. Es sind die fortschreitende Ökonomisierung des Gesellschaftsprozesses und die Entmaterialisierung der wirtschaftlichen Wertschöpfung. Ökonomische Begriffe und Modelle bestimmen immer deutlicher das Bild der sozialen und politischen Verhältnisse unserer Gesellschaft. Mit der ökonomischen Durchrationalisierung einher geht der Wandel von der Industrie- zur Informationsgesellschaft. Die Wissensproduktion beerbt die Führungsrolle der Schwerindustrie, Datenströme ersetzen Güterströme, neue Medien verdrängen alte Marktplätze.

Ironischerweise tut sich die Wissenschaft der Ökonomie schwer mit dem Bedeutungsverlust des Materiellen. Wohl gibt es eine Disziplin der theoretischen Ökonomie, die sich Informationsökonomik nennt.[1] Die Informationsökonomik handelt aber nicht vom Wandel der Industrie- zur Informationsgesellschaft. Sie handelt von den Vorzügen des Informiertseins und den Kosten,

1 Siehe als Überblick Marschak (1974) und Machlup (1984).

Der Autor

Georg Franck

die es sich lohnt dafür einzugehen. Sie handelt, anders gesagt, von Information als knappem Gut und kostspieligem Produkt. Charakteristisch für die Informationsgesellschaft ist nun aber gerade nicht, dass Information einen besonderen Wert annähme. Charakteristisch ist vielmehr deren nicht mehr zu bewältigende Flut. Zum Engpass wird die Kapazität zur Verarbeitung der Reize beziehungsweise Signale. Charakteristisch hohe Kosten verursacht die Selektion aus der Flut.

Die Schwierigkeiten, die die ökonomische Theorie mit der Ökonomie des Immateriellen hat, gehen auf zwei Ursachen zurück. Erstens verfügt die theoretische Ökonomie über keinen Begriff für die wichtigste Ressource der Informationsverarbeitung. Zweitens verfügt sie über kein Maß für Information in derjenigen Bedeutung, auf die es in der Ökonomie ankommt.

1.2 Informationsökonomie

Information ist nichts Festes und Fertiges, sondern der Neuigkeitswert, den wir aus Reizen ziehen. Der Neuigkeitswert, den wir aus Reizen ziehen, kann sich auf das Reizmuster als solches oder auch darauf beziehen, was das Muster bedeutet. Der Neuigkeitswert des Musters als solchem kann als die (Un-)Wahrscheinlichkeit seines Auftauchens in einem zufälligen Fluss von Signalen gemessen werden. Der Neuigkeitswert von Mustern, die etwas bedeuten, ist schwieriger zu messen. Seine Messung verlangt die Einbeziehung der Instanz, die die Bedeutung *versteht.*

Der Neuigkeitswert bedeutungsloser Muster heißt syntaktische Information. Der Neuigkeitswert von Mustern, die sich auf etwas anderes beziehen, heißt semantische beziehungsweise pragmatische Information. Ökonomisch von Belang ist nur semantische und – vor allem – pragmatische Information. Der ökonomische Wert von Information hängt von der Befriedigung ab, die das Verständnis stiftet, und von den Handlungsmöglichkeiten, die es aufschließt.

Niemand weiß genau, wie das Verstehen semantischer Bedeutung und pragmatischen Sinns funktioniert. Gewiss ist jedoch, dass jeder Akt des Verstehens Ressourcen in Anspruch nimmt, die alternativ zu verwenden wären. Die Aktivität des Verstehens kostet Zeit und Energie. Diese Zeit und Energie sind nicht vermehrbar. Sie können lediglich mehr oder weniger effektiv verwendet werden. Sie werden aber zwangsläufig um so knapper, je höher die Flut der Information, die uns reizt oder zugemutet wird, steigt.

Nicht die Information, sondern diese Ressourcen sind der Schlüssel zum Verständnis der Informationsökonomie. Es ist die Ökonomisierung dieser Ressourcen, die wir als Durchrationalisierung immer weiterer Lebensbereiche bei gleichzeitiger Entmaterialisierung der wirtschaftlichen Wertschöpfung erleben. Eigenartigerweise hat die theoretische Ökonomie für diese Ressourcen nun aber keinen einheitlichen, geschweige denn terminolgisch ausgefeilten Begriff.

Gleichwohl existiert ein reiches Repertoire von Mitteln und Methoden, um den Wirkungsgrad der Zeit und Energie zu steigern, die die Er- und Verarbeitung bedeutsamer Information in Anspruch nimmt. Das Spektrum reicht von Sprache und Schrift über die Ausbildung von Terminologien, die Mathematik und die Ausbildung von Formalsprachen bis hin zur informationstechnischen Bewaffnung unserer Verstandeskräfte. Die gezielte Steigerung des Wirkungsgrads dieser Techniken und die Entwicklung spezifischer Energiespartechniken der Informationsverarbeitung lassen von etwas wie Informationsökonomie erst reden. Die Informationsgesellschaft ist diejenige Gesellschaft, in der die Techniken zur Steigerung des Wirkungsgrads geistiger Energie wichtiger geworden sind als diejenigen zur Steigerung des Wirkungsgrads physischer Energie. Nicht von ungefähr wird die Informations- auch als Wissensgesellschaft angesprochen. Bis heute fehlt indes eine ökonomische Theorie der Wissensproduktion. Es existiert weder eine Theorie der Denkökonomie noch eine der Mechanisierung geistiger Arbeit.[2]

Die ökonomisiche Theorie verfügt noch nicht einmal über ein Maß für den Output der Basisindustrie der Wissensgesellschaft, nämlich des wissenschaftlichen Forschungsbetriebs. Worin besteht der Wert wissenschaftlicher Information? Wie wird er gemessen? Gibt es einen Markt für wissenschaftliche Hypothesen, Theorien und Tatsachen? Gibt es eine Art Preissystem für wissenschaftliche Erkenntnisse? Wer oder was sorgt für eine effiziente Arbeitsteilung im arbeitsteiligen Forschungsbetrieb?

All diese Fragen sind völlig offen. Gewiss ist nur eines: Wenn der Output des wissenschaftlichen Forschungsbetriebs ökonomisch bewertet wird, dann muss das Wertmaß auf eine Art Zahlungsbereitschaft zurückgehen. Als Maß für den ökonomischen Wert einer Sache kommen entweder die Mühen ihrer Herstellung oder die Bereitschaft in Frage, für ihren Gebrauch zu bezahlen. Da sich der Wert wissenschaftlicher Erkenntnisse gewiss nicht an der Mühe ihrer Erfindung beziehungsweise Entdeckung bemisst, kann sich die Frage nach ihrem Wertmaß auf die Zahlungsbereitschaft beschränken. Wie äußert sich diese Bereitschaft nun aber? Wissenschaftliche Hypothesen, Theoreme und Tatsachen werden nicht gegen Höchstgebot verkauft, sondern publiziert. Mit der Publikation werden sie der Allgemeinheit frei zugänglich gemacht. Also kann es auf keinen Fall die Bereitschaft zur Geldzahlung sein, an der sich der Wert wissenschaftlicher Information bemisst. Die Zahlung in welcher Währung könnte es aber dann sein?

Der Einwand liegt nahe, dass die Frage falsch gestellt sei. Man hört ja immer wieder, dass es unmöglich sei, die Information wissenschaftlicher Hypothe-

2 Genauer, diese Theorie hat sich seit ihren Anfängen bei Ernst Mach nicht weiterentwickelt. Siehe Mach 1883, Kap. IV.4

sen, Tatsachen und Theoreme zu messen. Diese Unmöglichkeit wäre nun freilich ein harter Schlag nicht nur für die ökonomische Theorie, sondern auch für die Wissenschaftstheorie. Ohne die Messung des Outputs der wissenschaftlichen Produktion gibt es keinen Vergleich mit dem Input und kein sinnvolles Fragen nach der Effizienz des Forschungsbetriebs. Ohne Begriff der ökonomischen Rationalität des Forschungsbetriebs bleibt die ökonomische Theorie der Wissensgesellschaft nicht nur, sondern bleibt auch der wissenschaftstheoretische Ausweis der Rationalität des Unterfangens Wissenschaft eine halbe Sache.

Die Wissenschaft ist nicht der einzige Sektor der Informationsökonomie, der seinen Output der Öffentlichkeit zur freien Verfügung stellt. Auch im eigentlichen Massengeschäft mit der Information ist es üblich, das Angebot der Nachfrage nachzuwerfen. Die Marktplätze für das Massengeschäft mit Information sind die Medien. Die Medien, die auf der Höhe der technischen und ökonomischen Möglichkeiten operieren, sind das private Fernsehen und das Internet. Das private Fernsehen stellt sein Angebot zur freien Verfügung und finanziert sich aus anderen Quellen als dem Verkauf der Information, die es zum Konsum anbeitet. Im Internet fließt so gut wie kein Geld. Dennoch überflügelt das private Fernsehen die anderen Massenmedien. Dennoch wächst das Informationangebot im Internet mit Raten, die die Wachstumsraten aller herkömmlichen Märkte in den Schatten stellen.

Es wäre reichlich kühn zu behaupten, der Informationsoutput der Massenmedien werde nicht gemessen. Natürlich wird er gemessen. Und natürlich ist es auch hier die Zahlungbereitschaft, die maßgibt. Es ist nur eben nicht mehr – jedenfalls nicht mehr in erster Linie – die Bereitschaft, Geld auszugeben. Vielmehr drängt sich auch hier der Eindruck auf, dass das Geld von einer anderen Währung Konkurrenz bekommt. Geld, dieser Eindruck verdichtet sich, ist nicht mehr alles. Die Entmaterialisierung des Wirtschaftsprozesses geht weiter als nur zum Ersatz materieller Produkte durch Informationsprodukte. Die Entmaterialisierung hat vom Zahlungssystem Besitz ergriffen. Das Geld ist auch und gerade als Form des Einkommens nicht mehr alles.

1.3 Attraktionsökonomie

Es reicht heute nicht mehr, nur reich zu sein. Wer etwas sein will, muss schon auch ein bisschen prominent sein. Das heißt, er muss noch ein anderes, immaterielles Einkommen beziehen. Geld allein ist zu etwas Gewöhnlichem geworden. Die Inflationierung materiellen Reichtums bei gleichzeitiger Vertiefung der Kluft zwischen Arm und Reich verpasst dem nackten Geld einen fast schon ordinären Zug. Wo sich immer mehr Menschen die Insignien materiellen Reichtums leisten können, da muss sich der Wille zur Distinktion nach Attributen umsehen, die selektiver sind als hohes Geldeinkommen. Nach dem Gesetz der Sozialisierung ehemaliger Luxusgüter sind diese Attribute unter den

Privilegien der jeweils noch erkennbaren Eliten zu suchen. Der Generalnenner heutiger Eliten ist die Prominenz.

Das Streben nach materiellem Reichtum gilt zwar nach wie vor als Hauptmotiv des wirtschaftlichen Handelns. Selbst diejenigen aber, die sich einbilden, hinter nichts anderem als dem Geld her zu sein, haben in Wirklichkeit ein anderes Einkommen im Sinn. Sie haben nämlich keineswegs vor, das Geld nur für leibliches Wohlleben und physischen Komfort auszugeben. Sie brauchen das Geld, um Eindruck auf ihre Mitmenschen zu machen. Das Geld schließt ihnen die Möglichkeit ostentativen Konsums auf. Der ostentative Konsum dient dem Aufbau und der Pflege der Rolle, die die eigene Person in anderem Bewusstsein spielt. Die Größe der Rolle, die die eigene Person in anderem Bewusstsein spielt, ist ein anderer Ausdruck für die Höhe des Einkommens an mitmenschlicher Beachtung. Die Prominenz ist die Klasse der Großverdiener dieses Einkommens.

Sind die Grundbedürfnisse des Leibes einmal befriedigt, dann rückt die Rolle, die die eigene Person in anderem Bewusstsein spielt, ins Zentrum der Lebensinhalte. Der Grund ist, dass dann die Selbstwertschätzung wichtiger wird als das leibliche Wohl. Erst im Spiegel des anderen Bewusstseins lernen wir unser Selbst kennen. Erst in der Wertschätzung, die wir von anderen erfahren, lernen wir, was wir von uns selbst halten dürfen. Der Empfang von Wertschätzung ist immer mit dem von Beachtung verbunden. Weil unsere Selbstwertschätzung so eminent von der Wertschätzung abhängt, die wir von anderen empfangen, ist es schon ein Auftrag der Selbstwertschätzung, für reichlichen Bezug dieses immateriellen Einkommens zu sorgen.

Auch für dieses immaterielle Einkommen hat die theoretische Ökonomie keinen Begriff. Das Streben nach mitmenschlicher Beachtung und die wachsende Bedeutung, die sie im Sehnen und Trachten der Menschen spielt, ist nun aber ganz entscheidend für den Prozess, den wir als ökonomische Durchrationalisierung immer weiterer Lebensbereiche erleben. Immer mehr Menschen legen nämlich die Gewohnheit ab, nur darauf zu warten, dass sie Beachtung seitens derer finden, auf die sie selbst achten. Immer mehr Menschen werden initiativ, ja direkt unternehmerisch tätig, um ihr Einkommen an Beachtung zu maximieren. Eine Wissenschaft, die diese Tendenz nicht ernst nimmt, riskiert, am vielleicht wichtigsten Zug der Entmaterialisierung des Wirtschaftsprozesses vorbeizuschauen.

So unterscheidet sich denn auch geistige von körperlicher Arbeit nicht nur dadurch, dass sie psychische statt physische Energie kostet und mit geistigem statt materiellem Kapital hantiert. Sie unterscheidet sich auch dadurch, dass neben der Entlohnung in Geld die in Beachtung zählt. Gewiss, auch bei der geistigen Arbeit geht es zunächst ums Geld. Für einen charakteristisch hohen Anteil der Geistesarbeiter ist jedoch das Aufsehen, das die Arbeit erregt, der schönere Lohn. Das Einkommen an Beachtung überwiegt für viele so auch als Grund für die Berufswahl. Je höher der Bildungsgrad, um so mehr entscheidet die Erwartung dieses immateriellen Einkommens über die Beliebtheit eines Berufs. Eine wissenschaftliche Karriere wird nicht deswegen einer besser dotierten in der Industrie vorgezogen, weil es aufs Geld nicht ankäme, sondern weil die Chancen des Einkommens an Beachtung höher sind.

Nicht nur in den wissenschaftlichen, in den meisten Berufen mit kreativem Einschlag gehört es zur Berufsehre, mehr auf die Reputation als auf das Geld zu achten. Reputation ist das konsoldierte Einkommen an sachverständiger Beachtung. Man wird nicht Künstler, um reich, sondern wenn, dann um berühmt zu werden. Der Ruhm stellt die höchste Einkommensklasse in Sachen Beachtung dar. An ihn kommt materieller Reichtum in keiner Weise heran. Deswegen gibt es auch im Management und in den höheren Etagen der Verwaltung eine Stufe in der Hierarchie, auf der sich die Prioritäten umkehren. Man sucht keine Präsenz in der Fachöffentlichkeit oder in der Repräsentation des Berufsstands wegen des Honorars – man sucht sie um der öffentlichen Ausstrahlung willen.

Die Vermittlung öffentlicher Ausstrahlung, das ist das Kerngeschäft der Medien. Die Medien bieten Information, um an die Beachtung des Publikums zu kommen. Nicht der Verkauf von Information gegen Geld hat die Medien groß gemacht, sondern der Tausch von technisch reproduzierter Information gegen lebendige Beachtung. Hinter dem Wandel klassischer Publikationsmedien zu modernen Massenmedien steckt die Entwicklung einer Technologie, die es gestattet, mit kalkulierbarem Aufwand und Ertrag an die Beachtung durch ein Massenpublikum zu kommen. Je »moderner« ein Medium, um so avancierter ist nicht nur die Technologie der Übertragung und Präsentation von Information, sondern auch und gerade die Technologie der Attraktion und Lenkung von Beachtung.

Weil sie Beachtung in Massen bedeutet, ist die Präsenz in den Massenmedien so attraktiv. Weil es beispiellose Chancen der Bereicherung an Beachtung bietet, drängt alles, was von höherem Ehrgeiz ergriffen ist, ins Fernsehen. Weil das Einkommen an Beachtung einen Reiz hat, der den des Geldeinkommens hinter sich lässt, explodiert denn auch das Informationsangebot im Internet.[3] Weil inzwischen das Geschäft der Attraktion mit einer Professionalität und einem technischen Aufwand betrieben wird, der denjenigem des Geldmachens nicht mehr nachsteht, werden wir mit Information sintflutartig überschwemmt.

Nicht nur der Umfang geistiger Produktion, auch die zur Attraktion eigens herausgebrachte, gezielt publizierte und aggressiv vermarktete Information ist in gigantischem Umfang gewachsen. Die Wachstumsraten beider stellen die der materiellen Produktion in den Schatten. Der Zunahme der publizierten, um Beachtung konkurrierenden Information steht aber ein organisch beschränktes und nahezu konstantes Aufkommen an aufmerksamer Energie gegenüber. Diese Energie ist in der Form, in der wir selbst über sie verfügen, knapp. Sie

3 Siehe Goldhaber (1997).

ist in der Form der Zuwendung, die wir von anderen empfangen, begehrt. Ihre Ökonomisierung in diesen beiden Formen, als knappe Ressource und als begehrtes Einkommen, ist mit einem Schub der ökonomischen Durchrationalisierung von Lebensbereichen verbunden, der nur noch mit demjenigen vergleichbar ist, den die Industrialisierung einst mit sich brachte. In ihr treffen die wichtigsten Impulse der fortschreitenden Ökonomisierung des Gesellschaftsprozesses einerseits und der Entmaterialisierung des Wirtschaftsprozesses andererseits zusammen.

1.4 Die neue Währung

Gibt es einen Begriff, der die knappe Energie der Informationsverarbeitung und das begehrte Einkommen an Zuwendung zusammenfasst? Gibt es ein Maß, welches sowohl die Beachtung, die wir zwischenmenschlich tauschen, als auch den ökonomischen Wert der Neuigkeit misst? Es gibt diesen Begriff und es gibt dieses Maß. Das Stichwort ist auch schon gefallen. Es heißt: Aufmerksamkeit. Aufmerksamkeit ist die knappste Ressource der Informationsverarbeitung. Aufmerksamkeit ist es, die wir als Zuwendung miteinander tauschen. Aufmerksamkeit ist die Währung des immateriellen Einkommens. Die Aufmerksamkeit, die sie findet, ist das Maß für den Nutzwert von Information.[4]

Aufmerksamkeit brauchen wir zu allem, was wir bewusst erleben wollen. Aufmerksamkeit können wir aber auch für buchstäblich alles Erdenkliche verwenden. Sie ist in dieser globalen Erfordernis und universellen Verwendbarkeit dem Geld nicht nur ebenbürtig, sondern überlegen. Wie Geld wird Aufmerksamkeit chronisch knapp, sobald das Angebot an Verwendungsmöglichkeiten über die Möglichkeiten seiner Realisierung hinausreicht. Im Gegensatz zur Geldmenge ist das Aufkommen an aufmerksamer Energie aber nicht vermehrbar. Das Aufkommen wächst mit der Zahl der Wesen, die bewusst »*da*« sind. Das Aufkommen pro Kopf (beziehungsweise pro *da* seiendem Bewusstsein) ist aber nahezu konstant.

Mit dem Wachstum ihrer Verwendungsmöglichkeiten wächst das Aufkommen an Aufmerksamkeit in die Rolle eines Rationierungsmittels hinein. Die Aufmerksamkeit rationiert dann die Möglichkeiten des Erlebens wie das Geld die materiellen Möglichkeiten der Lebensführung rationiert. Ein entfesseltes Wachstum der interessanten und sich interessant machenden, der reizenden und sich aufdrängenden Verwendungsmöglichkeiten lässt die verfügbare Aufmerksamkeit mit Zwangsläufigkeit zum Engpass werden. Im Fall des Geldes kann die Kaufkraft mit dem Angebot mitwachsen. Im Fall der Aufmerksamkeit kommt es irgendwann zu dem Punkt, an dem die organische Beschränkung des Aufkommens beginnt selektiver zu wirken als das verfügbare Geld.

4 Die Ökonomie der Aufmerksamkeit ist ausgeführt in Franck (1998).

Für eine große und rasch größer werdende Zahl von Menschen schneidet die verfügbare Aufmerksamkeit die realisierbaren Erlebnismöglichkeiten schärfer aus dem Bereich des theoretisch Möglichen aus als das verfügbare Geld. Es wird vielleicht einmal kein schlechtes Kriterium für die Fixierung der Epochenschwelle zwischen dem Industrie- und dem Informationszeitalter sein, dass aus diesen vielen die maßgebliche Mehrheit wurde. Konkurrenz könnte dieses Kriterium freilich durch dasjenige andere bekommen, dass das Einkommen an Aufmerksamkeit wichtiger wurde als das an Geld.

Möglicherweise laufen beide Kriterien aber auf dasselbe hinaus. Hinter der überschwemmenden Informationsflut steckt die entfesselte Geschäftstätigkeit der Beschaffung von Aufmerksamkeit. Je mehr Menschen (und Firmen) gezielt auf sich aufmerksam machen, je höher der technische Aufwand steigt, den sie dabei treiben, und je höher die Technologie der Attraktion sich entwickelt, desto stärker wird die Erlebnissphäre mit Information eutrophiert. Je höher die Ladung der alltäglichen Lebenswelt mit Information, die eigens zum Blickfang hergerichtet und in den Kampf um die Aufmerksamkeit ausgeschickt wird, um so enger wird der Flaschenhals der organisch limitierten Kapazität bewusster Informationsverarbeitung. Die Rolle, die die Aufmerksamkeit als Einkommen, und die, die sie als Rationierungsmittel spielt, hängen unmittelbar zusammen.

Mit ihrer Rolle als Einkommen hängt auch die Funktion der Aufmerksamkeit zusammen, ein Maß für den ökonomischen Wert von Information zu sein. Information, die keine Beachtung findet, hat keinen ökonomischen Wert. Umgekehrt hängt der ökonomische Wert von Information – wie derjenige aller anderen Güter – von der Zahlungsbereitschaft derer ab, die sie nachfragen. Allerdings kann es nun nicht die Bereitschaft zur Geldzahlung sein, die hinter der Informationsflut steckt. Erschiene nur, wofür das Publikum bereit ist Geld zu zahlen, dann hätten wir kein Überschwemmungsproblem. Und wäre ökonomisch rational nur, das zu publizieren, was unmittelbar Geld verdient, dann wäre das Angebot der Massenmedien, das Informationsangebot im Internet und das Verhalten der Anbieter wissenschaftlicher Information irrational.

Natürlich ist das Zustandekommen dieser Angebote alles andere als irrational. Sie gehören nur eben Geschäftsbereichen an, in denen es nicht in erster Linie um Geld, sondern um Aufmerksamkeit geht. Die wichtigste Finanzierungsquelle der Massenmedien ist nicht Verkauf von Information, sondern der Verkauf der Dienstleistung, Aufmerksamkeit für Beliebiges anzuziehen. Die käufliche Dienstleistung der Attraktion heißt Werbung. Die attraktive Kraft des Mediums wird gemessen in der Höhe seiner Auflage beziehungsweise Einschaltquote.

Auflagehöhen und Einschaltquoten messen die Aufmerksamkeit, die das Medium für sein Informationsangebot einhandelt. Von den Einkünften an Aufmerksamkeit hängt alles andere und so auch das finanzielle Ergebnis des Geschäfts ab. Es ist das Geschäft der Medien herauszubekommen, was das Publikum lesen, hören, sehen will. Das Publikum zahlt in Aufmerksamkeit für die gebotene Information. Also wird der Wert dieser Information ganz regulär durch Zahlungsbereitschaft gemessen. Worin sich die Wertmessung der Information von der Wertmessung dinglicher Güter unterscheidet, ist nur, dass nicht die Bereitschaft zur Ausgabe von Geld, sondern die zur Ausgabe Aufmerksamkeit zählt.

Die verschiedenen Arten von Publikationsmedien lassen sich danach klassifizieren, wie schwer die Einkünfte an Aufmerksamkeit im Verhältnis zu den Einkünften an Geld wiegen. Die klassischen Medien, der Buchdruck und die Presse, finanzieren sich noch hauptsächlich aus dem Verkauf der Information. Bei Radio und Fernsehen unterscheiden sich die älteren, öffentlichen, von den jüngeren, privaten Formen dadurch, dass die älteren sich noch aus Gebühren, die jüngeren hingegen nur noch aus dem Verkauf der Dienstleistung der Attraktion finanzieren. Das private Fernsehen hat sich vom Verkauf der Information bereits emanzipiert. Diese Emanzipation findet ihren Abschluss im Internet. Im Internet wird bis auf Ausnahmen, die die Regel bestätigen, nur noch in Aufmerksamkeit bezahlt. Was hier zählt, ist nicht mehr die Kasse, sondern das Zählwerk, das die Besucherzahlen des *web site* registriert.

Auflagenhöhen, Einschaltquoten und Besucherzahlen sind Maße für die Einkünfte an Aufmerksamkeit. Zugleich messen sie den Wert der fraglichen Information. Sie messen diesen Wert auch und gerade dann, wenn die Information frei zugänglich ist. Es ist die Bereitschaft, knappe Aufmerksamkeit für die Rezeption auszugeben, wodurch das Informationsangebot ganz regulär an der zahlungsbereiten Nachfrage gemessen wird. So ist es auch diese Art Messung, wodurch der Output wissenschaftlicher Produktion seine reguläre ökonomische Bewertung erfährt.

Der Markt für wissenschaftliche Information ist das wissenschaftliche Publikationswesen. Dessen Angebot trifft auf die zahlungsbereite Nachfrage derer, die an Inputs für die eigene Produktion interessiert sind. Die Nachfrage äußert ihre Zahlungsbereitschaft zunächst in der Form, das Angebot zu rezipieren. Wird die Suche nach vorgefertigten Inputs fündig, tritt eine zweite Stufe der zahlungsbereiten Nachfrage in Kraft. Mit der Publikation entsteht nämlich nicht nur das Angebot auf dem Markt der wissenschaftlichen Kommunikation, sondern auch geistiges Eigentum. An diesem Eigentum vergeht sich, wer es ohne Deklaration und Entrichtung einer Lizenzgebühr für eigene produktive Zwecke verwendet.

Die Art der Deklaration, ohne die fremdes geistiges Eigentums nicht verwendet werden darf, ist das Zitat. Die Gebühr, die dabei anfällt, ist die stillschweigende Überweisung eines Teils der Aufmerksamkeit, die der Zitierende für sein Werk einnimmt, auf das Konto des Zitierten. Das reguläre Maß wissenschaftlicher Information ist die Häufigkeit, mit der sie zitiert wird. Das Konto der Zitate des Autors misst dessen wissenschaftliche Produktivität. Es misst diese Produktivität an derjenigen, die der Output als Input wieder anderer Produktion entwickelt. Die Messung des Outputs der Produktion an der Produktivität, die er als Input anschließender Produktionsstufen entwickelt, ist die ganz reguläre Art und Weise, auf die der Wert von Kapitalgütern gemessen wird.

1.5 Fazit

Medien und Wissenschaft sind die Industrien, die nur noch letzten Endes am Geldfluss hängen. Sie arbeiten mit Aufmerksamkeit als wichtigstem Produktionsmittel und reüssieren je nach der Aufmerksamkeit, die sie einnehmen. Sie sind die Vorhut einer Wirtschaftsweise, in der es generell wichtiger geworden ist, auf die Aufmerksamkeit zu achten als auf das Geld. Medien und Wissenschaft sind nun aber auch die führenden Industrien der Gesellschaft, die sich Informationsgesellschaft nennt. Sie sind es, die die materielle Produktion aus ihrer Vormachtstellung gedrängt haben. Ohne eine angemessene ökonomische Theorie der Medien und der Wissenschaft bleibt das theoretische Verständnis des Wandels, den wir als Entmaterialisierung des Wirtschaftsprozesses erleben, flach. Ohne Beachtung der Aufmerksamkeit als knappe Ressource und als Form des Einkommens riskiert die theoretische Ökonomie, den wichtigsten Zug der Zeit zu verpassen.

1.6 Epilog

Die Grundorientierung einer Gesellschaft, in der es nicht mehr an erster Stelle ums Geldverdienen, sondern um das Einnehmen der Aufmerksamkeit anderer Menschen geht, kann eigentlich nicht mehr als materialistisch bezeichnet werden. Eine solche Gesellschaft hat aufgehört, vor allem den leiblichen Genüssen zu fröhnen. Wenn ihre Mitglieder in der großen Mehrzahl auch noch meinen, im Sinne einer materialistischen Orientierung zu leben, so offenbaren sie durch ihre Zahlungbereitschaft, dass sie sich schon umorientiert haben. Es ist dann nicht mehr der physische Komfort, der das Zentrum der Lebensinhalte einnimmt, sondern der Wunsch, geachtet, anerkannt, geschätzt und bewundert zu werden. An die Stelle des leiblichen Wohllebens ist der Wunsch der Person getreten, im Mittelpunkt zu stehen. Wo dieser Wunsch nun aber den Primat unter den wirtschaftlichen Antrieben erringt, ist der ökonomische Materialismus am Ende.

Gewiss, man hatte sich das Ende des Materialismus anders vorgestellt. Man hätte eher eine neue Bescheidenheit als eine neue Auffälligkeit assoziiert. Es wäre einem eher die Mehrung der Substanz als die Entfesselung der Schau in den Sinn gekommen. Nur hat es der Wandel aber so an sich, aus Ecken zu kommen, die gerade niemand vermutet. Seine Herkunft wirkt immer erst im Nachhinein plausibel. So eben auch hier. Wäre es denn nicht weltfremd gewesen zu glauben, der enthemmte Konsumismus würde in massenhafte Askese münden? Wenn eine Umorientierung zu erwarten war, dann doch eine innerhalb des Hedonismus. Nur mit stärkeren, nicht mit schwächeren Reizen lässt sich die materialistische Orientierung überwinden. Stärker als die Reize des Wohllebens sind die Verlockungen zur Eroberung der Herzen und Sinne. Angenehmer als der physische Komfort ist die wärmende Zuneigung anderer Menschen, wohl tuender als deren praktische Dienstbarkeit ist ihre teilnehmende Einfühlsamkeit.

Im Rückblick scheint die Annahme nicht unschlüssig, dass mit der Inflationierung des geldigen Reichtums das Ende des ökonomischen Materialismus nahte. Auch war es nicht zu erwarten, dass dieses Ende eine Rückkehr zur alten Gemütlichkeit mit sich bringen würde. Es scheint im Rückblick sogar ganz natürlich, dass das Geschäft der Attraktion so hart und schnell wurde. Dieses Geschäft hatte schon immer etwas vom Drogenhandel. Je wichtiger das Einkommen an Beachtung wird, um so schwieriger wird es, Verluste und gar Entzug zu verkraften. In die Aufmerksamkeit, die wir einnehmen, ist schließlich die Wertschätzung verpackt, die wir genießen. Und von der Wertschätzung, die wir genießen, hängt in eminentem Maß ab, was wir uns selbst für wert schätzen dürfen. Je wichtiger das Einkommen an Beachtung, um so stärker fühlt sich die Selbstwertschätzung exponiert. Diagnostikern des Zeitgeschehens ist dies denn auch aufgefallen. Christopher Lash hat den Begriff der »Kultur des Narzissmus« geprägt.[5] Die Kultur des Narzissmus ist die soziale Erscheinungsform der allgemein für wichtiger genommenen und damit auch leichter irritierbaren Selbstwertschätzung. Allerdings ist die Bezeichnung etwas irreführend. Die Assoziation mit der narzistischen Störung lässt die individualpsychologische Ebene zu sehr in den Vordergrund treten. Die psychoanalytische Auffassung von der Selbstliebe verstellt den Blick auf die Selbstwertschätzung, die im Tauschgeschäft der Aufmerksamkeit ausgehandelt und durchgesetzt sein will. Die Bezeichnung unserer Kultur als narzisstisch verfehlt den Epoche machend *sozialen* Charakter der Eitelkeit.

1.7 Literatur

Franck, Georg: Ökonomie der Aufmerksamkeit, München, Hanser, 1998

Goldhaber, Michael H.: Attention Shoppers! – The currency of the New Economy won't be money, but attention. A radical theory of value, in: Wired Magazin, 5.12 (Dezember 1997)

Lasch, Christopher: The Culture of Narcissm, London, Abacus, 1997

Mach, Ernst: Die Mechanik in ihrer Entwicklung, Leipzig, Brockhaus, 1883

Machlup, Fritz: The Economics of Information and Human Capital, Princeton, NJ, Princeton UP, 1984

Marschak, Jacob: Economic Information, Decision, and Prediction, vol. II: Economics of Information and Organization, Dordrecht, D. Reidel, 1974

5 Lash (1979)

2. Die Grundlagen der Investor Relations

von Klaus Rainer Kirchhoff

Der Kurs einer Aktie hängt ganz wesentlich davon ab, in welchem Maße die Finanzwelt über das Unternehmen informiert ist und wie sie sein Informationsverhalten empfindet: offen oder restriktiv, umfangreich oder eher spärlich, zeitnah oder verzögert? Bereits Mitte der siebziger Jahre ergab eine Studie unter 460 US-Börsenunternehmen, dass rund 40 Prozent des Aktienwerts von kommunikativen Faktoren bestimmt waren. Dieser Wert dürfte heute weit höher liegen; durch neue Informations- und Kommunikationsmedien haben sich die Möglichkeiten der umfangreichen und zeitnahen Information stark verbessert. Gleichzeitig ist auch der Anspruch gewachsen, den der Kapitalmarkt an das Kommunikationsverhalten der Unternehmen hat – und damit wiederum der Einfluss, den ein Unternehmen durch eine professionelle Informationspolitik auf den eigenen Aktienkurs und die langfristige wirtschaftliche Entwicklung nehmen kann.

2.1 Einleitung

Die Liberalisierung und Globalisierung der Finanzmärkte hat einen verschärften Wettbewerb zur Folge: Jedes Unternehmen muss bestrebt sein, potenzielle Investoren von einer Anlage in seine Aktien zu überzeugen, um so neues Kapital zu generieren. Dabei muss es sich gegen unzählige Konkurrenten durchsetzen – auch außerhalb der eigenen Branche und jenseits aller Landesgrenzen. Auf dem Kapitalmarkt ist jedes börsennotierte Unternehmen ein ernst zu nehmender Konkurrent.

Umfangreiche technische Informationsmöglichkeiten, wie das Internet, lassen die Ansprüche potenzieller Investoren wachsen und steigern zusätzlich die Transparenz des vorhandenen Angebotes. Es wird deutlich, dass IR ein eigenständiger Wettbewerbsfaktor sind und bei richtigem Einsatz das Wachstum und den langfristigen Erfolg eines Unternehmens entscheidend beeinflussen können. In den USA und Großbritannien sind IR schon lange in der Unternehmenspolitik fest verankert. Vergleiche zeigen, dass in Deutschland erheblicher

Der Autor

Klaus Rainer Kirchhoff

Nachholbedarf besteht, auch wenn sich hier in den letzten zehn Jahren viel verändert hat.

2.1.1 Der Begriff »Investor Relations«

Das amerikanische Unternehmen General Electric stellte 1953 ein Kommunikationsprogramm speziell für private Investoren mit dem Titel »Investor Relations« vor und prägte damit diesen Begriff. Seitdem kursieren in der Literatur zahlreiche Definitionen von IR, die einmal weiter, einmal enger gefasst sind und teilweise sehr unterschiedliche Auffassungen widerspiegeln über das, was unter IR wirklich zu verstehen sei. So ordnet *Süchting* Investor Relations innerhalb des Marketingansatzes an. Er beschreibt IR als Finanzmarketing, wobei es sich um den zielgerichteten, an den Bedürfnissen der Kapitalgeber orientierten Einsatz finanzpolitischer Instrumente zur Überwindung der zwischen Kapitalnachfrage und Kapitalangebot bestehenden Marktwiderstände handelt. In diesem Ansatz werden IR als Teil der Kommunikationspolitik verstanden.[6]

Die Einordnung innerhalb des Marketingansatzes ist aus meiner Sicht richtig, da es auf den Kapitalmärkten immer mehr Unternehmen gibt, die um neues Kapital kämpfen. Nur wer sich durch gezielte IR-Maßnahmen positiv von der Konkurrenz abhebt, hat gute Chancen, bei den Investoren Beachtung zu finden. Dem sinnvollen Einsatz von Kommunikationsinstrumenten kommt dabei eine wichtige Rolle zu.

2.1.2 Wozu Investor Relations?

Ein wichtiges Stichwort im Zusammenhang mit IR ist der Shareholder Value, ein Ansatz, der – kurz gesagt – die Steigerung des Unternehmenswertes zum Inhalt hat. Eine Wertsteigerungsmaßnahme kann aber nur dann ihre volle Wirkung entfalten, wenn ihre erfolgreiche Durchführung auch kommuniziert wird – eine Grundvoraussetzung dafür, dass der Kapitalmarkt die erzielten Erfolge gebührend honorieren kann. Das Ziel muss immer eine Übereinstimmung des inneren Wertes des Unternehmens mit seinem Marktwert sein. Ein offenes und schnelles Informationsverhalten schließt Wahrnehmungslücken seitens potenzieller und aktueller Investoren, wirkt damit Über- und Unterbewertungen entgegen und trägt zu einer fairen Bewertung der Aktie bei. Die Volatilität des Aktienkurses sinkt. Die Annäherung an einen dem realen Marktwert des Unternehmens entsprechenden Aktienkurs gilt als eines der Oberziele der IR.

Außerdem sind die Gewinner beim Buhlen um die Gunst der Anleger nicht zwangsläufig die wirtschaftlich erfolgreicheren Unternehmen, sondern diejenigen, die ihre Erfolge dem Kapitalmarkt bzw. dessen Mitgliedern besser kom-

6 Vgl. Süchting, 1989, S. 207 und Süchting, 1991, S. 11 f.

munizieren. Sie sind bekannter, werden leichter verstanden, und ihre Aktionäre vertrauen ihnen auch in wirtschaftlich schwierigen Zeiten.

In jedem Fall muss es dem Unternehmen gelingen, seine IR-Aktivitäten zum eigenen Wettbewerbsvorteil zu machen. Dabei entscheidet die Qualität der Informationsübermittlung über Erfolg und Misserfolg. Das eigene Kommunikationsverhalten sollte sich stets am professionellsten Auftritt im Markt orientieren und messen.

2.1.3 Investor Relations und Public Relations – zwei getrennte Bereiche?

In ihren Anfängen waren IR lediglich eine Übertragung der in der PR-Arbeit gewonnenen Erfahrungen auf die Finanzkommunikation. Längst sind IR eine eigene Disziplin geworden mit eigenen Instrumenten, Zielgruppen und Strategien. Während die Public Relations das vornehmliche Ziel haben, ein positives Image des Unternehmens in der Öffentlichkeit zu etablieren, liegt der Schwerpunkt der IR auf einer zielgruppengerechten Finanzkommunikation. Der prägnanteste Unterschied zwischen beiden Disziplinen liegt aber im speziellen Kommunikationsgegenstand der IR, der nicht als ein Aspekt unter vielen von der PR-Abteilung bearbeitet wird, sondern ungeteilte Aufmerksamkeit finden sollte. Wegen der unterschiedlichen Ausrichtung beider Bereiche ist bei ihren Mitarbeitern umfangreiches Spezialisten-Know-how gefragt.

Tabelle 1: Charakteristika der Disziplinen IR und PR

	IR	**PR**
Zielgruppen	Financial Community, Kapitalmarkt	Öffentlichkeit, internes/externes Umfeld
Ziele	Vermittlung von Finanzinformationen	Vermittlung eines positiven Gesamtimage
Instrumente	Geschäftsbericht, Analystengespräche, Road Shows etc.	Pressekonferenzen, Imagebroschüren etc.

In vielen Punkten schließen sich die Ziele, Zielgruppen und Instrumente nicht aus – im Gegenteil, oftmals gibt es Überschneidungen. So ist zum Beispiel eine Pressemeldung über eine Produktinnovation für PR und IR gleichermaßen wichtig: sie profiliert das Unternehmensbild in der Öffentlichkeit und weist zugleich auf viel versprechende Zukunftsperspektiven hin, die für den Investoren von Interesse sind. Ein Bericht über die Hauptversammlung richtet sich ebenfalls nicht nur an die Financial Community, sondern findet darüber hinaus auch Beachtung in der Öffentlichkeit. Eine wichtige Parallele besteht weiterhin in der Möglichkeit, den Marketing-Mix aus dem Konsumgüterbereich auf die IR zu übertragen und für das Finanzmarketing zu nutzen:

- Produktpolitik: die Aktie (zum Beispiel Inhaber- oder Namensaktie)
- Preispolitik: Aktiensplit, Emissionspreis
- Distributionspolitik: Auswahl des Emissionskonsortiums oder der Börsenplätze
- Kommunikationspolitik: einheitlicher Unternehmensauftritt in der Öffentlichkeit, einheitliche Corporate Identity, »one voice policy«

Ein Zusammenhang ist auch bei Produktmarketing und Aktienmarketing festzustellen. Die Aktie ist Gegenstand des Aktienmarketings, kann aber auch Einfluss auf das Produktmarketing ausüben und umgekehrt. Ein positiver Aktienverlauf erhöht den Bekanntheitsgrad des Unternehmens und somit auch den seiner Produkte. Andererseits kann die Aktie – zumindest langfristig – nicht erfolgreich und bekannt sein, wenn es die Produkte nicht sind.

Kennzahlen und Bilanzen sind immer nur ein Spiegelbild des wirtschaftlichen Erfolges eines Unternehmens, der durch Produkte und Absatzpolitik erzielt wurde. Das Produktmarketing, in dessen Mittelpunkt der Kunde steht, ist also maßgeblich verantwortlich für die Beschaffenheit der Zahlen, die durch das Finanzmarketing kommuniziert werden. Der Kapitalmarkt versucht zu antizipieren, welche Unternehmen die erfolgreichsten Strategien bezüglich Marktentwicklungen und Marktinteressen haben. Diese Prognosen oder Hoffnungen drücken sich in den aktuell notierten Aktienkursen aus: Aktienmarketing bedeutet somit Produktmarketing auf dem Kapitalmarkt.

Um Missverständnisse, Fehl- oder Doppelmeldungen zu vermeiden, sollten die IR- und PR- Abteilungen ihre Aufgaben jedoch klar verteilen, wenn auch der immer wieder auftretende Abstimmungsbedarf nach konstruktiver Zusammenarbeit und einem ungehinderten Informationsfluss verlangt. Die Bereitschaft zur Zusammenarbeit ist daher die Basis für eine erfolgreiche Kommunikationspolitik.

Fazit: Zusammenarbeit: ja – Zusammenlegung: nein!

2.1.4 Organisation der IR in der Praxis

Investor Relations gewinnen zunehmend an Bedeutung – entsprechend hat sich ihr Platz im Unternehmen geändert. 1991 verfügte nur ein Viertel der IR-aktiven Aktiengesellschaften über eine IR-Abteilung, 1998 waren es nahezu zwei Drittel. Lediglich zwei Prozent der Unternehmen haben ihre IR – wie ursprünglich üblich – im Finanzsektor belassen.

IR-Aktivitäten sind heute vielfach im Bereich PR und Kommunikation angesiedelt, was Vor- und Nachteile mit sich bringt. Der Vorteil besteht in dem zweifellos vorhandenen hohen Abstimmungsbedarf zwischen IR und PR; den Informationsfluss kann man durch eine Zusammenlegung der Bereiche häufig begünstigen. Andererseits gibt es doch erhebliche Unterschiede beim Kommunikationsgegenstand und der spezifischen Vorgehensweise von IR und PR. In einer gemeinsamen Abteilung sollten daher IR-Spezialisten eingesetzt werden, die allen Mitgliedern der Financial Community qualifiziert und kompetent gegenübertreten können.

Bei selbständigen PR- und IR-Abteilungen kann die Zusammenarbeit vereinfacht werden, in dem beide Abteilungen unter eine einheitliche Leitung gestellt werden. Dabei ist zu bedenken, dass gerade die IR-Abteilung auf Grund des immer stärker werdenden Wettbewerbs um das internationale Kapital einem großen Druck ausgesetzt ist – eine direkte Anbindung an den Vorstand ist notwendig. Es hat sich gezeigt, dass Unternehmen, bei denen die Kommunikation mit den Aktionären Chefsache ist, besonders häufig erfolgreich an Investor Relations Wettbewerben teilgenommen haben.

2.1.5 Wie funktioniert der IR-Prozess?

Innerhalb des IR-Prozesses gibt es verschiedene Phasen:

- **Den Markt verstehen**
Der Kapitalmarkt spiegelt stets den Erfolg oder Misserfolg einer IR-Strategie oder -Aktion wider. Dabei ist der Kursverlauf auf der einen Seite reaktiv, auf der anderen Seite beeinflussend. Er reagiert auf Nachrichten, ob wirtschaftlich oder politisch, und antwortet sensibel auf Gerüchte und Spekulationen. Zugleich stellt er auch die Prognose des Kapitalmarkts über die Zukunft des Unternehmens dar.

- **Die Produkte und Services verstehen und kommunizieren**
Man sollte davon ausgehen können, dass die verantwortlichen Menschen in einem Unternehmen optimal über die eigenen Produkte und Dienstleistungen informiert sind. Noch wichtiger für erfolgreiche IR ist jedoch, dass es den Verantwortlichen gelingt, potenzielle Anleger davon zu überzeugen, dass eine Investition in das Unternehmen eine angemessene Rendite erwarten lässt.

- **Die Zielgruppen identifizieren und verstehen**
IR-Arbeit richtet sich an verschiedene Zielgruppen mit eigenen Charakteristika, die deshalb verschiedenartige Informationsbedürfnisse und Kommunikationsverhalten aufweisen. Die Informationen müssen zielgruppengerecht aufbereitet werden. Eine unstrukturierte Informationsflut verfehlt in jedem Fall die erhoffte Wirkung – zu zahlreich sind die belanglosen Nachrichten, die Analysten, Fondsmanager etc. Tag für Tag verarbeiten müssen. Die Produkte und Dienstleistungen der IR zu verstehen, bedeutet in diesem Zusammenhang, sie im Sinne der Zielgruppen zu begreifen.

- **Ziele definieren und Instrumente anwenden**
Für den Erfolg der IR-Arbeit ist eine klare Zieldefinition notwendig. Die Ziele sollten messbar sein, damit die Wirksamkeit einer jeden Maßnahme überprüft werden kann. Nach der Zieldefinition müssen taktische und strategische Vor-

gehensweisen entwickelt werden. Die Ziele und Strategien sind ausschlaggebend für die Auswahl und den Einsatz der Instrumente.

2.1.6 Welche Ziele verfolgen Investor Relations?

Finanzpolitische Ziele

- **Senkung der Eigenkapitalkosten**

Wirkungsvolle Finanzkommunikation erleichtert die langfristige Eigenkapitalbeschaffung auch in schwierigen Zeiten.

- **Zugang zu global verfügbarem Kapital**

International angelegte IR sind ein entscheidender Wettbewerbsfaktor innerhalb der Kapitalallokation.

- **Geringe Volatilität des Aktienkurses**

Der Kurs soll auf einem angemessenen Niveau stabil gehalten werden, um die Kapitalplanung sowie die Bestimmung des Emissionspreises bei Kapitalerhöhungen zu erleichtern. Eine stabile Kursentwicklung führt zur Sicherheit der Aktionäre hinsichtlich des wahren Aktienwertes.

- **Übernahmeschutz**

Ein hohes Kursniveau mindert die Gefahr einer feindlichen Übernahme, die nur dann als wahrscheinlich gilt, wenn der Kurs nicht den tatsächlichen Wert der Aktie widerspiegelt.

- **Beeinflussung der Aktionärsstruktur**

Unternehmen können durch eine breite Streuung der Aktien ihre Aktionärsbasis erweitern, was von Vorteil ist, da Privatanleger in Baisse-Zeiten dazu neigen, trotz geringerer Renditeerwartungen das Papier zu halten.

Kommunikationspolitische Ziele

- **Den wahren Unternehmenswert zeigen**

Erzielte Wertsteigerungen müssen dem Kapitalmarkt kommuniziert werden, um sich in den Aktienkursen niederschlagen zu können. Erfolgreiche Unternehmen sind kontinuierlich bemüht, ihren Unternehmenswert zu steigern. Wertsteigerungen können zum Beispiel durch Konzentration auf Kernkompetenzen, Kauf und Verkauf von Unternehmenseinheiten und Kostenreduktionsprogramme erzielt werden. Nach der Durchführung der Restrukturierungsmaßnahmen besteht jedoch meistens eine Wertlücke – eine Differenz zwischen dem bestehenden Marktwert und dem durch Restrukturierung zu erreichenden höheren Wert. Mit einer gezielten Informationspolitik lässt sich die Wertlücke schließen und eine angemessene Bewertung der Aktien an der Börse bewirken.

- **Schaffung von Vertrauen bei der Financial Community**
Durch eine offene Informationspolitik fördert das Unternehmen die Loyalität der Aktionäre. Dies gilt für gute Zeiten ebenso wie für schwierige. Nur wenn die Anspruchsgruppen der Financial Community Vertrauen zum Management gewinnen, werden sie auch in Krisenzeiten zum Unternehmen stehen und auf negative Nachrichten nicht zwangsläufig mit Verkauf reagieren.

- **Steigerung des Bekanntheitsgrades**
Ein erhöhter Bekanntheitsgrad führt neue, sowohl nationale als auch internationale Investorengruppen an das Unternehmen heran. Ziel ist es, positive Aufmerksamkeit dieser bedeutenden Zielgruppe auf das Unternehmen zu lenken.

- **Unternehmen in Branche positionieren**
Unternehmen, deren Aktienkurs positiv verläuft, haben ein sichereres Standbein in ihrer Branche. Sie können unabhängig bleiben – Übernahmen sind unwahrscheinlicher, sie erhalten die besseren Mitarbeiter, haben Vorteile in der Außenfinanzierung etc.

- **Verbesserung des Informationsstandards**
Information muss sachlich, kontinuierlich und vor allem zielgruppenorientiert vermittelt werden. Fehlinformationen über das Unternehmen müssen korrigiert und bestehende Informationsdefizite ausgeglichen werden.

- **Image positiv beeinflussen**
Professionelle IR-Arbeit steigert das Image. Beispiele sind die jährlichen Wettbewerbe der Wirtschaftsmagazine Manager Magazin und Capital sowie verschiedene Rankings.

- **Attraktivität für (neue) Mitarbeiter steigern**
Börsennotierte Unternehmen wachsen in der Regel schneller als nicht börsennotierte. Sie bieten ihren Mitarbeitern oftmals neue, interessantere Herausforderungen als die Wettbewerber. Außerdem ist es für bekannte Unternehmen leichter, qualifizierte Mitarbeiter zu rekrutieren.

2.1.7 Gibt es allgemeine Grundsätze zu beachten?

Für eine erfolgreiche IR-Arbeit sind einige grundsätzliche Regeln zu beachten.

- **Kommunikation auch in schlechten Zeiten**
Besonders in wirtschaftlich schwierigen Zeiten müssen wichtige Informationen durch das Unternehmen selbst kommuniziert werden, um Falschmeldungen und Misstrauen gegenüber dem Unternehmen vorzubeugen. Kontinuität ist also ein wichtiger Erfolgsfaktor innerhalb der Finanzkommunikation. Die Beurteilung der Unternehmenssituation durch Dritte lässt sich zweifellos besser steuern, wenn das Management die entsprechenden Informationen selbst verbreitet.

Unternehmen, die ihre Anteilseigner nur in guten Zeiten oder kurz vor Kapitalerhöhungen über ihre Erfolge in Kenntnis setzen, in schlechten Zeiten jedoch Probleme verschweigen, sind unglaubwürdig. Auf diese Weise werden Aktionäre verunsichert, was Verkaufsentscheidungen und somit Kursverluste auslösen kann.

- **Zielgruppenorientierung und die Gefahr von Insidergeschäften**
Unterschiedliche Zielgruppen verfügen über spezifische Informationsbedürfnisse, denen durch eine differenzierte Informationspolitik Rechnung getragen werden kann. Privatanleger erwarten in der Regel weniger detaillierte Informationen als Fondsmanager und Wirtschaftsjournalisten. Dabei werden Privatanleger aus Kostengründen meistens über unpersönliche Instrumente wie zum Beispiel Geschäfts-, Zwischen- und Quartalsberichte informiert, während institutionelle Investoren in persönlichen Gesprächen oder Telefonkonferenzen über die aktuelle Situation aufgeklärt werden. Hier ist jedoch Vorsicht geboten: Es besteht die Gefahr von Insidergeschäften nach § 14 WpHG und der Verletzung des Gleichheitsgrundsatzes. § 15 WpHG schreibt vor, dass Unternehmen kursrelevante Informationen sofort (ad hoc) der Finanzwelt zur Verfügung stellen müssen, um Insidergeschäfte zu verhindern. Leider sind viele Unternehmen durch das Insidergesetz verunsichert und betreiben vorsichtshalber keine differenzierte Informationspolitik mehr, um nicht in den Verdacht zu geraten, Insidergeschäfte zu tätigen.

- **Wesentlichkeit**
Es ist darauf zu achten, dass lediglich für die Financial Community relevante Informationen vermittelt werden, um dem »information overload« und dessen Folgen vorzubeugen.

2.2 Zielgruppen

Neue Informationsmedien wie zum Beispiel das Internet und Datenbanken machen es möglich, die Investoren besser kennen zu lernen, schneller und leichter ein Feedback zu bekommen und mehr über die Wünsche und Bedürfnisse der Zielgruppen zu erfahren. Ziel ist schließlich eine noch effizientere Kommunikation.

Die Zielgruppen der IR-Arbeit lassen sich in drei große Bereiche teilen: Private Anleger, institutionelle Anleger und Multiplikatoren. Die IR-Bemühungen müssen auf ihre individuellen Bedürfnisse zugeschnitten werden.

2.2.1 Financial Community

IR richten sich gezielt an die Financial Community, die sich aus Banken, Investoren, Analysten, Fondsmanagern, Beratern und der Wirtschaftspresse zusammensetzt.

Fondsmanager etwa erwarten eine hohe Rendite – schließlich ist die Geldanlage ihr Geschäft, Aktionäre erwarten eine angemessene Rendite auf ihr eingesetztes Kapital, die Wirtschaftspresse erwartet Auskunftsbereitschaft, Berater benötigen ebenfalls Informationen, und sie erwarten Kooperation. Sie alle haben einen gemeinsamen Anspruch: Sie wollen eine faire, freiwillige und offene Informationspolitik.

Zwischen den Mitgliedern der Financial Community bestehen Interdependenzen. Diese Abhängigkeiten bewirken eine Dynamik innerhalb des Kommunikationsprozesses. So werden Investoren bei ihren Anlageentscheidungen beispielsweise von der Wirtschaftspresse beeinflusst oder von der Signalwirkung, die Aktienkäufe oder -verkäufe durch Fondsmanager haben.

2.2.2 Private Investoren

Privatanleger stellen Unternehmen vor eine besondere Schwierigkeit: Sie sind eine heterogene und zahlenmäßig große Gruppe, weswegen es sehr zeit- und kostenintensiv ist, Privatanleger über die traditionellen Kommunikationsmittel und -wege zu erreichen. Diese Zielgruppe verfügt darüber hinaus über das geringste Anlagekapital pro Entscheider.[7] Somit steht ein hoher Zeit- und Kostenaufwand einem geringen Anlagepotenzial je Aktionär gegenüber. Zwar stellen Aktionäre zahlenmäßig zumeist die größte Gruppe innerhalb einer Aktionärsstruktur, sie liegen jedoch anteilsmäßig mit 16,8 Prozent hinter den Unternehmen zurück, die im Durchschnitt 30,9 Prozent der Aktien besitzen. Eine weitere Problematik besteht für börsennotierte Aktiengesellschaften darin, dass viele individuelle Anleger schwer identifizierbar sind; durch die vorherrschende Anlageform der Inhaberaktie ist der Aktionär dem Unternehmen nicht namentlich bekannt. Im Gegensatz dazu steht die Namensaktie, die in den USA weit verbreitet ist und nun auch in Deutschland einen Aufschwung erlebt. Namensaktien erleichtern ein effektives Finanzmarketing, weil sie eine persönliche Ansprache der Anleger ermöglichen. Viele deutsche Konzerne erwägen die Umstellung ihrer Aktien von Inhaber- auf Namensaktien (vgl. Gläserner Aktionär in Manager Magazin, 03/99, http://www.manager-magazin.de/magazin/artikel/0,1113,2542,00.html).

Lange war die Verwaltung von Namensaktien umständlich und teuer. Die Entwicklung eines virtuellen Aktienbuches macht jetzt ein papierloses und sofortiges Umschreiben der Namensaktien möglich. Zudem enthält das Aktienbuch wertvolle Informationen über die Anteilseigner: Name, Anrede, Geschlecht, Wohnort, Beruf, Sprache und Anzahl der erworbenen Aktien werden bei der Eintragung erfasst.[8] Auf diese Weise ist der Aktionär für die Unternehmen so

7 Vgl. Krystek, Ulrich und Müller, Michael: Investor Relations – Eine neue Disziplin nicht nur für das Finanzmanagement in Der Betrieb, Heft 36, 1993, S. 1788

8 Vgl. Gläserner Aktionär in Manager Magazin, 03/99, http://www.manager magazin.de/magazin/artikel/0,1113,2542,00.html

weit wie nötig transparent, so daß eine individuelle Information möglich wird. Aber auch Unternehmen, die Inhaberaktien handeln, können Adressenlisten erstellen: Sie erfassen Informationen über ihre Aktionäre, wenn diese beispielsweise Informationsmaterial anfordern oder aus anderen Gründen Kontakt aufnehmen. Ist der Aktionär dem Unternehmen bekannt, kann er regelmäßig über die aktuellen Entwicklungen informiert werden.

Trotz der genannten Erschwernisse ist die Zielgruppe der privaten Investoren aus mehreren Gründen interessant. In Deutschland werden immense Geldvermögen vererbt, die als Neuanlage zur Disposition stehen, und es ist bereits festzustellen, dass sich insbesondere jüngere Generationen zunehmend für die Aktie als Geldanlage interessieren. Das aktuelle Zinsniveau erscheint wenig attraktiv und das Risiko einer Aktienanlage wird durch eine breite Streuung und einen langfristigen Anlagehorizont erheblich vermindert. Über einen Zehn-Jahresvergleich schlägt die Aktie jede andere Form der Geldanlage.

Ein weiterer Anreiz, den Anteil der Privatanleger innerhalb der Aktionärsstruktur zu vergrößern, ist ihre Ausdauer. Sie stehen nicht unter dem Performancedruck, dem die institiutionellen Investoren ausgesetzt sind, und verhalten sich in Krisensituationen loyaler, was sich stabilisierend auf den Aktienkurs auswirkt. Vor allem langfristig orientierte Anleger tendieren dazu, Aktien auch in schwierigeren Situationen zu halten.[9] Eine Studie ergab, dass Privatanleger sehr zuverlässig sind und deshalb ein ausgleichendes Element innerhalb der Aktionärsstruktur bilden – sie kaufen Aktien gerade dann, wenn die Kurse fallen.[10] Eine offene und ehrliche Kommunikationspolitik stärkt das Vertrauen der Privatanleger in das Management der Aktiengesellschaft und verringert so die Gefahr extremer Kursschwankungen.

2.2.3 Institutionelle Investoren

Die Bedeutung der institutionellen Investoren hat in den achtziger und neunziger Jahren erheblich zugenommen. Dies gilt insbesondere für Investmentfonds, die in Deutschland rund 20 Prozent der nicht in Festbesitz befindlichen Aktien halten. Bei institutionellen Aktionären handelt es sich in der Regel um professionelle Großanleger, wie zum Beispiel Versicherungen und Investmentfonds, die sehr detaillierte Informationen über das Umfeld, die Besonderheiten des Unternehmens und seine Zukunftsaussichten erwarten. Das Interesse an Angaben zur strategischen Orientierung statt an der Rechtfertigung der Vergangenheit hat stark zugenommen. Es ist für Unternehmen von großer Bedeutung, die Zielvorstellungen in einem Zeithorizont von fünf Jahren klar zu formulieren. In diesem Zusammenhang ist auch das Phänomen der »Self-full-

9 Vgl. Krystek, Ulrich und Müller, Michael: Eine neue Disziplin nicht nur für das Finanzmanagement, S. 1787

10 Vgl. Husmann, Nele und Scheffels, Bodo: Brüder, zur Börse ... in Capital, April 1999, S. 12

filling prophecies« zu nennen, das besagt, dass die Hauptursache für das eingetretene Ereignis oft die Prophezeiung selbst ist.

Institutionelle Investoren stehen im Mittelpunkt der traditionellen IR-Arbeit, da Großanleger auf Grund ihres hohen Kapitaleinsatzes eine bevorzugte Information erwarten. Die Zielgruppe der institutionellen Anleger steht in starkem Gegensatz zu den Privatinvestoren (vgl. Tabelle 2). Sie bildet zahlenmäßig die kleinste Gruppe, in der jedoch pro Entscheider das größte Anlagekapital verfügbar ist.[11] Die Anlageentscheidung institutioneller Investoren kann Signalwirkung für private Investoren haben und somit Kursschwankungen verursachen.

Tabelle 2: Charakteristika individueller und institutioneller Anleger[12]

	Privatanleger	**Institutionelle Anleger**
Anlagekapital	Niedrig	Hoch
Performanceorientierung	Niedrig	Hoch
Informationsverarbeitung	Weniger professionell	Professionell
Loyalität	Möglich	Gering
Zeithorizont	Langfristig	Kurzfristig
Informationstiefe	Weniger hoch	Hoch

Unternehmen unterhalten meistens enge Beziehungen zu den institutionellen Anlegern in Form von regelmäßigen Einzelgesprächen und Unternehmenspräsentationen, in die oft auch Fondsmanager und Finanzanalysten einbezogen werden. Der Aufbau einer persönlichen Beziehung zu den Großanlegern kann sich in Krisensituationen kursstabilisierend auswirken. Doch auch hier gilt: Vorsicht vor Insidergeschäften.

2.2.4 Multiplikatoren

Die Gruppe der Multiplikatoren setzt sich aus Wirtschaftsjournalisten, Banken, Wertpapieranalysten, Fondsmanagern und Ratingagenturen zusammen. Sie haben eine wichtige Bedeutung für das börsennotierte Unternehmen, besonders im Hinblick auf die Privatanleger, deren Anlageentscheidung durch das Urteil der Multiplikatoren beeinflusst wird. Multiplikatoren verfügen in den meisten Fällen über eine große Sachkenntnis und liefern den weniger informierten Privatanlegern fundierte Auswertungen der Unternehmensveröf-

11 Vgl. Krystek, Ulrich und Müller, Michael: Eine neue Disziplin nicht nur für das Finanzmanagement, S. 1787

12 Vgl. Serfling, Klaus, Großkopff, Anne und Röder, Marko: IR in der Unternehmenspraxis in S. 275

fentlichungen. Da ihre Aussagen Verstärkereffekte beinhalten, ist ihren Informationsbedürfnissen besonders Rechnung zu tragen.

Fondsmanager

Fondsmanager können einerseits als Funktionsträger in Institutionen Anlageentscheidungen treffen; für sie gelten dann die Ausführungen im vorangegangenen Abschnitt. Andererseits werden sie von Unternehmen aus Kostengründen als externe Fondsmanager engagiert und üben dann eine Mittlerfunktion aus. Fondsmanager bewerten die Managementleistung der Unternehmen, bringen ihre Beurteilung jedoch selten direkt über Ausübung der Stimmrechte zum Ausdruck, sondern indirekt über den Kauf oder Verkauf von Papieren. Ziel der Fondsmanager ist es, die Chancen und Risiken einer möglichen Investition abschätzen zu können. Sie versuchen, die Zahl suboptimaler Anlageentscheidungen durch optimale Information gering zu halten und so eine gute Performance zu erzielen.

Finanzanalysten

Die Kommunikation mit den Analysten hat einen wesentlichen Einfluss auf die Bewertung des Unternehmens durch die verschiedenen Mitglieder der Financial Community.[13] Ihre Unternehmensanalysen sind in vielen Fällen die Entscheidungsbasis für Großanleger und Fondsmanager. Dass die Qualität der Information eine entscheidende Rolle bei der Bewertung durch die Analysten spielt, liegt auf der Hand.

Man unterscheidet zwei Arten von Finanzanalysten: Sell-side- und Buy-side-Analysten. Sell-side-Analysten sind unabhängige Mitarbeiter etwa von Brokerhäusern, die ihr Research an individuelle und institutionelle Anleger verkaufen. Sie gelten als Experten für die von ihnen beobachteten Unternehmen und erstellen verlässliche Analysen. Buy-side-Analysten sind Angestellte institutioneller Anleger. Sie nutzen die Analysen der Sell-side, um auf dieser Basis Empfehlungen für die Auswahl von Branchen und Titeln sowie für die optimale Portefeuillestrukturierung zu erarbeiten. Beide Gruppen haben entscheidenden Einfluss auf die Kauf-, Verkaufs- und Halteentscheidung von Institutionen.

Wirtschaftsjournalisten

Die Wirtschafts- und Finanzpresse ist auf Grund ihrer meinungsbildenden Funktion ein sehr wichtiger Multiplikator. Wirtschaftsjournalisten beeinflussen durch ihre Publikationen die Financial Community erheblich. Deshalb müssen die Unternehmen versuchen, zu den Journalisten eine enge, von Vertrauen getragene Beziehung aufzubauen.

Zusammengefasst besteht die große Herausforderung für die IR-Abteilung eines Unternehmens darin, eine heterogene Gruppe bestehend aus professio-

13 Vgl. Nölting, Andreas: Wer einmal lügt ... in Manager Magazin, 07/98, S. 108

nellen Anlegern, Wirtschaftsjournalisten und Privatpersonen gleichermaßen zufrieden stellend zu informieren.

2.3 Welche Instrumente können Unternehmen für IR einsetzen?

2.3.1 Unpersönliche Maßnahmen

Zu den unpersönlichen Kommunikationsmaßnahmen zählen Instrumente, die sich an ein großes, weit gehend unbekanntes Publikum richten. Printmedien wie Geschäfts-, Zwischen- und Quartalsberichte, Factbooks, Imagebroschüren etc. gehören zu dieser Gruppe. Sie werden zur Massenansprache verschiedener Zielgruppen eingesetzt – bei einer großen Anzahl von Privatinvestoren wäre der Einsatz persönlicher Kommunikationsinstrumente, wie Telefonkonferenzen oder persönliche Treffen, einerseits schwer durchführbar und andererseits kaum zu finanzieren. Das wichtigste Instrument innerhalb der Gruppe der unpersönlichen Instrumente ist ohne Zweifel der Geschäftsbericht.

- **Geschäftsbericht**

»Der Geschäftsbericht ist für uns das wesentliche Instrument im Wettbewerb um Kapital, Kunden, Mitarbeiter und – last but not least – um unser Ansehen in der Öffentlichkeit.« Rolf-E. Breuer, Vorstandssprecher der Deutschen Bank.

Deutsche Geschäftsberichte sind in den vergangenen Jahren besser, aussagekräftiger und attraktiver geworden; jene hohen Publizitätsstandards, die vor allem ausländische Finanzanalysten und institutionelle Anleger gewohnt sind, erreichen allerdings nur verhältnismäßig wenige, zumeist international ausgerichtete Großkonzerne. Alljährlich stattfindende Wettbewerbe, wie »Der beste Geschäftsbericht« des Manager Magazin oder »Der Investor Relations Preis« von Capital bewerten die Geschäftsberichte nahezu aller börsennotierten deutschen Gesellschaften und der bedeutendsten europäischen Unternehmen nach den Kriterien:

- Inhalt
- Optik
- Sprache

Das Ziel der Wettbewerbe besteht darin, die Unternehmen zu motivieren und die Interessen der Aktionäre in den Mittelpunkt zu stellen. Von 540 untersuchten Unternehmen erreichten 1998 217 weniger als 37,5 Prozent – »mangelhaft« urteilte die Jury. Es gibt also noch ein erhebliches Verbesserungs- und Entwicklungspotenzial. Inzwischen orientieren sich immer mehr Unternehmen an diesen Wettbewerben, und man kann eine kontinuierliche Verbesserung der untersuchten Geschäftsberichte feststellen.

Es lohnt sich, dem Geschäftsbericht viel Aufmerksamkeit zu widmen. Der Grund liegt auf der Hand: »Um aus einer schlechten Bonität eine gute zu machen, benötigt ein Unternehmen in der Regel fünf Jahre. Einen lausigen Geschäftsbericht hingegen können sie mit dem richtigen Team innerhalb eines Jahres in ein Glanzstück verwandeln.« Jörg Baetge, Bilanzexperte.[14] Besonders institutionelle Anleger arbeiten viel mit Geschäftsberichten.[15] Da diese Zielgruppe über ein hohes Investitionspotenzial verfügt, zahlt sich ein gut gemachter, informativer und optisch ansprechender Geschäftsbericht in jedem Fall aus.

- **Quartals- und Zwischenberichterstattung**

Eine qualitative Studie der IRES-Marktforschung ergab, dass Quartalsberichte besonders für Analysten und institutionelle Investoren von Bedeutung sind.[16]

Die meisten deutschen Unternehmen publizieren lediglich den gesetzlich vorgeschriebenen Halbjahresbericht, während die Unternehmen in den USA alle drei Monate einen Quartalsbericht veröffentlichen. Wer auf Dauer Erfolge im Wettbewerb um Kapital erzielen will, muss sich den kürzeren Informationszyklen anpassen.

Im Zwischenbericht wird nicht nur über die ersten drei, sechs oder neun Monate des Geschäftsjahres informiert; der Bericht gilt als Indikator für den späteren Jahresabschluss. Die Paragraphen 53 bis 56 der Börsenzulassungsverordnung legen die Einzelheiten zur inhaltlichen Gestaltung von Zwischenberichten fest. Über diese gesetzlichen Vorschriften sollte jedes Unternehmen hinausgehen, das sich positiv von den Mitbewerbern abheben will.

- **Aktionärsbriefe und -zeitschriften**

Aktionärsbriefe sind besonders in Ausnahmesituationen, wie zum Beispiel bei wichtigen Akquisitionen, Änderung der Geschäftstätigkeit, bei Nichterreichen der gesetzten Ziele oder auch einer drohenden Übernahme geeignet.

Während Aktionärsbriefe dazu dienen, den Investoren außerordentliche Vorkommnisse zu kommunizieren, erscheinen Aktionärszeitschriften in regelmäßigen Zeitabständen und sorgen so für einen kontinuierlichen Informationsfluss zwischen Unternehmen und Kapitalgebern.

- **Finanzanzeigen**

Die Chance, über renommierte Wirtschaftszeitungen aktuelle und potenzielle Investoren anzusprechen und zu begeistern, wird allgemein als groß einge-

14 Das Thema Geschäftsbericht wird ausführlich in folgenden Büchern behandelt: Der Geschäftsbericht: die Visitenkarte des Unternehmens, Jörg Baetge und Klaus Rainer Kirchhoff, Wien, Ueberreuter, 1997 sowie in: Geschäftsbericht ohne Fehl und Tadel, Kaeven Gazdar und Klaus Rainer Kirchhoff, Neuwied, Kriftel, Luchterhand, 1999.

15 Vgl. IRES-Investor Relations-Studie, S. 25

16 Vgl. IRES-Investor Relations-Studie, S. 27

schätzt. Zu den Finanzanzeigen zählen zum Beispiel Einladungen zu Hauptversammlungen, Bilanzanzeigen, Hauptversammlungsberichte, Kapitalmarktinformationen, Dividendenbekanntmachungen und Geschäftsberichtsinserte. Sie haben eine imagebildende Funktion, weshalb es wichtig ist, auf ein einheitliches Corporate Design zu achten.

Laut IRES-Studie wird die Finanzwerbung mittels Anzeigen von privaten Anlegern und Analysten als erstes Instrument genannt, das ihnen im Zusammenhang mit IR einfällt. Da Anzeigenkampagnen relativ teuer sind, müssen sie sehr gezielt eingesetzt werden, um den Nutzen im Verhältnis zu den Kosten zu optimieren.

- **Imageanzeigen**

Imageanzeigen sind auch im Zeitalter des Internets immer noch ein probates Mittel, um die Aufmerksamkeit einer breiten Öffentlichkeit auf ein Unternehmen zu lenken. Oft werden bekannte und erfolgreiche Produkte des Unternehmens genutzt, um einen Imagetransfer auf die Aktie zu erreichen.

Besonders wichtig ist es, Finanz- und Imageanzeigen gezielt vor Kapitalerhöhungen und Going Publics zu schalten. Auch zu anderen Anlässen, zum Beispiel bei wichtigen Akquisitionen, der Vorlage der Bilanz etc. bieten sich Imageanzeigen als IR-Mittel an. Denn nur langfristig und kontinuierlich betriebene IR führen nachhaltig zum Erfolg.

- **TV-Spots**

TV-Spots in wirtschaftsbezogenen Sendungen rangieren bei Privatanlegern auf Platz zwei der Bekanntheitsskala.[17] Es ist anzunehmen, dass sich die Zahl der Nachrichtendienste in Zukunft drastisch erhöhen wird; ihre Finanzierung wird überwiegend über Werbung erfolgen.

Immer häufiger betreiben Unternehmen Sharebranding, also die Vermarktung der Aktie als Markenartikel, um den potenziellen Investor auf dem heiß umkämpften Kapitalmarkt für ein Investment zu gewinnen; in der Finanzkommunikation wachsen damit die Parallelen zum Produktmarketing und damit auch die Eignung von TV-Spots für das Aktienmarketing.

Ein Vorteil von TV-Spots gegenüber Printanzeigen liegt in den deutlich geringeren Mediakosten: Für etwa 100 000 DM kann ein Unternehmen entweder drei Anzeigen in einer großen deutschen Wirtschaftszeitung schalten oder 30 bis 40 Schaltungen in einem Wirtschaftsfernsehsender erzielen. Die Entscheidung sollte dennoch für beide Medien ausfallen, da sowohl TV-Spots als auch Finanzanzeigen hoch in der Gunst aller IR-Zielgruppen liegen.

- **Factbooks**

Factbooks sind eine Zusammenstellung von Charts und komprimierten Informationen über das Unternehmen. Ihre Charakteristika sind Prägnanz und

17 Vgl. IRES-Investor Relations-Studie, S. 25

Kürze. Sie vermitteln dem Leser einen allgemeinen Einblick in das Geschäft, die Produkte und Zahlen des Unternehmens. Die Factbooks haben in den USA eine lange Tradition, gewinnen aber auch in Deutschland zunehmend Beachtung. Da sie leicht aktualisiert werden können, sind Factbooks das geeignete Hilfsmittel für die kontinuierliche IR. Sie werden sowohl für die unpersönliche als auch für die persönliche IR (insbesondere One-on-ones) genutzt.

- **Pressemitteilungen**

Durch die gezielte Verbreitung von Pressemitteilungen zu finanzpolitischen Themen und Ereignissen erreichen die Unternehmen die größte Publizität. Dabei ist es wichtig, nicht jedes Ereignis zum Anlass für eine Presseaussendung zu nehmen. Denn auch hier gilt: Nur Themen publizieren, die das Interesse der Financial Community wirklich treffen. So mag es Ereignisse geben, die im Unternehmen selbst große Bedeutung haben, aber für den Kapitalmarkt irrelevant sind, weil sie keine nennenswerte Auswirkung auf die finanzielle Performance des Unternehmens haben. Solche Themen eignen sich dann eher für die Fach- oder Regionalpresse.

- **Hotlines**

Über Hotlines ist es möglich, ständig Informationen abzurufen. Sie sind ein sehr wichtiges IR-Instrument, von dem vor allem institutionelle Investoren und Analysten häufig Gebrauch machen.[18] Selbst wenn es sich lediglich um die Einrichtung eines Call Centers handelt, erzeugen Hotlines den Eindruck einer menschlichen Oberfläche, da der Anrufer sofort einen persönlichen Kontakt zum Unternehmen bekommt. Der Faktor »Erreichbarkeit« kann nicht hoch genug eingeschätzt werden.

- **Online-Dienste**

Mit rapide steigenden Benutzerzahlen wächst auch die Bedeutung des Internets. Das Internet ist ein sehr günstiges IR-Medium. Werden zum Beispiel Geschäfts-, Zwischen- und Quartalsberichte internetgerecht – das heißt dynamisch und interaktiv – publiziert, können die Auflagen der Printmedien reduziert werden, was zu erheblichen Kosteneinsparungen führt. Außerdem ist das Internet hinsichtlich Charakteristika Schnelligkeit, globaler Zugriffsmöglichkeiten und benutzerdefinierter Informationsangebote allen anderen Medien weit überlegen. Trotz der genannten Vorteile nutzen deutsche Aktiengesellschaften die Präsentationsmöglichkeiten des Internet weniger häufig und professionell als amerikanische oder britische Unternehmen (Näheres zum Thema Internet in Kapitel F).

- **Videotext**

Videotext wird hauptsächlich von institutionellen Investoren und Analysten benutzt. Es ist davon auszugehen, dass der Videotext zunehmend durch das Internet substituiert wird.

18 Vgl. IRES-Investor Relations-Studie, S. 27

2.3.2 Persönliche Maßnahmen

- **Hauptversammlung**

»Die Hundehütte ist für den Hund und die Hauptversammlung ist für die Katz«
Carl Fürstenberg (1850–1933)

Dass dieser Ausspruch nicht der Wahrheit entsprechen darf, haben amerikanische Unternehmen, wie Wal Mart, längst erkannt: Sie machen aus ihren Hauptversammlungen spannende Events mit kulturellem Rahmenprogramm. Das Zitat trifft dennoch zuweilen auf die Einstellung deutscher Aktiengesellschaften gegenüber Hauptversammlungen zu – sie spulen dieses einmalige persönliche IR-Kommunikationsinstrument als lästige Pflichtveranstaltungen ab. Dabei beinhalten Hauptversammlungen ein enormes Kommunikationspotenzial – wann sonst bietet sich den Unternehmen die Chance, mit einer großen Anzahl von Privatanlegern, institutionellen Investoren und Multiplikatoren derart ungefiltert Kontakt aufzunehmen?

- **Road Shows**

Viele Unternehmen stellen sich an wichtigen Finanzplätzen in so genannten Road Shows vor. Die Auswahl der Plätze erfolgt je nach Investitionsvolumen und dem Interesse für die Aktie. Road Shows werden in der Regel ein- bis zweimal pro Jahr veranstaltet und dienen der Informationsübermittlung, dem Aufbau von IR-Beziehungen und der Steigerung des Bekanntheitgrades.

Zu den Zielgruppen von Road Shows zählen vor allem institutionelle Anleger und Finanzanalysten. Privatanleger werden dagegen eher durch **IR-Foren** angesprochen, die oft in Zusammenarbeit mit Finanzdienstleistern organisiert werden.

- **Einzel- und Roundtablegespräche**

In Einzel- und Gruppengesprächen geben Aktiengesellschaften institutionellen Anlegern und Analysten, aber auch ausgewählten Journalisten Hintergrund- und Zusatzinformationen über das Unternehmen, um eventuellen Fehleinschätzungen entgegenzuwirken und wichtige strategische Ziele zu erläutern.

Großen Wert legen vor allem institutionelle Anleger sowie Analysten und Berater auf Einzelgespräche. Auf die Frage, welche IR-Maßnahmen ihnen spontan einfallen, nennen beide Gruppen die Einzel- und Gruppengespräche an zweiter Stelle, gleich nach den Finanzanzeigen.[19]

- **DVFA -Analystenkonferenzen**

Die Deutsche Vereinigung für Finanzanalyse und Anlageberatung (DVFA) ist der Berufsverband der Kapitalmarktexperten (vgl. www.dvfa.de). Die über 1 000 DVFA-Mitglieder sind bei professionellen nationalen und internationa-

19 Vgl. IRES-Investor Relations-Studie, S. 25

len Dienstleistern wie Banken, Investmenthäusern, Versicherungen, Kapitalanlagegesellschaften oder Kapitalmarktberatern tätig.

Die DVFA-Aktivitäten dienen der Sicherung von Qualitätsstandards am Kapitalmarkt und zur Vertrauensbildung bei den nationalen und internationalen Anlegern.

Da die DVFA-Mitglieder zu den professionellen Multiplikatoren in den Finanzmärkten und zu den wichtigsten Meinungsbildnern für Investments zählen, ist die Durchführung von DVFA-Analystenkonferenzen für eine ernst zu nehmende IR-Arbeit unerlässlich. Ihre Empfehlungen ziehen in der Regel Kursbewegungen nach sich.

- **Pressekonferenzen**

Auf Pressekonferenzen bietet sich Aktiengesellschaften die Chance, einen engen Kontakt zu Finanzjournalisten aufzubauen und zu pflegen. Bei diesen persönlichen Treffen hat vor allem das Management eines Unternehmens die Möglichkeit, sich zu präsentieren und – als höchstes Ziel – Vertrauen bei den Mitgliedern der Financial Community hervorzurufen. Weiterhin werden über Pressekonferenzen wichtige Multiplikatoren erreicht. Dabei ist auch zu berücksichtigen, dass eine positive Berichterstattung in den Medien eine hohe Glaubwürdigkeit beansprucht.

- **Betriebsbesichtigungen**

Betriebsbesichtigungen werden besonders von Analysten und institutionellen Anlegern geschätzt. Sie machen allerdings nur Sinn, wenn sich die Art der Tätigkeit oder die Produkte für eine interessante Präsentation anbieten.

2.3.3 Unterstützende Maßnahmen

Unterstützende Maßnahmen sind diejenigen, die nur in Verbindung mit anderen Maßnahmen angewendet werden.

- **Videofilm**

Unternehmensvideos lassen sich optimal einsetzen, um ein Unternehmen vorzustellen. Vor allem internationale Konzerne mit weltweiten Standorten können sich in einem Videofilm als Unternehmen aus einem Guss präsentieren und besonders interessante Aspekte ihres Geschäfts wirkungsvoll aufgreifen.

- **CD-Rom**

CD-Roms können das IR-Angebot ergänzen, sofern sie keine 1:1-Kopie der Printmedien darstellen. In der Praxis hat sich dieses Medium nie wirklich durchgesetzt und ist durch das Internet weitgehend ersetzt worden.

2.4 IR aus der Sicht eines IR-Dienstleisters – Wie kann jedes Unternehmen seinen IR-Erfolg steigern?

Alleingang oder mit fremder Unterstützung?

Die IR-Aktivitäten deutscher Unternehmen haben sich in den letzten Jahren deutlich verbessert. Dieser Trend ist vor allem auf die immer professionellere Vorgehensweise der Unternehmen zurückzuführen. Während 1991 nur 31 Prozent der IR-aktiven Aktiengesellschaften gelegentlich mit Beratern bzw. Agenturen zusammenarbeiteten, lag der Prozentsatz 1998 schon bei 70.[20]

Unternehmen müssen entscheiden, ob und in welchen Bereichen sie IR-Dienstleister zu Hilfe ziehen. Oft fehlt im Unternehmen das spezifische Know-how, wenn es um die IR-Instrumente wie Geschäfts-, Zwischen- und Quartalsberichte, Factbooks, Finanzanzeigen und Internetauftritte geht – benötigt werden spezialisierte Grafiker, Kommunikationsdesigner, Betriebswirte, erfahrene IR-Manager und nicht zuletzt einschlägige Kontakte zu den Mitgliedern der Financial Community und zur Wirtschaftspresse.

Ein weiterer Punkt, der für die Hinzuziehung eines IR-Dienstleisters spricht: Er sieht die zu übermittelnde Information in der Rolle des Empfängers und kann mit seinem objektiven Blick manche Nachricht relativieren, die im Unternehmen aus interner Sicht vielleicht über- oder unterbewertet wird. Die große Mehrheit der Unternehmen, deren Geschäftsberichte großes Ansehen genießen und von führenden Wirtschaftsmagazinen ausgezeichnet wurden, setzen einen IR-Dienstleister ein.

Wichtig bei der Wahl eines Beraters ist, dass es sich um ein Full Service-Unternehmen handelt, das Ihre Projekte von der Erstellung eines Konzeptes bis zum Druck bzw. zur Realisierung der jeweiligen Medien erfolgreich betreut. Unstimmigkeiten und Fehler in der Zusammenarbeit von Unternehmen und Berater treten leider immer wieder auf; sie könnten in vielen Fällen leicht vermieden werden.

Wahl des Beraters

Wählen Sie in ihrem eigenen Interesse einen Full Service-Anbieter, der sämtliche Instrumente der Finanzkommunikation abdeckt. Bedenken Sie, dass Sie auf diese Weise die Wirksamkeit ihrer IR-Arbeit erhöhen können. Ein Mix aus Finanzanzeigen, Internetauftritt, Verkaufsprospekt, Roadshows, Geschäftsbericht, Unternehmenspräsentation, alles strategisch aufeinander abgestimmt, wirft das beste Licht auf Ihr Unternehmen. Je weniger Erfahrung Ihr Unternehmen im Bereich Finanzkommunikation hat, desto wichtiger sind das Know-how und die Beziehungen eines guten IR-Beraters.

Besonders im Falle eines IPO spielen auch persönliche Sympathien eine große Rolle, da Sie mit den Mitarbeitern der IR-Beratung häufigen und intensiven

20 Vgl. IRES-Investor Relations-Studie

Kontakt haben werden. Die Zahl der involvierten Partner sollte so klein wie möglich sein. So lassen sich Koordinationsschwierigkeiten und Kommunikationsstörungen minimieren. Lassen Sie sich zudem die Erfahrung der Mitarbeiter nachweisen, die für Ihr Projekt zuständig sind. Diese sollten fundierte betriebswirtschaftliche Kenntnisse besitzen. Überlassen Sie deshalb die Finanzkommunikation den auf die Kapitalmarktkommunikation spezialisierten Beratern. Die IR sind zu sensibel, um eine herkömmliche Werbe- oder PR-Agentur damit zu betrauen.

3. Grundsätze ordnungsmäßiger Ad hoc-Publizität

von Josef Leis

- Die Zahl der Ad hoc-Mitteilungen hat in den letzten Jahren immer mehr zugenommen.
- Die Presse hat inzwischen gelernt, bei der Ad hoc-Publizität die Spreu vom Weizen zu trennen.
- Ad hoc-Mitteilungen sollten sich auf das wirklich Neue und Kursrelevante beschränken.
- Vor allem irreführende Inhalte in Ad hoc-Mitteilungen schaden dem Ansehen des Unternehmens.

3.1 BAWe kritisiert Emittenten

Das Bundesaufsichtsamt für den Wertpapierhandel (BAWe) hat nach § 4 des Wertpapierhandelsgesetzes (WpHG) die Aufgabe, »Missständen entgegenzuwirken, welche die ordnungsmäßige Durchführung des Wertpapierhandels beeinträchtigen ...« Dazu kann es »Anordnungen treffen, die geeignet sind, diese Missstände zu beseitigen oder zu verhindern.« Die Veröffentlichung kursbeeinflussender Tatsachen nach § 15 WpHG soll einen wichtigen Beitrag zur Markttransparenz leisten. Folgerichtig beabsichtigt das Amt nun auch dem Missbrauch entgegenzuwirken, der mit diesem Instrument getrieben wird. Bislang hat das BAWe dabei viel Geduld bewiesen, denn diesen Missbrauch gibt es seit 1995, seit § 15 WpHG in Kraft ist. Erstmals wird dies auch offiziell im Jahresbericht des BAWe für 1998 kritisiert:

- Die 1998 im Vorjahresvergleich um gut 40 Prozent auf 1805 gestiegene Zahl von Ad hoc-Mitteilungen sei »nicht in allen Fällen gleich bedeutend mit einem Gewinn an Transparenz.«
- »Verstärkt veröffentlichten Aktiengesellschaften Mitteilungen, bei denen die Voraussetzungen für eine Ad hoc-Mitteilung nicht vorlagen.«
- »Eine Reihe von Emittenten missbrauchte das Instrument der Ad hoc-Publizität zur Öffentlichkeitsarbeit.«

Der Autor

Josef Leis

- »Damit erschwerten sie es der Öffentlichkeit, aus der Vielzahl der Veröffentlichungen die wirklich wichtigen herauszufiltern.«
- »Darunter leidet nicht nur das Instrument der Ad hoc-Publizität; es leidet vor allem die Markttransparenz ... Die Transparenz der Märkte litt jedoch nicht nur unter überflüssigen Ad hoc-Mitteilungen.«
- »Die überflüssigen wie notwendigen Ad hoc-Mitteilungen waren in vielen Fällen zu umfangreich,«
- »da sich die Emittenten oftmals nicht auf die Schilderung der neuen kursrelevanten Tatsache und deren kurze Erläuterung beschränkten.«
- »So wurden zum Teil seitenlange Quartals- und Halbjahresberichte veröffentlicht.«
- »Die Kernaussagen zum Geschäftsverlauf wären jedoch völlig ausreichend gewesen.«
- »Hintergrundinformationen sollten der Regelpublizität oder der Öffentlichkeitsarbeit vorbehalten bleiben.«

In einer Pressekonferenz in Frankfurt erklärte der Präsident des BAWe, Georg Wittich, dazu: »Wir haben deshalb mehrfach an die Emittenten appelliert, ihre Veröffentlichungspraxis zu überdenken. In gravierenden Fällen *des Missbrauchs* schreiben wir die Unternehmen inzwischen gezielt an. Darüber hinaus gibt es Überlegungen, die beschriebene Art der Nutzung der Ad hoc-Publizität als Missstand im Sinne des Wertpapierhandelsgesetzes (§ 4 WpHG) anzusehen und diesem Missstand mit aufsichtsrechtlichen Maßnahmen zu begegnen.« Aufsichtsrechtliche Maßnahmen wären Untersagungsverfügungen und Zwangsgeld. Angesichts der weitgehend unklaren Rechtsbegriffe zu diesem Thema darf man gespannt sein, wie die ersten Verfügungen begründet werden.

Zuvor wird das BAWe noch viel Aufklärungsarbeit leisten müssen: Welche Erläuterungen werden akzeptiert, wenn sie durch eine echte oder ein findige Darstellung einer neuen Tatsache eingeleitet werden, wann können die gleichen Informationen mit Zwangsgeld belegt werden, wenn in der Mitteilung die neue Tatsache fehlt? Was ist schlimmer als Mitteilungen, die bekannte Tatsachen als neue darstellen? Sind Prognosen in Ad hoc-Mitteilungen eher akzeptabel als Produktdarstellungen?

Die Kritik im Jahresbericht des BAWe gibt den Emittenten keine große Entscheidungshilfe, wie sie nun künftig welche Pflichtmitteilungen formulieren sollen und was sie damit als Inhalt verbreiten müssen oder können. Immerhin ein Hinweis ist in der Kritik enthalten. Er steckt in der Formulierung: »Schilderung der neuen kursrelevanten Tatsache und deren kurze Erläuterung«. Bisher hieß es dazu lediglich, mitzuteilen sei »nur die Tatsache als solche«. Jetzt ist aufgeklärt, dass nach der Meinung des BAWe dazu noch etwas ergänzend als »kurze Erläuterung« gesagt werden darf. Was aber mit »Erläuterung« gemeint ist, darauf legt sich das Bundesamt nicht fest.

Ansonsten bleibt die Kritik ebenso abstrakt wie bisher alle Überlegungen und Leitlinien des Amtes, einschließlich des von BAWe und Deutsche Börse AG in Zusammenarbeit mit allen deutschen Börsen und wichtigen Zentralverbänden herausgegebenen Leitfadens »Insiderhandelsverbote und Ad hoc-Publizität nach dem Wertpapierhandelsgesetz«. Darin gibt es viele Hinweise, wie der Emittent über die Kursrelevanz nachzudenken hat. Vom BAWe werden auch Fragen nach dem Zeitpunkt, wann eine Tatsache zur Veröffentlichung nach § 15 WpHG eingetreten ist, akribisch behandelt. Wie aber welche Tatsachen darzustellen sind, darauf wird immer wieder nur mit möglichst unklaren Begriffen eingegangen.

Was meint wohl das Amt mit Kernaussagen«, oder was mit »Hintergrundinformationen«, die der »Öffentlichkeitsarbeit« vorbehalten bleiben sollten? Sind nicht vielleicht Hintergrundinformationen die wichtigsten »Erläuterungen« neuer Tatsachen (warum zum Beispiel der Vorstandsvorsitzende gegangen ist oder wurde, warum eine Beteiligung erworben wurde, warum ein Umsatz eingebrochen, ein Gewinn gestiegen ist?). Gehört nicht Ad hoc-Publizität auch zur Öffentlichkeitsarbeit, für die sie nach Meinung des Amtes missbraucht wird?

§ 15 WpHG
Veröffentlichung und Mitteilung kursbeeinflussender Tatsachen

(1) Der Emittent von Wertpapieren, die zum Handel an einer inländischen Börse zugelassen sind, muss unverzüglich eine neue Tatsache veröffentlichen, die in seinem Tätigkeitsbereich eingetreten und nicht öffentlich bekannt ist, wenn sie wegen der Auswirkungen auf die Vermögens- und Finanzlage oder auf den allgemeinen Geschäftsverlauf des Emittenten geeignet ist, den Börsenpreis der zugelassenen Wertpapiere erheblich zu beeinflussen, oder im Fall zugelassener Schuldverschreibungen die Fähigkeit des Emittenten, seinen Verpflichtungen nachzukommen, beeinträchtigen kann. Das Bundesaufsichtsamt kann den Emittenten auf Antrag von der Veröffentlichungspflicht befreien, wenn die Veröffentlichung der Tatsache geeignet ist, den berechtigten Interessen des Emittenten zu schaden.

.....

Solange das BAWe nicht etwas besser – anhand einiger Fallbeispiele – beschreibt, welche »kurzen Erläuterungen« denn akzeptabel sind, welche »Kernaussagen« ja, welche »Hintergrundinformationen« nein, bleibt aller Spielraum für irgendwelche »Erläuterungen«. »In der Regel eine Schreibmaschinenseite«, wird häufig als Länge für eine Ad hoc-Mitteilung eingeräumt. Aber welche Erläuterung ist ausgeschlossen, wenn diese Längenvorgabe überschritten wird, oder auch wenn es weniger ist? Müssen erst die in der Pressekonferenz des BAWe am 12. August 1999 angekündigten Untersagungsverfügungen erlassen und Zwangsgelder verhängt werden, ehe betroffene Emittenten dazu Details erfahren?

> Mit der wachsenden Zahl der notwendigen und der überflüssigen Ad hoc-Mitteilungen wird es zunehmend lästig und mühsam, diese nach wirklich kursrelevanten Neuigkeiten zu durchforsten.

Während in den ersten Jahren allenfalls die Hälfte der zur Ad hoc-Publizität verpflichteten Emittenten mindestens eine Mitteilung im Jahr abgaben, waren 1998 rund drei Viertel aller Gesellschaften dazu übergegangen. Außerdem ist die Zahl der Aktiengesellschaften gewachsen, bis Ende Oktober 1999, allein am Neuen Markt auf 175 Emittenten, die wie amerikanische Gesellschaften zur Quartalsberichterstattung verpflichtet sind und diese Regelpublizität im Zweifel immer zur Ad hoc-Publizität nutzen.

Dadurch ist die Zahl der Pflicht-Mitteilungen von Jahr zu Jahr stark gestiegen: Von 1001 im Jahre 1995 auf 1856 im Jahre 1998. Der Tagesrekord lag 1999 bislang bei 30 Mitteilungen. In den letzten 5 Börsentagen des August 1999 (nach der BAWe-Kritik) gab es täglich zwischen 19 und 27 Mitteilungen, insgesamt circa 140. Der Längenrekord wurde 1998 mit einer Mitteilung aufgestellt, die (wegen ihrer Länge) in der Übertragung durch die DGAP (die Deutsche Gesellschaft für Ad hoc-Publizität) dreigeteilt werden musste und im Videotext von n-tv insgesamt 42 Seiten belegte. Im Videotext steht eine Textseite 45 Sekunden bis automatisch weitergeblättert wird, so daß eine solche Ad hoc-Information im Videotext mehr als eine halbe Stunde Lesezeit beansprucht. Vielleicht auch doppelt so viel, wenn der interessierte Anleger noch einmal nachlesen muss, wo in der Fülle der Informationen eigentlich die neue Tatsache versteckt ist, die nach Meinung des Emittenten erheblich kursrelevant sein könnte.

»Tatsachen kursrelevanter Art«

In der Gesetzesbegründung (BT Drucksache 12/6679, Seite 48) heißt es:

- »Dem Tatbestand der Ad hoc-Berichterstattung unterfallen nur Tatsachen kursrelevanter Art; beispielhaft sind in diesem Zusammenhang die Aufkündigung von besonders bedeutsamen Patent-, Liefer- oder Abnahmeverträgen oder die Einstellung umsatzwichtiger Produktionszweige nach Unglücksfällen, aber auch der Abschluss neuer vorteilhafter Verträge von erheblicher Bedeutung für die weitere Entwicklung des Unternehmens zu nennen«.
- »Weiterhin müssen die Tatsachen im Fall ihrer Bekanntgabe zu einer erheblichen Kursänderung der Wertpapiere führen.«
- »Für die Beurteilung, ob eine Tatsache erheblich kursbeeinflussend ist oder nicht, ist der Einzelfall unter Zugrundelegung der allgemeinen Lebenserfahrung entscheidend«.

Faustregel

In der deutschen Literatur hat sich als Faustregel durchgesetzt, Kursrelevanz einer neuen Tatsache dann anzunehmen, wenn sie einen rational handelnden Investor veranlassen könnte, die betroffene Aktie zu kaufen oder zu verkaufen.

3.2 Zunächst missachtet, heute missbraucht

Als die »Veröffentlichung wichtiger Tatsachen« noch in § 44a Börsengesetz (BörsG) geregelt war, noch von keiner Instanz überwacht wurde und nur mit einem Bußgeld von maximal 100 000 DM belegt werden konnte, wurde das Gesetz missachtet: Es gab jährlich allenfalls eine oder zwei Veröffentlichungen nach § 44a BörsG. Das bedeutet nicht, dass alle wichtigen Tatsachen verschwiegen worden wären. Sie wurden jedoch nicht als solche gekennzeichnet. Seit die »Veröffentlichung und Mitteilung kursbeeinflussender Tatsachen« mit nahezu gleichem Inhalt nach § 15 Wertpapierhandelsgesetz (WpHG) zu erfolgen hat (seit 1. Januar 1995), seit diese vom Bundesaufsichtsamt für den Wertpapierhandel (BAWe) überwacht und mit einem Bußgeld bis zu drei Millionen DM belegt werden kann, seitdem wird dieses Gesetz überwiegend befolgt, aber auch missbraucht.

> Ein Emittent erklärt der »Bereichsöffentlichkeit« via Ad hoc-Mitteilung, warum er an einer Messe nicht teilgenommen hat, andere verbreiten ellenlange Zwischenberichte, beschreiben Produkte mit allen technischen Details, melden den Absatz der tausendsten Maschine oder die Gründung eines Aktionärsklubs oder zitieren die schönsten Worte des Vorstandsvorsitzenden, die nur eigene Wertschätzungen, aber keinerlei neue Tatsache enthalten.

Um zu zeigen, wie solche Erläuterungen zu kursrelevanten Tatsachen in der Praxis konkret aussehen, werden einige wenige Beispiele aus den Jahren 1996 und 1997 zitiert – ohne Namensnennung, weil es an dieser Stelle keinen Sinn macht, aus der Fülle der möglichen Beispiele einzelne Emittenten kritisch herauszustellen:

Einige Beispiel in Kurzfassung: »Das exklusive Marktsegment für innovative Wachstumsunternehmen verpflichtet zur regelmäßigen Veröffentlichung von Quartalsberichten mit dem Ziel, die Aktionäre und Investoren zeitnah über die wichtigsten wirtschaftlichen Kennzahlen zu informieren.« »... legt die ... AG den zweiten vollständigen Quartalsbericht über die ersten neun Monate des laufenden Geschäftsjahres vor. Neben den allgemeinen Erläuterungen über den Geschäftsgang beinhaltet dieser Bericht die Gewinn- und Verlustrechnung, die Kapitalflussrechnung sowie die wichtigen Finanzkennzahlen.«

»Da die Messegesellschaft uns auf Grund der räumlichen Engpässe keinen adäquaten Standplatz zur Verfügung stellen konnte, haben wir auf eine Teilnahme verzichtet. Denn unsere qualifizierten Fachbetriebe verfügen bundesweit über eigene Ausstellungen und können Kunden und Interessenten vor Ort beraten.«

Verschiedene Zitate von Vorstandsvorsitzenden: »... in zwei bis drei Jahren ist wieder eine Dividende möglich. Wir wollen ein ehrgeiziges Ziel erreichen: Der

Kurs der Aktie soll wieder auf das Niveau der jüngsten Kapitalerhöhung steigen, streicht ... [Name des Vorstandsvorsitzenden] heraus. Wir haben schließlich nichts zu verschenken [...] Wir konzentrieren uns auf den Markt und werden keine Position mehr kampflos aufgeben«. Oder: »Wir nehmen jetzt Anlauf für den zweiten Sprung, erklärt [der Vorstandsvorsitzende].« Oder: »Wir können uns nicht ausruhen, weltweiter Wettbewerb wird weiterhin auf steten Wandel drängen.« (Wenn das BAWe solche »Erläuterungen« als kursrelevant akzeptiert, könnte es wohl höchstens gegen sittenwidrige Inhalte mit Zwangsgeldern vorgehen. Oder lässt es nur einen einzigen derartigen Satz zu, aber nicht mehrere?)

Mit diesen Beispielen sollte hinreichend deutlich geworden sein, wie notwendig es ist, einige Grundsätze festzulegen, nach denen Ad hoc-Mitteilungen zu formulieren sind, damit dieser Paragraph der unbestimmten Rechtsbegriffe seine Aufgabe wenigstens einigermaßen erfüllen kann. Denn was der BAWe-Präsident schon in seinem Vortrag am 28. November 1995 kritisierte, gilt auch heute noch: »Die Anleger werden zum Teil durch die Fülle von Informationen verwirrt, da sie die wesentliche Mitteilung des Berichtes unter Umständen nicht mehr erkennen können«. Da vor allem die Zwischenberichte wesentlich kürzer geworden sind, ist es allerdings nicht zwingend, dass die Situation allein durch die gewachsene Zahl der Mitteilungen für den Anleger schwieriger geworden ist: Eine kurze Werbebotschaft, die als angeblich kursrelevante Mitteilung nach § 15 WpHG verbreitet wird, ist sehr schnell durchschaut und zur Seite gelegt. Ein seitenlanger Zwischenbericht erfordert dagegen sehr viel Zeit, bis er nach kursrelevanten Informationen und nach deren Neuigkeitsgrad analysiert ist. Außerdem gibt es Inhalte, die nur lästig sind, während andere sehr irreführend sein und Anleger zu falschen Entscheidungen verleiten können, wenn etwa der wirklich kursrelevante Teil einer neuen Tatsache nicht korrekt dargestellt und nicht auf das beschränkt wird, was nicht bereits prognostiziert war. (Wenn Prognosen vorliegen, besteht der kursrelevante Teil der neuen Tatsache nicht im Vergleich zur entsprechenden Vorjahreszahl, sondern im Vergleich zur prognostizierten Zahl.)

3.3 Ein interessantes Transportmittel

Die IR- Manager der Emittenten kommen nicht nur zunehmend ihrer Ad hoc-Publizitätspflicht nach, sondern haben auch insgesamt für ihre Öffentlichkeitsarbeit und Investor Relations erkannt, dass Meldungen unter der Überschrift »Veröffentlichung nach § 15 WpHG« besonders aufmerksam gelesen und analysiert werden. Die Fachöffentlichkeit muss alle diese Mitteilungen lesen, weil sie davon ausgehen muss, dass darin wirklich kursrelevante neue Tatsachen enthalten sind. Selbst in den unwichtigsten Texten muss sie danach suchen. Wo sonst findet der Emittent eine so günstige Gelegenheit, seine PR-Texte wortwörtlich als Pflichtlektüre in der Finanzwelt unterzubringen?

Im Sinne des Gesetzgebers (Gesetzesbegründung, BT Drucksache 12/6679, S. 46 und 48) genügt es, mit der »Bereichsöffentlichkeit« alle beruflich am Marktgeschehen Beteiligten zu informieren. Die Schnelligkeit der Informationsverbreitung sollte nicht darunter leiden, dass die gesamte Öffentlichkeit informiert werden müsste. Diese Einschränkung ist durch die Entwicklung der elektronischen Medien überholt. Mit dem Ad hoc-Service der zu diesem Zwecke (von Deutsche Börse AG gemeinsam mit Reuters und vwd) gegründeten Deutsche Gesellschaft für Ad hoc-Publizität (DGAP) wird erreicht, dass auch private Anleger über Internet und Videotext fast zeitgleich mit der Bereichsöffentlichkeit bedient werden. Dadurch wurde die Ad hoc-Publizität zur Verbreitung von Informationen noch attraktiver.

Die Ad hoc-Publizität bringt vor allem für kleinere und mittlere Unternehmen den Vorteil, ebenso beachtet zu werden wie die großen, zum gleichen günstigen Preis mit Texten, die unverändert abgedruckt werden. Denn was auch immer eingereicht wird, darf die DGAP nicht verändern.

Nach mehr als vier Lehrjahren stellt sich jedoch die Frage, wie die große Freiheit im Umgang mit § 15 WpHG in die vom Gesetzgeber gewünschten Bahnen gelenkt werden kann. Denn zumindest in der Hauptsaison wächst der Lästigkeitsgrad missbräuchlicher Ad hoc-Publikationen mit der Zahl und der Länge der Meldungen tageweise bis zur Unzumutbarkeit. Jetzt wird es auch dem BAWe zu viel, das bislang nur die seit Einführung des WpHG verbesserte Transparenz lobte. Damit ist auch der Punkt erreicht, an dem Meldungsinhalte, die weder neu noch kursrelevant noch überhaupt Tatsachen sind, für Emittenten imageschädigend wirken. Zunehmend werden sie nicht nur von der Fachöffentlichkeit als lästig empfunden, sondern auch in der Presse als Missbrauch kritisiert – umso mehr, je abwegiger und länger sie sind.

Wenn sich die Emittenten nicht selbst dazu durchringen, § 15 WpHG etwas ernsthafter im Sinne des Gesetzes anzuwenden, erwägt das BAWe, die missbräuchliche Anwendung als Missstand nach § 4 WpHG zu behandeln. Gegenmaßnahmen des BAWe könnten Unterlassungsverfügungen und Zwangsgelder sein.

Da nun auch die Presse den Missbrauch ins Visier genommen hat, ist es – unabhängig von eindeutigem Missbrauch – empfehlenswert, alle Ad hoc-Mitteilungen sehr sorgsam und umsichtig zu formulieren. Die neue Tatsache sollte nicht übertrieben dargestellt und nicht mit überzogenen Werturteilen des Vorstandsvorsitzenden versehen werden, damit sie nicht die Kritik der Presse provoziert. Denn die Ad hoc-Publizität ist nicht der Platz, Abdruckbelege für wortwörtliche Wiedergabe von PR-Texten zu ergattern, auch nicht für schöne Worte (oder sogar für eine ganze, besonders schöne Ansprache) des Vorsitzenden, sondern einfach nur für neue Tatsachen. Sorgfalt ist besonders gefordert bei Veröffentlichungen, die »im Zweifel« erfolgen, in der Vorsorge, lieber eine Ad hoc-Mitteilung zu viel als eine zu wenig abzugeben oder die in der

Kenntnis erfolgen, dass nicht alle Tatbestandsmerkmale des § 15 WpHG gegeben sind, die aber wichtig sind, zum Beispiel um Insiderhandel vorzubeugen. Eine Firma Endemann!! wird sich sehr genau überlegen, wie sie demnächst eventuell eine »Quiet Period« (wegen Übernahmeverhandlungen) bekannt gibt, nachdem eine Information dieser Art von einer Wirtschaftszeitung höhnisch quittiert wurde: »Achtung, jetzt schweigt Endemann!!«

Während die Kommunikationsmanager zunächst viel Freiheit hatten, die Ad hoc-Publizität für irgendwelche Zwecke ihrer Öffentlichkeitsarbeit unabhängig von § 15 WpHG zu benutzen, sollten sie nun dazu übergehen, der Ad hoc-Publizität den Stellenwert einzuräumen, der ihr zukommt: Sie ist Transportmittel für neue Tatsachen, die nach Meinung des Emittenten den Preis seiner Aktien erheblich beeinflussen können.

Auch die Presse hat in den fast fünf Jahren Erfahrung mit der Ad hoc-Publizität gelernt, die Spreu vom Weizen zu trennen, auch wenn noch viel Spiel- und Gestaltungsraum offen und noch viele Fragezeichen geblieben sind. Mehr und mehr wird gerade deshalb die Ad hoc-Publizität zum Maßstab seriöser Öffentlichkeitsarbeit.

Die Jahre der Freiheit im Umgang mit der Ad hoc-Publizität hatten auch ihre guten Seiten: Sie gab kleinen und mittleren Unternehmen die Möglichkeit, Informationen an die Bereichsöffentlichkeit und an die interessierten privaten Anleger heranzutragen, die ihnen die traditionellen Medien so nie – schon gar nicht wortwörtlich und in dem gewünschten Umfang – transportieren würden. Anzeigen in Tageszeitungen könnten die gleiche Funktion nicht erfüllen. In dieser Zeit der großen Freiheit wurde ein kleiner Börsenwert beachtet wie die Großen, die jederzeit für alle Informationen in den Medien Beachtung finden. Es wird schwer sein, für diese Informationsfunktion missbräuchlicher Ad hoc-Mitteilungen eine Ersatzlösung zu finden.

3.4 Rechtssystem zwischen Anlegerinteressen und Gläubigerschutz

Bußgelder (bis zu drei Millionen DM) können verhängt werden, wenn erheblich kursrelevante neue Tatsachen »nicht, nicht richtig, nicht vollständig, nicht in der vorgeschriebenen Form oder nicht rechtzeitig« mitgeteilt werden (§ 39 WpHG). Für Informationen, die als § 15-Mitteilungen veröffentlicht werden, aber weder neu noch kursrelevant noch überhaupt Tatsachen sind, gibt es keine Geldbußen. Schadenersatzansprüche geschädigter Anleger begründet das WpHG nicht (anders: Kursbetrug nach § 88 BörsG oder Schadenersatzansprüche nach § 823 BGB). Hier liegt ein wesentlicher Unterschied zur US-amerikanischen Rechtsauffassung. Das WpHG ist vorrangig nicht auf Individualschutz, sondern auf die Funktionsfähigkeit und Integrität des Kapitalmarktes ausgerichtet. Zur Marktintegrität ist es erforderlich, dass »alle

Marktbeteiligten schnell und umfassend über alle Tatsachen, die sich auf die Kurse der Wertpapiere erheblich auswirken können, informiert sind« (BAWe, Jahresbericht 1995, Seite 21).

Neue Tatsachen nach § 15 WpHG

Der Publizitätspflicht nach § 15 WpHG unterliegen Tatsachen, die

- *im Tätigkeitsbereich eines Wertpapieremittenten eingetreten,*
- *neu = noch nicht öffentlich bekannt und (wegen ihrer Auswirkungen auf die Vermögens- oder Finanzlage oder auf den allgemeinen Geschäftsverlauf)*
- *geeignet sind, den Kurs erheblich zu beeinflussen.*

Tatsachen sind in allgemeiner juristischer Definition »konkrete, nach Zeit und Raum bestimmte, der Vergangenheit oder der Gegenwart angehörige Geschehnisse oder Zustände« (BGH NJW 1981, 1562).

Übersetzt in die Anforderungen des § 15 WpHG sind dies Ereignisse (Vorgänge, Geschehnisse, Fakten, Ergebnisse), die

- *nicht mehr veränderbar sind durch*
- *Markt- oder Vertragsentwicklungen oder*
- *Gremienbeschlüsse.*

In der Begründung der Bundesregierung zu § 15 WpHG werden Tatsachen wie folgt negativ abgegrenzt (BT Drucksache 12/6679, S. 48):

»Ereignisse, deren Konsequenzen noch nicht feststehen, weil deren Wirksamkeit noch durch andere Umstände aufgehoben werden kann oder noch wirksame Gegenmaßnahmen möglich sind, stellen keine Tatsachen dar, die Auswirkungen auf die Vermögens- und Finanzlage oder den Geschäftsverlauf haben«.

BAWe und Deutsche Börse definieren (im Leitfaden »Insiderhandelsverbote und Ad hoc-Publizität nach dem Wertpapierhandelsgesetz«, 2. Auflage, 1998, S. 30): »Allgemein ist unter dem Begriff ›Tatsache‹ ein Vorgang der Vergangenheit oder der Gegenwart zu verstehen, der einer objektiven Klärung zugänglich ist und als etwas Geschehenes oder Vorhandenes bewiesen werden kann.«

Für die gesamte Berichtspflicht der Emissionsunternehmen ist von besonderer Bedeutung, dass der Gesetzgeber mit § 15 WpHG ein Prinzip des Anlegerschutzes (eine kapitalmarktorientierte Informationspflicht) in den Primat des Gläubigerschutzes einbringt, auf den unser Gesellschaftsrecht überwiegend ausgerichtet ist. Das kann zum Beispiel zur Folge haben, dass Gewinnrückgänge oder gar Verluste nicht mehr durch Auflösung stiller Reserven (in kursrelevantem Ausmaß) unauffällig ausgeglichen werden können, weil der Vorgang nach § 15 WpHG veröffentlicht werden muss. Dieser Punkt wird jedoch kaum noch als Fremdkörper im deutschen Gläubigerschutzprinzip empfunden, weil inzwischen deutsche Emittenten zunehmend nach IAS (International Accounting Standards) oder US-GAAP (General Accepted Accounting Principles) bilanzieren oder entsprechende Überleitungsrechnungen vorlegen und ihre bisher stillen Reserven offen legen.

Noch immer heftig diskutiert wird vor allem die Frage, ob bei mehrstufigen Entscheidungsprozessen nun (neuen) kapitalmarktrechtlichen oder (traditionellen) gesellschaftsrechtlichen Aspekten der Vorrang einzuräumen ist.

Sind bei Jahresabschlüssen kursrelevante Ergebnisse nach § 15 WpHG schon nach Aufstellung der Bilanz durch den Vorstand oder erst nach Feststellung der Bilanz durch den Aufsichtsrat zu veröffentlichen? Wann hat bei mehrstufigen Entscheidungsprozessen eine Tatsache als definitiv eingetreten zu gelten? Der Handelsrechtsausschuss des Deutschen Anwaltvereins vertritt die Auffassung, dass der Aufsichtsrat nicht präjudiziert werden darf. Nach einer anderen Auffassung (vertreten von Rechtsprofessor Ekkenga in seiner Antrittsvorlesung, abgedruckt in ZGR 1–2/1999) ist es aus kapitalmarktrechtlicher Sicht nicht hinzunehmen, »dass das Anlegerpublikum von der Beobachtung und Kontrolle mehrstufiger Entscheidungsprozesse gänzlich ausgeschlossen wird« (Ekkenga, Seite 201). Nach Ekkenga hat sofortige Information der Anleger Vorrang vor den Regelungen zur Unternehmensführung (Corporate Governance). Abweichende Auffassungen zwischen Vorstand und Aufsichtsrat, mit denen im Laufe der Meinungsbildung immer zu rechnen ist, müssten also nach Ekkenga öffentlich ausgetragen werden. Die Frage, ob diese in den Medien zum Eklat hochgespielt werden können – das Unternehmen schädigend und Anleger irritierend – stellt Ekkenga nicht. Er wirft vielmehr die Frage auf »ob die Kontrolle der Unternehmensleitung durch die Aufsichtsräte noch sicher gewährleistet ist, oder ob nicht der Kapitalmarkt selbst das wirksamere Kontrollinstrumentarium bereithält« (Ekkenga, ZGR 1–2/1999, Seite 184). So werden strategische Entscheidungen und Anlageentscheidungen unreflektiert in einen Topf gerührt.

Auch nach dem – streng auf Information der Kapitalgeber ausgerichteten – amerikanischen Recht wird nicht gefordert, dass der Entscheidungsprozess im Board zwischen Executive Directors und Non-Executive Directors immer über die Öffentlichkeit ausgetragen wird. Nur Meinungsunterschiede, die zum Ausscheiden eines Board-Mitgliedes führen, müssen öffentlich gemacht werden.

Der Aufsichtsrat kann (als Beispiel) durchaus zur Bildung von Rückstellungen und Wertberichtigungen in einer bestimmten Situation des Unternehmens, eines Marktes oder auf Grund besonderer Auslandspositionen andere Überlegungen haben als der Vorstand. Aus der Abstimmung mit dem Vorstand ergibt sich dann die gemeinsame Feststellung der Bilanz. Diese Abstimmung durch vorzeitige Veröffentlichung über die Medien auszutragen, das könnte sicher kein Beitrag zu einer nur auf das Wohl des Unternehmens (ohne unnötig negative Schlagzeilen) ausgerichteten Steuerung sein. Andere Entscheidungswege sind dann gefragt, wenn eine gemeinsame interne Meinungsbildung nicht mehr möglich ist. Im Übrigen entspricht es auch dem Anliegen des Gesetzgebers im KonTraG, dass der Aufsichtsrat eher gestärkt als übergangen oder präjudiziert werden sollte.

3.5 Moderne Kommunikationsmittel aktivieren

Der Autor ist der Auffassung, dass in aller Regel Entscheidungsprozesse im Interesse des Unternehmen intern konstruktiver verlaufen als in öffentlicher Auseinandersetzung. Bei schwer wiegenden Divergenzen, die nicht sachlich zwischen Vorstand und Aufsichtsrat zu lösen sind und zu personellen Konsequenzen führen, erscheint allerdings die amerikanische Regelung sinnvoll, dass diese – statt des Ausscheidens »in gegenseitigem besten Einvernehmen« – öffentlich erklärt werden müssen.

> Ehe jedoch eine ganze Reihe von Regeln des Gesellschaftsrechts durch einen einzigen Paragraphen des Kapitalmarktrechts überrollt wird, ist im Falle mehrstufiger Entscheidungsprozesse nach Wegen zu suchen, die den gesellschaftsrechtlichen Regelungen gerecht werden, ohne die kapitalmarktrechtlichen Erfordernisse zu vernachlässigen.

Beschleunigte Information dürfte auch zu einer Verbesserung der Aufsicht führen. In diesem Sinne sollten alle Möglichkeiten der modernen Kommunikation (Information über e-Mail und Telefax plus Telefon- oder Videokonferenzen) genutzt werden. Dies sollte auch – wo und wann immer möglich – der Entscheidung durch einen Ad hoc-Ausschuss vorgezogen werden, den einzurichten der Handelsrechtsausschuss des Deutschen Anwaltvereins empfiehlt. Unabhängig von allen möglichen Gesetzesinterpretationen sind ohne Frage jederzeit alle Möglichkeiten zur zeitlichen Verkürzung von mehrstufigen Entscheidungsprozessen zu nutzen, um die Eigentümer eines Unternehmens schnellstmöglich zu informieren.

3.6 Nicht klare Tatsachen, sondern unsichere Kursrelevanz

Die deutsche Regelung der Ad hoc-Publizität geht zurück auf die EG-Börsenzulassungs-Richtlinie vom 16. März 1979. Danach muss ein Emittent »das Publikum unverzüglich über neue erhebliche Tatsachen in Kenntnis setzen, die in seinem Tätigkeitsbereich eingetreten sind und ... zu einer beträchtlichen Änderung der Kurse seiner Aktien führen können«.

Nicht eine klar definierte Tatsache (wie in den USA nach Form 8-K der Securities and Exchange Commission) begründet also hierzulande die Pflicht zur Ad hoc-Publizität, sondern deren mögliche erhebliche Kursrelevanz, die nie klar zu definieren ist. Um so notwendiger ist es, dass BAWe und Börsen in ihren

Interpretationen des Gesetzes sowie in ihren Empfehlungen und Maßnahmen gegenüber den Emittenten möglichst konkret werden, um übermäßigen Gebrauch zu verhindern, der zu Missbrauch ausartet. Vorgaben in Befehlsform: Eine Berichterstattung im Umfang der Regelpublizität hat nicht zu erfolgen ... Mitzuteilen ist nur die Tatsache als solche (Leitfaden von BAWe und Deutsche Börse AG zum Insiderhandelsverbot und zur Ad hoc-Publizität, Seite 31), oder: »Im Regelfall genügt eine Schreibmaschinenseite« (häufig wiederholte Empfehlung von BAWe und DGAP) geben nicht die notwendige Hilfestellung zur konkreten Formulierung von Ad hoc-Mitteilungen.

Was ist denn die »Tatsache als solche«: Firma A kauft Firma B. Ende der Mitteilung (?). Oder gehören zur Tatsache als solche auch die wichtigsten Merkmale (Größe, Branche, Ertragslage), mit denen eine Vorstellung von der Kursrelevanz der Transaktion erst möglich ist?

In den real abgegebenen § 15-Mitteilungen findet sich beides: Die extreme Kurzform und die ausschweifende »Romanform«. Im Jahresbericht 1998 ist zu lesen, dass das BAWe eine »kurze Erläuterung« der Tatsache zumindest akzeptiert. Es hütet sich aber zu sagen, woraus diese bestehen sollte, wie es sich auch hütet zu sagen, was unter »Kernaussagen zum Geschäftsverlauf« zu verstehen ist, die bei Zwischenberichten »völlig ausreichend gewesen« wären (BAWe Jahresbericht 1998, S. 26).

3.7 »Mehr als eine Seite ist des Teufels«

Bei einem von der DGAP veranstalteten »Praxisdialog Ad hoc Publizität« am 22. Juni 1999 in Frankfurt plädierte Georg Dreyling, der Vizepräsident des BAWe, dafür, im Zweifel lieber eine Ad hoc-Mitteilung zu viel zu veröffentlichen, sie solle aber »wenigstens den Anschein einer Tatsache noch haben« und: »Alles, was über eine Seite ist, ist des Teufels.«

Den »teuflischen« Kern überlanger Ad hoc-Mitteilungen trifft Dreyling insofern, als in zu langen »Pflichtveröffentlichungen« oft auch zu viele Tatsachen mitgeteilt werden, die gar nicht mehr neu, also im Kurs schon enthalten sind, oder die vielleicht sogar neu, in Wirklichkeit aber gar nicht kursrelevant sind.

Im Leitfaden (Seite 39) heißt es zur Analyse der Kursrelevanz: »Zusätzlich müssen ... die im Zeitpunkt der ex ante-Beurteilung vorliegenden oder absehbaren konkreten Umstände des Einzelfalls berücksichtigt werden, die das Kursbeeinflussungspotenzial erhöhen oder vermindern können.« Und: »... die Eignung zur Kursbeeinflussung hängt ... erheblich davon ab, welche Prognosen schon ... abgegeben wurden.« Das sind Vorgaben für die Meinungsbildung des Emittenten über die Kursrelevanz.

Nirgendwo aber verlangt das BAWe, dass die Mitteilung diesen Vorüberlegungen entsprechend auch für den Investor korrekt zu formulieren ist: Neu und kursrelevant kann nur sein, was nicht schon prognostiziert war. Das kann die ganze Tatsache sein, oder ein Teil davon. Selten sind Prognosen hundertprozentig zutreffend, so daß sich normalerweise eine kleine (nicht kursrelevante) oder eine größere (kursrelevante) Abweichung als neue Tatsache ergibt. Es darf auch nicht als kursrelevant gemeldet werden, was nach ehrlicher Einschätzung des Emittenten gar nicht kursrelevant sein kann, weil daraus kein erheblicher Effekt auf die Ergebnisentwicklung zu erwarten ist.

Gewarnt werden muss nicht in erster Linie vor zu vielen und zu langen Ad hoc-Mitteilungen, die lästig sind, sondern vor allem vor Inhalten, die irreführend sind.

3.8 Gesetzesbegründung teilweise irritierend

In der Gesetzesbegründung zu § 15 WpHG (BT-Drucks. 12/6679, Seite 48) heißt es:

»Dem Tatbestand der Ad hoc-Berichterstattung unterfallen nur Tatsachen kursrelevanter Art; beispielhaft sind in diesem Zusammenhang die Aufklärung von besonders bedeutsamen Patent-, Liefer- oder Abnahmeverträgen oder die Einstellung umsatzwichtiger Produktionszweige nach Unglücksfällen, aber auch der Abschluss neuer vorteilhafter Verträge von erheblicher Bedeutung für die weitere Entwicklung des Unternehmens zu nennen.«

Der Gesetzgeber führt damit beispielhaft als meldepflichtig nur Einzeltatsachen an, aber keine »Summentatsachen« (Begriffswahl des Verfassers für Tatsachen, die sich als Summe aus vielen Einzeltatsachen ergeben wie Umsatz oder Jahresüberschuss). Zusätzlich verwirrend ist folgende Gesetzesbegründung: »Wie die bisherige Regelung des § 44 a des Börsengesetzes bezieht sich § 15 nicht auf solche Tatsachen, die bereits im Rahmen der laufenden Veröffentlichungen der Jahresabschlüsse und Lageberichte [...] oder der regelmäßigen Zwischenberichterstattung [...] darzustellen sind.«

Die Gesetzesbegründung hat zunächst auch BAWe und Börsen irregeführt. Sie nennt nur Einzeltatsachen und grenzt Ad hoc-Publizität gegen Regelpublizität ab.

Daraus wurde zunächst im ersten Leitfaden (1994) gefolgert, dass Ergebnisse aus der Regelberichterstattung nicht nach § 15 WpHG berichtspflichtig sind: Die »laufende Entwicklung des Zahlenwerks eines Unternehmens (zum Beispiel Abweichung in den Monatszahlen)« könne »als solche grundsätzlich keine Veröffentlichungspflicht auslösen, da sie die tatsächlichen Ereignisse nur widerspiegelt. Die Ad hoc-Publizität knüpft hingegen an die einzelnen Tatsachen an, die für sich genommen ein erhebliches Kursänderungspotenzial haben« (Leitfaden 1994, Seite 17). In einer Bekanntmachung des BAWe vom 9. Juli 1996 zum Verhältnis von Regelpublizität und Ad hoc-Publizität wurde dies korrigiert.

Bekanntmachung des BAWe zum Verhältnis von Regelpublizität und Ad hoc-Publizität

vom 9. Juli 1996

Ereignisse, die im Rahmen der Regelpublizität darzustellen sind, können unter bestimmten Voraussetzungen bereits vor der Veröffentlichung im Rahmen der Regelpublizität der in § 15 des Wertpapierhandelsgesetzes (WpHG) geregelten Ad hoc-Publizität unterliegen.

Wie in der Gesetzesbegründung zu § 15 Absatz 1 WpHG ausdrücklich festgestellt wird, soll die neue Regelung bezüglich der zu veröffentlichenden Tatsache den Rechtsgedanken des § 44 a des Börsengesetzes (a. F.) fortführen. Nach der Regelung des § 44 a des Börsengesetzes (a. F.) ergänzt die Ad hoc-Publizität die Regelpublizität in der Weise, dass potenziell kursrelevante, neue Tatsachen unverzüglich nach ihrem Eintritt und nicht erst zum Zeitpunkt der nächsten Regelpublizität zu veröffentlichen sind. Dies gilt auch für § 15 WpHG.

Resultiert eine neue, potenziell kursrelevante Tatsache, zum Beispiel ein erheblicher Gewinn oder ein erheblicher Verlust, aus einem einzelnen Ereignis, so ist diese Tatsache unverzüglich nach ihrem Eintritt zu veröffentlichen. Werden Einzelereignisse, denen bei isolierter Betrachtung kein Potenzial zur erheblichen Beeinflussung des Börsenpreises zuzumessen ist, in Jahresabschlüssen oder unterjährigen Berichten summiert, so stellt das Ergebnis der Summierung eine Tatsache dar, die zur erheblichen Beeinflussung des Börsenpreises geeignet sein kann. In diesem Fall ist das Ergebnis der Summierung als Ad hoc-Mitteilung zu veröffentlichen. Die einer solchen Mitteilung zugrundeliegende Tatsache tritt ein, sobald das Ergebnis der Summierung dem Vorstand oder dem sonst für die Veröffentlichung nach § 15 WpHG Verantwortlichen des Unternehmens zur Verfügung steht. Für den Fall von potenziell kursrelevanten Tatsachen im Jahresabschluss bedeutet dies, dass die Tatsache spätestens mit der Aufstellung des Jahresabschlusses durch den Vorstand eingetreten ist.

Im Rahmen der Berichterstattung nach § 15 WpHG ist lediglich die Tatsache zu veröffentlichen, der die potenzielle Kurserheblichkeit zukommt, das heißt nicht der gesamte Jahresabschluss oder Zwischenbericht, der diese Tatsache beinhaltet.

Zur Frage, wann eine Entwicklung oder ein Ereignis zu einer veröffentlichungspflichtigen Tatsache wird, erklärt der Gesetzgeber:

»Ereignisse, deren Konsequenzen noch nicht feststehen, weil deren Wirksamkeit noch durch andere Umstände aufgehoben werden kann oder noch wirksame Gegenmaßnahmen möglich sind, stellen keine Tatsachen dar, die Auswirkungen auf die Vermögens- und Finanzlage oder den allgemeinen Geschäftsverlauf haben« (Gesetzesbegründung, BT-Drucks. 12/6679, Seite 48). Der Gesetzgeber macht mit dieser Formulierung sehr deutlich, dass nach § 15 WpHG nur eingetretene Tatsachen zu veröffentlichen sind, also nicht Prognosen, die immer unsicher – oder auch manipulierbar – sind, auch nicht Vorschläge des Vorstandes, die noch der Zustimmung des Aufsichtsrates bedürfen

(Ausnahmen: wenn das Unternehmensinteresse dies zwingend erfordert, oder wenn die Vertraulichkeit nicht mehr gesichert ist). Gesetz und Begründung liefern keinen Anhaltspunkt für eine grundsätzlich gewollte Präjudizierung des Aufsichtsrates zu Gunsten vorgezogener Anlegerinformation. Die Meinung des BAWe, »dass die Tatsache spätestens mit der Aufstellung des Jahresabschlusses durch den Vorstand eingetreten ist«, ist nicht rechtsverbindlich. Der Handelsrechtsausschuss des Deutschen Anwaltvereins sagt dazu: »Veröffentlichungen des Bundesaufsichtsamtes für den Wertpapierhandel haben keinen anderen Stellenwert als Publikationen von Praktikern und Wissenschaftlern« (AG 12/1997, S. 562).

3.9 Nicht zur Nachahmung empfohlen

Mit zunehmender Erfahrung wird sich der Umgang mit der Ad hoc-Publizität auch fallweise weiter entwickeln. In diesem Abschnitt werden vier Beispiele angeführt, um einige Probleme konkreter Ad hoc-Mitteilungen zu beleuchten:

Wenn Daimler-Vorstand Cordes im Frühjahr 1997 der Presse sagte (nicht als Pflichtinformation nach § 15 WpHG), der Gewinn für 1996 werde bei zwei Milliarden DM liegen, so ist das eine Aussage, die aus der Kenntnis der tatsächlichen Zahlen des vergangenen Jahres resultiert. Bei funktionierenden Rechenzentren liegen die Zahlen für jeden Monat jeweils mit einer Verzögerung von etwa 6 Wochen vor. Das BAWe erklärt, es habe sich um eine Schätzung gehandelt, »eine Prognose, die aber die Qualität einer Insidertatsache hatte. Der Jahresabschluss war zum fraglichen Zeitpunkt vom Vorstand noch nicht aufgestellt worden. Deshalb lag kein Verstoß gegen die Pflicht zur Ad hoc-Publizität vor« (Schreiben des BAWe an den Autor vom 3. September 1998). Meinung des Autors: Es ist schon eigenartig, wenn monatealte Zahlen als Prognosen bezeichnet werden. Mit der Weitergabe einer solchen Information kurz vor einer anstehenden Gremienentscheidung lässt sich jede Ad hoc-Publizitätspflicht umgehen. Ein so formalistischer Umgang mit der Ad hoc-Publizität kann nicht grundsätzlich empfohlen werden.

Eine zu kurz gefasste Mitteilung nach § 15 WpHG vor einer Pressekonferenz: »Die EM.TV & Merchandising AG, Unterföhring, beteiligte sich am Abend des 15. 5. 1998 zu 50 Prozent an dem Unternehmen IGEL Spielzeug. Weitere Einzelheiten zu dieser Beteiligung wird EM.TV auf der heutigen Bilanz-Pressekonferenz in München bekannt geben. Unterföhring, 18. Mai 1998.« Es fehlen (vermutlich wegen der Pressekonferenz) wesentliche Tatbestandsmerkmale wie Rechtsform, Firmensitz, Umsatz, Ertragslage, Kaufpreis.

Die Deutsche Babcock liefert dagegen (am 18. Februar 1997 um 8.18 Uhr) ein Musterbeispiel, wie eine Ad hoc-Mitteilung zu formulieren ist: »Die Deutsche Babcock AG (Oberhausen) teilt auf ihrer heutigen Bilanzpressekonferenz folgende Eckdaten der Gruppe für die ersten vier Monate (1. Oktober 1996 bis

31. Januar 1997) des laufenden Geschäftsjahres 1996/97 (30. September) mit (Vergleichswerte des Vorjahres in Klammern): Auftragseingang 2,8 (2,8) Milliarden DM. Umsatz 1,9 (1,8) Milliarden DM. Auftragsbestand 11,4 (11,4) Milliarden DM. Mitarbeiter 29 303 (minus 13 Prozent). Das Konzernergebnis liegt im Budget. Das Vorjahresergebnis (circa minus 250 Millionen DM) konnte um gut 100 Millionen DM verbessert werden. Dabei ist zu beachten, dass die ersten Monate im Anlagengeschäft immer abrechnungsbedingt schwach sind.« Nach Auskunft des Bereichs Presse und Öffentlichkeitsarbeit der Deutsche Babcock AG (»Es sind alle gekommen«) hatte diese Vorabinformation keine negativen Auswirkungen auf die Pressekonferenz. Leider fehlt in der Mitteilung der Hinweis, dass die Verbesserung des Konzernergebnisses bereits angekündigt war, womit die Mitteilung irreführend wird und keine kursrelevante neue Tatsache enthält.

Ein Negativ-Beispiel über den Umgang mit Prognosen bietet das Bankhaus Trinkaus & Burkhardt KGaA in seiner Meldung vom 6. November 1997: »Erhöhte Dividende in Aussicht gestellt. Am 6. November 1997 werden die persönlich haftenden Gesellschafter der Trinkaus & Burkhardt KGaA der Presse den Zwischenbericht des Bankhauses zum 30. September 1997 vorstellen. Insgesamt wird ein zufrieden stellendes Jahresergebnis erwartet, das wohl – nach zuletzt DM 13,– Dividende je Aktie – eine erhöhte Ausschüttung auf das Grundkapital der KGaA und eine angemessene Rücklagenzuweisung ermöglichen wird. Darüber hinaus erwägen die persönlich haftenden Gesellschafter, die Aktionäre an dem positiven Ergebnisbeitrag aus der Umstrukturierung der Aktivitäten der Schweiz partizipieren zu lassen, auch wenn der Erlös aus dem Verkauf der Schweizer Tochter des Bankhauses in ein neues Engagement in diesem Markt reinvestiert worden ist.« Damit informiert Trinkaus & Burkhardt nur über nicht-mitteilungspflichtige Prognosen und verschweigt vor der Pressekonferenz eventuell kursrelevante neue Tatsachen aus dem Zwischenbericht zum 30. September 1997. Das führte dazu, dass die Bereichsöffentlichkeit die neuen Tatsachen erst über die Presse erfuhr. Betrachten wir die Kursentwicklung der Trinkaus-Aktie so ist festzustellen, dass sich eine signifikante Kursentwicklung bereits Mitte August 1997 auf Grund einer entsprechenden Ergebnisprognose eingestellt hatte. Die zitierte Mitteilung war also überflüssig.

3.10 Grundsätze ordnungsmäßiger Ad hoc-Publizität

Gerade Deutschland, das »neben dem Gesetzgeber keine andere Regulierungsinstanz kennt« (Achleitner, Behr, »International Accounting Standards« Beck, 1998, Seite 16) ist nun mit einem Gesetz konfrontiert, das eigentlich nur auf dem Wege der Selbstregulierung durch »ordentliche und ehrenwerte« Kommunikationsmanager sinnvoll erfüllt werden kann, weil es viel zu viele Aspekte enthält, die allein der Entscheidung des Emittenten überlassen bleiben. Wie extrem der damit an die Finanzkommunikation gestellte Anspruch ist, wird an der Frage der Kursrelevanz besonders deutlich.

> Die Kursrelevanz ist das Kriterium, nach dem allein der Emittent über die Ad hoc-Veröffentlichung zu entscheiden hat. Ex ante kann über die Kursrelevanz immer heftig gestritten und philosophiert werden. Auf die tatsächliche Kursentwicklung (ex post) kommt es nicht an, sagt das BAWe, obgleich es nur nach den Kursreaktionen ex post prüft, ob alles mit rechten Dingen zugegangen ist.

So wurde mit § 15 WpHG in unsere vom Gläubigerschutz- und Vorsichtsprinzip geprägte kontinentaleuropäische Philosophie der Finanzkommunikation auf besonders komplizierte Weise ein Aspekt des angloamerikanischen Kapitalmarktrechts eingepflanzt. Das führt zu vielfältigen Reibungen, die noch längst nicht zu Ende bedacht sind, die aber zumindest teilweise (siehe IAS und US-GAAP) im Globalisierungsprozess durch Anpassung schleichend (oder auch ruckartig) überwunden werden können.

Für eine sinnvolle Handhabung des § 15 WpHG aber werden sich Grundsätze ordnungsmäßiger Ad hoc-Publizität entwickeln müssen. Neben BAWe, Börsen und Verbänden sowie Wirtschaftsprüfern, Juristen und Wissenschaft (und last, not least der Rechtsprechung) dürfen die Experten der Finanzkommunikation nicht versäumen, dazu ihren konstruktiven Beitrag zu leisten, damit ihre Aspekte hinreichend beachtet werden. Auch vom BAWe ist das nicht selbstverständlich zu erwarten. Es kritisiert im Jahresbericht 1998 (S. 24) pauschal: »Eine Reihe von Emittenten missbrauchte das Instrument Ad hoc-Publizität zur Öffentlichkeitsarbeit« – als ob diese nicht auch Öffentlichkeitsarbeit sei. Wer sollte besser als die Experten der Finanzkommunikation ein Konzept erarbeiten, wie die Gesamtkommunikation eines Unternehmens gegen die Ad hoc-Publizität abzugrenzen ist (in dieser Reihenfolge, denn die Ad hoc-Publizität hat von Gesetzes wegen immer Vorrang vor allen anderen Maßnahmen der Public Relations). In der Realität sieht das heute noch anders aus.

> Überall ist die Dominanz der Pressearbeit sichtbar: Vor Pressekonferenzen sind Ad hoc-Mitteilungen besonders kurz und verschweigen gern die wichtigsten Zahlen oder Merkmale einer Tatsache, und zufällig fallen kursrelevante neue Tatsachen überwiegend eine Stunde vor der Pressekonferenz an, zu der schon vor Monaten eingeladen wurde.

Mit den Leitern des Rechnungswesens ist – in Abstimmung mit den Aufsichtsräten – abzuklären, inwieweit Ad hoc- und Regelpublizität entflochten werden können. In der Auseinandersetzung mit dem BAWe sollten die Experten der Finanzkommunikation das Feld abstecken, welche Informationen als § 15-Mitteilungen veröffentlicht werden können, auch wenn nicht alle Voraussetzungen erfüllt sind. Auch die Rollenverteilung zwischen traditionellen und elektronischen Medien ist dabei anzusprechen (elektronisch – als Mitteilung nach § 15 WpHG – nur Tatsachen ohne Meinungsäußerung, um auch die Signalwirkung der Ad hoc-Publizität nicht zu verwässern). Außerdem sollte nicht nur der DGAP die Überlegung überlassen werden, wie Publizitätsbedürfnisse der kleinen und mittleren Unternehmen erfüllt werden könnten, die sich heute als Missbrauch des § 15 WpHG niederschlagen.

Beispiele für Grundsätze ordnungsmäßiger Ad hoc-Publizität (AhP):

- AhP hat Vorrang vor jeder anderen PR- oder IR-Maßnahme.
- Nur kursrelevante neue Tatsachen sind in Ad hoc-Mitteilungen darzustellen.
- Zu einer Tatsache sind die wichtigsten Merkmale anzuführen, die zum richtigen Verständnis ihrer Bedeutung erforderlich sind.
- Immer ist die Frage zu prüfen, wie sich Fehlinterpretationen vermeiden lassen.
- Bei der Beurteilung der Kursrelevanz sind auch Abweichungen von der Branchenentwicklung zu berücksichtigen.
- Zu respektieren ist, dass der Gesetzgeber die Veröffentlichung von Tatsachen verlangt, nicht von Prognosen (obwohl die Kurse vor allem von Erwartungen leben).
- In Ad hoc-Mitteilungen sind Prognosen nur angebracht, wenn sie zum richtigen Verständnis einer neuen Tatsache wichtig sind.
- Kursrelevante Summentatsachen ergeben sich nicht nur aus dem Vergleich mit Vorperioden, sondern mit Prognosewerten (soweit publiziert).
- Zur Verkürzung der Entscheidungswege bei mehrstufigen Entscheidungsprozessen empfehlen sich die Einrichtung eines Ad hoc-Ausschusses des Aufsichtsrates und die Nutzung elektronischer Kommunikation.
- Um Insiderhandel vorzubeugen, sollte in AhP auch zu Gerüchten Stellung genommen werden, ebenso zu wichtigen Insidertatsachen, falls Diskretion nicht mehr sicherzustellen ist.

Ein Hilfsmittel zur Erarbeitung solcher Grundsätze könnte die Entwicklung von Fragebogen sein mit der beispielhaften Formulierung ganz konkreter Fragen.

Wenn die Emittenten ihre Mitteilungen anhand von Fragelisten, auf verschiedene Fallbeispiele zugeschnitten, formulieren würden, allein damit wäre schon viel erreicht: Nur die »Tatsache als solche« mit ihren wichtigsten Merkmalen (nicht irgendwelchen undefinierten Erläuterungen) wäre darzustellen, die Mitteilungen würden kürzer, viele Details und Phrasen würden automatisch entfallen. In vielen Fällen dürfte es dann sinnvoll sein, der knapp auf die Tatsache und ihre wichtigsten Merkmale beschränkten Ad hoc-Mitteilung eine »Presseinformation zur Ad hoc-Mitteilung« am gleichen Tag per Telefax an den üblichen Presseverteiler folgen zu lassen.

Wenn die Nutzung der AhP für Öffentlichkeitsarbeit und Marketingzwecke vom BAWe pauschal gerügt wird, kann nur die konkrete Benennung oder Beschreibung von möglichen Inhalten eine Entscheidungshilfe sein. Die AhP muss auch offen bleiben für Ergebnisse in Forschung und Entwicklung und für die Beschreibung neuer Produkte und Dienstleistungen, sofern sich aus solchen Tatsachen die Kursrelevanz ergibt. Bei einer Reihe von Unternehmen des

Neuen Marktes lebt die Kursrelevanz vor allem von Marketingstrategien und F+E-Ergebnissen (besonders in Verlustsituationen bei hohem KGV, das sich nur aus erhofften Gewinnen der Zukunft errechnen lässt). Das geht so weit, dass die Deutsche Börse AG in ihrer Zeitschrift »Vision+Money«, Juli 1999, in ihren Kurzportraits über Neuemissionen am Neuen Markt nur die Produkte und die Strategie beschreibt und in einer Tabelle zwar Zahl der Mitarbeiter und Umsatz, aber keine Zahl zu Gewinn oder Verlust anführt. Das Ganze läuft unter dem Tenor, dass der Neue Markt seine Bewährungsprobe bestanden habe. Hintergrund: Wer Gewinn ausweist, gehört schon zum Establishment, und für Firmen des Neuen Marktes ist das verpönt. In schnell wachsenden Branchen soll ein Unternehmen nicht heute Gewinn erzielen, sondern investieren in die Gewinne der Zukunft.

Transparenz wird vor allem durch die DGAP gewonnen, die zentrale Börse für neue Tatsachen, die sich auf die Aktienkurse erheblich auswirken können. Auf längere Sicht sollte erreicht werden, dass unter dieser Kategorie nur die Triple-A-Nachrichten platziert werden.

Wer soll besser als die (wissenschaftlichen und praktischen) Experten der Finanzkommunikation aufklären, welcher Gewinn an Transparenz durch § 15 WpHG erreicht wurde? Wenn Präsident Wittich in einem Vortrag am 28. November 1995 meinte: »Für das BAWe ist die hohe Zahl der Meldungen ein Beweis für die gestiegene Transparenz auf dem Kapitalmarkt«, so kann dem in dieser Form nicht zugestimmt werden, weil die Informationen (alle oder fast alle?) auch früher veröffentlicht wurden. Ob und wie viel schneller sie nun veröffentlicht werden, wurde noch nicht genau analysiert. Wurde nicht viel mehr Transparenz durch die Anwendung von Prinzipien der Rechnungslegung nach IAS und US GAAP erreicht? Liegt der eigentliche Transparenzgewinn durch die Ad hoc-Publizität in der Veröffentlichung wichtiger neuer Tatsachen unter der Überschrift »Ad hoc-Mitteilung nach § 15 WpHG«, womit diese von anderen Informationen abgehoben werden und womit gesagt wird, dass der Emittent damit ein wichtiges Signal aussendet? Vieles spricht dafür, dass dies so ist! (Das kann dann nur funktionieren, wenn die anderen Informationen, die Prognosen und Details, denen diese Signalbedeutung nicht zukommt, nicht mit den neuen wichtigen Fakten vermengt werden.)

Es gibt also viele Gründe für die PR- und IR-Manager, zur Gestaltung der Grundsätze ordnungsmäßiger Ad hoc-Publizität einen Beitrag zu leisten, (der über Anleitungen zum geschickten Missbrauch hinausgeht), damit nicht andere für sie regeln, was sie missbrauchen. Im Globalisierungsprozess ist dies eine Bewährungsprobe für die Finanzkommunikation.

4. Investor Relations aus der Sicht von Akteuren und Adressaten

von Dieter Franke

- Die Kommunikation vieler börsennotierter Aktiengesellschaften mit der Financial Community vollzieht sich auch in Deutschland inzwischen auf einem hohen professionellen Niveau.
- Noch vor einem Jahrzehnt war dieser Kreis erheblich kleiner und Unternehmen, die Investor Relations (im folgenden: IR) gezielt und kontinuierlich pflegten, eher die Ausnahme.
- Welches Bild zeichnen aktuelle Studien über Bedeutung und Handhabung von IR, was ist für ihre weitere Entwicklung zu erwarten?

4.1 Die Faszination der Aktie als emotionale Grundlage von Investor Relations

Der *IRES-Faszinationsatlas*[21] ordnet insgesamt rund 300 mögliche »Faszinationsauslöser« auf einer Skala, deren Pol 10.0 das Maximum erreichbarer Faszination markiert. Die Auslöser-Palette reicht von *ADAC* bis *Zeiss*, enthält *Boris Becker* und *Picasso, Bungee Jumping* wie *Klassische Musik*. Die Faszinationskraft von *Leistung* und *Faulenzen* wird ebenso behandelt wie die von *Geld* und *Aktien*. Mit einem Faszinationsmittelwert von nur 3.7 liegen Aktien in der Gesamtbevölkerung zwar recht schwach. Aber: 14 Prozent zeigen sich davon in hohem Maße fasziniert, das sind rund doppelt soviel, wie es in Deutschland an Kleinaktionären gibt. Hinzu kommen weitere 14 Prozent, welche Aktien ebenfalls reizen, wenn auch etwas weniger explizit.

Dieser Gesamtanteil von 28 Prozent, der auf Aktien emotional ansprechbar ist, differiert zwar zwischen verschiedenen Bevölkerungsgruppen; so ist er bei

21 Basis: 2000er-Repräsentativstichprobe der deutschen Bevölkerung (16 bis 75 Jahre); 1998.

Der Autor

Dieter Franke

Männern erhöht und steigt – nachvollziehbar – mit dem Sozialstatus. Diese Sonderstellungen fallen jedoch nicht allzu markant aus.

Dass Investor Relations, die sich an ein breites Publikum richten, die Faszination der Aktie durchaus zu nutzen wissen, belegen eine ganze Reihe von Kampagnen gerade jüngeren Datums. Vor allem Going-Public-Konzepte zeichnen sich dadurch aus – vielleicht zum Teil sogar bis hin zu einem gewissen Emotions-overkill. Ein solcher wäre sicher kontraproduktiv, wenn Finanzfachleute – Analysten, Institutionelle Anleger – die Zielgruppe sind, was ja zumeist der Fall ist. Aber: Faszination »funktioniert« durchaus auch bei ihnen, sie muss nur in adäquater Weise eingesetzt werden.

4.2 Der subjektive IR-Stellenwert im Bewusstsein der Zielgruppen und die faktische IR-Position im Unternehmen

1998 waren gut neun Zehntel der IR-Verantwortlichen aus IR-aktiven Aktiengesellschaften davon überzeugt, dass im Vergleich zu etwa zehn Jahren zuvor die Bedeutung von Investor Relations – für das eigene Unternehmen wie auch insgesamt – in starkem Maße gewachsen sei. Rund vier Fünftel der Institutionellen Anleger und Finanzanalysten sahen das ebenso. Diese subjektive Einschätzung vom inzwischen hohen Rang der Aufgabe spiegelt sich im Faktischen insofern wider, als die entsprechende Stelle im Unternehmen in aller Regel direkt dem Vorstand, oft sogar dem Vorstandsvorsitzenden zugeordnet ist[22]. Jedoch: Die finanziellen IR-Aufwendungen blieben bislang eher bescheiden.

Das ergab eine Untersuchung von 1999, die bei IR-Verantwortlichen von 87 deutschen Aktiengesellschaften und 34 Going-Public-Kandidaten lief[23]. Im Vergleich zu anderen Aufgaben der Unternehmens-Kommunikation/-Werbung bilden Investor Relations – am finanziellen Aufwand gemessen – das Schlusslicht: Mit einem Durchschnittsbetrag von etwas über einer Million DM pro Unternehmen entfielen auf IR weniger als zwei Prozent des Kommunikations-Gesamtetats. Unternehmen der DAX30-Gruppe wendeten mit im Mittel 2,8 Millionen DM zwar erheblich mehr als andere Aktiengesellschaften auf, aber auch dieser Betrag ist – zumal in Relation zu den Ausgaben für Produkt-/ Markenwerbung – nicht gerade überwältigend.

Zu erwarten ist jedoch, dass sich dieser finanzielle IR-Status schon in relativ naher Zukunft verbessern wird. Dafür sprechen drei Gründe: Zum einen der von

22 IRES-Untersuchung: *Investor Relations von Aktiengesellschaften: Bewertungen und Erfahrungen*; 1998. Auftraggeber: Verlagsgruppe Handelslbatt.

23 IRES-Untersuchung: Das *Leistungsprofil von IR-/PR-Agenturen aus der Sicht von Aktiengesellschaften und Going-Public-Kandidaten*; 1999. Auftraggeber: Deutsche Börse AG, Deutsche Public-Relations-Gesellschaft, Verlagsgruppe Handelsblatt.

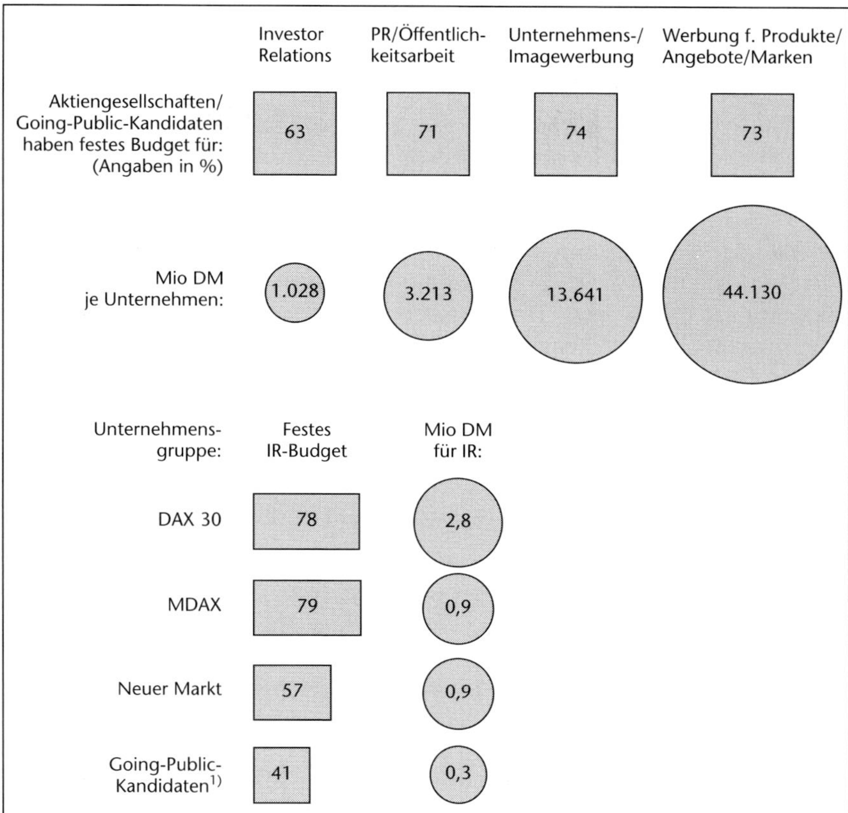

1) Vor dem Gang an die Börse

Quelle: IRES-Studie *Das Leistungsprofil von PR-/IR-Agenturen aus der Sicht von Aktiengesellschaften und Going-Public-Kandidaten.* 121 Befragte; 1999

Abb. 1: Der Fächer der Unternehmenskommunikation: Budgets 1998

1991 bis 1998 zu verzeichnende Anteilsanstieg von DAX-Unternehmen mit festem IR-Budget von damals 50 Prozent auf 78 Prozent, der sich vermutlich weiter fortsetzen wird. Sodann die zum Teil erheblichen DM-Differenzen sowohl zwischen den Aktiengesellschaften der verschiedenen in *Abbildung 1* ausgewiesenen Gruppen als auch innerhalb dieser Gruppen. So gaben von den DAX30-Aktiengesellschaften gut ein Zehntel 1998 mehr als fünf Millionen DM für Investor Relations aus, dem ein knappes Drittel mit Kleinetats unter eine Million DM gegenübersteht. Hier ist Angleichung mit Orientierung nach oben zu erwarten. Und drittens schließlich: Erst 40 Prozent der Aktiengesellschaften arbeiten bislang regelmäßig mit externen IR-Agenturen/-Beratern zusammen, 21 Prozent planen aber die Aufnahme einer solchen Kooperation für die nahe Zukunft. Auch das wird sicher zu einer Ausgabenerhöhung führen.

4.3 Einsatz und »Ankommen« von IR-Maßnahmen

4.3.1 Maßnahmeneinsatz

Die bereits erwähnte IRES-Studie von 1999 bei Aktiengesellschaften und Going-Public-Kandidaten prüfte unter anderem, welche IR-Maßnahmen eingesetzt wurden und wie hoch der darauf jeweils entfallende Budgetanteil war. So gut wie alle »fütterten« gewissermaßen die Medien, um in der redaktionellen Berichterstattung präsent zu sein. Persönliche Kontakte wurden gepflegt, das Internet in bereits beachtlich hohem Maße genutzt sowie Unternehmensbroschüren bzw. Geschäftsberichte eingesetzt. Maßnahmen mit Breitenwirkung traten demgegenüber zurück. Finanzwerbung mittels Anzeigen setzte aber immerhin gut die Hälfte ein, TV-Spots (in wirtschaftsbezogenen Sendungen) ein knappes Drittel.

Die Hierarchie der Maßnahmen ist eine andere, wenn man ihre jeweiligen Budgetanteile ins Auge fasst: Mit nahezu zehn Prozent beanspruchte der Geschäftsbericht das meiste Geld, gefolgt von der Hauptversammlung.

Der Maßnahmeneinsatz durch die verschiedenen Gruppen von Aktiengesellschaften ist – vor allem bei den an der Spitze stehenden – ziemlich vergleichbar. Es gibt jedoch drei ins Auge fallende Ausnahmen: Hintergrundgespräche mit ausgewählten Unternehmensgruppen, Road Shows und die Beteiligung an Anlegermessen wurden von Unternehmen des Neuen Marktes besonders häufig wahrgenommen. Sie suchen offenbar sehr gezielt den direkten Gesprächskontakt.

4.3.2 Anvisierte Zielgruppen

Finanzanalysten und Institutionelle Anleger werden von Aktiengesellschaften unterschiedlicher Couleur wie auch von Going-Public-Kanditaten als die wichtigsten Zielgruppen für IR-Aktivitäten erachtet.

Bei einigen anderen driften dann aber die Prioritäten erkennbar auseinander: Going-Public-Kandidaten und Aktiengesellschaften des Neuen Marktes haben verstärkt die eigenen Mitarbeiter wie auch ihre Geschäftspartner im Visier. Letztere sind dagegen aus Sicht der DAX30-Gruppe eher zu vernachlässigen; außerdem richtet sie ihr Augenmerk auch nicht ganz so genau auf die Vertreter der Wirtschaftspresse, wie das für die anderen Unternehmensgruppen gilt. Die politischen Repräsentanten rangieren für alle am Ende der Zielgruppenhierarchie, wenn auch Aktiengesellschaften des Neuen Marktes und Going-Public-Kandidaten auf sie doch ein wenig mehr Wert legen.

4.3.3 Maßnahmenbekanntheit bei IR-Adressaten

In der '98er-Studie über Investor Relations waren auch Adressaten von IR-Maßnahmen – sowohl Private als auch Institutionelle Anleger sowie Finanzanaly-

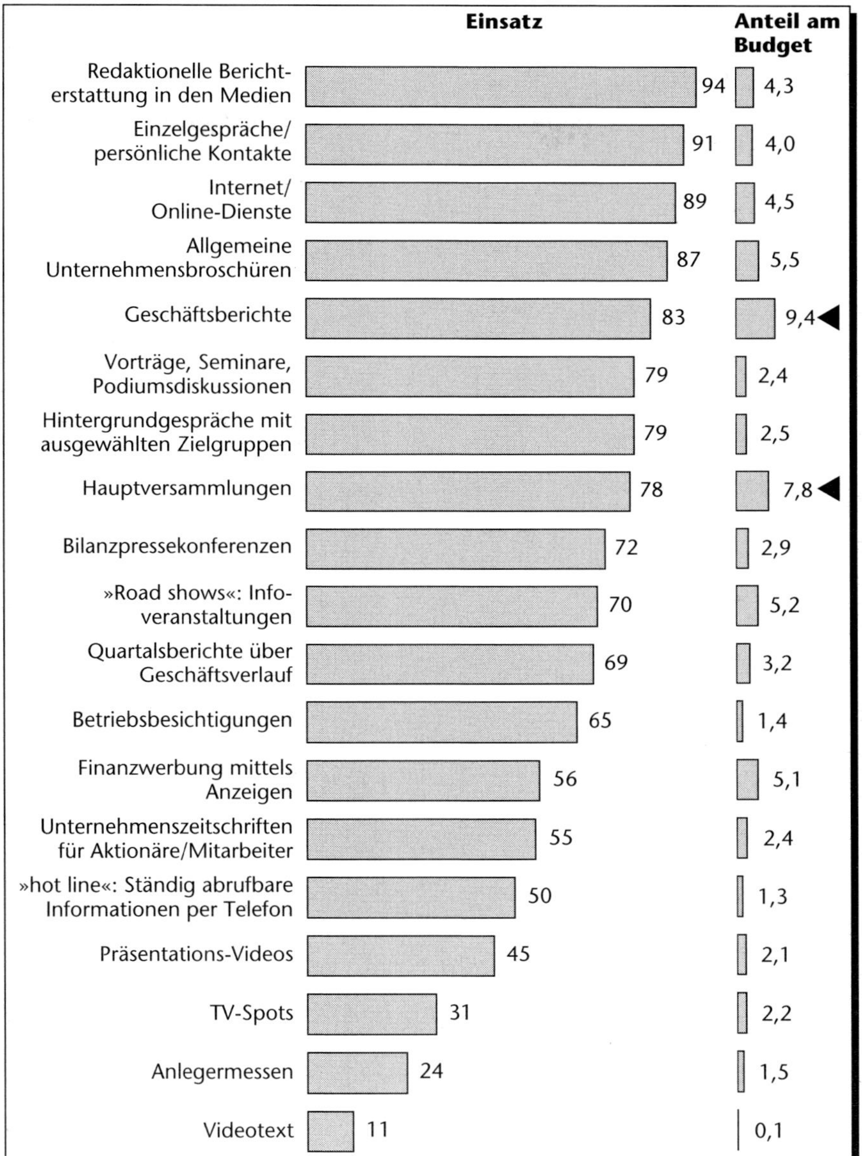

Quelle: IRES-Studie *Das Leistungsprofil von PR-/IR-Agenturen aus der Sicht von Aktiengesellschaften und Going-Public-Kandidaten.* 121 Befragte; 1999

Abb. 2: Maßnahmeneinsatz und Budgetanteil 1998

sten – einbezogen gewesen. Sie gaben an, welche konkreten IR-Aktivitäten von Unternehmen sie aus eigener Erfahrung kannten, was sie also wahrgenommen hatten.

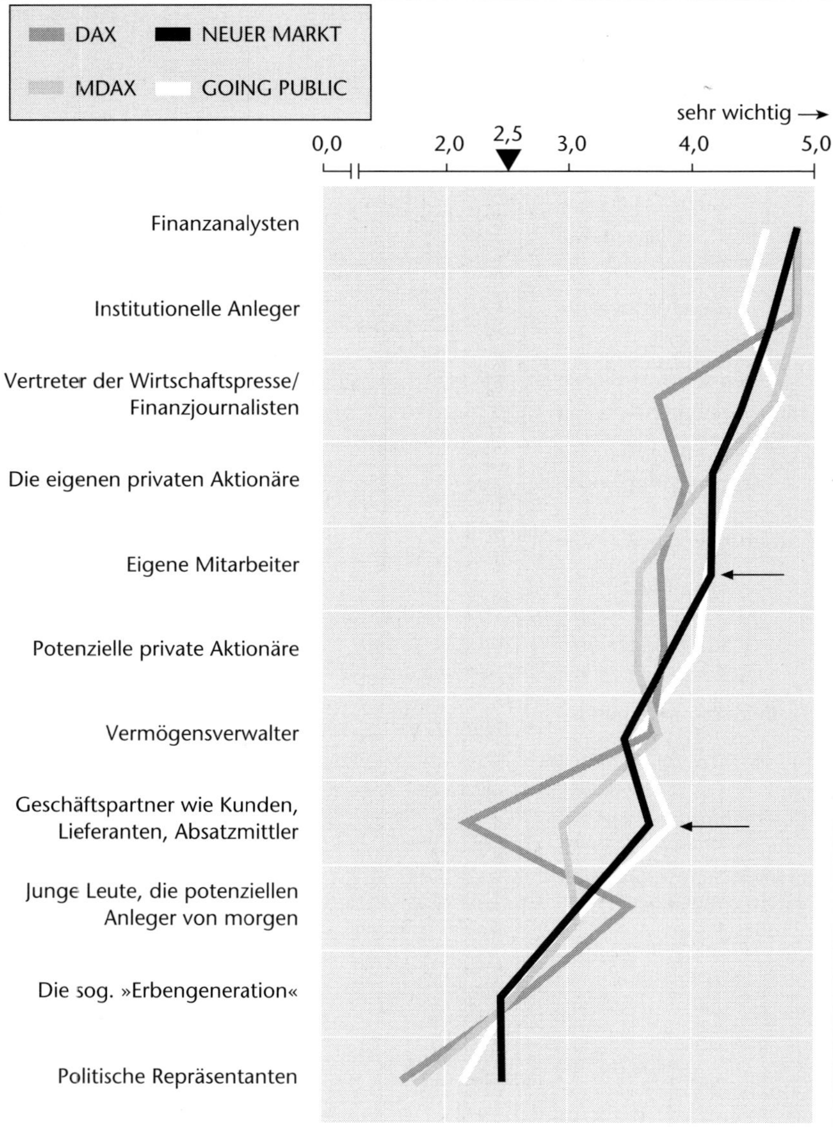

Quelle: IRES-Studie *Das Leistungsprofil von PR-/IR-Agenturen aus der Sicht von Aktiengesellschaften und Going-Public-Kandidaten.* 121 Befragte; 1999

Abb. 3: Subjektive Wichtigkeit von IR-Zielgruppen

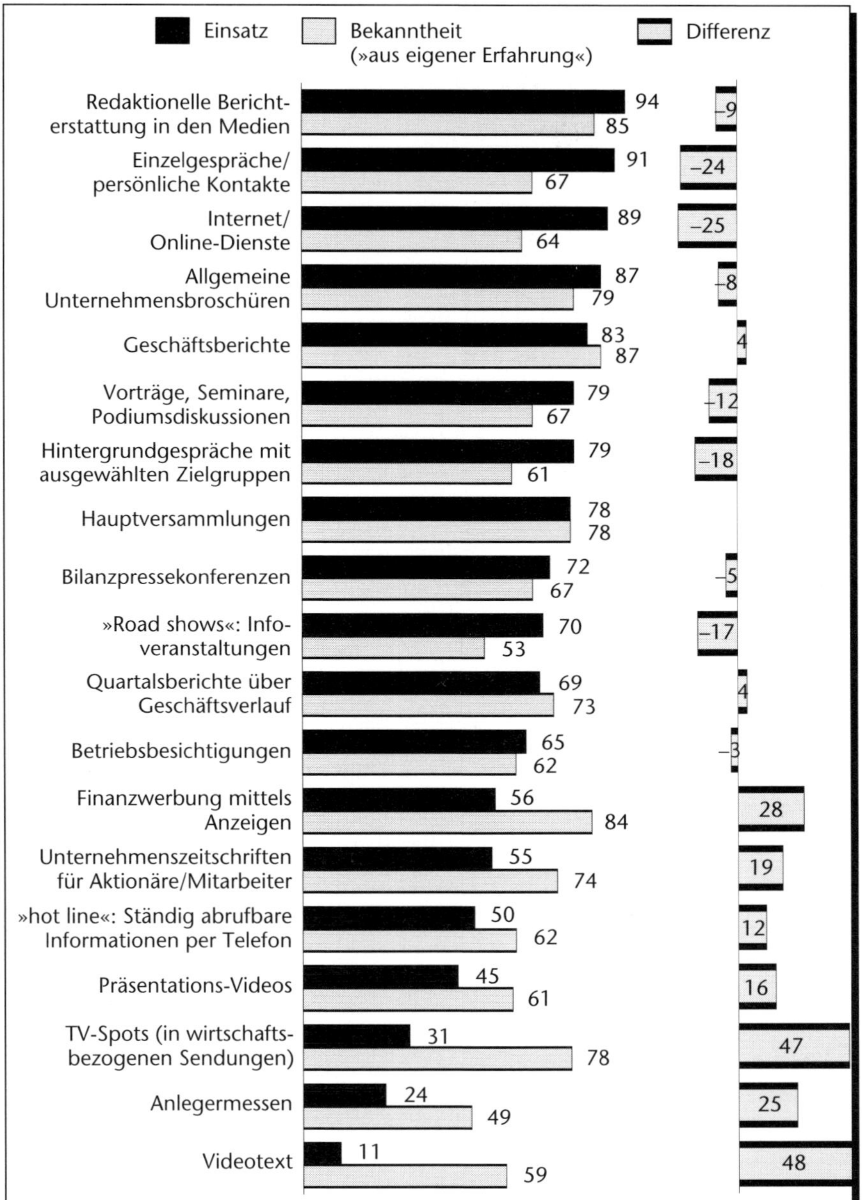

Quelle: IRES-Studien *Investor Relations von Aktiengesellschaften: Bewertungen und Erfahrungen.* 285 Befragte; 1998 und *Das Leistungsprofil von PR-/IR-Agenturen aus der Sicht von Aktiengesellschaften und Going-Public-Kandidaten.* 121 Befragte; 1999

Abb. 4: Maßnahmeneinsatz und Bekanntheit

Es sind vier Maßnahmen, die zwar von relativ vielen Unternehmen eingesetzt werden, aber in ihren Bekanntheitswerten zurückfallen. Das liegt daran, dass sie von Privaten Anlegern – an die sie sich ja auch in der Regel nicht primär richten – weniger wahrgenommen wurden, vom Fachpublikum aber durchaus:

Tabelle 1: IR-Maßnahmen, die häufig eingesetzt wurden

(Angaben in Prozent)	Wurden eingesetzt	Wurden wahrgenommen durch		
		Finanzanalysten	Institutionelle Anleger	Private Anleger
n =	121	55	94	136
Einzelgespräche/persönliche Kontakte	91	71	95	46
Internet/Online-Dienste	89	71	85	46
Hintergrundgespräche mit ausgewählten Zielgruppen	79	80	91	33
Road Shows	70	73	86	22

Umgekehrt sind IR-Aktivitäten zu verzeichnen, welche in sehr viel stärkerem Maße bekannt als eingesetzt sind:

Tabelle 2: IR-Maß78nahmen, die stark wahrgenommen wurden

(Angaben in Prozent)	Wurden eingesetzt	Wurden wahrgenommen durch		
		Finanzanalysten	Institutionelle Anleger	Private Anleger
n =	121	55	94	136
Finanzwerbung mittels Anzeigen	56	91	89	77
TV-Spots in wirtschaftsbezogenen Sendungen	31	85	88	68
Anlegermessen	24	67	73	25
Videotext	11	65	68	49

Es ist sicher bemerkenswert, dass Anzeigen und TV-Spots – oft ausschließlich als IR-Maßnahmen für das breite Publikum gesehen – durchaus auch von Fachzielgruppen in hohem Maße beachtet werden. Nachfragen nach den konkret erinnerlichen Unternehmensaussagen bzw. Gestaltungsdetails lassen zudem auf eine recht genaue Betrachtung solcher Anstöße schließen, die vielfach zudem – und im Unterschied zu Unternehmens-/Angebotswerbung – eher als »Information« und weniger als »Reklame« erlebt werden.

4.4 IR-Inhalte und -Wirkungen

4.4.1 Das Spektrum der IR-Informationen

Bereits wenn sich IR-Adressaten unterschiedlichen Zuschnitts spontan darüber äußern, was sie alles über ein Unternehmen erfahren möchten, wird klar, worauf sich ihr Interesse focussiert: Es geht ihnen vor allem um die Langfristperspektive und um Fakten/Informationen, welche diese Perspektive untermauern. Das bestätigt sich, wenn vorgegebene Informationsangebote hinsichtlich ihres Interessegrades eingestuft werden.

Die Interessenhierarchie wird angeführt von den langfristigen Ertragsaussichten des Unternehmens und seiner Strategie. Informationen zur Innovationskraft, der Managementkompetenz, zur Marktentwicklung und den Investitionen »unterfüttern« gleichsam die Langzeitperspektive. Institutionelle Anleger und Finanzanalysten liegen in ihren Informationserwartungen bei diesen und den anderen Aspekten zumeist recht nahe beieinander. Auch die |Privaten Anleger lassen kein grundsätzlich anderes Erwartungsprofil erkennen, sie melden lediglich bei den meisten Punkten ein etwas schwächeres Interesse als die Fachzielgruppen an.

Der Gleichklang der Informationswünsche lässt folgern: Für IR-aktive Unternehmen ist die Formulierung einer zielgruppenübergreifenden IR-Konzeption nicht nur möglich, sondern angezeigt. Sicher ist jede Zielgruppe ihrer speziellen Art entsprechend zu »bedienen«. Die erforderliche Differenzierung – zum Beispiel nach Informationstiefe und den eingesetzten Medien – ist aber einzubinden in eine geschlossene und überzeugende Grundlinie. Hinzu kommt: So wie eine große Nähe der Zielgruppen hinsichtlich ihrer Informationswünsche besteht, ist eine vergleichbare Stabilität der Interessenhierarchie im Zeitvergleich zu konstatieren. Das zeigt die Gegenüberstellung der 98er-Werte mit solchen von 1991, als eine entsprechende Untersuchung zum ersten Mal lief. Das sollte als Basis für eine IR-Arbeit des langen Atems verstanden werden: So wichtig es natürlich ist, jeweils Aktuelles in diese Arbeit einzubeziehen, würde ein bloßes zeitgebundenes Agieren und Reagieren das IR-Kernziel einer Vertrauensbildung auf Dauer schwerlich erreichen.

4.4.2 Erwartete IR-Wirkungen

Welche Wirkungen versprechen sich nun IR-Verantwortliche von den von ihnen entfalteten Aktivitäten? Die Fülle der erörterten Einzelwirkungen lässt sich (per Faktorenanalyse) in drei Wirkungskomplexe gliedern. Von denen gilt der mit *Zukunftsorientierung* bezeichnete als derjenige, der am besten vermittelbar ist.

Man meint gut verdeutlichen zu können, dass das Unternehmen von Wert, Potenzial und Strategie her für die Zukunft gerüstet ist. Um diese Einsicht bei den IR-Adressaten zu stärken, müssen Informationslücken geschlossen und Trans-

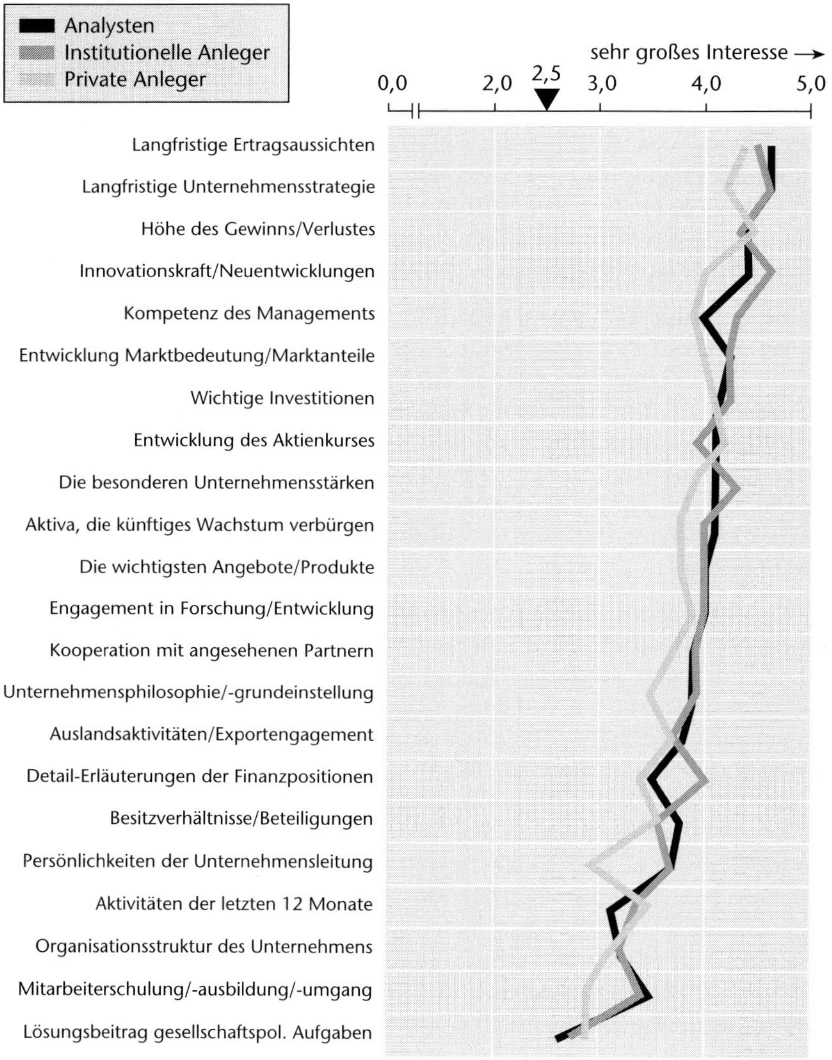

Quelle: IRES-Studie *Investor Relations von Aktiengesellschaften: Bewertung und Erfahrungen.* 285 Befragte; 1998

Abb. 5: Das Interesse an IR-Informationen

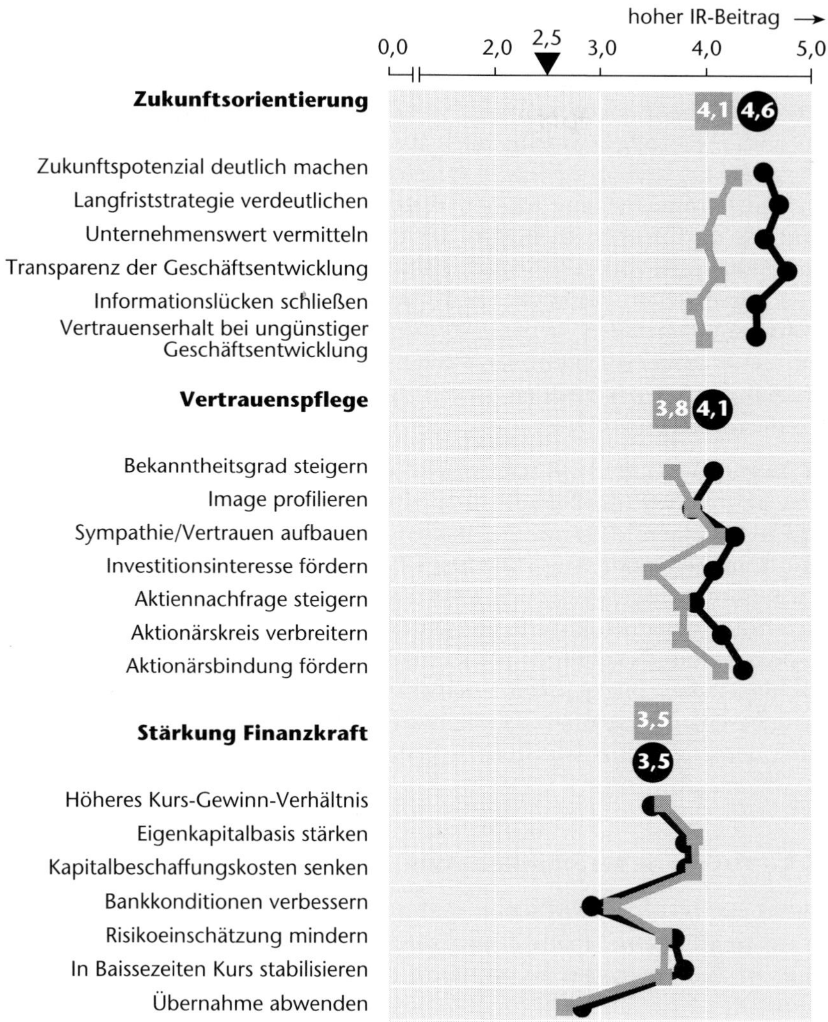

Quelle: IRES-Studien *Investor Relations von Aktiengesellschaften: Bewertungen und Erfahrungen.* 285 Befragte; 1998● – 248 Befragte; 1991 ■

Abb. 6: Von IR-Verantwortlichen erwartete IR-Wirkungen

parenz geschaffen werden. Vermitteltes Zukunftszutrauen wirkt als Vertrauenspuffer im Falle ungünstiger aktueller Geschäftsentwicklungen.

Der Zeitvergleich 1998 versus 1991 zeigt dann: Der IR-Beitrag für den »Transport« von *Zukunftsorientierung* wird von den IR-Akteuren inzwischen deutlich höher veranschlagt. Bewegung nach vorn in diesem Sinn ist auch beim Wirkungskomplex *Vertrauenspflege* zu verzeichnen, wenn auch in etwas schwächerem Maße. Voraussetzung für den Vertrauensaufbau sind Unternehmensbekanntheit und -image. Daraus folgt natürlich auch die Notwendigkeit von Brückenschlägen von den IR-Maßnahmen zur übrigen (und ja meist mit größeren finanziellen Resourcen bedachten) Unternehmenskommunikation. Gewonnenes Vertrauen »verlängert« sich zu größerem Investitions- und Aktieninteresse, fördert die Aktionärsbindung und trägt zur Verbreiterung des Aktionärkreises bei. So gesehen ist Vertrauen kein nebulöser Wert, sondern Grundlage für den Erfolg am Aktienmarkt.

Die *Stärkung der Finanzkraft* schließlich – sicherlich eine Art Endziel von Investor Relations – wird als beeinflussbar zwar auch bejaht, jedoch offensichtlich nicht in gleichem Maße wie die beiden anderen Wirkungskomplexe. Hinzu kommt: Im Zeitvergleich ist hier keine Beurteilungsverbesserung eingetreten – der Komplex insgesamt erzielt 1998 denselben Wert wie bereits ein knappes Jahrzehnt zuvor, und die darin enthaltenen Einzelkriterien liegen jeweils sehr eng beieinander. Es geht hier gewissermaßen um Mark und Pfennig unter den verschiedensten Blickwinkeln: Kurs-Gewinn-Verhältnis, Eigenkapitalbasis, Kapitalbeschaffungskosten, Bankkonditionen. Die Risikoeinschätzung ist zu vermindern, der Aktienkurs in Baissezeiten zu stabilisieren, Übernahmegefahren sind abzuwenden.

4.4.3 Return on Investor Relations

Nahezu alle IR-Verantwortlichen sind davon überzeugt, die IR-Maßnahmen des eigenen Unternehmens der vergangenen zwölf Monate hätten sich gelohnt. 82 Prozent geben an, konkrete Auswirkungen festgestellt zu haben (vor allem: Entwicklung des Aktienkurses/Stimulierung von Aktienkäufen). Allerdings: Ähnlich günstige Auskünfte dürfte man vermutlich von Ärzten über ihre Behandlungserfolge und noch optimistischere von Werbeleuten zur Durchsetzungskraft ihrer Kampagnen erhalten.

Der Return von Investor Relations stellt sich aber durchaus auch dann positiv dar, wenn man die Adressaten zum Maßstab nimmt:

Tabelle 3: IR-Maßnahmen aus Sicht der Adressaten

(Angaben in Prozent)	Finanzanalysten	Institutionelle Anleger	Private Anleger
n =	55	94	136
»Wahrgenommene IR-Maßnahmen wirkten sich auf eigene Entscheidungen/Empfehlungen aus«	67	64	34

Es sind also ein Drittel der Privaten Anleger und zwei Drittel in den Fachzielgruppen, die einen IR-Einfluss auf ihre Entscheidungen bzw. Empfehlungen einräumen.

4.5 Zum Leistungsprofil externer IR-Agenturen/-Berater

Die sich im letzten Jahrzehnt vollzogene Professionalisierung in der Konzipierung und Handhabung von Investor Relations wird sich sicher noch weiter entwickeln. Unter anderem spricht die bereits erwähnte Absicht von 21 Prozent der Aktiengesellschaften dafür, bei der Lösung solcher Aufgaben künftig externen Rat nutzen zu wollen (40 Prozent tun das bereits regelmäßig, weitere 23 Prozent gelegentlich).

Was erwarten IR-Verantwortliche von ihren externen Partnern und wie beurteilen sie deren Leistungen auf Grund der gesammelten Erfahrungen?

Man konzediert seiner Agentur also vor allem *Erfahrung* und schreibt ihr *Flexibilität, Termintreue* und *Zielgruppenkenntnisse* zu. Auch erlebt man ein *Menschlich angenehmes Verhältnis* zu ihr. Gemessen an den Forderungspositionen könnten allerdings *Zielgruppenkenntnisse* und *Termintreue* noch ein wenig besser sein, was für *Präzision im Detail* und vor allem *Fitness in den neuen Medien* noch etwas mehr gilt.

Interessant sind auch jene Aspekte, bei denen die Ist-Position gleichsam über das Soll-Ziel hinausschießt. Das ist insbesondere bei der *Inhaberprägung* und der *Jugendlichkeit* der Fall. Die meisten dieser Agenturen erlebt man offenbar als von ihren jeweiligen Inhabern geprägt, ein Charakteristikum, das als Plusargument wohl nur in Grenzen trägt. Ähnliches gilt für ihren eher jüngeren Personalzuschnitt.

Eine Analyse dieser Bewertungen in Abhängigkeit vom jeweiligen Zufriedenheitsgrad mit der Zusammenarbeit lässt dann vor allem zwei Kriterien als besonders zufriedenheitsrelevant in Erscheinung treten: Das ist zum einen die bereits erwähnte *Präzision im Detail*. Mängel in diesem Punkt schwächen entscheidend die Kundenbindung, mehr noch als solche bei der Kreativität. Und dann ist es die *Bereitschaft, über Konditionen mit sich reden zu lassen*, die

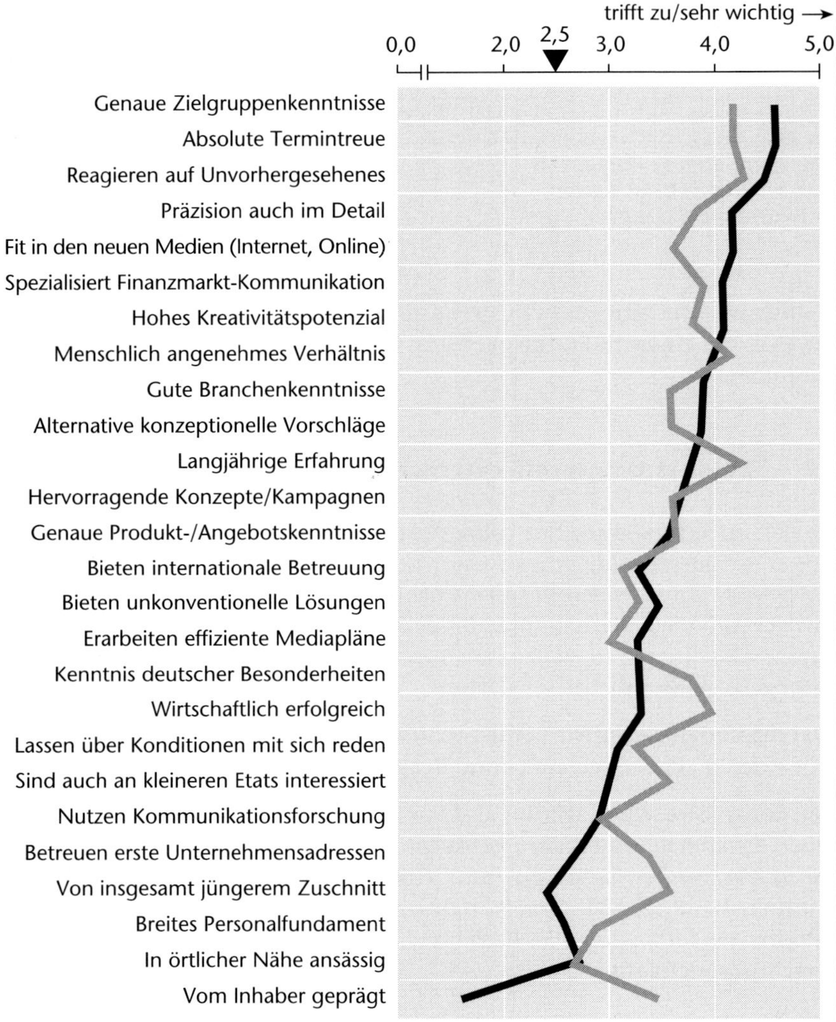

Quelle: IRES-Studie *Das Leistungsprofil von PR-/IR-Agenturen aus der Sicht von Aktiengesellschaften und Going-Public-Kandidaten:* 121 Befragte; 1999

Abb. 7: Externe IR-Agenturen/-Berater: Leistungs-Soll-Ist-Vergleich

das Herz von IR-Verantwortlichen höher schlagen lässt. Das Verlangen nach preussischer Tugend geht hier eine bemerkenswerte Liaison mit einer gewissen Basarmentalität ein. Allerdings: Leistungsschwächen der Agentur, die aus zu knappen Mitteln resultieren, dürften vom Kunden kaum toleriert werden. Dafür ist sein Leistungsanspruch zu hoch.

C Betriebswirtschaftlicher und rechtlicher Hintergrund der Investor Relations

1. Bilanzrechtliche Aspekte

von Harald J. Schäfer

> Es gibt kein geschlossenes deutsches Bilanzrecht. Für den deutschen Jahresabschluss gibt es eine Vielzahl von Möglichkeiten Bilanzpolitik zu betreiben. Für die IR ist eine gesetzliche Verringerung der bilanzpolitischen Maßnahmen bzw. eine freiwillige Erhöhung der Transparenz von Vorteil. IAS und GAAP haben einen geringeren bilanzpolitischen Spielraum. Es lässt sich zum gegenwärtigen Zeitpunkt keine eindeutige Empfehlung für IAS (International Accounting Standards) oder US-GAAP (General Accepted Accounting Principles in den USA; im Folgenden kurz GAAP) aussprechen.

1.1 Rechnungslegungs- und Publizitätsanforderungen

1.1.1 Gesetzliche Anforderungen

Gesetzliche Anforderungen zum Einzelabschluss

Ein Börsengang kann in Deutschland nur in den Rechtsformen der Aktiengesellschaft (AG) oder der Kommanditgesellschaft auf Aktien (KGaA) erfolgen. Für die börsennotierte AG und KGaA gelten folgende gesetzliche Grundlagen zum Jahresabschluss und Lagebericht:

- Allgemeine Regelungen für alle Kaufleute (§§ 242 ff HGB)
- Ergänzende Regelungen für alle Kapitalgesellschaften (§§ 264 ff HGB)
- Spezielle Regelungen für alle Aktiengesellschaften (§§ 150 ff AktG)
- Spezielle Regelungen für börsennotierte Aktiengesellschaften

Im Aktiengesetz wird definiert, was unter einer börsennotierten Aktiengesellschaft zu verstehen ist[1]: »Börsennotiert im Sinne dieses Gesetzes sind Gesellschaften, deren Aktien zu einem Markt zugelassen sind, der von staatlich anerkannten Stellen geregelt und überwacht wird, regelmäßig stattfindet und für

1 § 3 Absatz 2 AktG

Der Autor

Harald J. Schäfer

das Publikum mittelbar oder unmittelbar zugänglich ist.« Es wird auf die Zulassung an einer (in- oder ausländischen) Börse abgestellt.[2]

Tabelle 1: Börsennotierung im Sinne des Aktienrechts

Börsensegment	Notierungsfiktion
• Amtlicher Handel • Geregelter Markt • Neuer Markt	• gelten als börsennotiert
• Freiverkehr	• gilt nicht als börsennotiert

Zu den speziellen Regelungen zum Jahresabschluss und Lagebericht von börsennotierten Aktiengesellschaften gehören zum Beispiel:

- Angabe im Anhang: Für alle Mitglieder des Geschäftsführungsorgans und des Aufsichtsrats sind Angaben zur Mitgliedschaft in Aufsichtsräten und anderen Kontrollgremien (§ 285 Nr. 10 AktG) zu machen.
- Angabe im Anhang: Alle Beteiligungen an großen Kapitalgesellschaften, die fünf vom Hundert der Stimmrechte überschreiten (§ 285 Nr. 11 AktG) sind zu nennen.
- Beurteilung durch den Abschlussprüfer, ob der Vorstand ein Risikomanagementsystem installiert hat und ob es seine Aufgaben erfüllt (§ 317 Absatz 4 HGB)
- Wirtschaftsprüfungsgesellschaft darf nicht Abschlussprüfer sein, wenn sie einen Wirtschaftsprüfer beschäftigt, der in den letzten 10 Jahren den Bestätigungsvermerk des Jahresabschlusses in mehr als sechs Fällen gezeichnet hat (§ 319 Absatz 3 Nr. 6 HGB)

Der Jahresabschluss einer AG besteht aus Bilanz, Gewinn- und Verlustrechnung und Anhang.[3] In der Praxis wird der Begriff Bilanz oft synonym für Jahresabschluss und der Begriff Bilanzpolitik synonym für Jahresabschlusspolitik verwendet.

Gesetzliche Anforderungen zum Konzernabschluss

Für die börsennotierte AG und KGaA, die Mutterunternehmen ist, gelten folgende gesetzliche Grundlagen zum Konzernabschluss und Konzernlagebericht:

- Regelungen für alle Konzerne (§§ 290 ff HGB)
- Spezielle Regelungen für börsennotierte Konzerne[4]

---

2 Seibert, U.; Das Gesetz zur Kontrolle und Transparenz im Unternehmensbereich (KonTraG) – Die aktienrechtlichen Regelungen im Überblick; in: Reform des Aktienrechts, der Rechnungslegung und Prüfung (Hrsg. Dörner, Menold, Pfitzer), Stuttgart 1999, S. 5 f.

3 § 264 Absatz 1 Satz 1 HGB

4 Nur das Mutterunternehmen des Konzerns ist börsennotiert, nicht der Konzern selbst.

Zu den speziellen Regelungen zum Konzernabschluss und Konzernlagebericht von börsennotierten Aktiengesellschaften gehören zum Beispiel:

- Angaben im Anhang: Kapitalflussrechnung[5] und Segmentberichterstattung[6] (§ 297 Absatz 1 Satz 2 HGB)
- Wirtschaftsprüfungsgesellschaft darf nicht Abschlussprüfer sein, wenn sie einen Wirtschaftsprüfer beschäftigt, der in den letzten 10 Jahren den Bestätigungsvermerk des Konzernabschlusses in mehr als sechs Fällen gezeichnet hat (§ 319 Absatz 3 Nr. 6 HGB)

Das Bundesministerium der Justiz hat das »Deutsche Rechnungslegung Standards Committee« (DRSC) anerkannt und ihm die Aufgabe übertragen, Empfehlungen zur Anwendung der Grundsätze über die Konzernrechnungslegung zu entwickeln (§ 342 Absatz 1 Nr. 1 HGB).

1.1.2 Zusätzliche Anforderungen an den einzelnen Börsensegmenten

Für die einzelnen Börsensegmente gibt es weiter gehende Vorschriften.

Im amtlichen Handel ist noch ein halbjährlicher Zwischenbericht zu erstellen.

Im geregelten Markt ist ein Zwischenbericht erwünscht, aber nicht zwingend vorgeschrieben.

Beim Freiverkehr gibt es keine weiter gehenden Vorschriften.

Beim Neuen Markt muss der Jahresabschluss nach internationalen Rechnungslegungsgrundsätzen (IAS, GAAP) aufgestellt werden. Weiterhin sind drei Quartalsberichte mit gesteigertem Inhalt zu veröffentlichen. Die Veröffentlichungen müssen zweisprachig, in Deutsch und Englisch, verfasst werden.

5 Siehe hierzu: DRSC, Entwurf Deutscher Rechnungslegungsstandard Nr. 2 (E-DRS2) Kapitalflussrechnung, Stand 29. April 1999

6 Siehe hierzu: DRSC, Entwurf Deutscher Rechnungslegungsstandard Nr. 3 (E-DRS3) Segmentberichterstattung, Stand 10. September 1999

Tabelle 2: Wesentliche Publizitätsanforderungen in den einzelnen Börsensegmenten

	Amtlicher Handel	Geregelter Markt	Freiverkehr	Neuer Markt
Jahres-abschlüsse	Veröffent-lichung obligatorisch	Veröffent-lichung obligatorisch	Veröffent-lichung obligatorisch	Veröffent-lichung obligatorisch Rechnungs-legung nach IAS oder US-GAAP
Zwischen-berichte	Obligatorisch mindestens ein Zwischen-bericht der ersten sechs Monate des Geschäftsjahres	empfohlen	–	obligatorisch; drei Quartals-berichte pro Geschäftsjahr
Ad-hoc-Publizität	Obligatorisch	Obligatorisch	–	Obligatorisch
Publikati-onssprache	Deutsch	Deutsch	Deutsch	Deutsch und Englisch

1.2 Bilanzielle Gestaltungsmöglichkeiten als Beitrag zur IR

1.2.1 Bilanzpolitik und Bilanzanalyse

Unter Bilanzpolitik versteht man die willentliche Einflussnahme des Bilanzerstellers auf die Form, den Inhalt und die Berichterstattung des Jahresabschlusses und des Lageberichts. Die formelle Bilanzpolitik nimmt Einfluss auf den Ausweis und die Darstellung. Die materielle Bilanzpolitik kann vor und nach dem Bilanzstichtag erfolgen. Vor dem Bilanzstichtag erfolgt sie durch Sachverhaltsgestaltungen und nach dem Bilanzstichtag insbesondere durch die Ausübung von Bewertungswahlrechten.

Der Jahresabschluss (nach Ausübung der Bilanzpolitik durch das Unternehmen) gibt dem Investor Informationen über das Unternehmen. Diese Informationen beeinflussen das Anlageverhalten des Investors und damit letztlich den Börsenkurs.

Die Bilanzanalyse ist die Auswertung des Jahresabschlusses und des Lageberichts zum Zweck der Informationsgewinnung. Es wird auch versucht, solche Informationen zu gewinnen, die nicht ohne weiteres aus dem Jahresabschluss gewonnen werden können. Dadurch wird auch ein Teil der Bilanzpolitik erkannt.

1.2.2 Bilanzpolitik im Einzelabschluss

Das Instrumentarium der Bilanzpolitik im Einzelabschluss lässt sich wie folgt systematisieren:

Bilanzierungswahlrechte

- Aktivierungswahlrechte
- Passivierungswahlrechte

Bewertungswahlrechte

- Bewertung des Anlagevermögens
- Bewertung des Umlaufvermögens
- Bewertung der Rückstellungen und Verbindlichkeiten

Sonstige Wahlrechte

- Gliederungswahlrechte
- Publizitätswahlrechte
- Gewinnverwendung

Ein Grossteil der handelsbilanzpolitischen Instrumente ist über das umgekehrte Massgeblichkeitsprinzip eng mit den steuerbilanzpolitischen Instrumenten verknüpft. Die nachfolgende, nicht abschließende Aufstellung listet die wichtigsten Bilanzierungs- und Bewertungswahlrechte und Ermessensspielräume bei der Erstellung der Handelsbilanz auf:

Tabelle 3: Aktivierungswahlrechte

		§§[7]
1.	Aktivierungswahlrecht von Ingangsetzungs- und Erweiterungsaufwendungen (Bilanzierungshilfe)	269
2.	Aktivierungswahlrecht eines entgeltlich erworbenen Geschäfts- oder Firmenwertes	255, IV
3.	Wahl der Abschreibungsmethode, steuerliche Sonderabschreibungen, erhöhte Absetzungen	253, II 254, 279, II
4.	Wertaufholung im Anlage- und Umlaufvermögen	253, V
5.	Zuordnung von Wertpapieren je nach handelsbilanzpolitischer Zielsetzung zum Finanzanlage- oder Umlaufvermögen	
6.	Abschreibungswahlrecht bei vorübergehender Wertminderung im Finanzanlagevermögen	279, I

7 Paragrafen ohne Gesetzesangabe sind Paragrafen des HGB.

		§§[7]
7.	Bewertung der Vorräte nach verschiedenen Wertmaßstäben: • Anschaffungskosten • Herstellungskosten mit Aktivierungswahlrechten für Gemeinkosten nach § 255 Absatz 2 HGB. • Börsenpreis • Marktpreis abgeleitet vom Beschaffungs- oder Absatzmarkt oder von beiden Märkten • Beizulegender Wert abgeleitet vom Beschaffungs- oder Absatzmarkt oder den Wiederherstellungskosten • Zukunftswert • Steuerlich zulässiger Wert	 255, I 255, II 253, III 253, III 253, III 253, III, S. 3 254
8.	Auswahl eines Bewertungsvereinfachungsverfahrens • Durchschnittsbewertung • LIFO, FIFO, HIFO und ähnliche Verbrauchsfolgeverfahren • Festbewertung	 240, IV 256 240, III
9.	Wahl des Realisationszeitpunktes bei den Forderungen aus Lieferungen und Leistungen (Schwebendes Geschäft) • Berücksichtigung spezieller Kreditrisiken durch Einzelwertberichtigungen • Berücksichtigung allgemeiner Kreditrisiken durch Pauschalwertberichtigungen	
10.	Ansatzwahlrecht für ein Disagio als aktiver Rechnungsabgrenzungsposten	250, III
11.	Ansatzwahlrecht für einen aktiven latenten Steueranspruch (Bilanzierungshilfe)	274, II

Tabelle 4: Passivierungswahlrechte

		§§[8]
1.	Ausweis des Eigenkapitals • Ausweis vor oder nach Ergebnisverwendung • Offenes Absetzen der nicht eingeforderten ausstehenden Einlagen vom Gezeichneten Kapital	 270, II 272, I, S. 2
2.	Ansatz eines Sonderpostens mit Rücklageanteil für • Steuerfreie Rücklagen, zum Beispiel § 6 b EStG • Steuerliche Sonderabschreibungen	 247, III i. V. m. 273 254 i. V. m. 281, I

8 Paragrafen ohne Gesetzesangabe sind Paragrafen des HGB.

		§§[8]
3.	Pensionsrückstellungen • Passivierungswahlrecht für Altzusagen vor dem 01. Januar 1987 • Höhe des Zinssatzes für die Bewertung der Pensionsrückstellung	 Art. 28, I EGHGB
4.	Passivierungswahlrecht für Aufwandsrückstellungen	249, II
5.	Passivierungswahlrecht für Rückstellungen für unterlassene Instandhaltung, Nachholung zwischen 3 und 12 Monaten	249, I S. 2 Nr. 1
6.	Ermessensspielräume bei der Bildung von • Rückstellungen für ungewisse Verbindlichkeiten, zum Beispiel für Garantieleistungen, Prozessrisiken • Rückstellungen für drohende Verluste aus schwebenden Geschäften • Bildung von Kulanzrückstellungen	 249, I 249, I, S. 1 249, I, S. 2, Nr. 2

Tabelle 5: Sonstige Wahlrechte

		§§[9]
1.	Beeinflussung der Betriebsgrößenklassen durch Ausübung von Ausweiswahlrechten • Offene Saldierung von ausstehenden Einlagen beim gezeichneten Kapital • Offene Saldierung von erhaltenen Anzahlungen beim Vorratsvermögen • Aktivisches Absetzen von steuerlichen Sonderabschreibungen	 272, I 268, V 281, I
2.	Wahlrecht zwischen Umsatz- oder Gesamtkostenverfahren für die Gewinn- und Verlustrechnung	275, I
3.	Wahlrechte hinsichtlich der weiteren Untergliederung von Bilanz oder Gewinn- und Verlustrechnung	265, V
4.	Strategien für die Anhanggliederung • so eng wie möglich, um dem externen Bilanzleser den Einblick in die wahre Vermögens-, Finanz- und Ertragslage zu erschweren • Klare Gliederung und informative Gestaltung, um dem externen Bilanzleser ein den tatsächlichen Verhältnissen entsprechendes Bild der Vermögens-, Finanz- und Ertragslage zu vermitteln	

9 Paragrafen ohne Gesetzesangabe sind Paragrafen des HGB.

		§§[9]
5.	Lageberichterstattung als ergänzendes Instrument der Bilanzpolitik durch Zusatzangaben • Vorgänge von besonderer Bedeutung nach dem Bilanzstichtag • Voraussichtliche Entwicklung der Gesellschaft • Angaben zur Forschung und Entwicklung • Angabe zu bestehenden Zweigniederlassungen	289, II
6.	Ausnutzen von Offenlegungserleichterungen	325 ff.

1.2.3 Bilanzpolitik im Konzernabschluss

In der Konzernbilanzpolitik ist zwischen **externen** und **internen Zielen** zu unterscheiden. Die **internen Ziele** ergeben sich aus dem Informationsbedürfnis des Konzernmanagements.

Interne Ziele der Konzernbilanzpolitik

- Daten zur Konzernsteuerung
- Messung der Beiträge der Einzelunternehmen zum Konzernergebnis
- Messung der Beiträge der Konzernsparten zum Konzernergebnis

Die **externen Ziele** der Konzernbilanzpolitik sind auf die Information externer Adressaten des Konzernverbunds, vornehmlich Anteilseigner, potenzielle Investoren, Gläubiger, Lieferanten und Abnehmer gerichtet.

Externe Ziele der Konzernbilanzpolitik

- Darstellung der Vermögens-, Finanz- und Ertragslage
- Beeinflussung des Konzernjahresergebnisses
- Beeinflussung von Größenkriterien der Konzernrechnungslegungspflicht
- Beeinflussung Dritter

Die genannten internen und externen Ziele zeigen, dass eine gleichzeitige Verfolgung aller Ziele nicht möglich ist. Zur Lösung dieser Konkurrenzprobleme müssen Zielpräferenzen festgelegt werden oder im Konzernabschluss zusätzliche Informationen zu den Zielen der Bilanzpolitik gegeben werden. Die Konzernbilanzpolitik kann sich in mehreren Bereichen abspielen:

Bereiche der Konzernbilanzpolitik

- Sachverhaltsgestaltung bereits im Einzelabschluss
- Bilanzpolitik bei der Erstellung der so genannten Handelsbilanzen II[10] durch:

10 Zur Einheitlichkeit der einzubeziehenden Einzelabschlüsse ist eine Überleitungsrechnung von dem offiziellen Jahresabschluss der Tochterunternehmung in den Abschluss für Konsolidierungszwecke, der Handelsbilanz II zu erstellen.

- Neufestlegung der Bilanzansätze und Bewertung in den Einzelabschlüssen für den Konzernabschluss[11]
- Berücksichtigung der latenten Steuerwirkungen[12]
- Wahlrecht bei der Währungsumrechnung von Fremdwährungsabschlüssen[13]
- Wahlrechte bei der Konzernkonsolidierung
- Formelle Bilanzpolitik im eigentlichen Konzernabschluss

Maßnahmen auf Einzelabschlussebene

Auf den Einzelabschluss wirkende Gestaltungsmaßnahmen sind insbesondere:

- Sachverhaltsgestaltungen, zum Beispiel
- Festlegung des Zeitpunkts für Anschaffungen, Veräußerungen, Reparaturen, Pensionszusagen, etc.
- Schuldenaufnahme und -tilgung
- Abschluss von Leasingverträgen
- Sale-and-lease-back Gestaltungen

- Ausnutzen von Ermessensspielräumen, zum Beispiel
  - Bemessung von Rückstellungen
  - Schätzung der Nutzungsdauer des Anlagevermögens
  - Herstellungskostenermittlung

Maßnahmen auf der Ebene der Handelsbilanz II

Unabhängig von der Ausübung der Ansatz- und Bewertungswahlrechte im Einzelabschluss, können diese Wahlrechte im Konzernabschluss völlig neu ausgeübt werden, soweit sie nach dem Recht der Mutterunternehmung zulässig sind[14]. Hier kann auf die Ausführungen zur Bilanzpolitik im Einzelabschluss verwiesen werden. Für Banken und Versicherungen ergeben sich zum Teil weitere Wahlrechte[15].

Bei der Währungsumrechnung ergeben sich weitere Wahlrechte aus

- Wahl der Umrechnungsmethode[16]
- Behandlung der Umrechnungsdifferenzen (erfolgsneutral oder erfolgswirksam)
- Wahl der Umrechnungskurse
- Wahlrechte bei den Konsolidierungsmaßnahmen

---

11 §§ 300 Absatz 2, 308 Absatz 1 HGB.
12 §§ 274, 298 Absatz 1 HGB.
13 Vgl. HFA, Entwurf einer Stellungnahme: Zur Währungsumrechnung im Konzernabschluß, FN 1998, S. 277.
14 §§ 300 Absatz 2, 308 Absatz 1 HGB
15 § 308 Absatz 2 und 3 HGB, Verzicht zur Bewertungsanpassung.
16 Eingeschränkt durch HFA, Entwurf einer Stellungnahme: Zur Währungsumrechnung im Konzernabschluß, FN 1998, S. 277.

Die Konsolidierungsmaßnahmen bieten ein großes bilanzpolitisches Betätigungsfeld. Praktisch in jedem Bereich der Konsolidierungsmaßnahmen bestehen ein oder mehrere Wahlrechte.

Die wesentlichsten bilanzpolitischen Spielräume sind:

Konsolidierungskreis

- Abgrenzung des Konsolidierungskreises[17]
- Wahlrechte zwischen der Behandlung von Tochterunternehmen als Gemeinschafts-[18] oder assoziiertes Unternehmen[19]

Kapitalkonsolidierung

- Wahl zwischen Buchwert- oder Neubewertungsmethode[20]
- Zuordnung von stillen Reserven, die den aktiven Unterschiedsbetrag aus der Kapitalkonsolidierung übersteigen
- Behandlung des Firmenwerts[21] und eines passiven Unterschiedsbetrags[22]
- Wahl des Erstkonsolidierungszeitpunkts[23]
- Wahlrecht bei der Pooling-of-Interests-Methode[24]

Schuldenkonsolidierung

- Verzicht bei Geringfügigkeit[25]
- Wahlweise Berücksichtigung von Drittschuldverhältnissen
- Latente Steuern bei erfolgswirksamer Schuldenkonsolidierung

Zwischenergebniseliminierung

- Wahlrecht zwischen Konzernhöchstwert und Konzernmindestwert
- Wahlrecht zum Verzicht auf die Zwischenerfolgseliminierung bei üblichen Marktbedingungen oder unverhältnismässig hohem Aufwand[26]
- Ermessenspielräume bei den latenten Steuern auf Grund der Zwischenerfolgseliminierung

---

17 Grundsatz: Weltabschlussprinzip mit allen Unternehmen, Ausnahmen nach §§ 295, 296 HGB.

18 § 310 HGB mit quotaler Einbeziehung des Gemeinschaftsunternehmens.

19 § 311 HGB; vgl. hierzu Schäfer, Harald J., Bilanzierung von Beteiligungen an assoziierten Unternehmen nach der Equity-Methode, Frankfurt/Main ua., 1982.

20 § 301 HGB.

21 Aktivierung, offene Verrechnung mit den Gewinnrücklagen, Saldierung mit einem passiven Unterschiedsbetrag

22 U. u. Erfolgswirksame Auflösung, § 309 Absatz 2 HGB.

23 § 301 Absatz 2 HGB.

24 § 302 HGB.

25 § 303 Absatz2 HGB.

26 § 304 Absatz 2 HGB.

Aufwands- und Ertragskonsolidierung

- Wahlrecht zum Verzicht auf die Aufwands- und Ertragskonsolidierung bei untergeordneter Bedeutung[27]

Latente Steuern

- Wahl des Steuersatzes
- Wahlrechte der Verrechnung der latenten Steuern nach § 306 HGB mit denen nach § 274 HGB[28]

Quotenkonsolidierung

- Wegen des Verweises auf die Vorschriften zur Vollkonsolidierung ergeben sich die gleichen bilanzpolitischen Spielräume[29]

Equity-Konsolidierung

- Wahlrecht zwischen Buchwert- und Kapitalanteilsmethode[30]
- Wahlrecht zwischen Zuordnung von stillen Reserven und bei der Wahl des Zeitpunkts der Erstkonsolidierung wie bei der Vollkonsolidierung
- Wahlrecht bei der Zwischenerfolgseliminierung[31]

Formelle Bilanzpolitik im Konzernabschluss
Hier bestehen im Wesentlichen die folgenden Wahlrechte:

- Wahl des Konzernabschlussstichtages[32]
- Ausweis- und Gliederungswahlrechte wie im Einzelabschluss[33]
- Freie Gestaltung der Ergebnisverwendung im Konzernabschluss

1.2.4 Bilanzpolitik als Beitrag zu IR

Wie oben ausgeführt, bietet das Handelsgesetzbuch zahlreiche Möglichkeiten – um völlig legal – Bilanzpolitik betreiben zu können. Nur mit Hilfe einer qualitativen Bilanzanalyse lässt sich die Frage beantworten, ob sich ein Unternehmen reich oder arm rechnet. Es stellt sich somit weniger die Frage, wie bilanzpolitische Maßnahmen die Investor Relation verbessern können, sondern wie bilanzpolitische Maßnahmen für den Investor oder Finanzanalysten transparenter gemacht werden können.

---

27 § 305 Absatz 2 HGB.
28 § 306 Absatz 3 HGB.
29 § 310 Absatz 2 HGB.
30 § 312 HGB.
31 Keine, quotale oder totale Zwischenerfolgseliminierung, vor allem bei upstream-Lieferungen.
32 § 299 Absatz 1 HGB.
33 § 298 Absatz 1 HGB.

Die Schaffung von Transparenz bei der Rechnungslegung durch Ergänzung der Pflichtangaben des Jahresabschlusses um weitere freiwillige Angaben sollte das Ziel der Unternehmung sein. Die Informationen zur Rechnungslegung müssen eindeutig und möglichst weitgehend auch für den Investor nachvollziehbar sein.

Hierzu gehört es auch, sich einer klaren Sprache zu bedienen und die Verwendung von Fachausdrücken auf ein Mindestmass zu beschränken. Bestehende Wahlrechte sollten, soweit dies nicht ohnehin gesetzlich vorgeschrieben ist, kontinuierlich ausgeübt und ihre Ausübung erläutert werden. Es sollten mindestens die nachfolgenden, detaillierten Angaben zur Bilanz, Gewinn- und Verlustrechnung und im Lagebericht gemacht werden. Wichtige Angaben sollten ausschließlich im Anhang erläutert werden. Ergänzend sollten Sonderrechnungen erstellt und der Jahresabschluss um freiwillige Angaben ergänzt werden.

Angaben zur Bilanz und Gewinn- und Verlustrechnung

- Erläuterung der Methode der Währungsumrechnung
- Angaben zum Umfang der aktivierten Herstellungskosten
- Angaben zur Methode der Bewertung der Pensionsrückstellungen
- Erläuterung von Sammelposten, wie den sonstigen Rückstellungen und den sonstigen betrieblichen Aufwendungen und Erträgen
- Angewandte Abschreibungsmethode mit Angaben zu den Abschreibungsdauern und -prozentsätzen
- Übersicht über den Anteilsbesitz
- Methode der Kapitalkonsolidierung und Behandlung der Unterschiedsbeträge
- Behandlung des Goodwill aus der Kapitalkonsolidierung, wobei die sofortige Aufwandsverrechnung grundsätzlich zu bevorzugen ist.
- Darstellung der Entwicklung des Eigenkapitals- und der Rücklagen
- Darstellung der Änderungen im Konsolidierungskreis

Angaben im Lagebericht

- Angaben zur Branchenentwicklung
- Angaben zur Forschung- und Entwicklung
- Aussage zur Zukunft des Unternehmens (Prognosebericht)

Sonderrechnungen und freiwillige Informationen

- Aufnahme einer Kapitalflussrechnung[34]
- Detaillierte Segmentberichterstattung nach Geschäftsfeldern und Regionen[35]

34 § 297 Absatz 1 HGB.
35 § 297 Absatz 1 HGB.

- Angabe des Ergebnisses nach DVFA/SG[36]
- Angabe von Kennzahlen zur Bilanzstruktur und zum Ergebnis, zum Beispiel Eigenkapital- und Umsatzrendite
- Mehrjahresübersichten zu wesentlichen Unternehmenskennzahlen
- Angaben zur Aktienkursentwicklung im Vergleich zum Aktienindex des entsprechenden Marktes

Aus den oben genannten Empfehlungen lässt sich eine so genannte Normbilanz ableiten. Anhand dieser Normbilanz lassen sich die Grundsätze der Bilanzpolitik des betrachteten Unternehmens ableiten und die Auswirkungen von Abweichungen auf den Jahresabschluss erkennen.

Tabelle 6: Maßnahmen zur Erhöhung des Jahresüberschusses

Ausgangssituation/Normbilanz	**Maßnahme**
Keine Aktivierung von Aufwendungen für Ingangsetzung und Erweiterung des Geschäftsbetriebs.	Bei Aktivierung steigt die Bilanzsumme, es entstehen Buchgewinne.
Geschäfts- oder Firmenwerte aus dem Einzelabschluss werden sofort als Aufwand verbucht.	Bei Aktivierung fallen die Aufwendungen erst in den Folgejahren an.
Verwaltungskosten und Fremdkapitalzinsen werden nicht in die Herstellungskosten einbezogen.	Eine Aktivierung verschiebt den Aufwand in die Zukunft, auch die Bilanzsumme steigt.
Bewegliche Anlagegüter werden erst geometrisch-degressiv, dann linear abgeschrieben.	Wird nur linear abgeschrieben, ist der Aufwand in den ersten Jahren geringer.
Bei Abschreibungen gilt die Halbjahresregel.	Bei Verzicht sinkt der Abschreibungsaufwand.
Geringwertige Wirtschaftsgüter werden sofort abgeschrieben.	Bei Aktivierung sinkt der Aufwand, die Bilanzsumme steigt.
Geschäfts- oder Firmenwert aus der Konsolidierung werden sofort erfolgsneutral mit den Rücklagen verrechnet oder erfolgswirksam über höchstens 15 Jahre abgeschrieben.	Rücklagenverrechnungen auf Raten erhöhen die Bilanzsumme, längere Abschreibungsdauer den Jahresüberschuss.
Einmal gewählte Bewertungsmethoden werden beibehalten.	Bewertungswechsel zu höherer Bewertung
Zuschreibungen werden nur im Finanzanlagevermögen vorgenommen.	Weitere Zuschreibungen erhöhen auch die Bilanzsumme.

36 Deutsche Vereinigung für Finanzanalyse und Anlageberatung e. V./Schmalenbach-Gesellschaft.

Ausgangssituation/Normbilanz	**Maßnahme**
Im Rahmen langfristiger Fertigungsaufträge wird die Completed-Contract-Methode angewendet. Der Erfolg wird am Projektende gebucht.	Bei Abrechnung von Teilleistungen werden Gewinne früher realisiert. Es erfolgt ein höherer Ausweis von Ertrag und Vermögen.
Keine Sale-and-lease-back-Geschäfte.	Bei Vornahme werden in der Regel stille Reserven aufgelöst und Buchgewinne erzielt.
Pensionsverpflichtungen werden in voller Höhe passiviert.	Ein teilweiser Verzicht vermindert den Aufwand und verzerrt die Kapitalstruktur.

Tabelle 7: Maßnahmen zur Senkung des Jahresüberschusses

Ausgangssituation/Normbilanz	**Maßnahme**
Herstellungskosten werden mindestens zur steuerrechtlichen Wertuntergrenze angesetzt.	Eine niedrigere Bewertung zieht Aufwand vor und mindert die Bilanzsumme.
Keine besonders kurze Nutzungsdauer bei Abschreibungen.	Je kürzer die Nutzungsdauer, desto höher der Aufwand.
Steuerrechtliche Sonderabschreibungen.	Sonderabschreibungen führen zu Aufwand, und das Vermögen sinkt.
Keine Abschreibungen auf den nahen Zukunftswert.	Bei Vornahme wird ein niedrigeres Vermögen ausgewiesen.
Die Lifo-Methode, die den Bestand mit den Preisen der zuerst beschafften Vorräte bewertet, wird nicht angewendet.	Die Lifo-Methode führt im Vergleich zur Durchschnittsbewertung bei steigenden Preisen zu höheren Aufwendungen. Das Vermögen sinkt.
Kein Ansatz von pauschalen Festwerten zum Beispiel im Sachanlagevermögen.	Bei der Festbewertung steigt tendenziell der Aufwand und sinkt die Bilanzsumme.
Der Zinssatz für Pensionsrückstellungen beträgt sechs Prozent.	Niedriger Zinssatz führt zu höheren Rückstellungen und höheren Aufwendungen.
Verzicht auf Aufwandsrückstellungen.	Bildung von Aufwandsrückstellungen erhöht die Schulden.

1.3 Auswahl der Rechnungslegungsmethode

1.3.1 Internationale Rechnungslegungsmethoden

Wenn das börsennotierte Unternehmen[37] ein Mutterunternehmen eines Konzerns ist, hat es – sofern die Voraussetzungen erfüllt sind[38] – ein Wahlrecht:

- Aufstellung eines Konzernabschlusses nach HGB[39]
- Aufstellung eines befreienden Konzernabschlusses nach international anerkannten Rechnungslegungsgrundsätzen

Der befreiende Konzernabschluss kann nach IAS oder GAAP erstellt werden. Die Rechnungslegungsmethoden (HGB, IAS und GAAP) unterscheiden sich in wesentlichen Punkten. Die Methoden führen zu andern Werten in der Bilanz (und damit zu einem anderen Eigenkapital) und zu anderen Aufwendungen und Erträgen in der Gewinn- und Verlustrechnung (und damit zu einem anderen Jahresergebnis). In der folgenden Übersicht sind die Werteansätze bei den einzelnen Bilanzpositionen gegenübergestellt.

Tabelle 8: Bilanzierung nach HGB/IAS/GAAP

	HGB	**IAS**	**GAAP**
Aktiva			
Selbsterstellte immaterielle Wirtschaftsgüter	Aktivierungsverbot	Aktivierungspflicht	Aktivierungswahlrecht
Erworbene immaterielle Wirtschaftsgüter	Aktivierungspflicht	Aktivierungspflicht	Aktivierungspflicht
Sachanlagevermögen	Wertaufholungsgebot	Wertaufholungsgebot[40]	Wertaufholungsverbot[41]
Leasinggegenstände	• Grundsätzlich Leasinggeber • Ausnahmen im Steuerrecht nach den Leasingerlassen Zuordnung beim Leasingnehmer[42]	• Bilanzierung nach dem Prinzip des wirtschaftlichen Eigentums[43] • Finance Lease • Operating Lease	• Bilanzierung nach dem Prinzip des wirtschaftlichen Eigentums[44] • Capital Lease • Operating Lease

37 § 3 Absatz 2 AktG

38 § 292 a Absatz 2 HGB; § 292 Absatz 1 HGB wird durch das KapCoRiLiG noch erweitert.

39 § 290 ff. HGB

40 IAS 16 »Neubewertungsmethode«

41 SFAS 121

42 BMF-Schreiben vom 19. 04. 1971, BStBl. I 264, BMF-Schreiben vom 21. 03. 1972, BStBl. I 188, BMF-Schreiben vom 22. 12. 1975, BStBl. I 13,

43 IAS 17

44 SFAS 13

	HGB	IAS	GAAP
Vorräte	• Geringer Mindestansatz • Hohe Wahlrechtsausübung • Geringe Ansatzverbote	• Hoher Mindestansatz • Geringe Wahlrechtsausübung • Geringe Ansatzverbote	• Hoher Mindestansatz • Keine Wahlrechte • Geringe Ansatzverbote
Fremdwährungsforderungen	Imparitätsprinzip *(Realisationsprinzip)*	Stichtagskursbewertung	Stichtagskursbewertung
Aktive latente Steuern	Aktivierungswahlrecht	Aktivierungspflicht	Aktivierungspflicht
Steuerrechtliche Verlustvorträge	Aktivierungsverbot	Aktivierungspflicht	Aktivierungspflicht
Passiva			
Aufwandsrückstellungen	Passivierungswahlrecht	Passivierungsverbot	Passivierungsverbot
Pensionsrückstellung	Teilwertverfahren	Anwartschaftsbarwertverfahren	Anwartschaftsbarwertverfahren
Fremdwährungsverbindlichkeiten	Imparitätsprinzip *(Vorsichtsprinzip)*	Stichtagskursbewertung	Stichtagskursbewertung
Passive latente Steuern	Passivierungspflicht	Passivierungspflicht	Passivierungspflicht
Kosten der Börseneinführung	• Bilanzierungsverbot[45] • Verrechnungsverbot mit dem Agio (Kapitalrücklage) einer Emission[46] • Erfolgswirksamer Aufwand des laufenden Geschäftsjahres[47]	• Erfolgswirksamer Aufwand des laufenden Geschäftsjahres[48]	• Direkte Kosten = Verrechnung mit dem Eigenkapital (in der Regel mit der Kapitalrücklage)[49] • Indirekte Kosten = erfolgswirksamer Aufwand

45 § 248 Absatz 1 HGB

46 ADS, Rechnungslegung und Prüfung der Unternehmen, 6 Aufl., zu § 248 HGB, Tz. 8

47 Beispielhaft: Beratungskosten, Notariats- und Gerichtsgebühren, Veröffentlichungskosten, Maklerprovision, Druckkosten für Aktien, Prospektkosten, Genehmigungsgebühren, Steuern, Gutachterkosten, Bankgebühren usw.

48 Vgl. Beck'scher Bilanzkommentar, 4. Aufl., München, 1999, zu § 248, Rn, 31

49 Hierunter fallen auch die Börseneinführungskosten, die mit der Veräußerung von Anteilen zur Tilgung der persönlichen Einkommensteuer der Gesellschafter zusammenhängen. Vgl. Eisolt/Verdenhalven, Behandlung von Börseneinführungskosten nach US-GAAP, in: DStR 1999, 816

1.3.2 Überleitungsrechnung

Um den HGB-Jahresabschluss an die internationalen Rechnungslegungsvorschriften anzupassen, sind zwei Schritte zu befolgen:

1. Die Anpassung erfolgt soweit es geht durch die Ausnutzung deutscher handelsrechtlicher Bilanzierungswahlrechte.
2. Außerhalb des handelsrechtlichen Konzernabschlusses werden die einzelnen Bilanz- und GuV-Positionen auf ihre zwingenden Bewertungsvorschriften nach den internationalen Rechnungslegungstandards geprüft und gegebenenfalls angepasst.

1.3.3 Umstellung von HGB auf IAS

Einige Auswirkungen, die sich bei einer Umstellung von HGB auf IAS ergeben, werden exemplarisch an einem einfachen Fall aufgezeigt.

Fall: Umstellung von HGB auf IAS

Die X-AG will im Jahr 2000 an den Neuen Markt. Hierfür wird ein Jahresabschluss nach IAS erforderlich. Die X-AG hat bis jetzt einen Jahresabschluss nach HGB erstellt.

Die X-AG hat folgenden Jahresabschluss nach HGB:

HGB – Bilanz 31. 12. 1999				
Aktiva	TDM		***Passiva***	TDM
A. Anlagevermögen			A. Eigenkapital	
I. Immater. VG	500		I. Stammkapital	3.000
II. Sachanlagen	9.465		II. Gewinnrücklage	2.100
B. Umlaufvermögen			III. Gewinnvortrag	635
I. Vorräte			IV. Jahresüberschuss	1.825
Vorräte	3.750		B. Rückstellungen	
Unfertige Leistungen	2.525		I. Pensionsverpflichtungen	2.065
II. Forderungen			II. Aufwandsrückstellung	725
Langfr. Forderungen	3.625		C. Verbindlichkeiten	
Kurzfr. Forderungen	525		I. Bankverbindlichkeiten	7.555
III. Flüssige Mittel	735		II. Verbindlichkeiten aus Lieferungen und Leistungen	1.645
C. ARAP	50		III. Sonstige Verbindlichkeiten	1.625
	21.175			21.175

Folgende Sachverhalte liegen vor:

1. Die X-AG hat ein selbsthergestelltes Softwareprogramm im Einsatz. Der Marktwert wird mit 250 TDM beziffert.
2. Bei der Vorratsbewertung wurde der handelsrechtliche Mindestansatz gewählt. Die Materialgemeinkosten betragen 325 TDM, die Fertigungsgemeinkosten 825 TDM und die planmäßige Abschreibung 75 TDM.
3. Unter den langfristigen Forderungen aus Lieferungen und Leistungen sind rund 1 000 TDM Auslandsforderungen (USA). Bei Forderungsbegründung lag ein Kurswert von 1,83 $ zu Grunde. Der Kurs liegt am Abschlussstichtag bei 1,92 $.
4. Die Aufwandsrückstellung in Höhe von 725 TDM entstand aus Instandhaltungsaufwendungen, welche in den ersten drei Monaten nach dem Bilanzstichtag angefallen sind.

Welche Werte ergeben sich:

a) HGB-Bilanz
b) Überleitungsrechnung
c) IAS-Bilanz

Lösung

a) HGB-Bilanz

Die HGB-Bilanz wird durch die Ausnutzung von Bilanzierungs- und Bewertungswahlrechten soweit möglich an die IAS-Standards angepasst. Die X-AG erstellt die HGB-Bilanz angepasst an die IAS-Rechnungslegungsstandards. Die Ausübung der Bewertungswahlrechte wirken sich direkt auf den Jahresüberschuss des laufenden Geschäftsjahres aus.

- Die Vorratsbewertung kann auf Grund des Bewertungswahlrechts angepasst werden:

Neubewertung Vorratsvermögen	
	TDM
Ursprünglicher Bewertungsansatz	3.750
Materialgemeinkosten	325
Fertigungsgemeinkosten	825
Planmäßige Abschreibung	75
Neuer Bewertungsansatz	4.975

- Die HGB-Bilanz wird wie folgt erstellt:

HGB-Bilanz 31. 12. 1999					
Aktiva	TDM		***Passiva***		TDM
A. Anlagevermögen			A. Eigenkapital		
I. Immater. VG	500		I. Stammkapital		3.000
II. Sachanlagen	9.465		II. Gewinnrücklage		2.100
B. Umlaufvermögen			III. Gewinnvortrag		635
I. Vorräte			IV. Jahresüberschuss[50]		3.050
Vorräte[51]	**4.975**		B. Rückstellungen		
Unfertige Leistungen	2.525		I. Pensionsverpflichtungen		2.065
II. Forderungen			II. Aufwandsrückstellung		725
Langfr. Forderungen	3.625		C. Verbindlichkeiten		
Kurzfr. Forderungen	525		I. Bankverbindlichkeiten		7.555
III. Flüssige Mittel	735		II. Verbindlichkeiten aus Lieferungen und Leistungen		1.645
C. ARAP	50		III. Sonstige Verbindlichkeiten		1.625
	22.400				22.400

b) Überleitungsrechnung

Im Rahmen der Überleitungsrechnung außerhalb der Bilanz werden die Auswirkungen auf die Gewinnrücklage und den Jahresüberschuss dargestellt.

	Bilanzposition	**Gewinnrücklage**	**Jahresüberschuss**
	31. 12. 1999	2.100	3.050
+	Softwareprogramm	250	
+	Auslandsforderungen	90	
./.	Aufwandsrückstellung	-725	
=	**IAS**	3.165	3.050

50 1.825 + 1.225 = 3.050
51 3.750 + 1.225 = 4.975

c) IAS-Bilanz

IAS-Bilanz 31. 12. 1999					
Aktiva	TDM		***Passiva***		TDM
A. Anlagevermögen			A. Eigenkapital		
I. Immater. VG[52]	**750**		I. Stammkapital		3.000
II. Sachanlagen	9.465		II. Gewinnrücklage[53]		**3.165**
B. Umlaufvermögen			III. Gewinnvortrag		635
I. Vorräte			IV. Jahresüberschuss		3.050
Vorräte	**4.975**		B. Rückstellungen		
Unfertige Leistungen	2.525		I. Pensionsverpflichtungen		2.065
II. Forderungen			II. Aufwandsrückstellung[54]		
Langfr. Forderungen[55]	**3.715**		C. Verbindlichkeiten		
Kurzfr. Forderungen	525		I. Bankverbindlichkeiten		7.555
III. Flüssige Mittel	735		II. Verbindlichkeiten aus Lieferungen und Leistungen		1.645
C. ARAP	50		III. Sonstige Verbindlichkeiten		1.625
	22.740				22.740

1.3.4 Umstellung von HGB auf GAAP

In einem (anders gelagerten) einfachen Fall werden die Auswirkungen bei einer Umstellung von HGB auf GAAP aufgezeigt.

Fall: Umstellung von HGB nach US-GAAP

Die Y-AG will im Jahr 2000 an eine amerikanische Börse. Hierfür ist eine Jahresabschlusserstellung nach GAAP Pflicht. Die Y-AG hat bis jetzt einen handelsrechtlichen Jahresabschluss erstellt.

52 500 + 250 = 750
53 2.100 + 250 + 90 / (–725) = 3.165
54 725–725 = 0
55 3.625 + 90 = 3.715

HGB – Bilanz 31. 12. 1999				
Aktiva	TDM		***Passiva***	TDM
A. Anlagevermögen			A. Eigenkapital	
I. Immater. VG	200		I. Stammkapital	2.000
II. Sachanlagen	8.500		II. Gewinnrücklage	1.080
B. Umlaufvermögen			III. Gewinnvortrag	850
I. Vorräte			IV. Jahresüberschuss	3.150
Vorräte	2.750		V. Eigene Anteile	- 500
Unfertige Leistungen	2.250		B. Rückstellungen	
II. Forderungen			I. Pensionsverpflichtungen	1.725
Langfr. Forderungen	3.500		II. Aufwandsrückstellung	350
Kurzfr. Forderungen	400		C. Verbindlichkeiten	
III. Flüssige Mittel	355		I. Bankverbindlichkeiten	6.325
C. ARAP	25		II. Verbindlichkeiten aus Lieferungen und Leistungen	2.150
			III. Sonstige Verbindlichkeiten	850
	17.980			17.980

Folgende Sachverhalte liegen vor:

1. Die Y-AG hat zwei selbst hergestellte Softwareprogramme im Einsatz. Das erste Softwareprogramme hat einen Marktwert von 300 TDM, das zweite von 750 TDM. Beim ersten Programm ist bekannt, dass die Nutzung auf drei Jahre begrenzt ist. Das Zweite ist unbegrenzt nutzbar, da es in viele andere Programme integriert ist.
2. Bei der Vorratsbewertung wurde der handelsrechtliche Mindestansatz gewählt. Die Materialgemeinkosten betragen 400 TDM, die Fertigungsgemeinkosten 925 TDM und die planmäßige Abschreibung 60 TDM. Die Y-AG hatte weiterhin im Geschäftsjahr folgende Aufwendungen, die auf den Fertigungsprozess entfallen:

- Für soziale Einrichtungen 17 TDM
- Für freiwillige soziale Leistungen 20 TDM
- Für die betriebliche Altersversorgung 13 TDM

3. Die Aufwandsrückstellung in Höhe von 350 TDM entstand aus Instandhaltungsaufwendungen, welche in den ersten drei Monaten nach dem Bilanzstichtag angefallen sind.

Welche Werte ergeben sich:

a) HGB-Bilanz
b) Überleitungsrechnung
c) GAAP-Bilanz

Lösung

a) HGB-Bilanz

Die vorliegende HGB-Bilanz wird durch die Ausnutzung von Bilanzierungs- und Bewertungswahlrechten an die GAAP angepasst.

- Die Vorratsbewertung kann auf Grund des Bewertungswahlrechts angepasst werden:

Neubewertung Vorratsvermögen	
	TDM
Ursprünglicher Bewertungsansatz	2.750
Materialgemeinkosten	400
Fertigungsgemeinkosten	925
Planmäßige Abschreibung	60
Aufwendungen für Soziales	50
Neuer Bewertungsansatz	4.185

- HGB-Bilanz

Bilanz 31. 12. 1999				
Aktiva	TDM		***Passiva***	TDM
A. Anlagevermögen			A. Eigenkapital	
I. Immater. VG	200		I. Stammkapital	2.000
II. Sachanlagen	8.500		II. Gewinnrücklage	**1.080**
B. Umlaufvermögen			III. Gewinnvortrag	850
I. Vorräte			IV. Jahresüberschuss[56]	4.585
Vorräte[57]	**4.185**		V. Eigene Anteile	- 500
Unfertige Leistungen	2.250		B. Rückstellungen	
II. Forderungen			I. Pensionsverpflichtungen	1.725
Langfr. Forderungen	3.500		II. Aufwandsrückstellung	350
Kurzfr. Forderungen	400		C. Verbindlichkeiten	
III. Flüssige Mittel	355		I. Bankverbindlichkeiten	6.325
C. ARAP	25		II. Verbindlichkeiten aus Lieferungen und Leistungen	2.150
			III. Sonstige Verbindlichkeiten	850
	19.415			19.415

56 3.150 + 1.435 = 4.585
57 2.750 + 1.435 = 4.185

b) Überleitungsrechnung

In der Überleitungsrechnung werden die Auswirkungen auf die Gewinnrücklage und auf den Jahresüberschuss deutlich.

	Bilanzposition	**Gewinnrücklagen**	**Jahresüberschuss**
	31. 12. 1999	1.080	4.585
+	Softwareprogramm	300	
./.	Aufwandsrückstellung	350	
=	GAAP	1.730	4.585

Hinsichtlich der Softwareprogramme besteht nur ein Aktivierungswahlrecht für das erste Programm, da dieses begrenzt identifizierbar nutzungsfähig ist. Das zweite Programm ist nicht aktivierungsfähig.

c) GAAP-Bilanz

GAAP-Bilanz 31. 12. 1999			
Aktiva	TDM	***Passiva***	TDM
A. Anlagevermögen		A. Eigenkapital	
I. Immater. VG[58]	500	I. Stammkapital	2.000
II. Sachanlagen	8.500	II. Gewinnrücklage[59]	**1.730**
B. Umlaufvermögen		III. Gewinnvortrag	850
I. Vorräte		IV. Jahresüberschuss	4.585
Vorräte	**4.185**	V. Eigene Anteile	– 500
Unfertige Leistungen	2.250	B. Rückstellungen	
II. Forderungen		I. Pensionsverpflichtungen	1.725
Langfr. Forderungen	3.500	II. Aufwandsrückstellung[60]	
Kurzfr. Forderungen	400	C. Verbindlichkeiten	
III. Flüssige Mittel	355	I. Bankverbindlichkeiten	6.325
C. ARAP	25	II. Verbindlichkeiten aus Lieferungen und Leistungen	2.150
		III. Sonstige Verbindlichkeiten	850
	19.715		19.715

58 200 + 300 = 500
59 1.080 + 300 / (-350) = 1.730
60 350–350 = 0

1.3.5 Auswahlkriterien

Die Auswahlentscheidung stellt sich insbesondere für börsennotierte Unternehmen, die einen befreienden Konzernabschluss erstellen wollen und an den Neuen Markt wollen. Sie müssen sich zwischen IAS und GAAP entscheiden. Es gibt vereinfacht drei Motivlagen:

- grundsätzliche Erwägungen
- individuelle Ziele
- praktische Notwendigkeiten

In Deutschland wird seit längerer Zeit eine bilanzpolitische Grundsatzdiskussion geführt, ob sich die deutschen Unternehmen für IAS oder GAAP entscheiden sollen. Das Unternehmen kann sich aus grundsätzlichen Erwägungen für die eine oder andere Methode entscheiden.

In der Regel hat aber das Unternehmen individuelle Ziele. Es möchte zum Beispiel ein hohes Jahresergebnis oder ein hohes Eigenkapital ausweisen. Das Unternehmen kann Methoden-Bilanzierungen nach IAS oder GAAP durchführen. Es kann dann die Methode wählen, bei der die individuellen Ziele des Unternehmens am besten realisiert werden.

Das Unternehmen kann aber auch praktischen Überlegungen folgen. Sofern das Unternehmen seinen Schwerpunkt in den USA hat, sich in den USA finanzieren möchte oder zu einem späteren Zeitpunkt sich an einer US-Börse listen lassen möchte, dann ist ihm zu GAAP zu raten. Die US-Partner, zum Beispiel Kunden, Lieferanten kennen GAAP. Die US-Banken verlangen in der Regel einen Abschluss nach GAAP. Die US-Börsenzulassung verlangt zwingend Abschlüsse nach GAAP. Sie erkennt IAS noch nicht an.

Wenn das Unternehmen seinen Schwerpunkt in Ländern hat, die im IASC[61] vertreten sind, dann kann es sich für IAS entscheiden.

Tabelle 9: Auswahlkriterien

Argument	**IAS**	**GAAP**
Geplanter Börsengang in den USA in den nächsten drei Jahren		X
Internationale Verständlichkeit (nicht auf USA-Verhältnisse zugeschnitten[62])	X	
Anerkennung an den Börsen der Welt	X	(X)
Einfachheit und Systematik	X	
Einschränkung von Wahlrechten (IR-freundlicher)		X

61 International Accounting Standard Committee
62 Cookbook-Accounting

Argument	**IAS**	**GAAP**
Buchwertfortführung bei Unternehmenskäufen (pooling of interests)[63]	X	X
Mitspracherecht und Vertretung deutscher Unternehmen bei der Ausgestaltung der Standards	X	

Eine generelle Empfehlung sich für die eine oder andere Methode zu entscheiden, kann zum gegenwärtigen Zeitpunkt nicht gegeben werden.

63 soll abgeschafft werden

2. Rechtsfragen der Investor Relations

von Axel Zitzmann und Helmut Taubert

Der nachfolgende Beitrag gibt Aufschluss über die beim Börsengang und der Folgezeit wichtigsten Offenlegungs- und Mitteilungspflichten mitsamt einer systematischen Einordnung der diesen Pflichten zu Grunde liegenden Rechtsvorschriften. Einen weiteren Schwerpunkt des Beitrages bilden die Erläuterungen zu den jeweiligen Grenzen der Offenlegungs- und Mitteilungspflichten sowie zu den auf freiwilliger Basis bekannt gemachten Unternehmensdaten. Die pflichtgemäßen und freiwilligen Mitteilungen des Emittenten können ihre Grenzen finden in der Verschwiegenheitspflicht des Vorstandes gemäß § 93 Absatz 1 Satz 2 AktG sowie mit dem Verbot von Insidergeschäften nach §§ 12 ff. WpHG. Insoweit findet das Spannungsverhältnis zwischen Offenlegung und Geheimhaltung von Unternehmensdaten im nachfolgenden Beitrag besondere Berücksichtigung.

2.1 Einleitung

2.1.1 Aktienmärkte

Der Aktienhandel ist in drei Marktsegmenten möglich; im amtlichen Handel, im geregelten Markt sowie im Freiverkehr. Alle drei Marktsegmente, außer der Handel im Neuen Markt, welcher ausschließlich an der Frankfurter Wertpapierbörse eingerichtet ist, werden an den folgenden Deutschen Börsen angeboten:

Die Autoren

Axel Zitzmann

Helmut Taubert

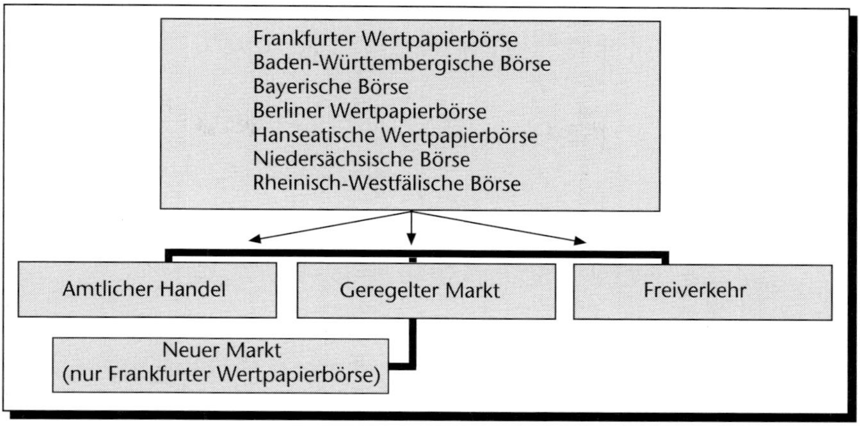

Abb. 1: Die Handelsorte der Börsensegmente

Die Motive für einen Börsengang sind mannigfaltig. Vornehmlich sind sie auf die Kapitalbeschaffung und die damit einhergehende Verbesserung der Eigenkapitalquote des Emittenten gerichtet[64]. Ferner lassen sich durch den Börsengang Vermögensdispositionen, Mitarbeiterbeteiligungen[65] sowie besondere Anbindungen von Kunden und Lieferanten (»Friends-and-Family-Programm«) regeln[66]. Nicht zuletzt steigern die mit dem Börsengang und der anschließenden Notierung der Aktien zusammenhängenden zwingenden und freiwilligen Publikationen den Bekanntheitsgrad des Unternehmens.

Einen besonderen Zuwachs erfuhr der Handel im so genannten Neuen Markt, den die Deutsche Börse AG (Frankfurt) am 10. März 1997 als Untersegment des geregelten Marktes einführte. Im Gegensatz zum amtlichen Handel ist der Neue Markt ebenso wie der Freiverkehr[67] nicht öffentlich-rechtlich, sondern privatrechtlich[68] organisiert. Der Neue Markt soll insbesondere innovativen Wachstumsunternehmen kleinerer und mittlerer Größe den Zugang zum Kapitalmarkt ermöglichen. Der Neue Markt wendet sich an risikobewusste Anleger, sowohl auf privater als auch auf institutioneller Seite.

2.1.2 Zulassungsvoraussetzungen

Die gesetzlichen Voraussetzungen für die Zulassung zu den jeweiligen Märkten ergeben sich aus einer Fülle börsenrechtlicher Vorschriften. Es existiert kein

64 Harald Ehlers, Die Chancen und die Nachteile eines Börsenganges, NWB 1999, 2489.

65 Pöllinger/Moraw in Koch/Wegmann, Mittelstand und Neuer Markt, 227 ff.

66 Harald Ehlers, a. a. O., 2849.

67 Im Marktsegment »Freiverkehr« werden vor allem Wertpapiere ausländischer Emittenten und Reginonalwerte Umfang gehandelt.

68 Schwark, Börsengesetz, 2. Aufl., § 78, Rdnr. 4.

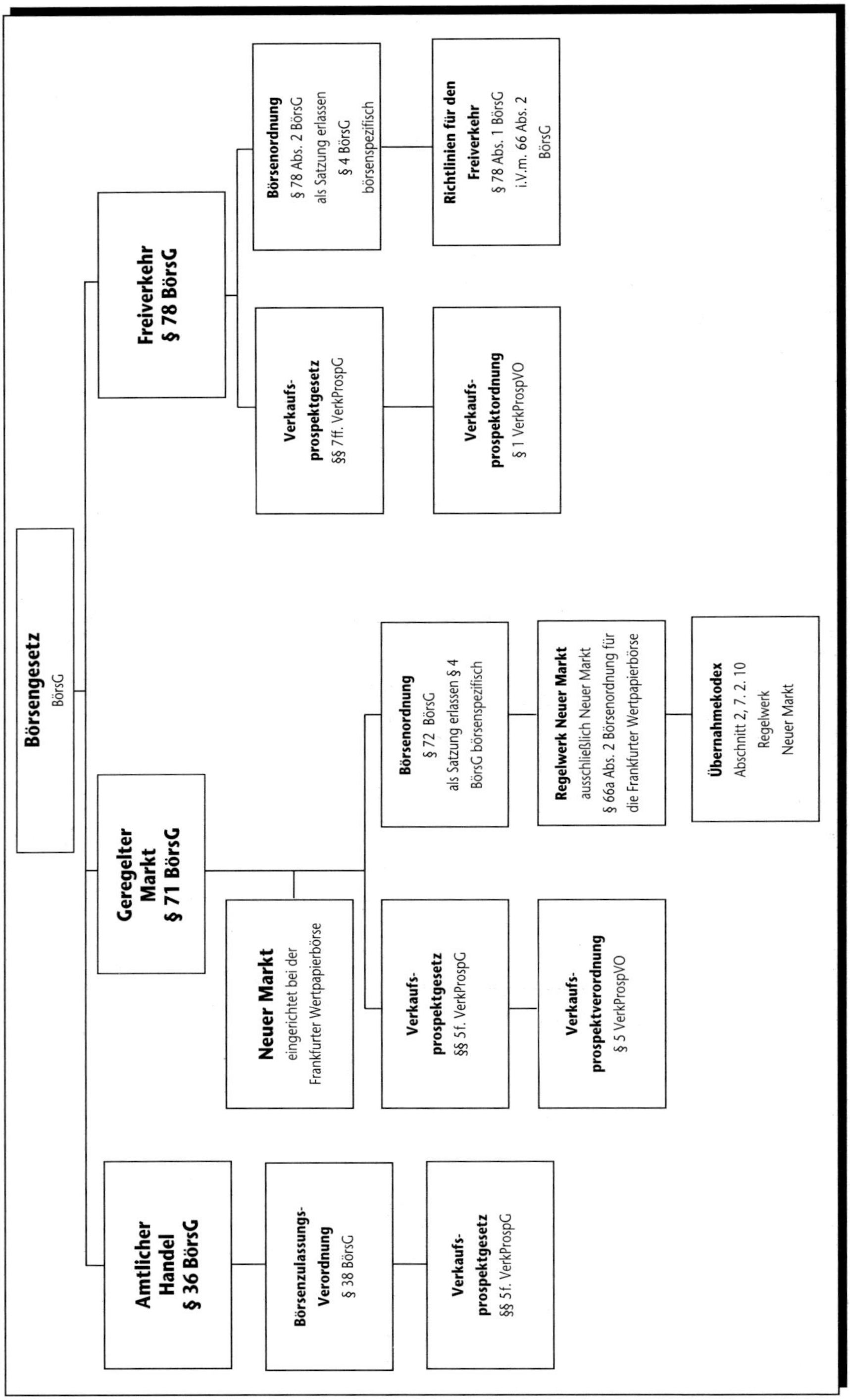

Abb. 2: Relevante Vorschriften für Emittenten

einheitliches Börsenrecht im Sinne einer gemeinsamen Kodifikation. Die Rechtsgrundlagen für die Pflicht zur Zulassung von Wertpapieren sind § 36 Absatz 1 BörsG für die Zulassung zum Amtlichen Handel, § 71 Absatz 1 BörsG für die Zulassung zum geregelten Markt sowie § 78 Absatz 1 BörsG in Verbindung mit den jeweiligen Handelsrichtlinien der zulassenden Börse für die Zulassung zum Freiverkehr. Der Handel im Neuen Markt setzt die Zulassung zum geregelten Markt voraus[69].

Weitere für den Emittenten relevante Bestimmungen enthalten die von jeder Börse mit Satzungscharakter erlassenen und von der jeweiligen Landesregierung zu genehmigenden Börsenordnungen[70]. Für die Zulassung zum geregelten Markt sowie zum Freiverkehr enthalten diese zum Teil ergänzende Regelungen. Wer zum Handel im Neuen Markt zugelassen werden will, hat das Regelwerk Neuer Markt[71] zu beachten. Ferner ist der Übernahmekodex[72], eine von der Börsensachverständigenkommission erstellte Empfehlung von Verhaltensnormen, anzuerkennen.

Die nachfolgende Darstellung zeigt die Komplexität und zugleich die Systematik im Bezug auf die für den Emittenten hauptsächlich relevanten Vorschriften.

Die Zulassung zu den verschiedenen oben genannten Märkten und Marktsegmenten knüpft jeweils an das Vorliegen unterschiedlicher durch den Emittenten zu erfüllenden Voraussetzungen, vornehmlich in der Unternehmens- und Kapitalsituation, an. Erfüllt der Emittent die jeweiligen Voraussetzungen für die Notierung der zu emittierenden Wertpapiere in einem Aktienmarkt, ist das Unternehmen »börsenreif«.

69 Abschnitt 2, Ziffer 2.3 Absatz 1 Regelwerk Neuer Markt.

70 Die jeweiligen Börsenordnungen sind im Aufbau und ihrem Regelungsgehalt weitgehend identisch. Die Börsenordnung regelt unter anderem:
- die Aufgaben des Börsenrates, der Geschäftsführung und der Handelsüberwachungsstelle;
- die Zulassung zum Börsenbesuch und zur Teilnahme am Börsenhandel;
- die Zulassung oder Einführung von Wertpapieren;
- die Feststellung des Börsenpreises sowie dessen Einstellung und Aussetzung;
- die Zulassung von Wertpapieren zum Börsenterminhandel, geregelten Markt und *Freiverkehr.*

Beispielsweise ist die Börsenordnung der Berliner Börse im Internet unter http://www.berlinerboerse.de erhältlich. Die Börsenordnung der Baden-Württembergischen Wertpapierbörse findet sich unter http://www.boerse-stuttgart.de.

71 Das Regelwerk zum Neuen Markt wurde durch die Deutsche Börse AG erlassen und ist im Internet unter http://www.neuermarkt.de erhältlich.

72 Abgedruckt in Aktiengesellschaft, 1998, 133 ff.

Die wesentlichen Merkmale für die Börsenreife lauten im Überblick wie folgt:

Tabelle 1: Merkmale der Börsenreife

Amtlicher Handel	Geregelter Markt	Neuer Markt	Freiverkehr[73]
Der Kurswert der zuzulassenden Aktien beträgt mindestens DM 2,5 Millionen[74] (keine Mindeststückzahl)	Mindestnennbetrag der zuzulassenden Aktien DM 0,5 Millionen[75]	Mindestnennbetrag der zuzulassenden Aktien EURO 0,25 Millionen[76] bei mindestens 100.000[77] zu platzierenden Aktien.	Mindestnennbetrag der zuzulassenden Aktien DM 0,5 Millionen
Stammaktien oder Vorzugsaktien	Stammaktien oder Vorzugsaktien	Bei IPO[78] nur Stammaktien	Stammaktien oder Vorzugsaktien
		Mindestens 50 Prozent des zu platzierenden Emissionsvolumens sollte aus Barkapitalerhöhung stammen[79].	
Streubesitz mindestens 25 Prozent	Kein Mindeststreubesitz	Streubesitz mindestens 20 Prozent.	
		Eigenkapital des Emittenten von mindestens EURO 1,5 Millionen[80]	
Voraussichtlicher Kurswert mindestens DM 2,5 Millionen		Voraussichtlicher Kurswert mindestens EURO 5 Millionen[81].	Voraussichtlicher Kurswert mindestens DM 3 Millionen

73 Die hier wiedergegebenen Merkmale der Börsenreife für den Freiverkehr beziehen sich auf die Handelsrichtlinien für den Freiverkehr der Berliner Börse. Handelsrichtlinien hat gemäß § 78 I BörsG jede Börse zu erlassen, die den Freiverkehr zulassen möchte.
74 § 2 Absatz 1 Satz 1 BörsZulV.
75 § 58 Absatz 1 der jeweiligen Börsenordnung.
76 Abschnitt 2, Ziffer 3.7 Absatz 1 Regelwerk Neuer Markt.
77 Abschnitt 2, Ziffer 3.7 Absatz 2 Regelwerk Neuer Markt.
78 Initial Public Offering.
79 Abschnitt 2, Ziffer 3.8 Regelwerk Neuer Markt.
80 Abschnitt 2, Ziffer 3.1 Absatz 2 Regelwerk Neuer Markt.
81 Abschnitt 2, Ziffer 3.7 Absatz 4 Regelwerk Neuer Markt.

Amtlicher Handel	Geregelter Markt	Neuer Markt	Freiverkehr[73]
Das Unternehmen muss mindestens drei Jahre bestehen und seine Jahresabschlüsse für die drei dem Zulassungsantrag vorangegangenen Jahre offen gelegt haben.[82]	Das Unternehmen muss mindestens ein Jahr bestehen[83].	Das Unternehmen soll mindestens drei Jahre bestehen und seine Jahresabschlüsse bzw. seinen Jahresabschluss für die dem Antrag vorangegangenen Geschäftsjahre offen gelegt haben.[84]	Das Unternehmen muss mindestens ein Jahr bestehen.
Börsenzulassungsprospekt in deutscher Sprache.[85]	Unternehmensbericht/ Verkaufsprospekt in deutscher Sprache mit dem letzten festgestellten und veröffentlichten Jahresabschluss mit Lagebericht und Bestätigungsvermerk eines Abschlussprüfers.[86]	Emissionsprospekt in deutscher und in englischer Sprache mit den festgestellten und veröffentlichten Jahresabschlüssen nach IAS oder US-GAAP der letzten drei Jahre incl. Lageberichte und Bestätigungsvermerke eines Abschlussprüfers.[87]	Verkaufsprospekt bei öffentlichem Angebot.[88]

82 § 3 Absatz 1 BörsZulV.

83 Dies ergibt sich aus der Verpflichtung gem. § 52 Absatz 2 BörsO der Frankfurter Wertpapierbörse, wonach der Börsenbericht den letzten festgestellten und veröffentlichten Jahresabschluß enthalten muß.

84 Abschnitt 2, 3.2 Regelwerk Neuer Markt.

85 § 36 Absatz 3 Nr. 2 BörsG i. V. m. § 13 ff BörsZulV.

86 § 73 Absatz 1 Nr. 2 BörsG. Der Inhalt des Prospektes bestimmt sich gemäß § 73 Absatz 1 Nr. 2 BörsG nach der auf Grund des § 7 Absatz 2 und 3 des VerkProspG erlassenen VerkProspVO.

87 § 73 Absatz 1 Nr. 2 BörsG. Der Inhalt des Prospektes bestimmt sich gemäß § 73 Absatz 1 Nr. 2 BörsG nach der auf Grund des § 7 Absatz 2 und 3 des VerkProspG erlassenen VerkProspVO.

88 Der Prospektinhalt bestimmt sich nach §§ 7 ff. VerkProspG.

Amtlicher Handel	Geregelter Markt	Neuer Markt	Freiverkehr[73]
Begleitung durch ein Kreditinstitut/ Finanzdienst-leistungsinstitut[89] (kein Designated Sponsor wie beim Neuen Markt).	Begleitung durch ein Kreditinstitut/ Finanzdienst-leistungsinstitut[90] (kein Designated Sponsor wie beim Neuen Markt).	Begleitung durch ein Kreditinstitut/ Finanzdienst-leistungsinstitut[91] sowie Begleitung durch mindestens zwei Designated Sponsors.[92]	

2.1.3 Grundlagen der Kommunikationspflicht

Der Anlegerschutz gebietet ein hohes Maß an Transparenz. Wer einem breiten Publikum Aktien an einem Unternehmen zum Kauf anbieten will, hat grundsätzlich sämtliche für die Werthaltigkeit der Aktien und deren Kursentwicklung erheblichen Umstände offen zu legen. Dies gebieten zum einen gesetzliche Vorschriften. Zum anderen muss jedes Unternehmen daran interessiert sein, sich im Wettbewerb auf dem Kapitalmarkt durch die Herstellung, die Pflege und Intensivierung der Kommunikation mit den Investoren möglichst optimal zu positionieren. Zu diesem Zweck veröffentlicht der Emittent deshalb sowohl in dem Zeitraum vor der Börsenzulassung (Pre IPO) als auch danach (Post IPO) unternehmensbezogene Informationen im Rahmen diverser Marketingaktivitäten. Unternehmen, die nicht zu einer weit reichenden Information der Investoren und der Öffentlichkeit bereit sind, sollten von einem Börsengang Abstand nehmen.

2.1.4 Grenzen der Kommunikationspflicht

Andererseits kann die häufig zu beobachtende Euphorie eines Unternehmens über den bevorstehenden Börsengang vergessen lassen, dass Veröffentlichungen von Unternehmensdaten nicht grenzenlos möglich sind. Unter Umstän-

89 § 36 Absatz 2 BörsG; den Kreditinstituten/Finanzdienstleistungsinstitute sind solche Unternehmen i. S. d. § 53 Absatz 1 Satz 1 oder § 53 b Absatz 1 Satz 1 KWG gleichgestellt.

90 § 71 Absatz 2 i. V. m. § 36 Absatz 2 BörsG.

91 Abschnitt 2, Ziffer 2.2 Absatz 1 Regelwerk Neuer Markt.

92 Abschnitt 3, Ziffer 4 Regelwerk Neuer Markt. Für den Handel im Neuen Markt müssen die Emittenten ein Kreditinstitut oder ein Finanzdienstleistungsunternehmen als sogenannten Designated Sponsor für den elektronischen Handel in »Xetra« beauftragen. Designated Sponsors sind Betreuer, die einen reibungslosen Ablauf des elektronischen Handels garantieren sollen. Der Designated Sponsor ist dafür zuständig, verbindliche Kauf- und Verkaufsangebote in das elektronische Orderbuch von Xetra zu stellen. Die Rechte und Pflichten der Designated Sponsors ergeben sich regelmäßig aus den jeweiligen Börsenordnungen.

den kollidieren die Mitteilungen oder Veröffentlichungen mit Geheimhaltungspflichten. Nach dem Börsengang können die Pflichten aus dem Insiderrecht (§§ 12 ff. WpHG) einer Mitteilung oder Veröffentlichung entgegenstehen. Diese und andere Aspekte grenzen die gesetzlichen Pflichten und die freiwilligen Möglichkeiten zur Offenlegung von Unternehmensinformationen ein. Die nachfolgenden Ausführungen werden auf diesen Aspekt gesondert eingehen.

2.2 Einzelaspekte

Die den Emittenten gesetzlich auferlegten Veröffentlichungs- und Mitteilungspflichten sowie die von diesen auf freiwilliger Basis vorgenommenen Publikationen betreffen den Zeitraum bis zur Börsenzulassung (Pre IPO) sowie den Zeitraum nach der Börsennotierung (Post IPO)[93]. Die nachfolgenden Ausführungen folgen dieser Differenzierung.

2.2.1 Pre IPO

Due Diligence

Die zeitlich erste Offenlegung von Unternehmensinformationen durch den Emittenten findet in der Vorbereitungsphase der Börsenzulassung im Rahmen der so genannten Due Diligence[94] statt. Unter einer Due Diligence wird gemeinhin eine Unternehmensanalyse mit Bezug auf eine zuvor definierte Fragestellung verstanden. Die im Rahmen des Börsenganges durchzuführende Due Diligence beleuchtet inhaltlich alle Unternehmensbereiche des Emittenten. Sie soll ein ganzheitliches Bild über seine Börsenreife, mithin über die rechtliche Situation des Unternehmens sowie die Finanz-, Ertrags-, und Vermögenslage liefern.

Die Due Diligence erfolgt regelmäßig auf Veranlassung und im Interesse der emissionsbegleitenden Banken. Das Prüfungsergebnis wird zweckentsprechend ausschließlich der Bank, als Auftraggeberin, zur Verfügung gestellt. Es dient der Bank als Grundlage für die Entscheidung dafür, ob sie den Börsengang des Emittenten begleiten will oder nicht. Entschließt sich die Bank für den Börsengang, wird mit dem Emittenten ein Vertrag[95] geschlossen, der im

93 Zulassungsfolgepflichten gem. §§ 53 ff BörsZulV.

94 »Due Diligence« stammt aus dem angelsächsischen Sprachkreis und bedeutet wörtlich übersetzt »der Sorgfalt genügend«. Grundlegend zu den verschiedenen Arten von Due Diligence: Koch in Koch/Wegmann, Mittelstand und Neuer Markt, S. 93 ff.

95 Die Pflicht zur Durchführung einer Due Diligence kann sich aus dem zwischen dem Emittenten und der emissionsbegleitenden Bank zu schließenden »Letter of Engagement« oder dem vornehmlich auf die Übernahme der Aktien durch die emissionsbegleitende Bank gerichteten Übernahmevertrag (»Underwriting

Wesentlichen die Begleitpflichten der Bank im Sinne des § 36 Absatz 2 BörsG und die von ihr zu organisierende und durchzuführende Platzierung der Aktien auf dem Aktienmarkt sowie die Pflicht des Emittenten zur Erfüllung der Zulassungsvoraussetzungen regelt.

Die Offenlegung von Unternehmensdaten im Rahmen der Due Diligence kann mit der Verschwiegenheitspflicht der Vorstandsmitglieder gemäß § 93 Absatz 1 Satz 2 AktG[96] kollidieren[97]. Nach der vorerwähnten Vorschrift haften Vorstandsmitglieder, wenn sie bei ihrer Geschäftsführung geheime Unternehmensdaten (§ 93 Absatz 1 Satz 2 AktG) offenbaren und der Gesellschaft dadurch ein Schaden entsteht. Überdies ist die Verletzung der Geheimhaltungspflicht gemäß § 404 AktG strafbar. Dadurch, dass der Aufsichtsrat die Handlung gebilligt hat, wird die Ersatzpflicht nicht ausgeschlossen, § 93 Absatz 4 Satz 2 AktG.

Die Verschwiegenheitspflicht der Vorstandsmitglieder gemäß § 93 Absatz 1 Satz 2 AktG kann unter den folgenden Gesichtspunkten eingeschränkt sein oder entfallen:

- Beim Bestehen einer gesetzlichen Auskunftspflicht[98];
- Bei einem Interesse des Unternehmens an der Preisgabe von Informationen[99];
- Bei Unzumutbarkeit des Stillschweigens[100].

Die Due Diligence ist nicht gesetzlich geregelt. Bei der Auskunft im Rahmen der Due Diligence handelt es sich auch nicht um zeitlich vorgelagerte Auskunfts- und Offenlegungspflichten, die im Rahmen des Börsenganges, beispielsweise im Zusammenhang mit dem Börsenzulassungsprospekt, entstehen. Zum einen sehen die Auskunftspflichten im Rahmen des Börsenganges nicht die emissionsbegleitende Bank als Empfängerin der Information

---

Agreement«) ergeben. Technau, Rechtsfragen bei der Gestaltung von Übernahmeverträgen (»Underwriting Agreements«) im Zusammenhang mit Aktienemissionen, AG 1998, 445 ff.

96 Gemäß § 116 Absatz 1 AktG gelten die Pflichten der Vorstandsmitglieder für Aufsichtsratsmitglieder sinngemäß.

97 Lutter, ZIP 1997, 613 ff., verneint die Zulässigkeit der Offenlegung von Unternehmensdaten im Rahmen einer Due Diligence im Zusammenhang mit einem Unternehmenskauf (Geschäftsanteilskauf) unter Hinweis auf den abschließenden Charakter der gesetzlichen Informationsrechte der Aktionäre gemäß § 131 AktG.

98 Unter anderem: §§ 90, 92 Absatz 1, 111 Absatz 2, 120 Absatz 3 Satz 2 und 3, 121 Absatz 3, 124 Absatz 1 bis 3, 125 Absatz 1, 3 und 4, 131, 170, 171 Absatz 2, 175 Absatz 1 bis 3, 176 Absatz 1, 179 a Absatz 2, 186 Absatz 4 Satz 2, 293 a, f und g, 319 Absatz 3, 320 Absatz 4, 326, 337.

99 Hopt in AktG, Großkommentar, 4. Aufl., 1999, § 93, Rdnr. 209.

100 Hopt, a. a. O., mit folgendem Beispiel: Wenn sich das Vorstandsmitglied gegen seine Abberufung oder Schadensersatzansprüche zur Wehr setzen will.

vor[101]. Zum anderen werden im Rahmen der Due Diligence häufig Unternehmensdaten mitgeteilt, die über die im Börsenzulassungsverfahren – insbesondere im Börsenzulassungsprospekt – offenzulegenden Daten hinausgehen.

Die Due Diligence soll allein den emissionsbegleitenden Banken Aufschluss über die Börsenreife des Emittenten geben. Der Vorstand des Emittenten hat aber abzuwägen zwischen der Offenbarung von geheimen Unternehmensdaten (§ 93 Absatz 1 Satz 2 AktG) zwecks Börsengang gegenüber den emissionsbegleitenden Banken und der Notwendigkeit der Geheimhaltung.

Bei der Abwägung über die Preisgabe von Unternehmensdaten im Rahmen der Due Diligence gegenüber der emissionsbegleitenden Bank ist auch zu berücksichtigen, dass im Regelfall kein vermögenswerter Nachteil für das Unternehmen droht. Die Geschäftsbeziehung zwischen der emissionsbegleitenden Bank und dem Emittenten unterliegt gemäß Ziffer 2 Absatz 1 Allgemeine Geschäftsbedingungen der Banken der Verschwiegenheitspflicht (Bankgeheimnis). Dies gilt auch für die in der Regel an der Erstellung der Due Diligence beteiligten Rechtsanwälte, Wirtschaftsprüfer und Steuerberater. Diese unterliegen gemäß § 203 Absatz 1 Nr. 3 StGB der Berufsverschwiegenheit. Insoweit werden die Unternehmensdaten weiterhin geheim gehalten. Wegen des Bankgeheimnisses bzw. der Berufsverschwiegenheit ist das Risiko für den Emittenten, etwa einen Wettbewerbsnachteil durch die Verwertung der Due Diligence-Informationen seitens seiner Mitbewerber zu erleiden, grundsätzlich ausgeschlossen. Es verbleibt das Risiko des Emittenten, wegen eines negativen Ergebnisses der Due Diligence die eigene Kreditwürdigkeit gegenüber der auftraggebenden Bank einzubüßen. Dem Emittenten steht in diesem Falle aber der Weg zu anderen Kreditinstituten offen.

Die Interessenabwägung hat unter den Gesichtspunkten zu erfolgen, die dem Entscheidungsträger im Entscheidungszeitpunkt unter Einbeziehung realistischer Prognosen zur Verfügung stehen (ex ante). Dies ist auch entscheidend für die im Nachhinein (ex post) zu überprüfende Strafbarkeit des Handelns des Vorstandsmitglieds gemäß § 404 AktG. Scheitert der Börsengang, wird sich im Nachhinein die Offenlegung von Unternehmensdaten im Rahmen der Due Diligence als unnütz erweisen. Auf die Bewertung der ursprünglichen Richtigkeit des Handelns hat dies keinen Einfluss. Sollten sich während der Due Diligence die Umstände dergestalt verändern, dass das Interesse des Unternehmens an der Geheimhaltung nunmehr überwiegt, ist die Informationspreisgabe unverzüglich einzustellen.

---

101 Beispielsweise: § 8 c VerkProspG, Auskunfts- und Vorlagepflichten ggü. des Bundesaufsichtsamtes; der Verkaufsprospekt richtet sich mit seinen Informationen an die Allgemeinheit.

Informationspflicht im Börsenzulassungsprospekt

Um die Chancen und Risiken beim Erwerb eines Wertpapiers abschätzen zu können, müssen Anleger Informationen über den Emittenten erhalten. Dies geschieht über die Angaben im Börsenzulassungsprospekt, der für die Zulassung zu den jeweiligen Aktienmärkten zu veröffentlichen ist. Aus den darin enthaltenen Informationen muss die Lage der Gesellschaft erkennbar sein.

Rechtsgrundlagen

Für die Zulassung zum amtlichen Handel schreibt § 36 Absatz 3 Nr. 2 BörsG vor, dass dem Zulassungsantrag ein Prospekt zur Veröffentlichung mit den Angaben gemäß § 38 BörsG beigefügt sein muss. Die Prospektpflicht für den geregelten Markt ergibt sich aus § 73 Absatz 1 Nr. 2 BörsG, wonach der Emittent seinem Zulassungsantrag einen vom ihm unterschriebenen Unternehmensbericht mit den Mindestangaben für einen Verkaufsprospekt gemäß der VerkProspVO beizufügen hat. Beabsichtigt der Emittent die Zulassung zum geregelten Markt mit Handel im Neuen Markt, sind neben § 5 Absatz 1 VerkProspG i. V. m. § 38 Absatz 1 Nr. 2, Absatz 2 BörsG i. V. m. den §§ 13 bis 40 und 47 der BörsZulV die Vorschriften für den Prospektinhalt unter Abschnitt 2 Ziffer 4 des Regelwerkes Neuer Markt zu beachten. Der Emissionsprospekt für die Zulassung zum Handel im Neuen Markt umfasst den Unternehmensbericht für den geregelten Markt, nur ist er inhaltlich umfangreicher. Der Emissionsprospekt für den Neuen Markt hat in der Überschrift zudem die Bezeichnung »Unternehmensbericht« aufzunehmen[102]. Gemäß § 78 Absatz 1 BörsG bestimmen sich die Zulassungsvoraussetzungen für den Freiverkehr nach den börsenplatzspezifischen[103] Handelsrichtlinien. Die Verpflichtung zur Veröffentlichung eines Verkaufsprospektes ergibt sich für den Freiverkehr aus § 1 i. V. m. § 7 ff. VerkProspG.

102 Ziffer 4 Regelwerk Neuer Markt. Sollte die Überschrift, wie häufig gesehen, nicht auch die Bezeichnung »Unternehmensbericht« aufweisen, liegt es im Ermessen der Zulassungsstelle, den Emissionsprospekt zurückzuweisen. Da eine unrichtige Prospektbezeichnung die Anlegerentscheidung nicht zu beeinflussen vermag, wird die Zulassungsstelle diese Unrichtigkeit häufig unbeanstandet lassen.

103 Über den Rechtscharakter der Handelsrichtlinien des privatrechtlich organisierten Freiverkehrs treffen die jeweiligen Börsen keine Aussage. Sie nähern sich dem Charakter einer privatrechtlichen Satzung oder Geschäftsordnung. Nach Schwark, Börsengesetz, Kommentar, 2. Aufl., § 78, Rdnr. 5, erhalten die Handelsrichtlinien tendentiell den Charakter von Gewohnheitsrecht. Für die gegenwärtige Situation vertritt Schwark a. a. O. die Auffassung, daß es sich bei den Handelsrichtlinien um Satzungsrecht, soweit die Richtlinien von Vereinigungen der Wertpapierhändler verabschiedet worden sind, und um die Fixierung privatrechtlicher Usancen handelt, soweit sie vom Börsenvorstand festgelegt sind.

Inhalt des Börsenzulassungsprospektes

Die inhaltlichen Anforderungen an den Börsenzulassungsprospekt variieren je nach Marktsegment. Der Mindestinhalt für den Börsenzulassungsprospekt im Rahmen der Zulassung zum amtlichen Handel richtet sich im Wesentlichen nach dem Katalog in den §§ 14 ff. und 33 ff. BörsZulV. Da § 36 Absatz 3 Nr. 2 BörsG fordert, dass der Prospektinhalt dem Publikum ein zutreffendes Urteil über den Emittenten und die Wertpapiere zu ermöglichen hat, kann der Zulassungsantrag trotz Erfüllung der Mindestinhaltsvorgaben nach der BörsZulV wegen Unvollständigkeit des Prospekts zurückgewiesen werden[104]. Dies gilt im Wesentlichen auch für die Prospekte im Rahmen der Zulassung zu den übrigen Marktsegmenten. Unvollständig ist der Prospekt dann, wenn die für die Beurteilung der zuzulassenden Wertpapiere wesentlichen tatsächlichen und rechtlichen Verhältnisse nicht richtig, unvollständig oder unverständlich wiedergegeben worden sind.

Für die Zulassung von Wertpapieren zum nicht-amtlichen Handel ergibt sich der notwendige Prospektinhalt im Wesentlichen aus den Vorschriften der VerkProspVO[105]. Unklar und umstritten ist, ob und in welchem Umfang bei der Zulassung zum geregelten Markt die Regelungen des § 73 BörsG durch das VerkProspG und die dazu ergangene VerkProspVO modifiziert worden sind. Es wird die Auffassung vertreten, dass das VerkProspG als das neuere und auf der Emissionsprospektrichtlinie der EG beruhende Gesetz dem BörsG vorgehe[106]. Nach einer anderen Ansicht steht das VerkProspG im Rang neben dem BörsG, da der Gesetzgeber des VerkProspG, wenn er dies gewollt hätte, den Vorrang hätte kodifizieren können[107]. Für die Praxis ist der Gang des sichersten Weges zu empfehlen. Deshalb sollten die Vorschriften des BörsG neben denen des VerkprospG Anwendung finden.

Wird die Zulassung zum Neuen Markt beabsichtigt, finden die inhaltlichen Prospektanforderungen aus dem Regelwerk Neuer Markt hauptsächlich Beachtung. Sie ergänzen die Prospektanforderungen für die Zulassung zum geregelten Markt.

Die Offenheit und Ehrlichkeit der Auskünfte des Emittenten im Börsenzulassungsprospekt stellt ein Qualitätsmerkmal für seine Vertrauenswürdigkeit dar. Erfahrungsgemäß scheuen die Emittenten die Darstellung von ungünstigen Unernehmensdaten. Da bei der Notierung der zu emittierenden Aktien im nicht-amtlichen Handel auf die Prospektveröffentlichung die Preisfestsetzung folgt, muss der Emittent befürchten, dass unvorteilhafte Unternehmensangaben im Prospekt die Preisfestsetzung negativ beeinflussen könnten. Er

104 Schwark, a. a. O., § 36, Rdnr. 11.

105 Zur Verkaufsprospektverordnung führt der Verweis über § 38 Absatz 1 Nr. 2 BörsG i. V. m. § 7 Absatz 2 VerkProspG .

106 Schwark, a. a. O., § 73, Rdnr. 2.

107 Schäfer, ZIP 91, 1557 ff. (1559).

muss sich jedoch vor Augen führen, dass die Wahrscheinlichkeit des Entdeckens von unwahren oder unvollständigen Angaben im Rahmen der professionellen Prospektauswertung, etwa durch Börsenanalysten, nicht gering ist. Wenngleich mithin durch die Darstellung unvorteilhafter Unternehmensangaben im Prospekt eine negative Preisbeeinflussung nicht auszuschließen ist, so führt ein nachträgliches Entdecken von unrichtigen oder unvollständigen Prospektangaben zum Verlust der Glaubwürdigkeit des Emittenten mit wahrscheinlich gravierenderen Folgen für die Preisfestsetzung.

Vorgehensweise bei der Prospekterstellung

Wegen der zum Teil unklaren Gesetzessystematik, ist die Anwendbarkeit der jeweiligen börsenrechtlichen Vorschriften, die eine Aussage über den zu erstellenden Börsenzulassungsprospekt treffen, umstritten[108]. Deshalb wird, obwohl die Pflicht zur Erstellung des Börsenzulassungsprospekts primär den Emittenten selbst trifft, der Prospekt gemeinhin von der mit ausreichender Expertise ausgestatteten emissionsbegleitenden Bank in Zusammenarbeit mit dem Emittenten erstellt. Die Bank bedient sich regelmäßig der Hilfe von Wirtschaftsprüfern, Steuerberatern und Rechtsanwälten. Diese sorgen dafür, dass der Emittent die kapitalmäßigen und gesellschaftsrechtlichen Voraussetzungen für die Zulassung zum avisierten Markt erfüllt[109]. Häufig werden in die Prospekterstellung die Personen bzw. Institutionen eingebunden, die zuvor die Unternehmensdaten im Rahmen der Due Diligence ermittelt haben. Durch diese Vorgehensweise lässt sich die Prospekterstellung unter Rückgriff auf bereits vorhandenes Know-How rationalisieren.

Da im Börsenzulassungsprospekt die Arbeitsergebnisse aus verschiedenen Sachbereichen zusammenzuführen sind, ist eine Organisation, einhergehend mit einer durchdachten und an die mitwirkenden Stellen gerichtete Aufgabenverteilung, unerlässlich. Es gilt insoweit, zunächst die Kommunikation zwischen den mitwirkenden Personen/ Personengruppen herzustellen. Der Emittent, die emissionsbegleitende Bank, die Wirtschaftsprüfer, Steuerberater und Rechtsanwälte sind in das Projekt »Börsenzulassungsprospekt« einzubinden. Dazu schließt die emissionsbegleitende Bank in der Regel zunächst einen Vertrag mit den zu beteiligenden Personen/ Personengruppen. Anschließend bietet sich erfahrungsgemäß eine konkrete Aufgabenverteilung anhand des im Börsenzulassungsprospekt darzustellenden Inhalts an, einschließlich detail-

108 Streitig ist, ob und in welchem Umfang die Voraussetzungen des § 73 BörsG durch das VerkProspG und die dazu erlassene VerkProspVO beeinflußt werden. Streitig ist ferner, ob und inwieweit die auf Grund des BörsG durch die BörsO vorgeschriebenen Befreiungen von der Prospektpflicht durch das VerkProspG verdrängt werden. Dazu: Schwark, a. a. O., m. w. N.

109 Für die Zulassung zum Handel im Neuen Markt ist gemäß Ziffer 3.8 des Regelwerkes Neuer Markt beispielsweise erforderlich, daß die im Rahmen des IPO zuzulassenden Aktien mindestens zu 50 Prozent aus einer Barkapitalerhöhung stammen.

lierter Zeitvorgabe für die Abgabe der notwendigen Informationen durch die Mitwirkenden an den Prospekterstellung. Am Beispiel der Erstellung eines Emissionsprospekts für die Zulassung zum Neuen Markt empfiehlt es sich, wie nachfolgend dargestellt, eine an den Inhaltsangaben des Regelwerkes Neuer Markt orientierte Inhalts-/ Checkliste zu erstellen, in der die Verantwortlichkeiten sowie die Termine für die einzureichenden Informationen zu definieren sind. Die vervollständigte Liste sollte jedem Mitwirkenden übermittelt werden und als Diskussionsgrundlage unter diesen dienen.

Tabelle 2: Muster einer Inhalts-/Checkliste (ausschnittsweise und beispielhaft) für einen Emissionsprospekt zur Zulassung zum Neuen Markt[110]

	Inhalt	**Verantwortlichkeit/Termine**
I.	ALLGEMEINE INFORMATIONEN UND AKTIEN-PLATZIERUNG	
1.	Verantwortlich für den Inhalt des unvollständigen Verkaufsprospekts	
2.	Einsichtnahme in die Unterlagen	
3.	Gegenstand des Prospektes	
II.	DAS ANGEBOT	
1.	Öffentliches Angebot und Privatplatzierung	
2.	Preisrahmen und Platzierungspreis	
3.	Börsenzulassung, Zahltag und Lieferung	
4.	Zahl- und Hinterlegungsstellen	
5.	Veräußerungsverbot	
6.	Streubesitz	
7.	Verwendung des Emissionserlöses	
8.	Der Neue Markt	
III.	RISIKOFAKTOREN[111]	

110 Die vollständige Inhalts-/Checkliste ist im Internet unter http://www.andersenlegal.de verfügbar.

111 Abschnitt 2 Ziffer 4.1.16 Regelwerk Neuer Markt (Risikofaktoren), Zitat: »Der Emissionsprospekt muß in einem gesonderten und mit »Risikofaktoren« betitelten Abschnitt Angaben über solche Faktoren enthalten, die einen erheblichen negativen Einfluß auf die wirtschaftliche Lage des Emittenten haben oder dessen Geschäftserfolg gefährden können. Anzugeben sind insbesondere ungewöhnliche Wettbewerbsbedingungen, ein bevorstehendes Auslaufen

	Inhalt	**Verantwortlichkeit/Termine**
1.	Wettbewerb	
2.	Abhängigkeit von Mitarbeitern	
3.	Freie Mitarbeiter	
4.	Managementbezogenheit	
5.	Jahr-2000-Fähigkeit	
6.	Euro-Umstellung	
7.	Risiken aus rechtlicher Inanspruchnahme	
8.	Produkthaftung/Gewährleistung	
9.	Risiken im Zusammenhang mit geistigem Eigentum	
10.	Steueränderungsrisiken	
11.	Fehlen eines öffentlichen Marktes, Festsetzung des Verkaufspreises, Volatilität des Marktpreises	
12.	Verlässlichkeit von Meinungen und Prognosen	
IV.	ALLGEMEINE ANGABEN ÜBER DIE GESELLSCHAFT	
1.	Gründung, Firma, Sitz und Dauer der Gesellschaft	
2.	Satzungsgemäßer Gegenstand	
3.	Geschäftsstellen	
4.	Organe (Vorstand/Aufsichtsrat)	
5.	Hauptversammlung	
6.	Gewinnverwendung/Dividende und Dividendenpolitik	
7.	Kapitalverhältnisse	
8.	Unternehmensbeteiligungen	
V.	GESCHÄFTSTÄTIGKEIT	
1.	Allgemeines	
2.	Organisationsstruktur / Spartenstruktur	
3.	Human Capital	

von Schutzrechten oder Verträgen, die Abhängigkeit von bestimmten Märkten, von der Preisentwicklung von Rohstoffen, von Wechselkursschwankungen, von staatlichen Eingriffen, von Branchenzyklen oder vom besonderen Fachwissen einzelner Personen der Geschäftsleitung des Emittenten.«; die in der Tabelle dargestellten Risikofaktoren sind beispielhaft aufgezählt.

	Inhalt	**Verantwortlichkeit/Termine**
4.	Produkte und Dienstleistungen	
5	Markt/Wettbewerb/Positionierung	
6.	Umsatzerlöse	
7.	Investitionen	
8.	Forschung und Entwicklung	
9.	Auszeichnungen und Preise	
VI.	DARSTELLUNG UND ANALYSE DER ERTRAGS-, FINANZ- UND VERMÖGENSLAGE SOWIE DER WIRTSCHAFTLICHEN ENTWICKLUNG DER LETZTEN DREI JAHRE	
VII.	BESTEUERUNG IN DEUTSCHLAND	
VIII.	FINANZAUSWEISE	
IX.	GESCHÄFTSENTWICKLUNG IM JAHR DES IPO/AUSBLICK[112]	

Gemeinhin werden diverse Voraussetzungen für die Börsenzulassung erst während der Prospekterstellungsphase erfüllt. Ein Börsenzulassungsprospekt »wächst« bis zu seiner Vervollständigung ständig durch die Aufnahme ergänzender Tatsachen. Deshalb ist der ständige Dialog mit den am Projekt »Börsenzulassungsprospekt« mitwirkenden Personen von entscheidender Bedeutung. Gemäß § 44 BörsZulV[113] bzw. § 10 VerkProspG[114] ist es möglich, einen unvollständigen Verkaufsprospekt zu veröffentlichen, wenn einzelne Angebotsbedingungen erst kurz vor dem öffentlichen Angebot festgesetzt werden und der Prospekt Auskunft darüber gibt, wie diese Angaben nachgetragen werden. Die Zulassung kann auf Grund des unvollständigen Prospekts erfolgen. Gemäß § 10 Satz 2 VerkProspG sind die nachzutragenden Angaben spätestens am Tag des öffentlichen Angebots zu veröffentlichen. Sind seit der Veröffentlichung eines vollständigen Verkaufsprospekts Veränderungen eingetreten, die für die Beurteilung des Emittenten oder der Wertpapiere von wesentlicher Bedeutung sind, so sind diese während der Dauer des öffentlichen Angebots unverzüglich in einem Nachtrag zum Prospekt zu veröffentlichen, § 11 Satz 1 VerkProspG.

112 Gemäß Abschnitt 2, Ziffer 4.1.15 Regelwerk Neuer Markt, sind in einem Emissionsprospekt für die Zulassung zum geregelten Markt mit Handel im Neuen Markt Angaben über die Geschäftsaussichten des Emittenten zu machen. An dieser Stelle sind naturgemäß prognostizierende Angaben zu machen; sie müssen jedoch auf gesicherte Erkenntnisse in der Gegenwart zu stützen sein.

113 Bezogen auf den amtlichen Handel.

114 Bezogen auf alle Märkte.

Entbehrlichkeit der Veröffentlichung eines Börsenzulassungsprospekts

Die Verpflichtung zur Veröffentlichung des Börsenzulassungsprospekts entfällt in bestimmten Ausnahmefällen auf Grund gesetzlicher Regelung oder auf Grund einer Entscheidung des für die Zulassung zuständigen Entscheidungsträgers. Die Ausnahmetatbestände sind entweder emittenten- oder wertpapierbezogen. Die Ausnahmevorschriften, die die Platzierung anderer Wertpapiere als Aktien betreffen, bleiben im Folgenden unberücksichtigt. Die nachfolgende Übersicht skizziert die wesentlichen Ausnahmetatbestände im Hinblick auf die Prospektveröffentlichungspflicht:

Tabelle 3: Aufnahemvorschriften bezüglich der Prospektveröffentlichungspflicht

<table>
<tr><th>Amtlicher Handel</th><th>Geregelter Markt</th><th>Neuer Markt</th><th>Freiverkehr</th></tr>
<tr><td colspan="4">• Der Emittent ist ein Mitgliedstaat der EU oder eine seiner Gebietskörperschaften, eine internationale Organisation, etc.[115]</td></tr>
<tr><td colspan="4">• Wert der zuzulassenden nennwertlosen Aktien ist niedriger als 10 Prozent des Aktienwertes der bereits zugelassenen Aktien derselben Gattung[116].</td></tr>
<tr><td colspan="4">• Dual-Listing: Befreiung von der Veröffentlichung eines Börsenzulassungsprospekts bei gleichzeitigem oder annähernd gleichzeitigem Angebot von Wertpapieren eines Emittenten im europäischen Ausland[117] und im Inland auf Grund einer Entscheidung der Zulassungsstelle bzw. des Zulassungsausschusses[118]. U. u. kann die Übersetzung des Prospektes verlangt werden. Die Geltung dieser Regelung für die Notierung im Neuen Markt ist fraglich[119].</td></tr>
</table>

115 § 3 Nr. 1 VerkProspG.

116 § 4 Absatz 1 Nr. 2 VerkProspG.

117 Dies gilt nur für die übrigen Mitgliedstaaten der Europäischen Union oder die übrigen Vertragsstaaten des Abkommens über den Europäischen Wirtschaftsraum.

118 § 15 VerkProspG.

119 Der Neue Markt ist ein privatrechtlich strukturiertes Segment des geregelten Marktes. Die Voraussetzungen für die Zulassung zum Handel im Neuen Markt ergeben sich aus dem Regelwerk Neuer Markt, welches eine Befreiungsmöglichkeit i. S. d. § 15 VerkProspG nicht vorsieht.

Amtlicher Handel	Geregelter Markt	Neuer Markt	Freiverkehr
Bei Wertpapieren, die Gegenstand eines IPO waren und der diesbezügliche Prospekt nicht älter als zwölf Monate ist (Entscheidung der Zulassungsstelle)[120].	Bei Aktien, die bereits an einer inländischen Börse zur amtlichen Notierung oder zum geregelten Markt zugelassen sind, wenn seit der Veröffentlichung des Prospekts weniger als sechs Monate vergangen sind[121].	Bei Aktien, die Gegenstand eines IPO waren und der diesbezügliche Prospekt nicht älter als zwölf Monate ist (Entscheidung der DBAG)[122].	keine Sonderregelung
Bei Aktien, die nach einer Kapitalerhöhung aus Gesellschaftsmitteln den Inhabern an derselben Börse amtlich notierter Aktien zugeteilt werden[123].	Bei Aktien, die nach einer Kapitalerhöhung aus Gesellschaftsmitteln an die Aktionäre ausgegeben werden[124].	Bei Aktien, die nach einer Kapitalerhöhung aus Gesellschaftsmitteln den Inhabern von Aktien, die im Neuen Markt gehandelt werden, zugeteilt werden (Entscheidung der DBAG)[125].	Bei Aktien, die nach einer Kapitalerhöhung aus Gesellschaftsmitteln an die Aktionäre ausgegeben werden[126].
Bei Aktien, die mindestens seit zwei Jahren zum geregelten Markt zugelassen sind und bei denen sich die dem Publikum vor der Notierung zur Verfügung zu stellenden Informationen mit denen im Börsenzulassungsprospekt decken[127].	keine Sonderregelung	Bei Aktien, die an einer inländischen Börse zur amtlichen Notierung oder zum geregelten Markt mit Veröffentlichung eines Emissionsprospekts zugelassen sind (Entscheidung der DBAG)[128].	keine Sonderregelung

120 § 45 Nr. 1 lit. a BörsZulV.
121 §§ 73 Absatz 2 BörsG.
122 Abschnitt 2, Ziffer 5.2 Nr. 1 lit. a. Regelwerk Neuer Markt.
123 § 45 Nr. 2 lit. a BörsZulV.
124 § 4 Absatz 1 Nr. 5 VerkProspG.
125 Abschnitt 2, Ziffer 5.2 Nr. 2 lit a. Regelwerk Neuer Markt.
126 § 4 Absatz 1 Nr. 5 VerkProspG.
127 § 45 Nr. 4 BörsZulV.
128 Abschnitt 2, Ziffer 5.5, Nr. 3 lit. a. Regelwerk Neuer Markt.

Amtlicher Handel	Geregelter Markt	Neuer Markt	Freiverkehr
Kleinemission von Aktien bei beantragter Zulassung zur amtlichen Notierung[129].	Kleinemission von Aktien bei beantragter Zulassung zu einem beliebigen Marktsegment, sofern die zu veröffentlichenden Angaben mit Bezugnahme auf die im ersten Zulassungsantrag auf dem neuesten Stand sind[130].	keine Sonderregelung	Kleinemission von Aktien bei beantragter Zulassung zu einem beliebigen Marktsegment, sofern die zu veröffentlichenden Angaben mit Bezugnahme auf die im ersten Zulassungsantrag auf dem neuesten Stand sind[131].
Bei Aktien, die mindestens seit drei Jahren in einem Mitgliedstaat der EU, unter anderem, amtlich notiert sind[132].	keine Sonderregelung	keine Sonderregelung	keine Sonderregelung

Ersatzpflicht bei Unrichtigkeit des Börsenzulassungsprospekts

Im Falle der Unrichtigkeit oder Unvollständigkeit einer für die Beurteilung der Wertpapiere wesentlichen Angabe im Börsenzulassungsprospekt kann der Erwerber des Wertpapieres gemäß § 45 Absatz 1 BörsG von denjenigen, die für den Prospekt die Verantwortung übernommen haben und von denjenigen, von denen der Erlass des Prospekts ausgeht,

- die Erstattung des Erwerbspreises[133] und
- die mit dem Erwerb verbundenen Kosten,

verlangen[134]. Dies gilt für die Veröffentlichung von Börsenzulassungsprospekten zu allen drei Märkten. Im Rahmen der Prospekthaftung kann nicht in Anspruch genommen werden, wer nachweist, dass er die Unrichtigkeit oder Unvollständigkeit der Angaben des Prospekts nicht gekannt hat und die Unkenntnis nicht auf grober Fahrlässigkeit beruht, § 46 Absatz 1 BörsG. Überdies wird nach allgemeiner Ansicht[135] eine weiter gehende Haftung des Emittenten

129 § 4 Absatz 1 Nr. 2 VerkProspG.

130 § 4 Absatz 1 Nr. 3 VerkProspG.

131 § 4 Absatz 1 Nr. 3 VerkProspG.

132 § 45 a Nr. 1 BörsZulV.

133 Dies gilt nur, sofern der Erwerbspreis unter dem Erstausgabepreis liegt.

134 Umfassend zur Börsenprospekthaftung: Kort, Neuere Entwicklungen im Recht der Börsenprospekthaftung (§§ 45 ff. BörsG) und der Unternehmensberichterstattung (§ 77 BörsG), AG 1999, 9 ff.

135 Kort, a. a. O., m. w. N.

im Rahmen der allgemeinen Prospekthaftung von der Haftung nach §§ 45 ff. BörsG bzw. § 77 BörsG grundsätzlich verdrängt.

Marketingaktivitäten

Neben den pflichtgemäß zu erfüllenden Mitteilungen und Veröffentlichungen werden auch auf freiwilliger Basis, insbesondere im Rahmen von Marketingaktivitäten, Unternehmensdaten durch den Emittenten offen gelegt. Dritte können etwa aus Factbooks, bei Roadshows, bei Investoren- und Analystengesprächen Details über die rechtliche und tatsächliche Situation des Unternehmens erfahren, die gemeinhin der Geheimhaltung unterliegen. Wie bereits am Beispiel der Due Diligence ausgeführt, kann es hierbei zur Kollision mit Geheimhaltungspflichten der Vorstandsmitglieder nach § 93 Absatz 1 Satz 2 AktG kommen. Ferner kann ein Verstoß gegen das Insiderrecht gemäß §§ 12 ff WpHG vorliegen.

Kollision mit der Verschwiegenheitspflicht gemäß § 93 Absatz 1 Satz 2 AktG

Das Vorstandsmitglied verstößt bei der Offenbarung von Unternehmensdaten gegen seine Verschwiegenheitspflicht gemäß § 93 Absatz 1 Satz 2 AktG, wenn das vorwiegende Interesse des Unternehmens im Einzelfall die Geheimhaltung der preisgegebenen Information gebietet.

Die von ihm durchzuführende Interessenabwägung ist naturgemäß im Rahmen von Marketingaktivitäten schwierig. Vorstandsmitglieder stehen bei Marketingveranstaltungen – etwa bei Roadshows, bei Analystenveranstaltungen oder sonstigen Präsentationen – unter einem gewissen Vermarktungsdruck. Insoweit ist das Vorstandsmitglied erfahrungsgemäß bemüht, auf sämtliche Fragen seines Publikums zu antworten. Dies kann eine objektive Interessenabwägung zusätzlich erschweren. Bei der Interessenabwägung hat das Vorstandsmitglied im Wesentlichen folgendes zu berücksichtigen:

Einerseits kann sich das Offenbaren von Unternehmensdaten im Rahmen der den Börsengang begleitenden Marketingaktivitäten vorteilhaft auf die Preisfestsetzung und sich somit auf die zukünftige Kapitallage des Unternehmens auswirken. Dies wird das Vorstandsmitglied regelmäßig bei der anlegerorientierten Offenbarung von Unternehmensdaten vor Augen haben. Andererseits besteht durch das Offenbaren von Unternehmensdaten die Gefahr, den Mitbewerbern des Emittenten sensible Unternehmensdaten in die Hände zu spielen.

Es ist ferner zu berücksichtigen, dass sich die Geheimhaltungspflicht der Gesellschaft auch auf Tatsachen erstreckt, deren Offenbarung nur immaterielle Schäden der Gesellschaft, wie zum Beispiel Ansehensverlust oder Minderung des good will, herbeiführen[136]. Die Wahrscheinlichkeit für einen Schadenseintritt ist bei der Offenbarung geheimer Unternehmensdaten im Rahmen von

136 Hopt in AktG, a. a. O., § 93, Rdnr. 193, m. w. N.

Marketingaktivitäten im Vergleich zu der Situation im Rahmen der Due Diligence ungemein größer. Die Marketingaktivitäten sind zum Teil auf eine weite Streuung der Informationen angelegt. Die Empfänger der Informationen unterliegen regelmäßig nicht selbst der Verschwiegenheitspflicht, so daß damit zu rechnen ist, dass die mitgeteilten Unternehmensdaten leicht von Mitbewerbern empfangen und von diesen zu ihrem eigenen Vorteil umgesetzt werden können.

Insgesamt ist deshalb Vorsicht bei der Offenlegung von Unternehmensdaten im Rahmen von Marketingaktivitäten geboten.

Kollision mit den Insiderregeln gemäß §§ 12 ff. WpHG

Bei den Marketingaktivitäten besteht zudem die Gefahr, sich gemäß § 38 i. V. m. § 14 WpHG durch Mitteilung von Insidertatsachen, das heißt von nicht öffentlich bekannten, der äußeren Wahrnehmung zugänglichen Geschehnisse und Zustände[137], strafbar zu machen. § 14 WpHG bestimmt die jeweils verbotenen Insidergeschäfte.

Anfangszeitpunkt für die Geltung der Insiderverbote

Problematisch und für den Emittenten von größter Bedeutung ist der Beginn der Anwendbarkeit der Insiderverbote[138].

Diese gelten nicht, solange der Emittent keinen Antrag auf Zulassung der Wertpapiere zum Wertpapiermarkt gestellt oder diesen öffentlich angekündigt hat, § 12 Absatz 2 WpHG. Der Antrag ist als öffentlich angekündigt anzusehen, wenn der Emittent in einer an einen unbestimmten Personenkreis gerichteten Erklärung darauf hinweist, dass die Notierung beabsichtigt ist[139]. Sicher ist auch, dass die Insiderverbote gelten, wenn die Wertpapiere an der Börse notiert sind.

Es ist aber fraglich, ob die Insiderverbote bereits mit der öffentlichen Ankündigung des Antrages auf Zulassung der Wertpapiere zum Wertpapiermarkt i. S. d. § 12 Absatz 1 Satz 2 WpHG gelten. Das WpHG gibt keine klare Auskunft darüber. Eine Gesetzesauslegung spricht im Ergebnis dagegen. Die in § 12 Absatz 1 Satz 2 WpHG getroffene Bestimmung bezieht sich auf die Definition des Tatbestandsmerkmals »Insiderpapiere«. Der Wortlaut des § 12 Absatz 1 Satz 2 und seine systematische Platzierung mit ausschließlichem Bezug auf die Definition »Insiderpapiere« deutet darauf hin, dass damit keine allgemeine Aussage über den Anfangszeitpunkt der Geltung der Insiderverbote getroffen werden sollte.

---

137 Assmann/Schneider, WpHG, 2. Aufl., § 13, Rdnr. 33 a.

138 Es gibt dazu weder ergiebige Rechtsprechung, Kommentarliteratur, noch eine Stellungnahme des Bundesaufsichtsamtes für den Wertpapierhandel.

139 Begr. RegE 2. FFG, BT-Drucks. 12/6679, S. 45.

Das Ergebnis wird ferner durch den Sinn und Zweck der Insiderverbote gestützt. In diesem Zusammenhang schreibt § 13 Absatz 1 WpHG vor, dass Insider nur derjenige ist, der Kenntnis von einer Insidertatsache hat. Eine Insidertatsache muss geeignet sein, den Kurs des Insiderpapieres zu beeinflussen. Selbst wenn es für die Erfüllung des Tatbestandes nicht erforderlich ist, dass sich die Gefahr in Form einer tatsächlich Kursbeeinflussung verwirklicht, ist jedoch zumindest das Vorliegen eines Kurses, mithin eines Gefährdungsobjektes, erforderlich. Daraus folgt, dass die Insiderregeln erst mit der Notierung der Wertpapiere gelten. Andernfalls kann man zu dem fragwürdigen Ergebnis gelangen, dass sich der Insider wegen Verstoßes gegen ein Insiderverbot strafbar (§ 38 WpHG) macht, ohne dass es wegen Scheiterns des Börsenganges jemals zu einer Börsennotierung kommt.

Die obigen Ausführungen zeigen, dass die Bestimmung des Anfangszeitpunktes für die Geltung der Insiderverbote problematisch ist. Dem Emittenten ist der Vorsicht halber zu raten, bereits ab dem Zeitpunkt der öffentlichen Ankündigung des Zulassungsantrages keine Insidergeschäfte i. S. d. § 14 Absatz 1 Nr. 1 bis 3 WpHG vorzunehmen.

Insidergeschäfte

Insidergeschäfte setzen das Handeln eines Insiders mit Insiderpapieren voraus.

Insider sind gemäß § 13 Absatz 1 WpHG Personen (Organmitglieder und persönlich haftende Gesellschafter, Anteilseigner oder aus beruflichen Gründen informierte Personen) mit Kenntnis einer Insidertatsache. Insidertatsachen sind gemäß § 13 Absatz 1 i. V. m. Absatz 2 WpHG Tatsachen, die nicht öffentlich bekannt sind, einen Emittenten- oder Insiderbezug aufweisen und die Eignung zur erheblichen Kursbeeinflussung aufweisen. Keine Insidertatsache ist Bewertung öffentlich bekannter Tatsachen. Insiderpapiere sind gemäß § 12 WpHG Wertpapiere mit Zulassung an einer inländischen Börse bzw. Einbeziehung in den Freiverkehr oder mit Zulassung in einem anderen Mitgliedstaat der Europäischen Union oder einem anderen Vertragsstaat des Abkommens über den Europäischen Wirtschaftsraum zum Handel an einem organisierten Markt.

§ 14 WpHG verbietet Geschäfte, in denen Insider

1. Insiderpapiere unter Ausnutzung von Insiderwissen erwerben oder veräußern,
2. Insidertatsachen unbefugt weitergeben,
3. auf Grund von Insidertatsachen Kauf- oder Verkaufsempfehlungen aussprechen.

Für den hiesigen Untersuchungsgegenstand ist die Nr. 2, nämlich das unbefugte Weitergeben von Insidertatsachen im Rahmen von Marketingaktivitäten von besonderer Relevanz. Dies resultiert daraus, dass die Schwelle zu einer solchen Handlung im Verhältnis zum Erwerbs- und Veräusserungsverbot (1.)

oder zur Abgabe von Kauf- oder Verkaufsempfehlungen (3.) leichter zu überschreiten ist.

Ein Verstoß gegen die Weitergabe von Insidertatsachen setzt voraus, dass die Weitergabe »unbefugt« geschieht. Sofern eine gesetzliche Offenlegungspflicht besteht, geschieht die Weitergabe »befugt«. Im Übrigen ist die Frage der »Befugnis« im Rahmen einer einzelfallbezogenen Interessenabwägung zu klären. Es haben sich folgende Fallgruppen für »befugte«/»unbefugte« Weitergaben herausgebildet[140]:

Tabelle 4: Weitergabe von Insidertatsachen

Betriebsinterne Weitergabe:	»befugt«	• innerhalb des Vorstands[141] • zum Aufsichtsrat[142] • innerhalb Aufsichtsrat[143]
Weitergabe an unternehmensexterne Personen:	»befugt«	An die der Berufsverschwiegenheit unterliegenden Personen: Rechtsanwälte, Wirtschaftsprüfer etc. zur Wahrnehmung der Aufgaben der Geschäftsorgane, sofern das Unternehmensinteresse die Weitergabe gebietet[144] (Diese Personengruppen werden dadurch zu Primärinsidern).
Weitergabe an Journalisten:	»befugt« / »unbefugt«	• Befugt, wenn dies zum Zwecke der unverzüglichen Veröffentlichung im Rahmen einer Ad-hoc Publikation erfolgt oder wenn die Weitergabe im Interesse einer sachlichen Berichterstattung über das Unternehmen oder zum Zweck ihrer Veröffentlichung mitgeteilt wird[145]. • Im Übrigen ist die Weitergabe »unbefugt«.

140 Die Darstellung erhebt keinen Anspruch auf Allgemeinverbindlichkeit. Die Beurteilung der »Befugnis« der Weitergabe ist stets einzelfallabhängig. Die dargestellten Fallgruppen sollen einen Orientierungshinweis geben. Die Darstellung erhebt keinen Anspruch auf Allgemeinverbindlichkeit.

141 Gerechtfertigt durch Geschäftsleitungsbefugnis des Vorstandes gemäß § 76 AktG.

142 Gerechtfertigt durch die Informationspflicht des Vorstandes gegenüber dem Aufsichtsrat, §§ 90, 107 f., 337 AktG.

143 Süßmann, a. a. O., 162 ff. (164).

144 Süßmann, a. a. O., 162 ff. (165).

145 Assmann/Schneider, WpHG, § 14, Rdnr. 57.

Weitergabe an Aktionäre:	»befugt« / »unbefugt«	Streitig[146]: • Zum Teil befugt: An Großaktionäre[147]; • Unbefugt: An Einzelaktionäre im Wege der Hauptversammlung[148].
Weitergabe an Finanzanalysten:	»befugt« / »unbefugt«	• Befugt: Auftragsgemäße Weitergabe im Rahmen eines Ratings oder einer sonstigen Bewertung zur Beurteilung der Erforderlichkeit einer Ad-hoc Mitteilung[149]. • Unbefugt: Weitergabe auf Drängen der Finanzanalysten, beispielsweise im Analystengspräch.
Weitergabe im Hinblick auf die Erstellung des Börsenzulassungsprospekts:	»unbefugt«	Unbefugte Weitergabe innerhalb des prospekterstellenden Kreditinstituts (Wall Crossing),[150]

2.2.2 Post IPO

Zulassungsfolgepflichten

Für den Emittenten zugelassener Wertpapiere ergeben sich im Überblick folgende Zulassungsfolgepflichten:

146 Benner-Heinacher, Kollidiert die Auskunftspflicht des Vorstands mit dem Insidergesetz, DB 1995, 765 ff (766); Joussen, Auskunftspflicht des Vorstandes nach § 131 AktG und Insiderrecht, DB 1994, 2485 ff.

147 Süßmann, a. a. O., 167; Es existiert keine verbindliche Bestimmung des Begriffs »Großaktionär«.

148 Selbst wenn dadurch Bereichsöffentlichkeit hergestellt werden soll, da nur wenige Aktionäre teilnehmen und deshalb die Bekanntgabe einer Insidertatsache zunächst eine kleine Gruppe trifft.

149 Süßmann, a. a. O., S. 165; Assmann/Schneider, a. a. O., § 14, Rdnr. 60 ff.; Schreiben des Bundesaufsichtsamtes für den Wertpapierhandel an die Vorstände der börsennotierten Aktiengesellschaften vom 7. August 1997 mit Anmerkungen zur Weitergabe von Insidertatsachen durch Analysten, veröffentlicht im Internet unter http://www.bawe.de/schr1.htm.

150 Süßmann, a. a. O., S. 172; Assmann/Schneider, a. a. O., § 14, Rdnr. 60 ff., mit der Begründung, daß durch den Börsenzulassungsprospekt keine Bereichsöffentlichkeit hergestellt wird.

Tabelle 5: Zulassungsfolgepflichten

	Amtlicher Handel	**Geregelter Markt**	**Neuer Markt**
Umstände mit gesellschaftsrechtlicher Relevanz	Mitteilung über • Einberufung der Hauptversammlung, • Ausschüttung und Auszahlung von Dividende • Veränderungen der gesellschaftsrechtlichen Konstitution		Mitteilung über • Einberufung der Hauptversammlung, • Ausschüttung und Auszahlung von Dividende[151]
Jahresabschlüsse	Zwingend	zwingend	zwingend • nach IAS oder US-GAAP oder nationale Rechnungslegung mit Überleitungsrechnung[152]
Unterjährige Berichte	zwingend • mindestens ein Zwischenbericht in den ersten sechs Monaten des Geschäftsjahres[153]	empfohlen • Zwischenbericht	zwingend • drei Quartalsberichte pro Geschäftsjahr[154]
Insiderverbot gemäß § 12 ff. WpHG	ja	ja	ja
Ad-hoc Publizität gemäß § 15 WpHG	ja	ja	ja[155]
Mitteilungspflicht gemäß § 21 ff. WpHG	ja[156]	nein	nein

151 Abschnitt 2, Ziffer 7.2.1 Regelwerk Neuer Markt.

152 Abschnitt 2, Ziffer 7.2.2 Regelwerk Neuer Markt.

153 § 53 BörsZulV.

154 Abschnitt 2, Ziffer 7.1 Regelwerk Neuer Markt.

155 Geibel in Schäfer, WpHG unter anderem Kommentar, § 15 WpHG, Rdnr. 24, bezweifelt die Sanktionierbarkeit von Verstößen gegen § 15 WpHG durch Bußgelder.

156 § 21 Absatz 2 WpHG.

	Amtlicher Handel	Geregelter Markt	Neuer Markt
Diverse	• Zulassung aller später ausgegebenen Aktien[157]. Veröffentlichung jeder Änderung der mit den Wertpapieren verbundenen Rechte[158]		• Zulassung aller später ausgegebenen Aktien[159] • Veröffentlichung jeder Änderung der mit den Aktien verbundenen Rechte[160] • Analystenveranstaltung (jährlich) • Unternehmenskalender (jährlich)

Mitteilungspflichten nach dem WpHG

Ad-hoc Publizität

Der Emittent von Wertpapieren, die zum Handel an einer inländischen Börse zugelassen sind, muss nach § 15 Absatz 1 Satz 1 Wertpapierhandelsgesetz (WpHG) unverzüglich Tatsachen, die wegen ihrer Auswirkungen auf die Vermögens- oder Finanzlage oder auf den allgemeinen Geschäftsverlauf des Emittenten zur erheblichen Kursbeeinflussung geeignet sind, veröffentlichen. Es ist ferner erforderlich, dass diese in seinem Tätigkeitsbereich eingetreten und nicht öffentlich bekannt sind.

§ 15 ergänzt die Regelungen der jährlichen aktienrechtlichen Rechnungslegung und der obligatorischen Zwischenberichtserstattung (§ 44 b BörsG). Im Zusammenspiel dienen diese Vorschriften zunächst dazu, neben Gesellschaftern und Gläubigern der Emittenten auch den Kapitalmarkt mit hinreichenden Informationen auszustatten. Dadurch kann ein breites Börsenpublikum die Informationen erhalten, die für fundierte Anlageentscheidungen notwendig sind.

Daneben stellt die Ad hoc-Publikation eine wichtige insiderrechtliche Präventivmaßnahme dar. Nach einer unverzüglichen Veröffentlichung einer publizitätspflichtigen Insidertatsache bleibt für ein Insiderhandeln kein Raum mehr. Durch Veröffentlichung der Insiderinformation wird ihr die Rechtsqualität als Insidertatsache entzogen. § 15 WpHG dient nach seinem Normzweck nicht dem Schutz der Individualinteressen der Anleger, sondern ausschließlich der Sicherung der Funktionsfähigkeit des Kapitalmarktes. § 15 Absatz 1 Satz 1 WpHG stellt deshalb weder ein Schutzgesetz i. S. d. § 823 II BGB bei evtl. Ansprüchen gegen den Emittenten, noch eine Grundlage für Ansprüche aus

157 § 69 BörsZulV.
158 § 66 BörsZulV.
159 Abschnitt 2, Ziffer 7.2.7. Regelwerk Neuer Markt.
160 Abschnitt 2, Ziffer 7.2.3. Regelwerk Neuer Markt.

Amtspflichtverletzung wegen Versäumnissen des Bundesaufsichtsamtes für den Wertpapierhandel dar.

Die nachfolgende Übersicht vermittelt einen Überblick über die Regelung der Ad-hoc Publizität in § 15 WpHG:

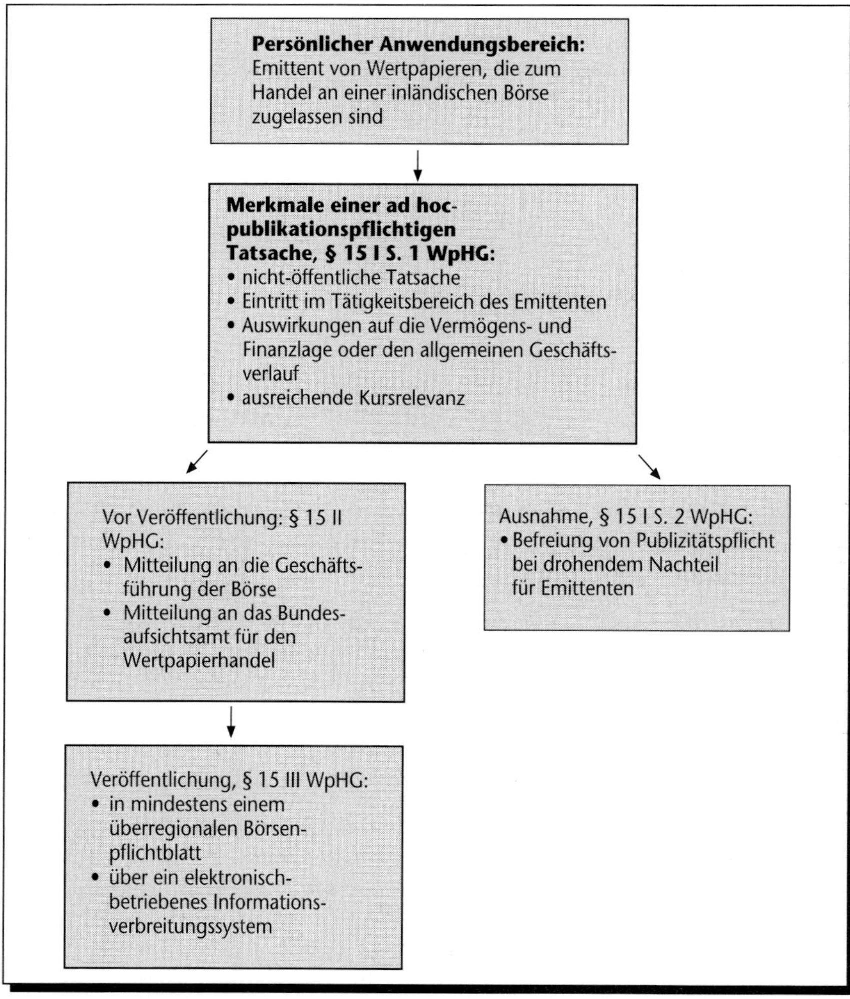

Abb. 3: Regelungen der Ad hoc-Publizität

Die folgende Auflistung vermittelt exemplarisch einen Überblick über die gemeinhin im Rahmen des § 15 WpHG von der Publizitätspflicht erfassten Tatsachen[161].

161 Bei dieser Auflistung handelt es sich um exemplarische von Emittentenseite vorgenommene Ad hoc-Veröffentlichungen der Jahre 1995 bis 1997, nicht je-

Tabelle 6: Tatsachen, die der Publizitätspflicht unterliegen

– Abfindungsangebote – Abtretung von Forderungen – Änderung Geschäftsjahr – Auflösung der AG – Auflösung stiller Reserven – Außerordentliche Erträge und Aufwendungen – Beherrschungs- und Gewinnabführungsverträge – Bestätigung von Übernahmegesprächen – Beteiligungskauf und -verkauf einschließlich Erhöhungen und Reduzierungen von Beteiligungen – Börseneinführung von Tochtergesellschaften – DVFA-Ergebnisse und Cash-flow-Rechnungen – Einführung neuer Produkte und Erschließung neuer Märkte – Entwicklung von Auftragseingängen und Kapazitätsauslastung – Erhöhung oder Reduzierung, Wiederaufnahme oder Ausfall der Dividendenzahlung – Finanzierungsmaßnahmen – Forderungsverzichte – Fusionen – Gerichtsverfahren – Großaufträge	– Grundkapitalerhöhung und Grundkapitalherabsetzung – Investitionen – Kauf von Patenten – Kooperationen – Korrektur von Ergebnisprognosen – Liquiditätsprobleme – Lizenzen – Mitteilungen zu Entscheidungen des Kartellamtes – Mitteilungen zu Hauptversammlungen – Moratorium gem. § 46 a KWG – Personalveränderungen in Vorstand und Aufsichtsrat – Rationalisierungsmaßnahmen – Rückstellungen und Sonderabschreibungen – Strukturveränderungen – Umsatz- und Ergebnisabweichungen im Jahresabschluss oder in Zwischenberichten gegenüber dem Vorjahreszeitraum, gegenüber in der Vergangenheit getroffenen Prognosen durch das Unternehmen oder gegenüber im Markt bestehenden Erwartungen – Umwandlung der AG in eine GmbH – Verkaufseinstellung von Produkten – Verlust nach § 92 AktG – Veröffentlichung eines Sonderprüfungsberichts

Die Veröffentlichung ist

- in mindestens einem überregionalen Börsenpflichtblatt[162],
- über ein elektronisch betriebenes Informationsverbreitungssystem[163],

grundsätzlich in deutscher Sprache vorzunehmen. Das Bundesaufsichtsamt für den Wertpapierhandel hat Emittenten mit Sitz im Ausland ausnahmsweise gestattet, Veröffentlichungen nach § 15 Absatz 1 Satz 1 WpHG in englischer

doch um einen allgemeingültigen oder abschließenden Katalog der gemäß § 15 WpHG publizitätspflichtigen Tatsachen. Entscheidend ist immer die Beurteilung im konkreten Einzelfall, das heißt ein bestimmtes Ereignis kann bei Unternehmen A der Publizitätspflicht unterliegen, bei Unternehmen B jedoch nicht.

162 Bsp.: Frankfurter Allgemeine Zeitung, Süddeutsche Zeitung, Handelsblatt, Die Welt, Börse Online.

163 Bsp.: Reuters, Bloomberg, Deutsche Gesellschaft für Ad-hoc Publizität.

Sprache vorzunehmen[164]. Der Zweck der Veröffentlichung macht es in der Praxis erforderlich, in der Veröffentlichung nach § 15 Absatz 1 Satz 1 und Absatz 3 WpHG kenntlich zu machen, dass es sich um eine Ad-hoc Meldung des Emittenten gemäß § 15 Absatz 1 Satz 1 WpHG handelt.

Wegen eines Verstoßes gegen die Pflicht zur Ad-hoc Veröffentlichung macht sich der Emittent nicht einem Dritten gegenüber schadensersatzpflichtig, § 15 Absatz 6 WpHG.

Beispiel für eine Ad-hoc Veröffentlichung:

Unternehmen und Märkte: Ad-hoc Meldungen

11 07:58 0593 >Ad hoc-Service: Hoechst AG
11 07:58 0593 >Ad hoc-Service: Hoechst AG

Ad hoc-Service: Hoechst AG Ad hoc-Mitteilung übermittelt durch die DGAP. Für den Inhalt der Mitteilung ist allein der Emittent verantwortlich. —— Akzo Nobel übernimmt Tiergesundheitsgeschäft von Hoechst Akzo Nobel hat mit der Hoechst AG vereinbart, das Tiergesundheitsgeschäft Hoechst Roussel Vet für 665 Millionen Euro zu übernehmen. Damit steigt Intervet, das Veterinärgeschäft von Akzo Nobel, zu einem der international führenden Unternehmen im Tiergesundheitsmarkt auf. Das Geschäftsvolumen der Intervet verdoppelt sich durch diese Akquisition; der gemeinsame Umsatz beider Unternehmen betrug 1998 rund 800 Millionen Euro. Die Übernahme der Hoechst Roussel Vet umfasst alle Produktions-, Forschungs- und Entwicklungseinrichtungen weltweit mit etwa 2400 Beschäftigten. Der Umsatz der Hoechst Roussel Vet betrug 1998 rund 450 Millionen Euro. Ende der Mitteilung

Mitteilungs- und Veröffentlichungspflichten bei Veränderungen des Stimmrechtsanteils

Die §§ 21 ff. WpHG befassen sich mit den Mitteilungs- und Veröffentlichungspflichten bei Veränderungen des Stimmrechtsanteils an börsennotierten Gesellschaften. Durch diese Regelung wurde die EG-Transparenz-Richtlinie (88/627/EWG vom 12. 12. 1988) in nationales Recht umgesetzt.

Die Meldepflicht richtet sich an den einzelnen Anleger. Wer eine bestimmte Mitteilungsschwelle in Bezug auf die Stimmrechtsanteile einer börsennotierten Gesellschaft erreicht, überschreitet oder unterschreitet, hat dies der Gesellschaft und dem Bundesaufsichtsamt für den Wertpapierhandel unverzüglich mitzuteilen. Die Gesellschaft trifft dann die Pflicht, diese Mitteilung zu veröffentlichen.

164 Bekanntmachung zur Veröffentlichung und Mitteilung kursbeeinflussender Tatsachen nach § 15 des Wertpapierhandelsgesetzes vom 29. Januar 1996; Fundstelle: Bundesanzeiger Nr. 22/1002 vom 1. Februar 1996.

Der Grund für diese Regelung liegt darin, dass die Zusammensetzung des Aktionärskreises und eine Veränderung der Beteiligungsverhältnisse wichtiger Großaktionäre entscheidende Anlagekriterien für Marktteilnehmer darstellen. Die Aktionärsstruktur hat wesentlichen Einfluss auf die Kursentwicklung. Darüber hinaus hilft das Transparenzgebot den Organen einer Gesellschaft, sich ein aktuelles Bild der Beteiligungs- und Beherrschungsverhältnisse zu machen. Ferner dient das Transparenzgebot dem Schutz der Funktionsfähigkeit der Kapitalmärkte. Das Vertrauen der Anleger in Fairness und Chancengleichheit bei Anlageentscheidungen wird gestärkt.

Wesentliche Regelungsinhalte einer Mitteilungs- und Veröffentlichungspflicht sind nach § 21 ff. WpHG:

- das Erreichen, Überschreiten oder Unterschreiten einer bestimmten Meldeschwelle
- eine unverzügliche Mitteilung an die entsprechende Gesellschaft und das Bundesaufsichtsamt für den Wertpapierhandel
- die Veröffentlichung der Mitteilung durch die Gesellschaft

Der Mitteilungspflichtige hat die Gesellschaft und das Bundesaufsichtsamt für den Wertpapierhandel unverzüglich, spätestens innerhalb von sieben Kalendertagen unter Angabe der Höhe des Stimmrechtsanteils schriftlich zu benachrichtigen.

Die vom Mitteilungspflichtigen informierte Gesellschaft hat die Mitteilung unverzüglich, das heißt spätestens neun Kalendertage nach Zugang der Mitteilung in einem überregionalen Börsenpflichtblatt zu veröffentlichen. Überwacht wird dies vom Bundesaufsichtsamt für den Wertpapierhandel (§ 29 I Absatz 1 WpHG), das bei schuldhaften Verstößen gegen die Veröffentlichungspflicht Geldbußen bis zur Höhe von 500.000,- DM verhängen kann (§ 39 WpHG).

Beispiel für eine Veröffentlichung gemäß §§ 21 Absatz 1, 22 Absatz 1 Ziffer 2. WpHG:

Moenus AG, Frankfurt am Main

Gemäß §§ 21 Absatz 1, 22 Absatz 1 Ziffer 2 WpHG

Veröffentlichen wir:

Die Deutsche Babcock Aktiengesellschaft, Oberhausen, hat uns als Konzernobergesellschaft gemäß §§ 21 Absatz 1, 22 Absatz 1 Ziffer 2 WpHG mitgeteilt, dass der Anteil der Deutsche Babcock Borsig AG, Egellsstr. 21, 13507 Berlin, an den Stimmrechten der Moenus AG, Frankfurt a. M., den Schwellenwert von 50 Prozent unterschritten hat. Die Stimmrechtsanteile betragen nunmehr 47 Prozent.

> Diese Stimmrechtsanteile sind der Deutsche Babcock AG gemäß § 22 Absatz 1 Ziffer 2 WpHG zuzurechnen.
>
> Frankfurt am Main, den 4. Dezember 1996
>
> Der Vorstand

Grenzen der Mitteilungspflichten
Die vorgenannten Mitteilungspflichten stehen in einer Wechselwirkung mit den bereits erläuterten Verschwiegenheitspflichten, zum Beispiel § 93 Absatz 1 Satz 2 AktG und § 12 ff. WpHG. Im Wesentlichen stehen sich das Vermarktungsinteresse des Unternehmens an den zu emittierenden Aktien und das Geheimhaltungsinteresse des vor dem Hintergrund einer möglichen Verwertung der offenbarten Unternehmensdaten durch seine Mitbewerber gegenüber.

Hinsichtlich der Einzelheiten wird jeweils auf die Ausführungen unter der Überschrift »a. Kollision mit der Verschwiegenheitspflicht gemäß § 93 Absatz 1 Satz 2 AktG« und »b. Kollision mit den Insiderregeln gemäß §§ 12 ff. WpHG« verwiesen.

2.2.3 Informationspflichten nach dem Aktiengesetz

Das AktG definiert und regelt ausschließlich Auskunftspflichten[165] innerhalb der Organe der AG und zwischen ihnen.

Informationspflichten im Rahmen der Hauptversammlung
Der Vorstand hat den Aktionären im Rahmen der Hauptversammlung auf Anfrage Auskunft über Angelegenheiten der Gesellschaft zu erteilen, § 131 Absatz 1 AktG[166]. Bezüglich der Einzelheiten zum Umfang des Auskunftsrechts wird auf die weit reichende Literatur und Rechtsprechung verwiesen[167].

---

165 Unter anderem: §§ 90, 92 Absatz 1, 111 Absatz 2, 120 Absatz 3 Satz 2 und 3, 121 Absatz 3, 124 Absatz 1 bis 3, 125 Absatz 1, 3 und 4, 131, 170, 171 Absatz 2, 175 Absatz 1 bis 3, 176 Absatz 1, 179 a Absatz 2, 186 Absatz 4 Satz 2, 293 a, f und g, 319 Absatz 3, 320 Absatz 4, 326, 337.

166 Eine alphabetische Auflistung über die zu erteilenden Auskünfte bzw. über die nicht zu erteilenden Auskünfte in der Hauptversammlung enthält Semer/Vollhard, Arbeitshandbuch für die Hauptversammlung, 1999, Anm. I F 54, 55.

167 Urteil LG Köln v. 03.03. 1999, AG 1999, 5; BayObLG, Beschluß v. 22. 03. 1999, AG 1999, 320 f.; Beschluß LG München I v. 10. 12. 1998, AG 1999, 283 ff.; Beschluß LG Dortmund v. 1.10.1998, AG 1999, 133 ff.; Beschluß LG Frankfurt a. M. v. 16.09. 1994, DStR 1995, 1159 ff.; Groß, Informations- und Auskunftsrecht des Aktionärs, AG 1997, 97 ff. m. w. N.; Die Verfassungsmäßigkeit des Auskunftsverweigerungsrechts gem. § 131 Absatz 3 AktG bei Aktionärsfragen bezüglich stiller Reserven, BB 1995, 1 ff.; Hüffer, Aktiengesetz, 4. Auflage,

Das Verhältnis des Auskunftsrechts des Vorstandes nach § 131 AktG zum Insiderrecht ist nicht geklärt[168]. Der Vorstand ist im Rahmen seiner Auskunftspflicht nach § 131 AktG auf der Hauptversammlung gehalten, Auskünfte über Vorfälle des laufenden Geschäftsjahres zu erteilen[169]. Vor dem Hintergrund des Insiderrechts wird diskutiert, ob dem Vorstand durch die Insiderregeln ein weiteres Auskunftsverweigerungsrecht im Rahmen des § 131 Absatz 3 Satz 1 Nr. 5 AktG eingeräumt wird. § 131 Absatz 3 Satz 1 Nr. 5 AktG sieht ein Auskunftsverweigerungsrecht zu Gunsten des Vorstandsmitglieds vor, »soweit sich der Vorstand durch die Erteilung der Auskunft strafbar machen würde«. Dieser Wortlaut spricht für ein Auskunftsverweigerungsrecht auf Grund des Insiderrechts. Dagegen wird eingeräumt, dass der Aktionär im Zweifel über die Wirksamkeit der Auskunftsverweigerung auf Grund des Insiderrechts zur Erlangung einer Entscheidungsgrundlage für die Ausübung seines Stimmrechts dazu gedrängt wird, sein Auskunftsrecht zwangsweise durchzusetzen[170].

Dem Vorstandsmitglied ist in der geschilderten Situation zu empfehlen, das jeweilige Insiderverbot unter Verweigerung der Auskunftspflicht zu berücksichtigen. Ansonsten läuft er Gefahr, sich wegen Mitteilung von Insidertatsachen strafbar zu machen.

Mitteilungspflicht nach § 131 Absatz 4 Satz 1 AktG

Das an der Börse zugelassene Unternehmen wird außerhalb der Hauptversammlung regelmäßig Anfragen von Aktionären nach der Lage der Gesellschaft erhalten. Grundsätzlich hat kein Aktionär Anspruch auf Auskunftserteilung außerhalb der Hauptversammlung. Das Unternehmen hat jedoch das Recht, Auskunft zu erteilen.

Sofern einem Aktionär Auskunft außerhalb der Hauptversammlung gegeben worden ist, so ist diese jedem anderen Aktionär auf dessen Verlangen in der Hauptversammlung zu geben, selbst wenn sie nicht zur Tagesordnung gehört, § 131 Absatz 4 Satz 1 AktG. Sinn und Zweck dieser Vorschrift ist es, ein Informationsmonopol von Aktionären zu vermeiden, die außerhalb der Hauptversammlung fragen und auch Antwort erhalten[171]. Die Schutzfunktion dieser Vorschrift ist jedoch gering. Es ist wahrscheinlich, dass der im Vorfeld informierte Aktionär die Auskunft vorteilhafter umsetzen kann, als ein in der Hauptversammlung informierter Aktionär.

---

§ 131 AktG, Rdnr. 11 f.; Barz in: Großkommentar Aktienrecht I/2, 3. Auflage, § 131 Anm. 7 ff.

168 Zum Streitstand: Joussen, DB 1994, 2485 ff.; Benner-Heinacher, DB 1995, 765 ff.

169 Allgemein zu den Informations- und Auskunftsrechten des Aktionärs in der Hauptversammlung: Groß, AG 1997, 97 ff.

170 Brenner-Heinacher, a. a. O., 765 (766).

171 Hüffer, Aktiengesetz,4. Auflage, § 131, Rdnr. 36.

Die vorbezeichnete Regelung gilt grundsätzlich nicht für einen Mehrheitsaktionär, der die Gesellschaft auf Grund eines Beherrschungsvertrages zur Auskunftserteilung angewiesen hat, § 308 Absatz 1 Satz 2 AktG. Nach allgemeiner Ansicht[172] kann ebenso ein Unternehmen auf Grund eines faktischen Beherrschungsverhältnisses von dem faktisch herrschenden Unternehmen zur Auskunftserteilung angewiesen werden. Den übrigen Aktionären ist nach überwiegender Ansicht diese Auskunft nicht nach § 131 Absatz 4 Satz 1 AktG in der Hauptversammlung zu erteilen, es sei denn, es handelt sich um eine »bloße Abhängigkeit« (§ 17 AktG) oder um eine »bloße Mehrheitsbeteiligung« (§ 16 AktG)[173].

Verbot von Mitteilungen auf Grund des Gleichbehandlungsgebotes nach § 53 a AktG

Erfahrungsgemäß werden häufig die Großaktionäre – auch auf Hauptversammlungen – von der Aktiengesellschaft bevorzugt mit Informationen bedient. Darin könnte ein Verstoß gegen den Gleichbehandlungsgrundsatz der Aktionäre gemäß § 53 a AktG liegen. Nach dieser Vorschrift sind alle Aktionäre im Verhältnis untereinander sowie im Verhältnis zur Gesellschaft nicht ohne sachliche Rechtfertigung ungleich zu behandeln.

Insoweit verstößt nicht per se jede Ungleichbehandlung gegen das Gleichbehandlungsgebot; es ist zu prüfen, ob die Ungleichbehandlung willkürlich erfolgt oder sachlich gerechtfertigt ist. Sachlich gerechtfertigt ist die Ungleichbehandlung, wenn sie geeignet und erforderlich ist, ein Interesse des Unternehmens zu wahren, welches auch unter Berücksichtigung der Aktionärsinteressen als verhältnismäßig erscheint[174].

Das Leitungsorgan wird insoweit abzuwägen haben, ob beispielsweise die Interessen des Großaktionärs an einer detaillierten Auskunft gegenüber den Interessen der übrigen Kleinaktionäre an dieser Auskunft überwiegen. Die Praxis zeigt, dass die Kleinaktionäre häufig kein gesteigertes Interesse an komplexen Unternehmensdaten haben. Es erscheint insoweit gerechtfertigt, diesen Aktionären die jeweilige Information in einer weniger komplexen Aufbereitung zu vermitteln. Im Ergebnis muss sichergestellt sein, dass sich jeder Aktionär von den Hintergründen der zu fällenden Beschlüsse auf Grund der ihm vermittelten Informationen ein Bild machen konnte. Hauptversammlungsbeschlüsse, die unter Verstoß gegen das Gleichbehandlungsgebot gemäß § 53 a AktG zu Stande kommen, sind nach überwiegender Ansicht nach § 243 Absatz 1 AktG anfechtbar[175].

172 Hüffer, Aktiengesetz, 4. Auflage, § 131, Rdnr. 38.
173 Hüffer, Aktiengesetz, 4. Auflage, § 131, Rdnr. 38, m. w. N.
174 Hüffer, Aktiengesetz, 4. Auflage, § 53 a, Rdnr. 10.
175 Hüffer, Aktiengesetz, 4. Auflage, § 53 a, Rdnr. 12, m. w. N.

2.2.4 Freiwillige Mitteilungen

Wer Aktien öffentlich anbietet, hat sich naturgemäß um die Schaffung und Beibehaltung einer entsprechenden Nachfrage zu bemühen. Im Rahmen der Investor Relations teilt der Emittent dem Kapitalmarktteilnehmer hauptsächlich zielgruppenorientiert Informationen über das Unternehmen mit. Dies gilt unabhängig von den pflichtgemäßen Veröffentlichungen, wie zum Beispiel im Rahmen der Zwischenberichte oder der Ad-hoc Publizität. Wesentlich ist dabei der Aspekt der Gleichbehandlung. Die Informationen müssen die Kapitalmarktteilnehmer zeit- und inhaltsgleich erreichen. Dies vermeidet die Schaffung von Insiderwissen, da Insidertatsachen ausschließlich nicht öffentlich bekannte Tatsachen sind.

Problematisch ist die Veröffentlichung von Unternehmensdaten, die nicht die Voraussetzung für die Veröffentlichung im Rahmen der Ad-hoc Publizität i. S. d. § 15 Absatz 1 WpHG erfüllen. Die Veröffentlichung solcher Unternehmensdaten erfordert eine einzelfallabhängige Interessenabwägung im Rahmen der regelmäßig einschlägigen Verschwiegenheitspflicht des Vorstandes[176] bzw. des Aufsichtsrates[177]. Im Hinblick auf Einzelheiten zur Verschwiegenheitspflicht wird auf die näheren Ausführungen unter der Überschrift »a. Kollision mit der Verschwiegenheitspflicht gemäß § 93 Absatz 1 Satz 2 AktG« verwiesen.

176 § 93 Absatz 1 Satz 2 AktG.
177 § 116 Absatz 1 i. V. m. § 93 Absatz 1 Satz 2 AktG.

3. Investor Relations als Wertsteigerungsmanagement

von Rudolf Volkart und Peter Labhart

- Die Autoren analysieren im folgenden Beitrag den Stellenwert der Investor Relations in der wertorientierten Führung. Sie dokumentieren, wie Investor Relations gezielt im Sinne des Wertsteigerungsmanagements einzusetzen sind.
- Ausgehend von neuen Erkenntnissen der Kapitalmarkttheorie legen sie den Schwerpunkt auf das publizitätsbezogene Investor Relations-Instrumentarium.
- Der Beitrag zeigt ausgewählte Wirkungsmechanismen einer qualitativ hoch stehenden finanziellen Berichterstattung (Value Reporting) auf den Unternehmenswert.
- Er beurteilt die aus der erhöhten Transparenz des Value Reporting resultierenden Konsequenzen für Unternehmen, Investoren und Konkurrenten.
- Aus der mehrdimensionalen Betrachtung ergeben sich klare Folgerungen für die Rolle der Investor Relations als Wertsteigerungsmanagement.

3.1 Finanzielle Wertgenerierung und Wertsteigerungsmanagement

Der vorliegende Beitrag betrachtet die Investor Relations als Wertsteigerungsmanagement. Er vertritt eine zeitgemässe Sichtweise der Investor Relations als eigentlicher Werttreiber (Value Driver) des Unternehmens. Ziel der Autoren ist es, die notwendige Basis zum Verständnis des Wertsteigerungsmanagements zu schaffen und den Wertsteigerungsbeitrag der Investor Relations konsistent zu theoretischen und praktischen Forderungen aufzuzeigen. Im Sinne der Stringenz der Ausführungen beschränken sich die Autoren bewusst auf das publizitätsbezogene, informationspolitische Investor Relations-Instrumentarium.[178] Der Untersuchungsgegenstand ist somit die Offenlegung kursrelevanter Daten mittels eines neuen, fortschrittlichen Financial Reporting. Diese Form des Financial Reporting, Value Reporting, wird als Instrument des Wertsteigerungsmanagements betrachtet.

178 Vgl. zu dieser Abgrenzung auch Drill 1995.

Die Autoren

Rudolf Volkart

Peter Labhart

Die Bedeutung der finanziellen Dimension im Rahmen der Unternehmensführung hat sich in jüngster Zeit auch in Kontinentaleuropa stark gewandelt. Grund dafür sind unter anderem das gestiegene Risikobewusstsein der Investoren, die globale und rasche Verschiebbarkeit von Geld und Kapital sowie die immer kürzeren Produktlebenszyklen. Dabei ist neben dem Finanzmanagement im engeren Sinne (Finanzfunktion als Steuerung von Kapital und Liquidität) insbesondere die finanzielle Gesamtführung des Unternehmens gefordert. Leistungswirtschaftlich gesehen müssen Unternehmen bedürfnisgerechte Güter und Dienstleistungen produzieren und zu Erfolg versprechenden Preisen am Markt absetzen können. Finanzwirtschaftlich betrachtet muss die operative Geschäftstätigkeit finanzielle Rückflüsse (operative Cash Flows) generieren, welche die vorgängig notwendigen Investitionsausgaben rechtfertigen. Gemäß dem Discounted Cash Flow-(DCF-)Prinzip sollen Investitionen zukünftige Cash Flows begründen, deren aufsummierter diskontierter Barwert mindestens dem »heutigen« Investitionsbetrag entspricht bzw. diesen zur Mehrwertgenerierung übersteigt. Dasselbe Ziel wird mit der im Rahmen moderner Wertmanagementsysteme (zum Beispiel EVA®-, das heißt Economic Value Added-Ansatz oder Economic Profit-Konzept) formulierten Forderung erreicht, wonach die Investitionsrendite (ROIC, das heißt Return on Invested Capital) den durchschnittlichen Kapitalkostensatz (WACC, das heißt Weighted Average Cost of Capital) zu übertreffen hat. Der in einem Geschäftsjahr generierte Mehrwert ergibt sich dann aus dem ROIC-WACC-»Spread«, multipliziert mit dem investierten Kapital (Invested Capital).[179] Gesellschaften, die nicht auf eine angemessene Wertgenerierung achten, werden in einer immer globaler werdenden Marktwirtschaft auf Dauer nicht überleben können. Die Erreichung absatzorientierter Umssatzziele reicht dazu nicht aus, und mit der Ausrichtung an traditionellen Gewinngrössen ist die Wertgenerierung nicht gewährleistet. Auf der strategischen Ebene sind Investitionsentscheidungen konsequent auf ihren Wertbeitrag hin zu überprüfen, und auf operativer Ebene geht es darum, die Hinwendung der täglichen Geschäftstätigkeit auf die finanzielle Wertzielsetzung sicherzustellen. Die auf der Basis von DCF-, EVA®-, und anderen Konzepten messbare interne Wertgenerierung muss sich aber auch im Marktwert des Unternehmens, das heißt letztlich in der Börsennotierung seiner Aktientitel, reflektieren.

Dies führt zur Frage der Werttransformation, das heißt der »Überführung« der firmeninternen Wertschaffung in die investorenseitigen Bewertung des Unternehmens. In diesem Zusammenhang kommt der finanzwirtschaftlichen Information und Kommunikation zentrale Bedeutung zu. Sie liegt auch im Interesse der zusehends wertabhängig entlohnten Unternehmensleitungen. Dies vor allem dann, wenn die Managementkompensation mehr oder weniger stark

179 Vgl. zur Wertgenerierung bzw. -vernichtung beispielsweise die grundlegenden Ausführungen in Stewart 1991 sowie die weiterführenden, gesamtheitlichen Betrachtungen in Volkart 1998, Volkart 1999 und Volkart/Labhart/Suter 1998.

gewichtet in Form von Aktien oder Optionen erfolgt (so genannte SOP- und ESOP-Programme).

3.2 Bausteine des Wertsteigerungsnetzwerks

Wertsteigerungsmanagement lässt sich nur dann erfolgreich betreiben, wenn die im Wertsteigerungsnetzwerk (»Value Loops«) zum Tragen kommenden vielfältigen Interdependenzen Beachtung finden. Folgende Elemente des durch die Autoren entwickelten »Value Loops«-Konzeptes erscheinen dabei besonders wichtig:

- Wertkultur: Ausrichtung der finanziellen Dimension der Unternehmenskultur auf das finanzielle Wertsteigerungsziel
- Wertgenerierung: Gestaltung des strategischen und operativen Managements im Hinblick auf eine angemessene finanzielle Wertgenerierung
- Wertmessung: Erfassung und Rapportierung der finanziellen Wertgenerierung durch geeignete Wertcontrolling-Systeme
- Externe Wertkommunikation: Kommunikation der firmeninternen Wertgenerierung (Value Reporting) nach aussen, insbesondere an die Investoren, im Speziellen an die Anteilseigner (Aktionäre)
- Wertverteilung: Überführung des betrieblichen Mehrwertes an die »residuellen« Anspruchsgruppen, insbesondere Aktionäre, aber auch an das Management im Rahmen einer wertorientierten Managementkompensation
- Werttransformation: Widerspiegelung der internen Wertgenerierung in der externen Wertbildung in Form einer informationseffizienten Aktienkursbildung.
- Werttransfer: Wertübertragung in Form von geldwerten Leistungen (zum Beispiel Dividenden) und Wertsteigerung (zum Beispiel Aktienkurszunahme) an die Berechtigten.

Der Stellenwert der beschriebenen »Value Loops«-Elemente ist multiplikativ zu sehen, indem der »Ausfall« nur eines Elements die Wertorientierung einer Gesellschaft insgesamt in Frage stellen kann. Zentraler Ausgangspunkt bildet das Bekenntnis einer konsequenten Wertorientierung durch die Unternehmensspitze. Diese muss sich durch geeignete Massnahmen und entsprechendes Managementverhalten in der operativen Wertgenerierung niederschlagen. Dazu und zur internen und externen Wertkommunikation ist ein adäquates Wertcontrolling-System unabdingbar. Mit der externen Wertkommunkation (Value Reporting) ist die Transformation der internen Wertgenerierung in die Aktienkursbildung zu unterstützen. Diese bestimmt zum Teil die für die Aktionäre und das Management wirksam werdende Wertverteilung, wobei hier die Managementkompensation eine zentrale Rolle spielt. Und schliesslich ist für einen sinnvollen Werttransfer zu sorgen. Bezogen auf die Aktionäre bedeutet dies die Ausbalancierung von Dividenden und Wertzuwächsen sowie anderer Werttransferalternativen, zum Beispiel in Form von Aktienrückkäufen, wobei

Steueraspekten besondere Aufmerksamkeit zu schenken ist. Während im Bereich des Wertbewusstseins, der Wertgenerierung und der Wertmessung auch in kontinentaleuropäischen Gesellschaften in letzter Zeit grosse Fortschritte erzielt worden sind, steckt die Wertkommunikation im Sinne eines echten Value Reporting noch in den Anfängen.

In Anbetracht der kurz- bis mittelfristig beträchtlichen Informationsineffizienzen der Finanzmärkte kommt der Wertkommunikation zweifellos zentrale Bedeutung zu. Ein wirksames Value Reporting muss als eigentliches Kernstück einer erfolgreichen Investor Relations-Tätigkeit betrachtet werden. Bei den Elementen der Wertverteilung und des Werttransfers, hat sich die kontinentaleuropäische Praxis bereits stark gewandelt. Eine wertabhängige Managementkompensation und im angelsächsischen Bereich schon längere Zeit gepflegte Varianten eines optimalen Werttransfers wie Eigenkapitalrückführungsprogramme sind hier zu Lande immer häufiger anzutreffen.

3.3 Wertgenerierung durch Informationsqualität

Aufgabe der Investor Relations, der Financial Public Relations, teilweise auch des Finanzmarketing ist es, die Schnittstelle »Gesellschaft – Investoren (vor allem Aktionäre)« erfolgreich zu bewirtschaften. Dabei stehen finanzielle Informationen, insbesondere zur Wertgenerierung, und deren Kommunikation im Zentrum. Wertkommunikation ist insofern weiter zu fassen als Wertinformation, als es darum geht, für die Informationsempfänger einen möglichst großen Informationsgehalt zu generieren, allenfalls auch für wirksame Feed-back-Möglichkeiten zu sorgen. In diesem Zusammenhang spielen technische (zum Beispiel gedruckter Geschäftsbericht versus Value Reporting via Internet) und formelle Gesichtspunkte (Gestaltung des Geschäftsberichts, auch in grafischer Hinsicht) eine nicht zu unterschätzende Rolle. Besondere Anstrengungen müssen in Zukunft zur Überwindung der Grenzen der klassischen Finanzpublizität (Abschlüsse nach IAS, US-GAAP etc.) gemacht werden. Gefragt ist ein ausgebautes Reporting als Teil der Investor Relations-Anstrengungen, das geeignet ist, die Informationsasymmetrie zwischen interner und externer Sicht der wertorientierten Führung zu reduzieren und selbst Teil der wertorientierten Führung ist.

Die Autoren vertreten die Ansicht, dass die heutige Finanzpublizität ein gutes Stück von einem effektiven Value Reporting entfernt ist. Publikumsgesellschaften unterschätzen die Möglichkeit, durch Informationsqualität Wert zu generieren. Dies ist insofern verständlich, als die heute das unternehmerische Denken mitbestimmende moderne Finanztheorie kaum Anhaltspunkte zum Verständnis des Wertsteigerungsmechanismus und dem Mehrwert der Investor Relations bietet. Die der modernen Finanztheorie entspringenden, verbreiteten Kapitalmarktmodelle basieren nämlich auf der Annahme vollständig effizienter Märkte. Diese Annahme schliesst auch Informationseffizienz ein. Diese wäre dann gegeben, wenn alle Informationen kostenlos und gleichzeitig für sämtliche Marktteilnehmer verfügbar wären. Die Autoren nehmen folgend jedoch bewusst und mit gutem Grund Abstand von der Voraussetzung vollständig informationseffizienter Märkte.

Eine Vielzahl akademischer Beiträge hat sich mit der Frage der Kapitalmarkteffizienz auseinander gesetzt.[180] Im Mittelpunkt der Betrachtungen steht dabei überwiegend die Informationsverarbeitung. Verfechter der Effizienz versuchen den Nachweis zu erbringen, dass sämtliche Informationen vollständig in den Aktienkursen reflektiert sind. Eine solche Idealsituation würde die auf historischen Daten beruhende Chartanalyse ebenso unattraktiv machen wie die Fundamentalanalyse von Aktien. Selbst Insidergewinne wären nicht erzielbar, da der Kurs sich unmittelbar entsprechend der neuen Information einstellen würde. Unter solchen Rahmenbedingungen wäre es keinem Investor möglich, den Markt systematisch zu schlagen und Überrenditen zu erzielen. Mit anderen Worten würde kein Anreiz zur bewussten Titelselektion bestehen. Da alle Investoren vollständig diversifiziert wären, liesse sich auch der Stellenwert der Investor Relations und der Informationspolitik eines Unternehmens schwerlich festlegen.

Eine gewisse Skepsis gegenüber der Informationseffizienz, die zwar wertvolle theoretische Modelle ermöglicht hat und über die Anwendung dieser Modelle auch das Kapitalmarktgeschehen beeinflusst hat, scheint also nicht nur angebracht. Sie lässt sich auch durch verschiedene, vielbeachtete empirische Arbeiten erhärten. Entscheidende Kapitalmarktanomalien wurden gleich von mehreren Autoren nachgewiesen.[181] Obwohl die Aktienkursbildung Information meist befriedigend reflektiert, lassen sowohl in der kurzen als auch in der langen Frist verschiedene Handelsstrategien Überrenditen zu. Die Profitabilität von Strategien, die auf der Fundamentalanalyse beruhen, ist erwiesen. Daher rückt auch das bewusst wertsteigernd optimierte Financial Reporting von Publikumsgesellschaften, das Value Reporting, in den Vordergrund.

Das Value Reporting beeinflusst zwei Arten von Informationsasymmetrien im Kapitalmarkt. Auf der Ebene der Investoren sorgt ein qualitativ hoch stehendes Value Reporting für den Abbau von Asymmetrien, da der gleichzeitigen Verfügbarkeit von Information und der korrekten Interpretation Vorschub geleistet wird. Ein hochwertiges und gut kommuniziertes Value Reporting fördert damit unmittelbar die Liqudität der entsprechenden Titel. Dies ist unbedingt positiv zu werten, geht eine erhöhte Titelliquidität doch mit niedrigeren Kapitalkosten für das Unternehmen einher.[182]

---

180 Vgl. zum Beispiel Haugen 1995, Lakonishok/Shleifer/Vishny 1994 oder De Bondt/Thaler 1985.

181 Vgl. für eine Übersicht der Anomalien zum Beispiel Labhart 1999, S. 45 ff.

182 Arbeiten, die sich mit Informationsasymmetrien zwischen Investoren und der Auswirkung auf die Kapitalkosten auseinandersetzen sind zum Beispiel Merton 1987, Diamond/Verrecchia 1991 oder Baiman/Verrecchia 1996.

Einer vertieften Betrachtung soll im Rahmen dieses Beitrages jedoch die titelspezifische Informationsasymmetrie unterzogen werden. Angesprochen sind Aktien verschiedener Publikumsgesellschaften, die sich bezüglich der Qualität der über das Unternehmen verfügbaren Information unterscheiden. Damit ist das Value Reporting von zentraler Bedeutung, da es die offizielle Quelle für bewertungsrelevante Daten ist. Bewertet ein Investor bzw. ein Finanzanalyst eine Aktie, so hat er Annahmen über die Entwicklung wichtiger Daten zu treffen. In der modernen Kapitalmarkttheorie wird das Risiko als die Abweichung zwischen dem erwarteten Wert und dem effektiven Wert ermittelt. Im weit verbreiteten Capital Asset Pricing Model (CAPM) hat der Investor die Renditeverteilung zu schätzen. Seine Risikoprämie basiert, unter Berücksichtigung von Diversifikationseffekten, auf dieser Verteilung. Damit trägt das CAPM zwar dem durch die Verteilung abgebildeten Risiko Rechnung. Vernachlässigt wird hingegen das Schätzungsrisiko, dem der Investor ausgesetzt ist. Da er die Parameter der Renditeverteilung nicht mit Sicherheit kennt, stellt sich die Frage, ob die titelspezifische vom Investor verlangte Risikoprämie nicht einen Zuschlag für das Schätzungsrisiko enthalten müsste.

Folglich müssten die Kapitalkosten eines Unternehmens um eine Prämie für das Schätzungsrisiko höher sein, falls sich dieses nicht vollständig diversifizieren lässt. Das hieße, dass die individuellen Risikoprämien Eingang in das diversifizierte Marktportfolio, das alle Investitionsmöglichkeiten umfasst, fänden.

Dieser titelspezifische Risikobeitrag zum Marktportfolio lässt sich effektiv nachweisen.[183] Eine Publikumsgesellschaft hat ihm Rechnung zu tragen. Sie hat konsequenterweise höhere Kapitalkosten als die über das CAPM berechneten zur Ermittlung des Shareholder Value einzusetzen, wenn Sie den Kapitalmarkt mit einem Financial Reporting von unterdurchschnittlicher Qualität versorgt. Positiv formuliert, erzielen Gesellschaften mit Value Reporting-Ansätzen eine Reduktion ihrer Kapitalkosten. Der Nachweis, dass ein ausgezeichnetes Financial Reporting Shareholder Value generiert, gelingt theoretisch und empirisch. Reportingexzellenz rechnet sich zweifellos.

3.4 Value Reporting als IR-Instrument und Value Driver

Eine effiziente Wertkommunikation als Kernstück einer erfolgreichen Investor Relations-Politik muss – wie im dritten Abschnitt dargelegt wurde – als eigentlicher Werttreiber betrachtet werden, indem sich die nach interner Wertmessung eintretende Wertgenerierung auch extern, das heißt in der Aktienkursentwicklung, widerspiegeln soll. In Anlehnung an das bekannte Werttreibernetzwerk von Rappaport lässt sich das Value Reporting als Value Driver wie in *Abbildung 1* gezeigt einordnen.

Die Wirkung des Werttreibers »Value Reporting« ist mehrdimensional zu sehen. Hinter der aus Nachfrage- und Angebotsprozessen resultierenden Aktienpreisbildung auf den Finanzmärkten stehen fundamentale Einschätzungen

183 Vgl. Barry/Brown 1985.

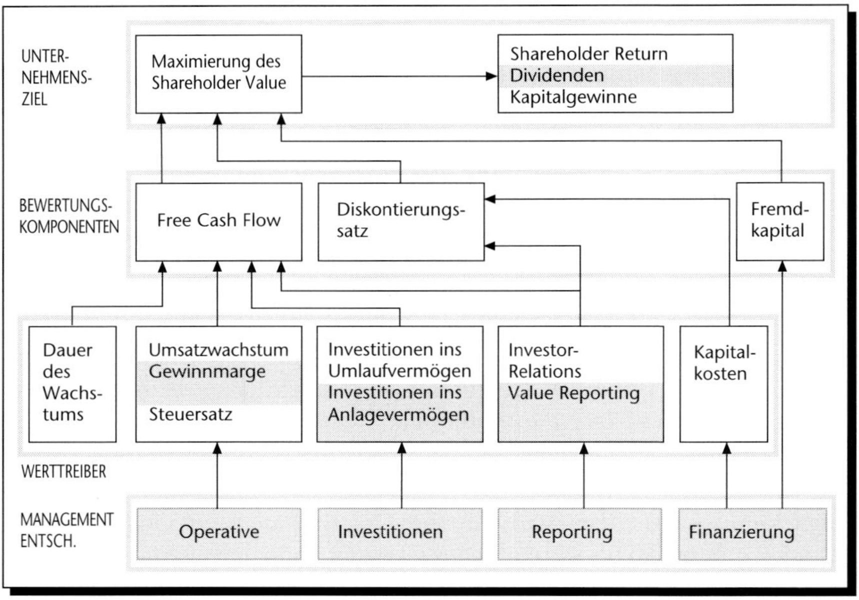

Abb. 1: Das Wertsteigerungsnetzwerk unter Berücksichtigung von Value Reporting[184]

der Investoren. Dabei spielen die erwarteten zukünftigen Free Cash Flows einer Gesellschaft sowie die risikogerechten Renditeforderungen der Aktionäre eine zentrale Rolle, wie dies aus dem DCF- (Discounted Cash Flow-) Bewertungsmodell hervorgeht. In einem ersten Schritt trägt Value Reporting zu einer besseren Informationsvermittlung bezüglich des zukünftigen Cash Flow-Aufkommens der Gesellschaft bei. Dies stützt eine positive (oder zumindest realistische) Aktienpreisbildung. In einem zweiten Schritt erhöht Value Reporting die Transparenz. Dies wird durch die Investoren mit einer entsprechend reduzierten Renditeforderung belohnt, und zwar auf Grund des für sie reduzierten Informationsrisikos. Weiter signalisieren Unternehmen mit einer fortschrittlichen Investor Relations, dabei insbesondere einer umfassenden Wertpublizität, ihre Zuwendung zum Shareholder Value (Wertsteigerungsziel), was ebenfalls positiv auf den Aktienkurs einwirkt. Dabei kommt dies beim heutigen Stand der Value Reporting-Praxis wiederum doppelt zum Tragen: einerseits durch die Informationswirkung an sich, und andererseits durch die Möglichkeit, zu den Leadern einer fortschrittlichen Wertpublizität zu gehören. Längerfristig kann Value Reporting zu einer stabileren Aktienkursentwicklung beitragen, selbst bei volatilem Geschäftsverlauf. Transparenz wird auf den Kapitalmärkten zumeist deutlich honoriert, und die reduzierte Aktienkursvolatilität trägt ihrerseits nochmals zur Senkung der Kapitalkosten bei. Schließlich muss das Value Reporting als Kernelement fortschrittlicher Investor Relations auch im

184 Vgl. Labhart 1999, S. 275 und Rappaport 1998, S. 56.

Rahmen der gesamten Informationspolitik einer Gesellschaft sowie ihres produkt- und leistungsbezogenen Marktauftritts gesehen werden. In diesem Sinne sind positive Impulse auch im operativen Geschäft zu erwarten, wobei Gesellschaften mit längerlebigen Produkten und/oder Kundenbeziehungen besonders stark profitieren dürften.

3.5 Chancen und Risiken des Value Reporting

Das Value Reporting als zentrales Instrument der Investor Relations eröffnet Publikumsgesellschaften Chancen, sich im Kapitalmarkt zu profilieren und dadurch den Aktionären Mehrwert zu verschaffen. Zweifellos birgt die damit verbundene Transparenz aber auch Risiken für das Unternehmen, die es gegen die Chancen abzuwägen gilt. Die folgend behandelten Einflussfaktoren des Value Reporting auf den Shareholder Value sind in *Abbildung 2* dargestellt.

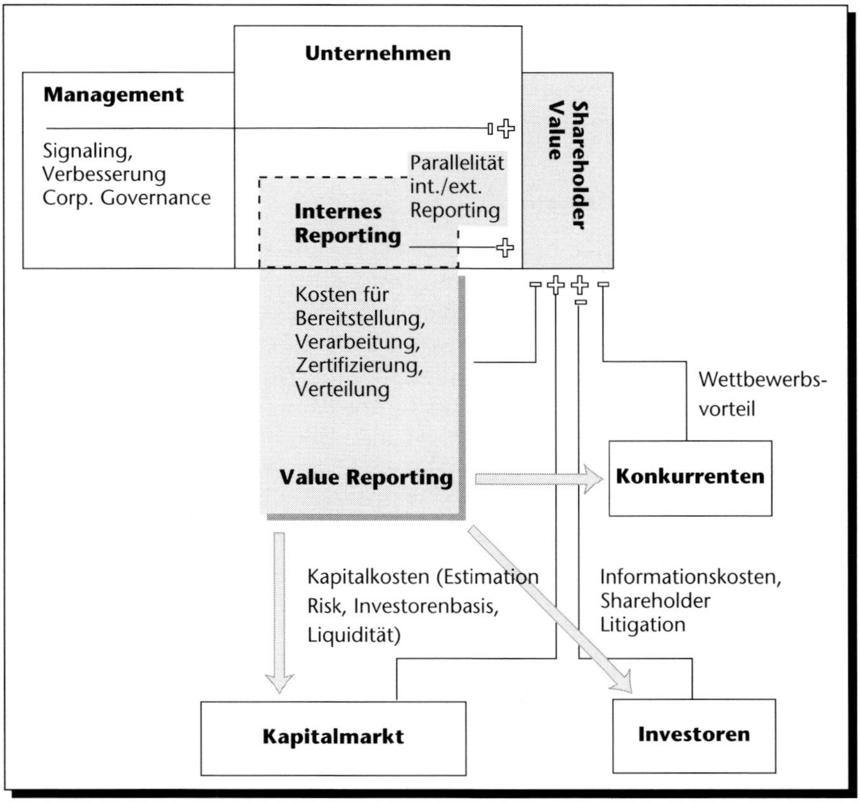

Abb. 2: Chancen und Risiken des Value Reporting[185]

185 Quelle: Eigene Darstellung.

3.5.1 Kapitalkosten

Die durch Value Reporting erzielbare Senkung der Kapitalkosten wurde bereits in Abschnitt drei ausführlich begründet. Diese zu quantifizieren fällt trotz der theoretisch soliden Argumentation schwer. In einer vielbeachteten, auf die US-Maschinenindustrie fokussierten Untersuchung, wies Botosan (1997, S. 345) eine Senkung der Kapitalkosten um 28 Basispunkte pro Verbesserung des Value Reportings um einen Qualitätspunkt nach. Ausgangslage ist ein eigens erstellter Index der Reportingqualität von 122 Unternehmen. Trägt man der hohen Sensibilität des Shareholder Value auf die Kapitalkosten Rechnung, so wird das deutliche Wertsteigerungspotenzial durch Value Reporting deutlich. Dies gilt – wie die Studie zeigt – insbesondere für Unternehmen, die nicht regelmäßig von einer Vielzahl von Finanzanalysten untersucht werden. Publikumsgesellschaften kleiner und mittlerer Marktkapitalisierung sollten daher Investitionen in Investor Relations in Form von Value Reporting vordringlich in Betracht ziehen. Doch auch Unternehmen mit sehr hoher Kapitalisierung und entsprechend hohem Bekanntheitsgrad sollten sich bewusst sein, dass der Fähigkeit der Analysten, durch eigene Recherchen gewisse Informationen des Unternehmens zu substituieren, Grenzen gesetzt sind. Die Senkung der Kapitalkosten scheint, auch aus den im dritten Abschnitt dargelegten Gründen, ein für alle Publikumsgesellschaften wichtiger Vorteil des Value Reporting zu sein.

3.5.2 Kompetitive Situation

Als entscheidendes Risiko des Value Reporting und der damit verbundenen Transparenz wird oft eine empfindliche Beeinträchtigung der kompetitiven Situation des Unternehmens genannt. Eine differenzierte Betrachtung dieses Arguments legt die Unterscheidung zwischen einer Informationspolitik als Branchenstandard oder als Pionierleistung nahe. Die Zunahme der Transparenz kann, wenn diese in der gesamten Branche und damit von der relevanten Konkurrenz vorgenommen wird, als weitgehend unproblematisch gewertet werden. Die Implementierung fortgeschrittener Rechnungslegungsstandards wie IAS oder US-GAAP hat in den letzten Jahren bereits zu einer beträchtlichen Transparenzsteigerung geführt, die kaum zum Schaden der betroffenen Unternehmen war. Wie verhält es sich aber mit Unternehmen, die freiwillig eine erhöhte Transparenz bieten und Value Reporting aus eigener Initiative einführen? Sicherlich sind sie der Konkurrenz einen Schritt voraus und gehen dadurch ein Risiko ein. Doch wäre es verfehlt, anzunehmen, dass eine zunehmende Offenlegung von Information von den anderen Wettbewerbern direkt zum Schaden des Unternehmens ausgenutzt werden kann. Eher scheint es realistisch, eine gewisse Schwelle desjenigen Informationsgehalts zu unterstellen, der aus Sicht der Konkurrenz erst eine Reaktion lohnt, sei dies durch die Einführung neuer Produkte oder gar durch eine strategische Neuorientierung. Bei einer Erhöhung der Transparenz dürfte das Management des veröffentlichenden Unternehmens durchaus in der Lage sein, zu bestimmen, welche Informationen wirklich zu einer Verschlechterung der kompetitiven Position gegenüber der Konkurrenz führen. Es erstaunt daher nicht, dass in Gesprächen der Autoren mit Firmenvertretern die Zunahme der Transparenz als kontrollierbares Risiko betrachtet wurde.

3.5.3 Corporate Governance

Unbedingt sollte das Value Reporting auch aus der Perspektive der Corporate Governance betrachtet werden. Unter Corporate Governance werden gemäß den gängigen Definitionen Mechanismen verstanden, die den Investoren eine risikogerechte Rendite ihres Investments ermöglichen. Investor Relations und natürlich das Value Reporting sind deshalb zentral für die Corporate Governance, weil sie Informationsasymmetrien zwischen Investoren und Management mindern und daher den Interessenabgleich zwischen den beiden Parteien erleichtern. Je besser die Informationsqualität des Unternehmens ausfällt, desto geringer sind die Kontrollkosten, welche die Investoren in Kauf nehmen müssen, um sich ein zuverlässiges Bild ihres Unternehmens zu machen. Die besseren Informationssignale des Unternehmens an den Kapitalmarkt dienen guten Kontrakten mit dem Management und ermöglichen eine effiziente Leistungsbeurteilung. Der Erfolg von kapitalmarktbasierten Management-Entlohnungsschemen ist daher eng an Value Reporting geknüpft. Mitarbeiterbeteiligung über Aktien- und Optionsprogramme setzt für hohe Wirksamkeit ein hohes Vertrauen von Mitarbeitern und Investoren in den Aktienkurs voraus. Ansonsten besteht beispielsweise der Anreiz, unnötig komplizierte Optionsprogramme zu formulieren, die durch laufende Veränderung wichtiger Kontraktparameter und damit einer faktischen Glättung der für die Entlohnung relevanten Kursentwicklung wenig effektiv sind.

3.5.4 Gefahr von Rechtsstreitigkeiten

Die Gefahr von Rechtsstreitigkeiten mit den Aktionären des Unternehmens ist ebenso aus dem Blickwinkel des Value Reportings zu prüfen. Gründe für solche Klagen können *bewusste* Fehlinformationen ebenso wie falsch geweckte Erwartungen sein. Erstere werden in diesem Beitrag nicht behandelt, da sie dem Bestreben der Investor Relations grundsätzlich zuwiderlaufen. Die Steuerung von Erwartungshaltungen der Investoren ist hingegen sehr wohl mit der Zielsetzung der Investor Relations vereinbar. Für das Value Reporting ergeben sich direkte Konsequenzen. Entscheidend ist die Kontinuität im Value Reporting. Wurde ein über das normale Reporting hinausgehendes Informationselement einmal ins Value Reporting aufgenommen, so ist daran festzuhalten. Es geht in die Bildung der Erwartungshaltung der Investoren ein. Somit ist jede Veränderung dieses Informationselementes, die signifikante Auswirkungen auf den Aktienkurs erwarten ließe, zu publizieren. Value Reporting steht daher in engem Zusammenhang zur Ad hoc-Publizität, die, ergänzend zur Regelpublizität, die Publikation wesentlicher kursrelevanter Neuigkeiten in der Regel unmittelbar vorschreibt. Je mehr Informationen das Value Reporting bietet, desto wichtiger wird es, den Kapitalmarkt über massgebliche Veränderungen dieser Daten zu informieren. Gerade weil die Regelpublizität mit Value Reporting aber umfangreicher ausfällt, dürfte die Erwartungshaltung der Investoren auf ein besseres Fundament bauen. Ein in Veröffentlichungsfrequenz und Informationsqualität stimmiges Reportingkonzept, wie es Ziel des Value Reporting ist, sorgt für einen breiten, kontinuierlichen Informationsfluss an die Investoren. Entsprechend wird die Bedeutung des Ad hoc-Reporting relativiert, da weniger Informationsveröffentlichungen das Ausnahmeprädikat besitzen, eine wesentliche Kursveränderung herbeizurufen. Ruft man sich die vergleichsweise starke Reaktion des Kapitalmarktes bei ausserordentlichen, negativen Neuigkeiten in Erinnerung, so wird klar, dass sie nach Möglichkeit zu vermeiden sind.

Schliesslich sei hier der Problemkreis zukunftsgerichteter Informationen angesprochen. Gemeint sind damit im Value Reporting veröffentlichte Prognosen gewisser Daten oder zukünftige Entwicklungen betreffende Aussagen. Sie prägen die Erwartungsbildung der Investoren wesentlich, und ihre Richtigkeit ist im Rahmen der Ad hoc-Publizität ex-post sorgfältig zu überwachen. Sofern die Ad hoc-Publizität auf zukunftsgerichtete Informationen genau Rücksicht nimmt, ist nach Meinung der Autoren kaum Grundlage für Rechtsstreitigkeiten mit dem Aktionariat gegeben, sollten gewisse Vorgaben nicht eingehalten werden. Dies bestätigt auch die amerikanische Handhabung zukunftsgerichteter Information. Dort wurde die Unternehmenshaftung für solche Informationen durch eine Erweiterung des Securities Exchange Act (»safe harbor«) ausbedungen. Voraussetzung ist einzig die klare Kennzeichnung zukunftsgerichteter Information als »forward looking statement«. Wenngleich »forward looking statements« unproblematisch scheinen, ziehen die Autoren allerdings die Veröffentlichung gewisser zukunftsorientierter nichtfinanzieller Kennzahlen (als Beispiel sei hier die Kundenzufriedenheit genannt) und Intervallprognosen gegenüber finanziellen Punktschätzungen vor.

3.5.5 Kosten der Informationsbereitstellung

Ein letzter in diesem Beitrag zu behandelnder Einflussfaktor des Value Reporting auf den Shareholder Value sind die Kosten für die Bereitstellung, Verarbeitung, Zertifizierung[186] und Verteilung der Information. Die Autoren sind sich bewusst, dass ein qualitativ hochwertiges Reporting mit zusätzlichen Kosten verbunden ist. Sie möchten sich an dieser Stelle jedoch nicht in Kostenschätzungen verlieren, sondern Trends aufzeigen, die das Kostenargument relativie-

186 Unter Zertifizierung wird in diesem Beitrag eine Bestätigung der Richtigkeit über die Accounting Standards hinausgehender Daten durch eine anerkannte Rechnungsprüfungsgesellschaft verstanden. V. a. bei nichtfinanziellen, fakultativen Reporting-Informationen, dürfte darunter in erster Linie eine Prüfung der Herleitungsplausibilität der Daten zu erwarten sein.

ren. Zu nennen ist dabei vordringlich die kontinuierlich fortschreitende Angleichung der internen und externen Reportingbedürfnisse. Unternehmensintern wie -extern ist die Wertbestimmung ein zentrales Thema. Entsprechend parallel verläuft der Informationsbedarf von Management und Investoren. Daraus folgt, dass das Informationssystem des Unternehmens, wenn es den internen Informationsbedürfnissen genügt, auch den Ausbaustandard aufweist, der für ein fortschrittliches Value Reporting notwendig ist. Es wäre also verfehlt, den gesamten Aufwand für die Bereitstellung und Verarbeitung zusätzlicher Information dem Value Reporting anzulasten. Anders verhält es sich freilich mit den Kosten für die Zertifizierung und Verteilung, die dem Value Reporting eigen sind. Die Zertifizierung der Information könnte sich zu einem erheblichen Kostenfaktor entwickeln, wäre der Informationsumfang des Value Reporting einer obligatorischen Prüfpflicht durch anerkannte Auditing-Gesellschaften unterworfen. Diese Situation zeichnet sich für die nächsten Jahre nicht ab. Vielmehr ist vorerst zu erwarten, dass das Value Reporting seinen fakultativen Charakter beibehält. Entsprechend liegt es im Ermessen einer Publikumsgesellschaft, die Qualität ausgesuchter Informationselemente durch eine freiwillige Zertifizierung zu unterstreichen. Ob dies für ein Pionierunternehmen des Value Reporting überhaupt notwendig ist, scheint fraglich. Das Engagement des Unternehmens in diesem Bereich dürfte ein klares Signal an den Kapitalmarkt sein und zu »true and fair view« verpflichten.

Die Verteilungskosten des Value Reporting dürften nur dann ins Gewicht fallen, wenn dieses sich nicht mit der Frequenz des bisher praktizierten Financial Reporting deckt. Die Autoren verzichten auf eine vertiefte Behandlung dieses Aspektes, weisen aber ausrücklich auf die Verwendung des Internet für Investor Relations hin. Das Internet dürfte sich auch als ideale Plattform für Value Reporting erweisen. Gleichzeitig sichert es die informationspolitische Gleichbehandlung der Investoren, ist damit der Kapitalmarkteffizienz förderlich und reduziert die Gefahr einer Publikumsgesellschaft auf Grund informativer Diskriminierung negatives Aufsehen zu erregen.[187]

3.5.6 Fazit

Auf Grund der dargelegten Argumente sind die Autoren der Meinung, dass sich Value Reporting positiv auf den Shareholder Value des Unternehmens auswirkt. In *Abbildung 3* sind die genannten Werteinflussfaktoren in eine Checkliste zur Selektion der Informationselemente für das Value Reporting zusammengefasst. Diese Checkliste reflektiert die Einschränkung des Value

187 Vgl. dazu verschiedene Beispiele von Unternehmen, die in jüngerer Zeit durch eine bevorzugte Informationsbehandlung gewisser Gruppen maßgebliche Gesetzesrevisionen in verschiedenen Ländern beeinflussten, die zu einer Verankerung der informativen Gleichbehandlung führten.

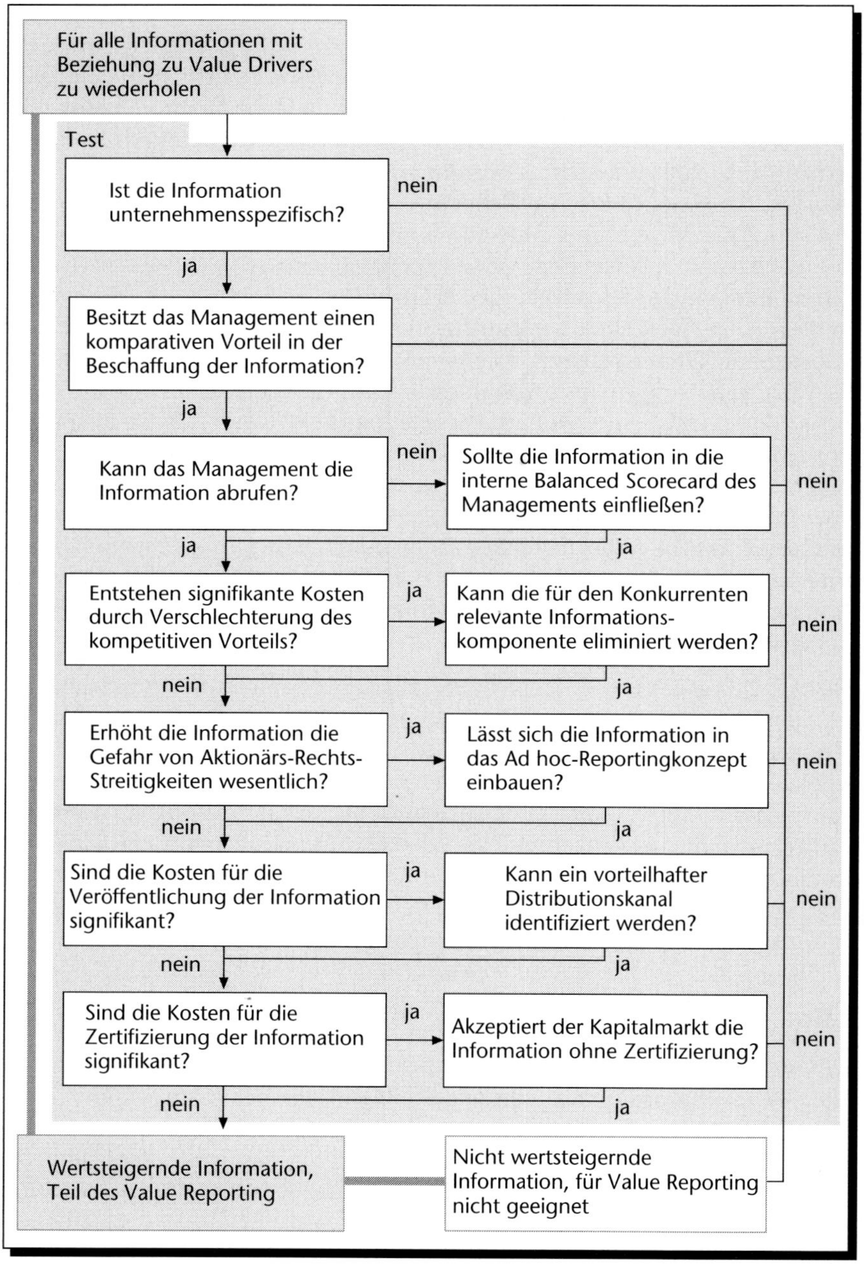

Abb. 3: Checkliste für Value Reporting[188]

188 Labhart 1999, S. 223.

Reporting auf unternehmensspezifische Informationen und berücksichtigt den komparativen Vorteil des Mangements in der Beschaffung der Information. Sie geht ferner davon aus, dass das Management das Unternehmen über eine Balanced Scorecard führt, das heißt gezielt Kennzahlen in den vier Dimensionen Finanzen, Kunden, Prozesse und Innovation aggregiert.[189] Informationselemente, welche die Checkliste erfolgreich durchlaufen haben, sind wertsteigernd und sollten im Rahmen des Value Reporting publiziert werden.

3.6 Folgerungen und Empfehlungen

Nachdem die Hintergründe zur Beurteilung des Value Reporting als wesentliches Instrument der Investor Relations vermittelt wurden, stellt sich die Frage nach dessen konkreter Ausgestaltung. Die Autoren würden allzu gerne ein Patentrezept für die erfolgreiche Konzeption des Value Reporting beifügen. Die enge Verknüpfung von Value Reporting und Strategie erlaubt jedoch solches nicht. Eine Branchenorientierung ergibt sich zwangsläufig. Im Sinne eines spezialisierten Analysen förderlichen Reportings ist auch eine weitere Reportingdifferenzierung auf Unternehmensebene denkbar. Dass die Individualisierung zu Lasten einer kapitalmarktweiten Vergleichbarkeit geht, ist unabwendbar, vor dem Hintergrund einer zunehmend branchenorientierten Research-Tätigkeit der Analysten aber kaum problematisch.

Als Framework für das Value Reporting bietet sich nach Meinung der Autoren der Balanced Scorecard-Ansatz an, der dem Investor eine Betrachtung des Unternehmens aus der finanziellen Perspektive ebenso ermöglicht wie den Einbezug von Kunden-, Prozess- und Innovationsperspektive.[190] Ebenso wie die interne Balanced Scorecard als Führungsinstrument steht die externe Balanced Scorecard als Investor Relations-Instrument in engem Zusammenhang zur Strategie des Unternehmens. Bedenkt man, dass Strategieformulierung und -implementierung zentrale Faktoren sind, die Investoren und Finanzanalysten bei einer Unternehmensanalyse beurteilen, so wird der Vorteil der Balanced Scorecard für das Value Reporting klar. Durch eine an den Bedürfnissen der externen Benutzer ausgerichtete Bestückung der Balanced Scorecard mit finanziellen und nichtfinanziellen Kennzahlen werden heute bestehende, entscheidende Informationslücken im Reporting geschlossen.[191]

189 Vgl. zur Balanced Scorecard die Arbeit von Kaplan/Norton 1996 sowie im Zusammenhang mit Reporting die Ausführungen in Volkart/Labhart 1998 und Labhart 1999, S. 252 ff.

190 Ein solches Reporting-Framework ist bei Skandia zu erkennen. Das Unternehmen kann als eigentlicher Value Reporting-Pionier bezeichnet werden und publiziert seit einigen Jahren in einer der Balanced Scorecard eng verwandten Form.

191 Vgl. als empirische Untersuchung zu typischen Reportinglücken etwa Eccles/Weibel 1998 oder Dempsey/Gatti/Grinnell/Cats-Baril 1997.

Fasst man die oben beschriebenen Auswirkungen einer dank Value Reporting verbesserten Investor Relations zusammen, so bietet sich hier die Chance eines »Quantensprungs« im Bereich der Außenbeziehungen und der Firmenpublizität. Entsprechend dem oben Gesagten ist dieses Potenzial aus heutiger Sicht zweifach zu sehen, indem es eine »Vorreiterrolle« erlaubt, von kompetitiven Vorteilen zu profitieren und die zukünftige Entwicklung im Bereich der Wertpublizität mitzuprägen. Die Chancen einer fortschrittlichen Investor Relations-Politik sind aber nicht nur über den firmenexternen Bereich zu sehen, sondern es werden auch die internen Informations- und Kommunikationsprozesse verbessert. Value Reporting setzt ein umfassendes Wertcontrolling voraus, dessen Nutzen vor allem auch im Rahmen der Unternehmensführung spürbar werden dürfte. Dabei sind die firmenkulturellen und mentalen Auswirkungen nicht zu unterschätzen, indem das Wertbewusstsein auf allen Stufen eines Unternehmens gefördert werden kann. Und letztlich ist jedes Führungs- und Informationsinstrument so viel Wert, wie dadurch auch entsprechendes Managementverhalten induziert wird.

3.7 Literatur

Baiman, S./Verrecchia, R. E.: The Relation among Capital Markets, Financial Disclosure, Production Efficiency, and Insider Trading, in: Journal of Accounting Research, Vol. 34, No. 1, Spring 1996, S. 1–22.

Barry, C./Brown, S.: Differenzial Information and Security Market Equilibrium, in: Journal of Financial and Quantitative Analysis, Vol. 20, December 1985, S. 407–422.

Botosan, C. A.: Disclosure Level and the Cost of Equity Capital, in: The Accounting Review, Vol. 72, No. 3, July 1997, S. 323–349.

De Bondt, W./Thaler, R.: Does the Stock Market Overreact?, in: The Journal of Finance, Vol. 40, No. 3, July 1985, S. 793–805.

Dempsey, S. J./Gatti, J. F./Grinnell, D. J./Cats-Baril, W. L.: The Use of Strategic Performance Variables as Leading Indicators in Financial Analysts› Forecasts, in: Journal of Financial Statement Analysis, Vol. 2, No. 4, 1997, S. 61 ff.

Diamond, D. W./Verrecchia, R. E.: Disclosure, Liquidity, and the Cost of Capital, in: The Journal of Finance, Vol. 46, No. 4, September 1991, S. 1325–1359.

Drill, M.: Investor Relations, Bern 1995.

Eccles, R. G./Weibel, P. F.: Pursuing Value: The Information Reporting Gap in the Swiss Capital Markets, PricewaterhouseCoopers LLP 1998.

Haugen, R. A.: The New Finance: The Case Against Efficient Markets, Englewood Cliffs 1995.

Kaplan, R. S./Norton, D. P.: The Balanced Scorecard–Translating Strategy into Action, Boston 1996.

Labhart, P. A.: Value Reporting – Informationsbedürfnisse des Kapitalmarktes und Wertsteigerung durch Reporting, Zürich 1999.

Lakonishok, J./Shleifer, A./Vishny, R. W.: Contrarian Investment, Extrapolation, and Risk, in: The Journal of Finance, Vol. 49, No. 5, December 1994, S. 1541–1578.

Merton, R. C.: A Simple Model of Capital Market Equilibrium with Incomplete Information, in: The Journal of Finance, Vol. 42, No. 3, July 1987, S. 483–510.

Rappaport, A.: Creating Shareholder Value–A Guide for Managers and Investors, Second Edition, New York 1998.

Stewart, G. B.: The Quest for Value–The EVA® Management Guide, New York 1991.

Vettiger, T./Labhart, P. A.: Wertorientierte Informationen haben Signalwirkung für die Börse, in: Invest-Magazin, Beilage der Finanz und Wirtschaft vom 12. September 1998, S. 15–18.

Volkart, R.: Shareholder Value & Corporate Valuation–Finanzielle Wertorientierung im Wandel, Zürich 1998.

Volkart, R.: Unternehmensbewertung und Akquisitionen, Zürich 1999.

Volkart, R./Labhart, P. A.: Balanced Scorecard–Werte optimal kommunizieren, in: Marketing und Kommunikation, 3/98, S. 15–16.

Volkart, R./Labhart, P. A./Mihic, N.: Das Internet als Medium für Investor Relations, in: Marktforschung und Management, 3/98, S. 97–106.

Volkart, R./Labhart, P. A./Suter, R.: Unternehmensbewertung auf »EVA«-Basis, in: Der Schweizer Treuhänder, Nr. 4, 1998, S. 355–366

4. Sharebranding – Die Aktie als Marke

von Klaus Schmidt

Mit dem Dritten Finanzmarktförderungsgesetz hat die Eigenkapitalfinanzierung der Unternehmen weiter an Attraktivität gewonnen. Mit umfangreichen Deregulierungsmaßnahmen im Börsenrecht fördert der Gesetzgeber nach eigenen Aussagen den Aktienhandel und erleichtert den Emittenten den Börsenzugang. Bei all der gegenwärtigen Euphorie und den Erfolgsaussichten zeigt die Erfahrung, dass viele Unternehmen die Komplexität eines Going Public unterschätzen. Neben der Erfüllung von formalen Voraussetzungen wie zum Beispiel die Umwandlung in eine AG mit einer Erhöhung auf ein börsenfähiges Grundkapital oder die Umstellung der Jahresabschlüsse auf IAS/US-GAAP, wird es für an die Börse gehende Unternehmen immer wichtiger, eine Corporate Identity zu entwickeln und ihre Stärke und Potenziale über ein klares Branding am Markt zu positionieren, um sich so von den Wettbewerbern zu differenzieren. In diesem Zusammenhang sollte die Aktie selbst als Markenprodukt positioniert und entsprechend geführt werden (Sharebranding).

Die Rahmenbedingungen für einen Börsengang sind positiv. Unternehmen, die in attraktiven Branchen tätig sind und über eine gute Wettbewerbsposition verfügen, sollten ein Going Public als Bestandteil einer langfristigen Unternehmensstrategie in ihre Überlegungen einbeziehen. Ein Going Public setzt allerdings eine entsprechende Vorbereitung voraus. Neben der Entwicklung des Emissionskonzeptes werden auch identitätsrelevante Aspekte wie Positionierung, Marktauftritt, Kommunikation und Design erfolgsentscheidend. Nicht ohne Grund bezeichnet man den Börsengang als Going Public oder »Initial Public Offering« (IPO). Unabdingbare Voraussetzung für den Erfolg einer Börseneinführung ist es, dass das betreffende Unternehmen in einem viel stärkeren Maße als bisher gegenüber Marktpartnern, »financial community« und der Öffentlichkeit profiliert ist.

Der Autor

Klaus Schmidt

4.1 Going Public – eine strategische Entscheidung

Der Entscheidungsfindung im Vorfeld eines Going Public geht in der Regel eine detaillierte Analyse der unternehmerischen Auswirkungen eines Börsenganges voran. Dieser folgt die konzeptionelle Vorbereitung. Ganz abgesehen von den rechtlichen Regularien, denen das Unternehmen vor, während und nach einem Börsengang unterworfen ist, beeinflusst das Going Public das strategische Handeln. Besonders unter kommunikativen Gesichtspunkten. So ist zum Zeitpunkt des Börsenganges das Interesse der Öffentlichkeit an dem jeweiligen Unternehmen besonders groß.

Hieraus ergibt sich für das Unternehmen die Chance zu Verbesserung seines Bekanntheitsgrades. Er determiniert die Kommunikationsstrategie und damit die Auswahl der einzusetzenden Instrumente. Das SAP-Beratungshaus Novasoft hat deshalb das Datum der Erstnotierung seiner Aktie am Neuen Markt an den Zeitpunkt des zehnjährigen Firmenjubiläums gekoppelt. Durch die Verzahnung von verkaufsfördernden und finanzmarktbezogenen Maßnahmen wollte Novasoft die Kommunikationswirkung und damit den Bekanntheitsgrad von Unternehmen und der Novasoft-Aktie erhöhen.

Handelt es sich beispielsweise bei einem Unternehmen um ein nationalspezifisch positioniertes Unternehmen mit eher geringem internationalen Bekanntheitsgrad, so muss bereits längere Zeit vor der Börseneinführung die Aufmerksamkeit internationaler Investoren erst einmal geweckt werden. Das Kapital kennt keine Grenzen. Mit Blick auf den möglichen Börsengang des niederländischen Mobilfunk-Unternehmens KPN Mobiel erklärte Cees Griffioen, Finanzvorstand der Muttergesellschaft KPN Telekom NV, durch ein Listing könne die Mobilfunktochter besser mit ihren europäischen Konkurrenten verglichen werden und damit das Interesse internationaler Investoren gewinnen. Mit dem möglichen Börsengang sei laut Griffioen eine Restrukturierung verbunden. Ziel ist es, die Mobilfunksparte bereits im Vorfeld des Going Public transparenter und internationaler zu machen.

4.2 Positionierung – Grundlage für Erfolge

Durch eine strategische Positionierung der Kernkompetenz können Unternehmen zielorientiert agieren und sich erfolgreich entwickeln. Finanzanalysten und Anleger sind ja zumeist weniger an der Performance in der Vergangenheit als an zukünftigen Chancen und Potenzialen interessiert. Visionen gewinnen an Bedeutung. Sie sind Strategien des Handelns. Sie sind Inhalt einer Positionierung, die die strategischen Erfolgspotenziale benennt und das Unternehmen im Wettbewerb differenziert. Die Positionierung stellt Ziele, Kernkompetenz und Werte des Unternehmens dar und bringt die zentralen Positionierungsaspekte zum Ausdruck. Sie besteht in ihrem Kern aus Vorgaben und Grundsatzentscheidungen für das strategische und operative Handeln. Diese präzisieren Leistungsvorteile, Kompetenzen, Führungsstil und Wertgefüge sowie Organisationsstruktur. Eine Positionierung ist damit Zielsetzung und Maßstab für den unternehmerischen Erfolg.

Die strategische Positionierung sollte eindeutig, verständlich und aussagekräftig sein. Sie sollte insbesondere gegenüber den Investoren Wertschöpfungspotenzial zum Ausdruck bringen. Die Konsequenz, mit der schriftlich formulierte Aussagen durch Maßnahmen, Entscheidungen und Verhalten täglich erlebbar werden, sollte als eigentliches Beurteilungskriterium für die Qualität einer Positionierung gelten. Positionierungsaussagen, die sich an den Investor richten, implizieren beispielsweise ein Management, das die Orientierung der Firmenentwicklung am Shareholder-Value ausrichtet, eine hohe Rendite und transparente Leistungsprozesse ermöglicht.

Die Entscheidung für einen Börsengang ist eine in hohem Maße strategische Entscheidung. Sie steht in einer Wechselbeziehung zu den Inhalten und der Umsetzung der Unternehmenspositionierung:

- Die Umwandlung in eine Publikumsgesellschaft beeinflusst Ziele, Leistungspotenziale und Strategien der unternehmerischen Planung.
- Die verstärkte Publizität, die ein erfolgreiches Going Public mit sich bringt, erhöht den Bekanntheitsgrad des Unternehmens.
- Publizität bezieht sich nicht nur auf die vorgeschriebene Veröffentlichung von Angaben zur Geschäftstätigkeit, zu den Organen und zur allgemeinen und finanziellen Lage. Vielmehr ist ein stimmiges und positives Gesamtbild des Unternehmens ausschlaggebend.
- Die Transparenz der unternehmerischen Aktivitäten steigt als Folge der hohen Publizitätsanforderungen.
- Die Aktie als Marke wird mit Leistungen verbunden. Diese Leistungen müssen nach innen und außen sichtbar werden und nachvollziehbar bleiben.

4.3 Transparente Strukturen

Sind die strategischen Grundlagen in Form einer Positionierung geschaffen, dann sollten die Leistungs- und Organisationsstrukturen mit den Inhalten abgestimmt werden. Form und Inhalt sind als Einheit zu betrachten. Insbesondere Unternehmen, die aus einer Vielzahl von Geschäftsfeldern, Ebenen, Zuständigkeiten, Kompetenzbereichen, Namen und Marken bestehen, benötigen eine übersichtliche Struktur. Eine Struktur, die mit Hilfe von Referenzpunkten die spezifischen und unterschiedlichen Kompetenzen des Unternehmens darstellt, Marken und Namen systematisch nutzt, Leistungen aufzeigt, Potenziale erschließt, die langfristige Unternehmensvision deutlich macht und Verantwortungsbereiche aufzeigt.

So hat der Logistikkonzern Stinnes im Vorfeld seines Börsengangs im Juni 1999 seine Aktivitäten in fünf Geschäftsbereiche geliedert: Verkehr, Baustoffe,

Werkstoffe, Sortimente. Mit der Neuordnung hat sich das Unternehmen auf logistische Dienstleistungen fokussiert und der »financial community« die konzernspezifischen Chancen in den weltweit wachsenden Logistikmärkten signalisiert. Der neuen Organisations- und Leistungsstruktur ging eine strategische Neupositionierung voraus.

Transparenz sowie klar formulierte Führungsstrukturen der AG sind generell für qualifiziertes Personal besonders attraktiv. Mit einer transparenten und finanzmarktgerechten Vermittlung der Unternehmens- und Leistungsstrukturen sowie der Kernkompetenzen sind die Investoren und Finanzanalysten besser in der Lage, Erfolgspotenziale zu erkennen und diese auch übereinstimmend zu interpretieren. Die Metallgesellschaft (mg), Frankfurt/M., plant zum Beispiel in den nächsten zwei bis drei Jahren einen US-Börsengang. In strategischer Hinsicht bereitet sich das Unternehmen schon heute auf diesen Schritt vor. Derzeit geht die mg zum Beispiel eine intensive Partnerschaft mit der GEA AG, Bochum ein. Die Nutzung von Synergien soll zu mehr Transparenz in der Leistungserstellung und gleichzeitig zu einer Optimierung der Rentabilität führen. Aufbauend auf den Technologiekompetenzen beider Unternehmensgruppen will die mg Chancen eröffnen, in neue Geschäftsfelder einzudringen, zum Beispiel im Bereich der Abwasseraufbereitung. Noch vor dem US-Börsengang soll laut Vorstand Kajo Neukirchen die GEA vollständig in den Konzern integriert und die Metallhandelssparte an die Börse gebracht werden.

Das Anforderungs- und Leistungsprofil, das transparente Organisations- und Identitätsstrukturen bei einem Börsengang kennzeichnet, umfasst unter anderem folgende Aspekte:

- Bekanntheitsgrad von Unternehmen und Aktie erhöhen
- Unternehmensstrategie wahrnehmbar machen
- Kompetenzfelder und Leistungsschwerpunkte »auf den ersten Blick« vermitteln
- Aufnahmefähigkeit weiterer Tätigkeitsfelder sicherstellen
- Integration und zugleich Desintegration ermöglichen
- Goodwill von Branchenimages auf Unternehmen und Aktie übertragen
- Vernetzung der Investor Relations mit anderen Instrumenten im Sinne eines kohärenten Marktauftritts
- Markenwert von Unternehmensmarke nutzen und ausbauen

Um diese Ziele zu erreichen, sollten generell die folgenden Grundüberlegungen im Vordergrund stehen: Worin besteht die Kernkompetenz des Unternehmens? Wird diese bereits durch die Unternehmensbezeichnung deutlich? Wo bestehen Markenwerte, die erhalten oder ausgebaut werden sollen? In welchem Zusammenhang stehen Holding und operative Unternehmen? Inwieweit ist die Unternehmensmarke mit der Aktienmarke gleichzusetzen? Wo gibt es Unterschiede? Welche Markenwerte bilden den Kern der Investor Relations?

4.4 Marken bilden Vertrauen

Branding und die Entwicklung von Marken haben in diesem Zusammenhang Signalcharakter. Die Botschaft von der Aktie als Marke, die wie ein Produkt entwickelt und gepflegt werden muss, ist hierbei in den weiteren Kontext der Unternehmensidentität zu stellen, denn das Unternehmen bietet die grundlegende Plattform, auf der Marken überhaupt entwickelt werden. Der Erfolg des Börsenganges der Deutschen Telekom hing in diesem Zusammenhang maßgeblich von dem Einsatz des Vorstandsvorsitzenden Ron Sommer ab. Er hatte das Unternehmen zuvor neu profiliert und dieses Profil eines zukunftsorientierten Technologiekonzerns auf die T-Aktie übertragen.

Unternehmen und Aktie haben sich bei einem Börsengang selbst als Marke zu begreifen. Das Unternehmen kann in Relation zu seinen jeweiligen Markenprodukten eine Dachfunktion übernehmen oder aber – wie zum Beispiel bei Beiersdorf – eher in den Hintergrund treten und quasi als »Bühne« fungieren, auf der die Produkte die Hauptrolle spielen. Die Unternehmensidentität ist als übergreifendes Gesamtkonzept Kompetenzfaktor für die Forschung, Entwicklung und Qualität der Produkte sowie »Goodwill-Faktor« – der gute Name hinter der Marke.

Der Hauptvorteil einer Marke liegt in Ihrem Vertrauensvorsprung. Gelingt die Etablierung von Markennamen im Bewusstsein der Menschen, steigt das Vertrauen gegenüber Unternehmen und Aktie. Markenführung bezieht sich dabei nicht nur auf einzelne Produkte sondern auch auf Unternehmen und Aktie: Um »als Marke sichtbar zu werden« startet die Bertelsmann-Tochter Pixelpark im Vorfeld des geplanten Börsengangs eine Kommunikationsoffensive: Imageanzeigen, die eigentliche Going-Public-Kampagne und flankierende Bannerschaltungen. Die Online-Werbekampagne beruht auf zwei Schwerpunkten und wird von Pixelpark im eigenen Haus entwickelt. Der Erste liegt auf der Präsentation der Unternehmensmarke. Das Bildmaterial der parallel laufenden Print-Anzeigen wird hierbei auch in Banner integriert. Der zweite Teil der Online-Kampagne ist direkt auf den Börsengang zugeschnitten.

4.5 Sharebranding als Ausdruck von Leistung

Eine strategische Entscheidung wie der Gang an die Börse wirkt sich auf die Positionierung des Unternehmens aus und wird nur dann Erfolg haben, wenn die Marktpositionierung und die Aktienprofilierung im Gleichschritt mit der Unternehmensstrategie sind. Die Entwicklung eines Leistungsprofils, das vom Unternehmen konsequent eingehalten wird, ist ein wichtiger Aspekt der Positionierung. Ein Marke, insbesondere die Aktie als Marke, wird mit einer bestimmten Leistung verbunden. Sharebranding ist Ausdruck und Versprechen dieser Gesamtleistung.

4.6 Design dient der Marke

Gerade im Hinblick auf Transparenz in Strategien, Strukturen und Leistungsprozessen ist Kommunikationsdesign bei einem Börsengang wichtig. Design ist mehr als das »Schmücken der Braut« vor dem Börsengang. Es geht um die professionelle Inszenierung von Leistungen, von Erfolg und von Aktienkultur. Das Management von Design geht über rein funktionale Aspekte hinaus und schafft Erlebniswelten. Design ist ein Stück weit Markenführung. Gutes Design – verstanden als Markendesign und Kommunikationsdesign – überwindet Grenzen, lädt Unternehmen und Aktie bzw. deren Image auf, schafft Vertrauen und das für den Börsengang entscheidende Momentum, die Präsenz im Bewusstsein.

Das Design macht die Positionierung und damit rationale sowie emotionale Werte sichtbar. Es sorgt für Aufmerksamkeit, vermittelt Klarheit, Transparenz und Präsenz in nationalen und internationalen Finanzmärkten. Professionelles Design vermittelt außerdem einen aktiven Führungsanspruch und zielorientiertes Handeln. Da viele Anleger, aber insbesondere auch Finanzanalysten zu einer Informationselite gehören, hat die Verbreitung der computergestützten Medien einen wesentlichen Einfluss auf den Einsatz des Designs.

Die Aufgabe lautet, aus einem technisch komplexen Medium wie dem Internet das unternehmens- und marketingstrategisch notwendige Optimum an Kommunikation auf benutzerfreundliche Weise zu entwickeln und umzusetzen. Entscheidend ist es, die inhaltliche und gestalterische Planung des Internet-Auftrittes auch aus der Position der Investoren und der Finanzanalysten anzugehen.

Vor allem jüngere Privatanleger ordern Aktien online. Sie verzichten auf Beratung, sind aber keinesfalls uninformiert. Firmenprofile beschaffen sich diese Anleger ebenso wie so mancher Journalist über das Internet. Sie erfahren, was Finanzjournalisten, Analysten und Fondsmanager von den einzelnen Werten halten. Außerdem ist die Beziehung zwischen Anlegern und Unternehmen mit den modernen Informationstechnologien direkter geworden. Das hat auch Auswirkungen auf die Design-Strategien der Unternehmen. Die Verantwortlichen in den Unternehmen sollten ihr Handeln in den visuellen Welten, die sich mit den neuen Medien eröffnet haben, auf der strategischen Positionierung aufbauen. Auch das gehört zu einem verantwortungsvollen, professionellen Design-Management.

Logotype, Farbklima, Typografie, Raster, Fotostil etc. werden nicht einzeln, sondern als Ganzes wahrgenommen.

Die Entwicklung dieser Design-Elemente sollte deshalb nicht isoliert, sondern gemeinschaftlich in der Anwendungserprobung über die ganze Breite der Maßnahmen hinweg erfolgen. Die Nutzenaspekte von Design bei einem Going Public können zahlreich sein, zum Beispiel

- Darstellung der Positionierung, des Alleinstellungsanspruches und Differenzierung von Unternehmen und Aktie von international geprägten Wettbewerb.
- Klarheit, Transparenz und Präsenz in den international geprägten Finanzmärkten
- Vermittlung eines aktiven Führungsanspruches und zielorientierten Handelns
- Vermittlung klarer Leistungs- und Führungsstrukturen, dadurch Unterstützung der Gewinnung von qualifiziertem Personal.
- Optisch-formale Klammer für die Positionierung der Aktie, des Unternehmens und seiner Leistungen.

Vielleicht die vornehmste Aufgabe und Leistung des Design gegenüber der »financial community« ist das Sichtbarmachen der Erfolgspotenziale. Das geschieht durch ein längerfristig ausgelegtes und bis in jedes Detail durchdachtes Design-Konzept. Voraussetzung und Basis ist eine klare, überzeugt und überzeugend vertretene Positionierung. Aus dieser leiten sich Designverständnis und Designinhalte ab. Während mit der Marke ein Qualitätsversprechen verbunden ist, gestaltet das Design den Auftritt der Unternehmens- und/oder Aktien-Marke. Es signalisiert, für was und wer hinter der Marke steht.

4.7 Erfolgsfaktor Information und Kommunikation

In Zusammenhang mit der Planung und Durchführung einer Due Diligence im Vorfeld des Börsengangs spielt Information eine wichtige Rolle. So steht schon der Begriff »Due Diligence« für die Informationsbeschaffung im Zusammenhang mit Unternehmensakquisitionen. Der Gang an die Börse stellt genau genommen einen Verkauf dar, der bei den potenziellen »Käufern« einen großen Informationsbedarf auslöst. Unabdingbare Voraussetzung für den Erfolg einer Börseneinführung ist es, dass das betreffende Unternehmen in einem viel stärkeren Maße als bisher an die Öffentlichkeit tritt. Dies gilt nicht nur im Hinblick auf die Finanzöffentlichkeit im Allgemeinen, sondern auch speziell im Hinblick auf die künftigen Aktionäre, die ein Anrecht auf Informationen über die Geschäftsentwicklung des Unternehmens haben.

Die neuen Schwergewichte an den Börsen wiederum sind zum Teil ehemalige Staatsunternehmen, die ganz oder zum Teil privatisiert wurden, wie zum Beispiel die Deutsche Telekom oder bald die Deutsche Post. Dass in solchen Unternehmen die Kommunikationskultur in der Vergangenheit sonderlich ausgeprägt gewesen war, wird kaum jemand ernsthaft behaupten. Das heißt: In diesen Unternehmen muss die Sensibilität für Kommunikation noch wachsen.

Als Instrument der strategisch geplanten Information dient die Kommunikationsarbeit, sowohl im allgemeinen Marketing als auch im Aktienmarketing. Zwar ist Investor Relations (IR), verstanden als finanzmarktbezogener Teil der Unternehmenskommunikation den Verantwortlichen in den Unternehmen mittlerweile ein Begriff. Was aber häufig fehlt, ist ein Konzept, das sämtliche Akteure, also institutionelle Investoren, Privatanleger, Finanzanalysten, Fach-Journalisten berücksichtigt.

Über die Auswahl und Zielrichtung der Kommunikation entscheidet oft die (angestrebte) dominierende Aktionärsgruppe. Dabei sollte man sich nicht nur auf institutionelle Investoren, Finanzanalysten und Finanzjournalisten konzentrieren. Großer Nachholbedarf besteht in diesem Zusammenhang bei der Entwicklung und Umsetzung von Mitarbeiterbeteiligungsmodellen, bei der Betrachtung und Einbindung der Mitarbeiter als potenzielle Aktionäre. Dem Privatanleger kommt eine immer größere Bedeutung zu. Jüngst haben zum Beispiel Aktiengesellschaften wie die Deutsche Bank, Siemens oder DaimlerChrysler ihre Aktien auf Namensaktien umgestellt. Jetzt ist der Kleinaktionär für die Unternehmen nicht mehr nur eine anonyme Größe. Die Bedeutung einer emotionalen Bindung zwischen Unternehmen und Aktionären nimmt mit den neuen IR-Möglichkeiten zu.

4.8 Marketing für Pioniere

Für den Aktionär, insbesondere für den Kleinaktionär, kann das Wertpapier auch Ausdruck einer Identifikation mit dem Unternehmen sein. Auch bei Turbulenzen auf dem Aktienmarkt wird er dann das Wertpapier nicht gleich abstoßen. Wird beispielsweise eine breite Aktienstreuung angestrebt, so kann eine stärkere Aufmerksamkeit gegenüber den Privat-Anlegern Vorteile haben: Einerseits können durch eine enge Partnerschaft unerwünschte Aktienübernahmen (»unfriendly takeover«) erschwert werden, anderseits besteht die Möglichkeit, Aktionäre als Kunden zu gewinnen (»Cross-selling«). Außerdem wird ein beispielhafter Umgang der Unternehmen mit ihren Aktionären als deutliches Signal auch von anderen Zielgruppen, zum Beispiel von Mitarbeitern oder Geschäftspartnern, wahrgenommen. Und nicht zuletzt: wenn der Aktionär als Kunde gewonnen werden kann, ist dies ebenfalls umgekehrt möglich: der Kunde kann als künftiger Aktionär gesehen werden. Eine intensive Finanzkommunikation und – damit verbunden – eine engagierte Aktionärsbindung kann die Unternehmensentwicklung positiv beeinflussen. Je nach Unternehmen und (angestrebter) Aktionärsstruktur sind mögliche Vorteile und Nutzenaspekte die folgenden:

- Verhinderung einer zu starken Einflussnahme von Großaktionären auf die Geschäftspolitik
- Verringerung der Eigenkapital-Beschaffungskosten
- Nutzung von Cross-Selling-Effekten
- Marketing für Pioniere: Gelungene Finanzmarktkommunikation wird auch von Kunden und Geschäftspartnern wahrgenommen
- Erhöhung der Aktienwerte durch Imagepflege

- Berücksichtigung von Analysten, Investoren und Journalisten in ihrer Funktion als Multiplikatoren der Unternehmenskompetenz

Aufgabe ist es, ein tragfähiges Dach aufzubauen für ein breites Maßnahmenspektrum. Nur wenn die engagierte Finanzkommunikation integraler Bestandteil des koordinierten Unternehmensauftritts ist, wird es gelingen, eine partnerschaftliche Beziehung aufzubauen, die später auch kurzfristige Kursschwankungen übersteht.

Investoren können bei der Beurteilung eines an die Börse gehenden Unternehmens nicht von einer langfristigen historischen Unternehmensentwicklung ausgehen, sondern lediglich eine Einschätzung der Zukunftschancen vorwegnehmen. Erfolg vor, während und nach einem Börsengang braucht deshalb solide Substanz und Visionen als Strategien des Handelns:

- **Strategische Unternehmensplanung** und daraus abgeleitete Strategien (Absatz, Umsatz, Marketing, Produktion, Beschaffung, Personal, Investition, Finanz, Plan-GuV, Plan-Bilanz).
- **Erhöhung des Bekanntheitsgrades:**
  - Erfolgreiche Aktivitäten im Bereich der Publizität erhöhen die Attraktivität der angebotenen Wertpapiere und stärken die Vertrauensbasis der Anleger.
  - Positiver Imagetransfer bei Kunden, Geschäftspartnern und Mitarbeitern.
- **Differenzierung vom Wettbewerb:**
  - Unternehmen und Leistungen müssen Gewinnchancen aufzeigen und im Vergleich zum Wettbewerb herausragend sein.
  - Ausschöpfen von Ressourcen und Erzeugung von Synergien
- **Profilierung im Markt:** Individuelle und originäre Profilierung des Unternehmens und seiner Leistungen.
- **Identitätsstruktur:** Transparente Strukturen und verständliche Zuordnungen von Tochterunternehmen, Unternehmens- und Leistungsbereichen zur Muttergesellschaft.
- **Design:** Das visuelle Erscheinungsbild bildet die optisch-formale Klammer für die Positionierung von Unternehmen und Aktie. Es kommuniziert sowohl rational als auch emotional erfahrbare Werte.
- **Kommunikation:** Gesetzlich vorgeschriebene und »freiwillig« geplante Maßnahmen erhalten ein konstantes Interesse aktueller und potenzieller Investoren.

Durch ein konsistentes Profil auf Basis einer strategischen Positionierung können bei entsprechender Kommunikationsarbeit auch bisher weniger stark wahrgenommene Stärken als feste Attribute des Unternehmens verankert werden. Das wiederum hat einen positiven Marketingeffekt zur Folge – nicht nur mit Blick auf potenzielle Investoren. Kunden, Lieferanten und anderen externen Partnern vermittelt ein koordiniertes Firmenprofil Signale. Und ein Signal, das positive Vorstellungen weckt, hat eine positive Kraft.

D Der Weg an die Börse

1. Die Vorbereitung auf den Börsengang – vier Phasen bis zur Notierungsaufnahme

von Thomas H. Knorr

Die Börseneinführung lässt sich in die Teilabschnitte untergliedern:

- Unternehmensanalyse und IPO-Konzeption
- Umsetzung von Anpassungsmaßnahmen
- Auswahl des Emissionskonsortiums
- Zulassung und Platzierung der Aktien

Durch die positive Entwicklung neuer Kapitalmärkte, wie dem Neuen Markt an der Frankfurter Wertpapierbörse, ist es heute gerade auch für mittelständische Technologieunternehmen möglich geworden ihr Wachstum durch den Gang an die Börse zu finanzieren.

Der Gang an die Börse stellt dabei ein für die Geschichte des Unternehmens einmaligen Vorgang dar, der ein hohes Maß an börsen-technischem Know-how bedarf und gut vorbereitet werden muss.

Im Folgenden sollen die Schritte auf dem Weg an die Börse beschrieben werden. Dabei werden vier Phasen unterschieden, die sich im Rahmen der Begleitung von Wachstumsunternehmen an den Kapitalmarkt entwickelt haben.

Dieses Modell setzt sehr früh bei der Vorbereitung des Börsengangs an und reicht bis zu den Schritten nach dem Börsengang.

Der Autor

Thomas H. Knorr

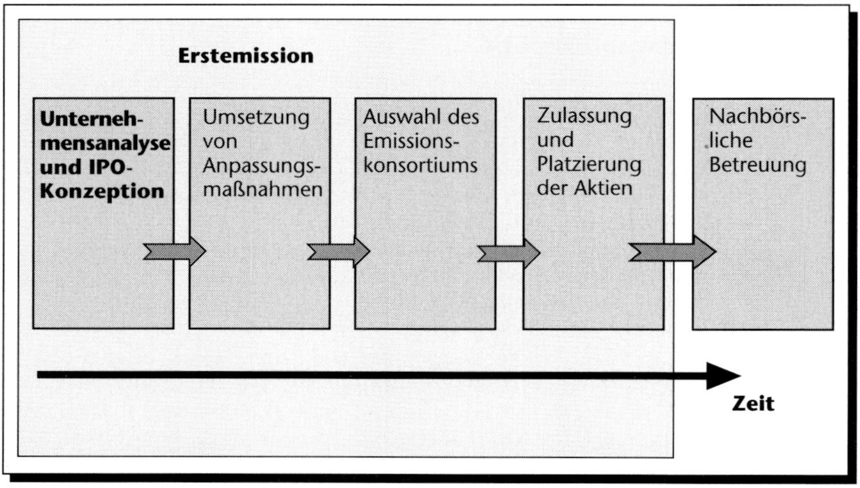

Abb. 1: Die vier Phasen der Börseneinführung

Bevor im Unternehmen mit den eigentlichen Vorbereitungen für den Börsengang begonnen werden kann, müssen jedoch verschiedene Vorüberlegungen und Entscheidungen getroffen werden.

So ist zunächst einmal ein grundsätzlicher Konsens der Entscheidungsträger im Unternehmen herbeizuführen, ob überhaupt ein Börsengang für das Unternehmen angestrebt werden soll. Hier müssen, neben den Vorteilen eines Börsenganges insbesondere auch dessen langfristige Auswirkungen und Anforderungen an das Unternehmen bedacht werden, die ein Börsengang mit sich bringt. Hierzu gehören die Öffnung des Gesellschafterkreises und damit die verstärkte externe Einflussnahme und erweiterte Informationspflichten ebenso wie möglicherweise eine Veränderung der bis dahin »Unternehmer-geprägten« Unternehmenskultur hin zum shareholder-value-Denken.

In der Praxis ist vielfach zu beobachten, dass der Börsengang durch seine hohen Anforderungen zu einer neuen Qualität des Unternehmens führt. Dies gilt nicht nur für das Berichtswesen oder die formalen Unternehmensstrukturen, sondern gerade auch für die »weichen Faktoren« wie Mitarbeiterbeteiligung und damit -mitsprache, Professionalisierung und Erweiterung des Managements oder die Einführung neuer Führungsgrundsätze. Oftmals sind über eine lange Zeit gewachsene Strukturen und Gewohnheiten im Unternehmen zu verändern und auf ihre Eignung und Zulässigkeit für eine Publikumsgesellschaft zu überprüfen.

Wenn diese Überlegungen abgeschlossen sind, müssen umfangreiche organisatorische Entscheidungen für das weitere Vorgehen getroffen werden. Insbesondere gilt es, ein effizientes IPO-Team zusammenzustellen.

So sind Wirtschaftsprüfer für die Jahresabschluss-Prüfung und gegebenenfalls die Umwandlungsprüfung, Spezialisten für die gesellschaftsrechtliche Strukturierung und Investor Relations/Public Relations-Agenturen auszuwählen.

Meist wird auch ein spezialisierter Emissionsberater hinzugezogen, der die erforderlichen Maßnahmen im Rahmen der Projektsteuerung zu koordinieren hat und der der Unternehmensführung auch als Coach in unternehmerischen und strategischen Fragen dient.

Checkliste

Grundfragen

1. Besitzt das Unternehmen ein langfristig tragfähiges Börsenpotenzial bzgl. Produkt und Markt?
2. Ist das Unternehmen, sein Management und seine Mitarbeiter bereit für einen Börsengang?
3. Sind die richtigen Dienstleister und Berater auf dem Weg an die Börse ausgewählt?

1.1 Phase 1 – Unternehmensanalyse und Konzeption

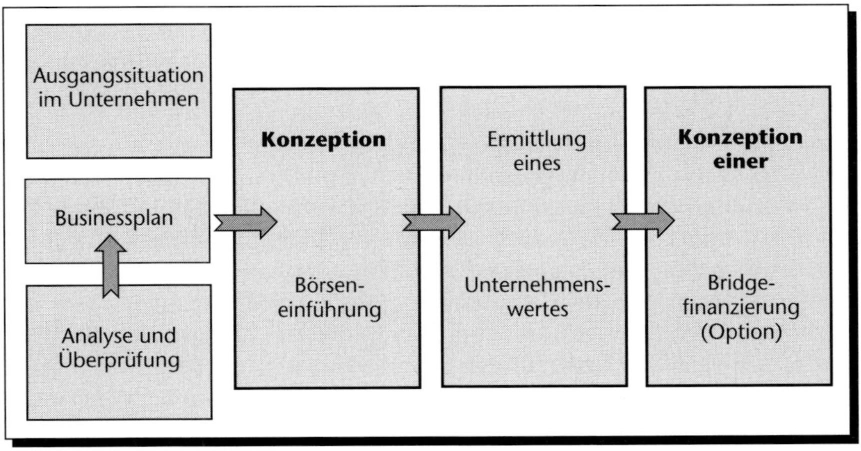

Abb. 2: Phase 1

Zu Beginn der ersten Phase und zugleich als Grundlage aller weiteren Entscheidungen ist der Status Quo des Unternehmens festzustellen sowie der vorhandene Businessplan zu überprüfen oder gegebenenfalls neu zu erstellen. Dabei kommt es einerseits darauf an, das Chancenpotenzial des Unternehmens deutlich werden zu lassen, andererseits muss diese Planung realistisch erreicht werden können, um nicht hinterher Abstriche durch Börseneinführungsgutachter der Banken hinnehmen zu müssen.

Wesentliche Elemente bei der Erfassung der Ausgangssituation im Unternehmen sind die Untersuchung der Organisationsstruktur des Unternehmens, seines Rechnungswesens, der finanzwirtschaftlichen Verhältnisse und der vergangenen Jahresabschlüsse sowie der Mitarbeiterstruktur und der Beziehungen zu den Kunden. Im Rahmen der Überprüfung des Businessplanes des Unternehmens sollte insbesondere die Umsatz- und Ergebnisplanung des Unternehmens betrachtet werden und auf der Basis der gewonnenen Erkenntnisse über das Unternehmen und seinen Markt verifiziert werden.

Dieser Businessplan ist Grundstein für den Erfolg der Börseneinführung und seiner späteren weiteren Kursentwicklung. Er beschreibt die so genannte »Equity-Story« des Unternehmens, die zu einem späteren Zeitpunkt zusammengefasst dem potenziellen Anleger kommuniziert wird und sich wie ein roter Faden durch die weitere Börseneinführungskampagne zieht. Natürlich ist die Businessplanung kontinuierlich fortzuschreiben und den tatsächlichen Entwicklungen anzupassen. Damit verbindet sie die Vision des Unternehmens und seiner Mitarbeiter mit der realen Unternehmensentwicklung.

Auf der Grundlage dieser Analysen ist dann eine Börseneinführungskonzeption zu erarbeiten, in der das weitere Vorgehen und ein detaillierter Fahrplan bis zur Aufnahme der Notierung festgelegt wird. Inhalt dieser Konzeption ist unter anderem die Strukturierung des vorbörslichen Eigenkapitals, die oftmals die Aufnahme eines Bridgeinvestors bis zum Börsengang oder auch die Einführung einer Mitarbeiterbeteiligung vorsieht sowie die Festlegung des angestrebten Kapitalmarktes und weitere Ansätze zur Positionierung des Unternehmens auf dem Kapitalmarkt.

Darüber hinaus sollte eine vorläufige Einschätzung des voraussichtlichen Börsenwertes der Gesellschaft vorgenommen werden. Diese erfolgt zum einen auf Basis der unternehmensspezifischen und im Businessplan beschriebenen Daten wie Umsatz und Ergebnis, geplantes Wachstum, Markt und Unternehmensstruktur sowie zum anderen auf Grundlage der am Markt üblichen Bewertung vergleichbarer Unternehmen. Was dabei der »richtige« Wert des Unternehmens ist, hängt meist vom Standpunkt des Bewertenden ab. Während naturgemäß der Unternehmer bzw. die Geschäftsführung dazu neigen, den Wert des Unternehmens eher hoch einzuschätzen, bewerten die Investoren eher niedriger, um ihr Risiko möglichst gering zu halten. Somit ist ein objektiver Wert eher ein rein analytischer Wert.

Die Unternehmensbewertung dient einer ersten Abschätzung des möglichen späteren Emissionspreises und damit der Kalkulation des erwarteten Mittelzuflusses für das Unternehmen aus dem Börsengang. Diese Abschätzung ist jedoch nur vorläufig, da die Gegebenheiten zum Zeitpunkt des Börsenganges – beispielsweise die Lage auf den Aktienmärkten oder die tatsächliche Entwicklung des Unternehmens im Vergleich zur Planung – den tatsächlichen Emissionspreis zum Zeitpunkt des Börsenganges bestimmen.

Schließlich kann diese Unternehmensbewertung Grundlage für die Aufnahme eines Finanzinvestors sein.

Ein Bridgeinvestor kann für ein Unternehmen immer dann sinnvoll sein, wenn noch vor der Börseneinführung das Eigenkapital erhöht werden muss. Die genaue Höhe des notwendigen vorbörslichen Eigenkapitals ist dabei nicht festgeschrieben – wenn man von den Mindestanforderungen der Börsen einmal absieht –, sondern hängt insbesondere von Bilanzstruktur und geplantem Wachstum ab. Die Höhe des für das Unternehmen notwendigen vorbörslichen Eigenkapitals wird vom Wettbewerbsumfeld und von Kapitalmarktchancen bestimmt. Ein weiterer Grund für einen Bridgeinvestor kann die Wachstumsfinanzierung für die Zeit vor der Börseneinführung sein. Dies ist oftmals bei innovativen, stark wachsenden Unternehmen notwendig. Die Beteiligung erfolgt dabei meist in Form einer Minderheitsbeteiligung (in der Regel unter 20 Prozent) am Unternehmen.

Checkliste

Unternehmensanalyse und Konzeption:

1. Businessmodell und Businessplan:
- Sichert das Businessmodell die langfristige positive Entwicklung des Unternehmens?
- Ist der Businessplan in sich stimmig?
- Ist die Planung ausreichend detailliert und deckt sie die kommenden drei Geschäftsjahre ab?
- Sind die der Planung zugrundeliegenden Prämissen ausreichend formuliert und stichhaltig?

2. Organisationsstruktur:
- Ist der Vorstand für die wesentlichen Unternehmensbereiche kompetent besetzt?
- Ist das Unternehmen so organisiert, dass Verantwortlichkeiten klar geregelt sind und das Unternehmenswachstum gemanaget werden kann?
- Sind die Aufgaben aus dem Börsengang im Organigramm berücksichtigt (zum Beispiel Investor-Relations)?

3. Rechnungs- und Berichtswesen:
- Gibt es im Unternehmen ein effizientes Rechnungswesen?
- Bestehen geeignete Management-Informations-Systeme, die es ermöglichen, das Unternehmenswachstum zu managen?
- Ist zeitnahe und genaue Berichterstattung an die Kapitalmärkte möglich?

4. Brückenfinanzierung:
- Ist das vorbörsliche Wachstum finanziell gesichert?
- Ist das Eigenkapital für den Börsengang ausreichend?
- Stehen ggf. qualifizierte Investoren zur Verfügung?

1.2 Phase 2 – Umsetzung der Anpassungsmaßnahmen

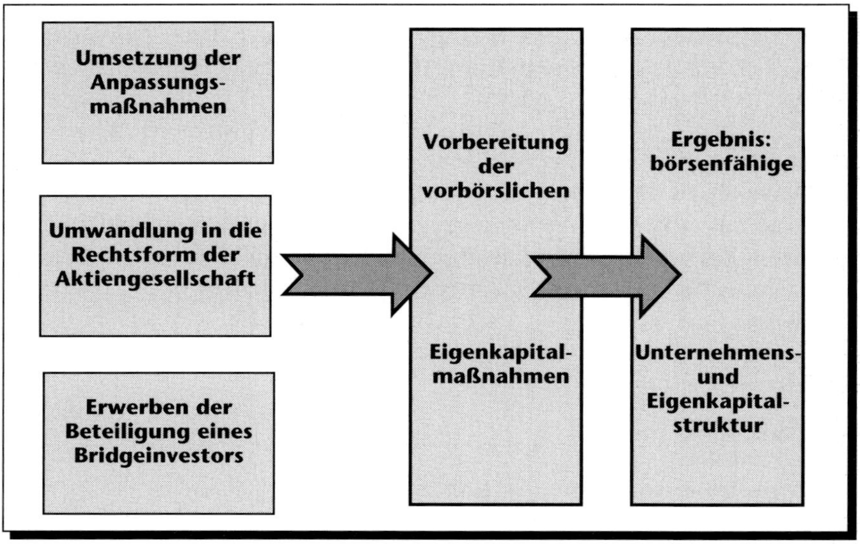

Abb. 3: Phase 2

In der zweiten Phase müssen vielfältige Maßnahmen parallel erfolgen. Zunächst müssen die notwendigen Anpassungsmaßnahmen im Unternehmen umgesetzt werden. Diese beruhen auf den Erkenntnissen aus der in der ersten Phase durchgeführten Analyse des Unternehmens und dienen der Herstellung einer börsenfähigen Unternehmensstruktur. Sie betreffen insbesondere die Anpassungen in der Unternehmensorganisation und gegebenenfalls den Beteiligungsverhältnissen gegenüber verbundenen Unternehmen.

Wie einleitend beschrieben, führt dies oftmals zu einem Qualitätssprung im Unternehmen. Dies wird insbesondere durch eine Professionalisierung und Funktionalisierung der Führungsstrukturen erreicht. In stark von Gründerunternehmern geprägten und geführten mittelständischen Unternehmen sind oftmals die Führungsinstrumente nicht in der Art vorhanden wie sie für ein börsennotiertes Unternehmen erforderlich sind. Sie müssen eingeführt werden und im täglichen Handeln aller Beteilgten verankert werden. Auch die Professionalisierung der Führung ist ein wichtiger Bestandteil des Veränderungsprozesses. Hängt die Entwicklung und der Erfolg des Unternehmens wesentlich von einer oder wenigen Personen im Unternehmen ab, so ist es erforderlich, schrittweise weitere Personen zu verantwortlichen Leistungsträgern aufzubauen und entsprechende Positionen zu schaffen, um die Abhängigkeit von Einzelpersonen zu verringern.

Auch im Rechnungs- und Berichtswesen gibt es gerade bei innovativen und schnell gewachsenen Unternehmen oftmals Defizite. Gerade dieser Bereich stellt aber eine wesentliche Voraussetzung für den Börsengang dar. Dies nicht nur, da an den Kapitalmärkten für wachstumsstarke Unternehmen eine zeitnahe Quartals- und Jahresberichterstattung meist zwingend vorgeschrieben ist, sondern auch, weil die interne Berichterstattung ein wesentlicher Bestandteil der Führungssysteme im Unternehmen ist und somit die langfristige Entwicklung des Unternehmens besser gesteuert werden kann.

Die Einrichtung entsprechender Planungs- und Controllingsysteme ist ein relativ komplexer Vorgang und erfordert eine große Erfahrung. Nach der Formulierung der Ansprüche an das zu installierende System gilt es entweder ein entsprechendes softwaregestütztes Gesamtsystem neu im Unternehmen einzuführen oder ein bereits vorhandenes anzupassen oder zu erweitern. Der Zeitrahmen für diese Umstellung darf dabei nicht unterschätzt werden, und sollte parallel zu den übrigen Projekten auf etwa vier bis sechs Monate angesetzt werden.

Schließlich muss die Einwerbung des oben beschriebenen Bridgeinvestors erfolgen.

Wichtig ist hier, den richtigen Investor zu finden. Er sollte nicht nur das Geschäft verstehen, sondern auch zu dessen Entwicklung beitragen. Auch sollte er Partner des Unternehmens sein und die Unternehmensführung aktiv bei ihrem Weg an die Börse unterstützen.

Ebenfalls muss in der Regel die Umwandlung in die Rechtsform einer Aktiengesellschaft erfolgen. Diese Umwandlung steht in engem Zusammenhang mit der Herstellung des notwendigen vorbörslichen Eigenkapitals, da gerade bei jungen Unternehmen eine für eine Umwandlung notwendige Eigenkapitalstruktur oft nicht vorhanden ist. Wesentlich ist hierbei auch die Berücksichtigung eventueller Verlustvorträge.

In diesem Zusammenhang sind dann die für den Börsengang notwendigen weiteren Kapitalmaßnahmen entsprechend der Börseneinführungskonzeption vorzubereiten. Hier müssen die entsprechenden Kapitalerhöhungsbeschlüsse der Gesellschafter vorbereitet und deren rechtswirksame Umsetzung überwacht werden sowie gegebenenfalls Möglichkeiten gefunden werden, wie es den Altgesellschaftern ermöglicht werden kann an diesen oftmals umfangreichen Kapitalerhöhungen teilzunehmen, auch wenn eigene Mittel in entsprechender Höhe nicht zur Verfügung stehen.

Ebenfalls ist die Besetzung des Aufsichtsrates von nicht zu unterschätzender Bedeutung für das Unternehmen. Ein professionell besetzter Aufsichtsrat kann die Entwicklung des Unternehmens entscheidend voranbringen. Neben dem fachlichen Rat und der Expertise der Aufsichtsratsmitglieder können sie auch für das Unternehmen wichtige Kontakte schaffen und Verbindungen herstellen. Aber auch in seiner Außenwirkung ist ein hervorragend besetzter Aufsichtsrat von Bedeutung. Sowohl dem Kapitalmarkt als auch den Geschäftspartnern vermittelt das Engagement renommierter Persönlichkeiten ein gewisses Vertrauen in das Unternehmen.

Ergebnis dieser zweiten Phase ist schließlich eine börsenfähige Unternehmens- und Eigenkapitalstruktur des Börsenkandidaten. Diese Maßnahmen sind von entscheidender Bedeutung für das Unternehmen, und können zu einer neuen Qualität des Gesamtunternehmens und seiner Strukturen führen und für die weitere Entwicklung – und damit nicht zuletzt für den zukünftigen Börsenkurs – mit ausschlaggebend sein.

Checkliste

Umsetzung der Anpassungsmaßnahmen

1. Sind alle notwendigen Anpassungsmaßnahmen detailliert erfasst und auf ihre Wechselwirkungen hin überprüft?
2. Ist die Umsetzung der Anpassungsmaßnahmen genau terminiert?
3. Steht für die Umsetzung qualifizierte Beratung zur Verfügung?

1.3 Phase 3 – Auswahl des Emissionskonsortiums

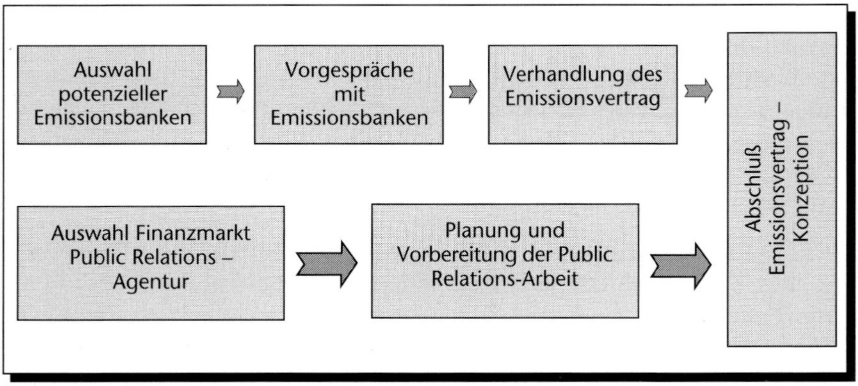

Abb. 4: Phase 3

Die vorletzte Phase steht insbesondere im Zeichen der Auswahl eines geeigneten Emissionskonsortiums, das möglichst komplementär zusammengestellt werden sollte. Dies ist ein entscheidender weiterer Schritt für das Unternehmen auf dem Weg an die Börse.

Die Emissionsbank bzw. das Emissionskonsortium hat im Rahmen der Einführung der Aktien des Unternehmens an einer Börse die Aufgabe, die einzuführenden Aktien vom Unternehmen (aus einer Kapitalerhöhung) zu übernehmen und zum Zeitpunkt der Börseneinführung an das Anlegerpublikum weiter zu veräußern. Dies ist in der Regel mit einer Platzierungsgarantie für das emittierende Unternehmen verbunden, so daß dem Unternehmen in jedem Falle ein Emissionserlös in Höhe einer vorher festgelegten Preisspanne (Bookbuilding-Spanne) sicher ist. Hierfür ist an die Bank eine Börseneinführungsprovision zu entrichten.

Da nun der Bank auf Grund der gegebenen Garantie an einer möglichst abgesicherten Einführung der Aktien am Markt gelegen ist und da dies insbesondere durch einen möglichst hohen Zeichnungsanreiz für die Aktienkäufer sichergestellt werden kann, kann es hier folglich zu Interessenkollisionen kommen.

Die Auswahl der zum Unternehmen passenden Emissionsbanken erfolgt über einen so genannten »Beauty Contest«. So ist es beispielsweise sinnvoll, in das Konsortium eines international agierenden Unternehmens auch eine oder mehrere Banken aus den ausländischen Absatzmärkten des Unternehmens zu berufen, um auch auf diesen Märkten aus der Öffentlichkeitswirkung eines Börsenganges zu profitieren. Ebenfalls kann die Platzierungskraft oder Reputation einer Bank eine Rolle bei deren Auswahl spielen.

Der Auswahlprozess beginnt dabei mit der Erarbeitung einer Unternehmenspräsentation, die den Banken, die in diesem ersten Schritt benötigten Informationen zur Verfügung stellt. Daran anschließend erfolgt die Auswahl potenzieller Emissionsbanken nach den verschiedenen Kriterien.

Parallel zu den Gesprächen mit den Emissionsbanken muss die Öffentlichkeitsarbeit im Zuge des Börsenganges vorbereitet werden. Hier bedarf es der Auswahl einer erfahrenen Finanzmarkt Public Relations-Agentur, die für den Platzierungserfolg der Emission mit verantwortlich ist. Neben der Bedeutung der Öffentlichkeitsarbeit für den zu erzielenden Emissionspreis und die daran anschließende Entwicklung des Börsenkurses sollte die Öffentlichkeitswirkung auch werbend für das originäre Geschäft des Emittenten genutzt werden und bedarf somit eines abgestimmten Vorgehens aller dahingehenden Maßnahmen.

Das erstellte PR-Konzept muss dabei mit den langfristigen Unternehmenszielen übereinstimmen und eine kontinuierliche, über den Zeitpunkt der Börseneinführung hinausreichende Öffentlichkeitsarbeit ermöglichen. Dem Unternehmen und seiner Führung muss dabei bewusst sein, dass die »Vermarktung« ihrer Aktien genauso viel Aufmerksamkeit bedarf wie ihr orginäres Geschäft. Dies gilt nicht nur für die Zeit bis zur Einführung der Aktien, sondern ist fortan kontinuierliche Aufgabe der Unternehmensführung.

Checkliste

Auswahl des Emissionskonsortiums

1. Auswahl des Emissionskonsortiums
- Ist eine aussagekräftige Unternehmenspräsentation erstellt?
- Sind Vorgespräche mit für das Unternehmen und seinen Börsengang geeigneten Emissionsbanken vereinbart?
- Stehen die Kriterien für die Auswahl der Emissionbanken fest?
- Gibt es inhaltliche Kriterien für den auszuhandelnden Emissionsvertrag?

2. Public Relations
- Ist eine qualifizierte Public Relations Agentur ausgewählt?
- Gibt es ein abgestimmtes langfristiges Kommunikationskonzept?

1.4 Phase 4 – Zulassung und Platzierung der Aktien

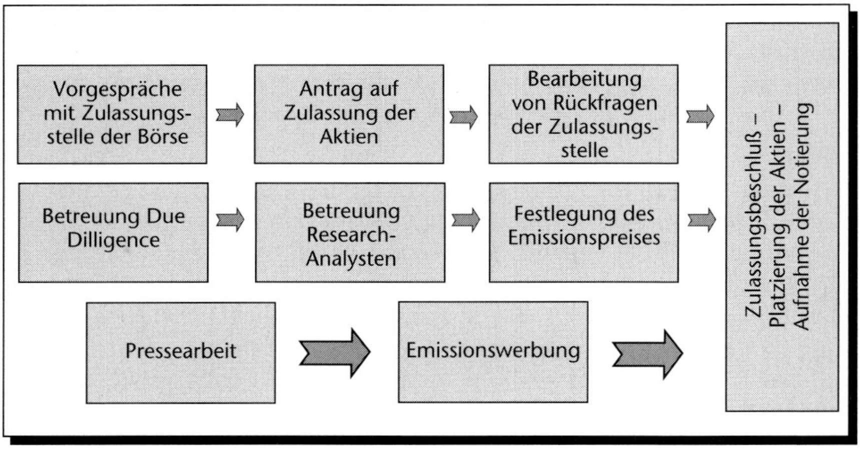

Abb. 5: Phase 4

In der vierten und damit letzten Phase der Vorbereitung des Börsenganges steht die Zulassung der Aktien durch die Zulassungsstelle der Börse im Mittelpunkt. Jede Börse hat genau vorgegebene Richtlinien darüber, wie die Zulassung der neuen Aktien zu erfolgen hat.

Der Vorgang der Zulassung beginnt in der Regel mit einem Vorgespräch mit der Zulassungsstelle der entsprechenden Börse. Ziel dieses Gespräches ist es zu klären, ob das Unternehmen in das spezifische Marktsegment der Börse passt und in der Lage ist, die Zulassungsvoraussetzungen zu erfüllen. Hierbei kommt es darauf an, der Börse einen wesentlichen Eindruck über den Stand des Unternehmens, seine Tätigkeitsfelder und zukünftige Entwicklung zu vermitteln.

Sind die Vorgespräche erfolgreich verlaufen, wird in einem Vorprüfungsverfahren die Antragsfassung des Emissionsprospektes eingereicht. Dieser muss genauen Formvorschriften entsprechen und wird von den Emissionsbanken in Abstimmung mit dem Unternehmen erstellt. Im Zuge des Verfahrens kommt es wieder zu Rückfragen und Änderungswünschen der Zulassungsstelle, so daß ein steter Austausch zwischen den Beteiligten erforderlich ist, bis die endgültige Form des Emissionsprospektes feststeht.

In dieser Phase des Börseneinführungsprojektes nehmen die Emissionsbanken im Unternehmen eine Due Diligence (Unternehmensanalyse) vor, deren Ziel es ist, den Banken Sicherheit über die »richtige« Emissionspreisspanne zu geben.

Im Anschluss daran werden von Wertpapieranalysten der beteiligten Banken Aktien-Researchanalysen vorgenommen, die veröffentlicht dem potenziellen Anleger Hinweis über Qualität der Aktie und Preisattraktivität geben sollen.

Im selben Zeitraum werden auch die in der dritten Phase konzipierten Schritte der Öffentlichkeitsarbeit durchgeführt. Wesentlich ist hierbei, dass die Pressearbeit in Einklang mit den anderen werblichen Maßnahmen erfolgt und so die Emission eine möglichst breite öffentliche Aufmerksamkeit erreicht.

Bevor diese letzte Phase mit der Aufnahme der Notierung der Aktie beendet ist, sind im Rahmen der Aktienzuteilung (in Abstimmung mit den Emissionsbanken) die Zeichnenden auszuwählen. Dies hat für das Unternehmen eine große Bedeutung, da die richtige Zusammensetzung des Aktionärskreises aus institutionellen und privaten Anlegern einen wesentlichen Einfluss auf die zukünftige Kursentwicklung und -volatilität hat.

Checkliste

Zulassung und Platzierung der Aktien

1. Emissionsprospekt und Börsenzulassung
- Sind Vorgespräche mit der Zulassungstelle der Börse geführt worden?
- Sind alle formalen Zulassungskriterien erfüllt?
- Ist ein Emissionsprospekt nach den Regularien der Börse erstellt?

2. Analyse von Banken und Analysten:
- Ist die Due Diligence der Banken von Seiten des Unternehmens gut vorbereitet?
- Sind die Gespräche mit den Analysten gut vorbereitet?

3. Werden IR-Maßnahmen und Emissionswerbung planmäßig umgesetzt?

1.5 Die Zeit danach

Mit Aufnahme der Erstnotierung ist die Arbeit des Unternehmens jedoch noch nicht beendet.

Wichtige Felder sind dann die professionelle Weiterführung der Öffentlichkeitsarbeit, die Vorbereitung auf weitere Researchanalysen der Emissionsbanken sowie die Quartals- und Jahresberichterstattung. Ebenfalls sind Akquisitionen genau zu planen und umzusetzen.

2. Die Bedeutung des Namens für ein Unternehmen

von Manfred Gotta

- Der neue Unternehmensname muss sich klar und unverwechselbar vom Wettbewerb differenzieren.
- Der neue Unternehmensname muss international einheitlich einsetzbar und schutzfähig sein.
- Der neue Name sollte ein Unternehmensname sein, kein Kürzel.
- Der neue Unternehmensname muss nicht die Geschäftstätigkeit Ihres Unternehmens ausdrücken.
- Betrachten Sie den Namen als eine extrem wichtige und sinnvolle Investition – er ist das am häufigsten gesprochene, geschriebene, gedruckte und gesehene Element.
- Ändern Sie den Namen, wenn sich die Positionierung des Unternehmens grundlegend ändert.

Wahrscheinlich hat man Mr. Eastman zu seiner Zeit vollkommen verständnislos angesehen, als er sich entschied, sein Unternehmen nicht EASTMAN COLOR zu nennen, sondern es mit dem unerklärlichen Namen KODAK zu kennzeichnen. Auch dem genialen Jobbs dürfte es nicht leicht gefallen sein, seinen Bekannten und Freunden zu erklären, warum er sich ausgerechnet auf APPLE festlegte und sich nicht für einen technologisch klingenden Namen begeisterte.

Gewiss träumten beide Männer noch nicht von einem Börsengang, geschweige denn von Investor Relations, sie waren wohl eher damit beschäftigt, das nötige Geld zum Überleben zu verdienen. Trotzdem haben beide, bewusst oder unbewusst, **und von Anfang an** eine der wichtigsten Entscheidungen richtig getroffen. Beide entschieden sich für neuartige, unverwechselbare, eigenständige und international einheitlich einsetzbare, schutzfähige Namen, die das jeweilige Unternehmenskonzept klar und einzigartig in jedem Land der Welt positionieren konnten.

Heute repräsentieren Namen wie KODAK, APPLE oder SONY Milliardenwerte und sind selbst zum wichtigsten Wert des Unternehmens geworden. Es sind lebendige Unternehmenspersönlichkeiten, deren Identität und Kompetenz sich

Der Autor

Manfred Gotta

durch Innovationskraft, Qualität, Sicherheit und internationale Präsenz auszeichnet. Diese Werte sind wichtig für das Erscheinungsbild des Unternehmens, das Vertrauen der Anleger und Konsumenten und entscheidende Voraussetzung für eine effiziente und nachhaltige Investor Relationship.

Warum jedoch verschwinden scheinbar glänzende Namen wie HOECHST, CIBA-GEIGY oder SANDOZ und werden durch neue Namen ersetzt? Warum heißt Daimler-Benz heute DaimlerChrysler und agiert mit keinem neuen Namen? Warum entsprechen nur einige Unternehmensnamen am Neuen Markt (NEMAX) internationalen Qualitätsansprüchen?

Bevor auf diese Themen eingegangen wird, sollte man sich vergegenwärtigen, dass alle großen Unternehmen einmal klein gegründet wurden. Sie alle standen vor derselben Frage; der Frage: welchen Namen das neue Unternehmen tragen sollte.

Leider zeigen die meisten Unternehmensgründer nicht die Klugheit und Weitsicht wie die Herren Eastman oder Jobbs. Viele Unternehmensgründer, nebenbei auch viele etablierte Unternehmen, unterschätzen die Rolle des zukünftigen Unternehmensnamens und sind nicht bereit, den neu zu findenden Unternehmensnamen als eine der langfristig wichtigsten Investitionen zu behandeln.

Obgleich vor allem den Firmengründern durchaus bewusst ist, dass der neue Unternehmensname wichtig ist, möchte man dafür so wenig Geld wie möglich bereitstellen. Priorität genießen eindeutig die »konkreten« Investitionen in das Unternehmen, umso schnell wie möglich und erfolgreich auf dem Markt agieren zu können. Dann wird der Name entschieden, die IHK gibt »grünes Licht«, der neue Name wird gestaltet, die Geschäftsausstattung gedruckt und die Produkte mit dem neuen Namen gekennzeichnet. Der Start des neuen Unternehmens gelingt, die Produkte kommen hervorragend an und selbst ausländische Interessenten melden sich.

Plötzlich passiert das, womit man in dieser Phase am wenigsten rechnet: Der Brief eines unbekannten Patent- oder Rechtsanwalts macht eindeutig klar, dass der gerade etablierte Firmenname mit einem bestehenden Firmennamen verwechselbar ist und damit die Marken- bzw. Firmenrechte dieses Unternehmens verletzt, die sofortige Einstellung aller Aktivitäten unter diesem Namen werden gefordert.

Zu allem Überfluss weist ein ausländischer potenzieller Geschäftspartner sehr freundlich aber deutlich auf ein zusätzliches Problem hin: Er bemerkt, dass der gewählte Unternehmensname in ähnlicher Form in seinem Land sehr häufig vorkommt, und dass er in dieser konkreten Schreibweise in seiner Sprache eine sehr negative Bedeutung hat. Die hervorragenden Produkte könne man unter diesem Namen auf keinen Fall in seinem Land verkaufen.

Dieses authentische Beispiel zeigt, wie schnell ein neues Unternehmen durch die Wahl eines falschen Namens in eine außerordentlich bedrohliche Lage geraten kann. Das Unternehmen ist in einer Zwickmühle, denn es muss nicht nur seinen Namen ändern, sondern auch sicherstellen, dass der neue Name

- qualitativ in Ordnung und in ausländischen Märkten einsetzbar ist,
- marken- und firmenrechtlich keine neuen Probleme schafft und zu einer erneuten Konfliktsituation führt,
- als Domain-Name identisch verfügbar ist und
- natürlich das Unternehmen wunschgemäß charakterisiert.

Da die professionelle Entwicklung und Absicherung eines neuen Namens einen bestimmten Zeitbedarf voraussetzt, enden solche Situationen häufig in banalen, nichts sagenden und austauschbaren Firmenbezeichnungen wie beispielsweise CPU electronics oder TVX Software AG.

Die Namensgebung in dem geschilderten Beispiel wurde durch simple Fehler verursacht, denn es wurden weder sprachliche Prüfungen durchgeführt und auch kein Patentanwalt eingeschaltet, der durch Recherchen auf diese Problematik der Verwechselbarkeit gestoßen wäre. Es darf unterstellt werden, dass keine böse Absicht vorlag, sondern ganz einfaches Nichtwissen über das Procedere des Namensschutzes.

Da in Deutschlands Marketingausbildungsstätten zwar erklärt wird, wie der Tiefdruck funktioniert, jedoch nicht, wie ein Produkt- oder Firmenname entwickelt und geschützt wird, kann man davon ausgehen, dass sich das erwähnte Beispiel auch in Zukunft wiederholt.

Die Folgen bestehen nicht nur aus dem unnötig entstandenen finanziellen und zeitlichen Aufwand, sondern vor allem darin, dass kaum noch eine Chance besteht, einen international hervorragenden Namen zu erarbeiten, mit dem man die hervorragenden Produkte international einheitlich vermarkten kann. Die Zeiten von Herrn Eastman, in denen man noch Märkte und Produkte übersehen konnte, sind vorbei.

Die Anzahl der Unternehmen wird immer größer, die Warenklassen für den Schutz der Namen immer voller und Domain-Fähigkeit eines Unternehmensnamens ist zwingend notwendig. Auch ein Blick auf die Unternehmensbezeichnungen des Neuen Marktes zeigt, dass die Anzahl der Namen, die international erstklassig sind und gleichzeitig in Europa Schutz genießen, die Ausnahme bilden.

QIAGEN ist so ein erstklassiger Name, denn er ist nicht nur eigenständig und unnachahmlich, er ist auch in Europa und USA geschützt. Die Recherche des Patentanwalts zeigt, dass »weder identische oder nahezu identische Drittzeichen« ermittelt werden konnten. Auch IXOS ist qualitativ ein hervorragender Name, er hat allerdings eine gravierende Schwäche, denn es gibt in England, Frankreich und Italien bereits ältere, identische Eintragungen, die einer einheitlichen europäischen Identität im Wege stehen wird.

Die Folge könnte darin bestehen, dass man in diesen Ländern mit anderen Unternehmensbezeichnungen arbeiten muss. Bezeichnungen wie TELEGATE, TELES, TELEPLAN sind extrem problematisch, vor allem wenn weitere TELE-Namen, die es ja in Hülle und Fülle gibt, als Unternehmen im Neuen Markt aufgenommen werden – wer soll alle diese Namen auseinander halten, wo bleibt die Unverwechselbarkeit?

Über »Namen« wie SCM Microsystems, NSE Software, SER Systeme bis hin zu i: FAO oder BIN TEC Communications kann man wenig Worte verlieren, denn möglicherweise ist schon ein neues Unternehmen mit der Kennung TPS-Systems in Wartestellung.

Gefährlicher kann eine Bezeichnung wie ce Consumer Electronic sein, denn CE ist bekanntlich das europäische Gütesiegel und die Kennzeichnung normengeprüfter Produkte nach den CE-Richtlinien. Ähnlich wie etwa das bekannte Prüfzeichen TÜV sind solche der Klassifizierung von Normen kennzeichnende Begriffe für den geschäftlichen Bereich gesperrt.

Es gibt also unterschiedliche Konstellationen, die dazu führen können, den eigenen Firmennamen zu überdenken bzw. zu ändern.

OPTION 1:
Der eigene Firmenname ist qualitativ hervorragend, in potenziell in Frage kommenden Vertriebsländern aber nicht verfügbar.

Hier gibt es nur zwei Chancen dieses Problem zu lösen. Entweder man kann die Rechte am Namen der Wettbewerber kaufen, was extrem schwierig und teuer ist. Oder man entwickelt zielgerecht einen neuen Unternehmensnamen, der qualitativ und firmen- bzw. markenrechtlich international einheitlich einsetzbar ist.

OPTION 2:
Im Rahmen einer neuen Positionierung möchte man ein Unternehmen verselbständigen und mit einer eigenständigen Kompetenz ausstatten.

Das aktuelle Beispiel ist die stattgefundene Umbenennung der QUELLE Direct bank in ENTRIUM Direktbank. Den Verantwortlichen war selbstverständlich klar, dass der Name QUELLE primär mit »Direktversand« oder »Katalog« besetzt ist und damit nicht eindeutig und exklusiv für eine Direktbank stehen kann. Um jedoch dieser Bank eine eigenständige Identität und Kompetenz zu verschaffen, musste sie mit einem neuen Unternehmensnamen »verselbständigt« werden.

Unabhängig davon, wie man über den Namen ENTRIUM denkt, war diese Entscheidung strategisch richtig und wird auch konsequent umgesetzt.

OPTION 3:
Die Fusion oder ein Joint Venture mit einem anderen Unternehmen und einer neuen Positionierung.

Viele Außenstehende und auch Fachleute haben nicht verstanden, dass sich die Unternehmen HOECHST und RHÔNE-POULENC zu einem neuen Unternehmen mit dem Namen AVENTIS zusammenschlossen – sogar von der Vernichtung enormer Werte wurde gesprochen und geschrieben. Welche Überlegungen und welche strategischen Ziele haben zu der Entscheidung für AVENTIS geführt?

Die Frage »Wer ist HOECHST?« führt in den meisten Fällen unweigerlich zu der Antwort »Ein großes deutsches Chemieunternehmen!« – kein Wunder, denn genau so hat man den Namen HOECHST über Jahrzehnte gelernt.

HOECHST und RHÔNE-POULENC sehen sich und ihre Zukunft jedoch keinesfalls als Chemieunternehmen, sondern als führendes und modernes Life Science-Unternehmen. Dies bedeutet eine neue Unternehmenspositionierung und diese neue Unternehmenspositionierung kann am deutlichsten und klarsten durch eine Neubenennung dokumentiert und kommuniziert werden.

Es macht keinen Sinn und würde Unsummen kosten, der Öffentlichkeit klar zu machen, dass HOECHST nun kein Chemieunternehmen ist, sondern ein Life Science-Unternehmen. Die Tatsache, dass für einen Zeitraum von einigen Jahren, hinter dem Namen AVENTIS noch die »Elternnamen« HOECHST und RHÔNE-POULENC sichtbar sind, macht AVENTIS nicht zu einem anonymen Unternehmensnamen, sondern zeigt auch deutlich, wer hinter dem neuen Namen steht. Auch in diesem Falle wird die strategische konsequente Umsetzung der neuen Unternehmensausrichtung durch einen neuen Namen verdeutlicht.

OPTION 4:
Die Fusion von Unternehmen

Die Tatsache, dass Unternehmen fusionieren, gehört in unserer heutigen Zeit zu völlig normalen Vorgängen. Sehr viel schwieriger ist die Frage zu beantworten, ob die beiden fusionierenden Unternehmen ihre Unternehmensnamen behalten und kombinieren, wie im Falle DaimlerChrysler, oder sich umbenennen, wie AVENTIS, RAILION (Deutsche Bahn Cargo/NS Cargo, Niederlande) oder MAINOVA (Stadtwerke Frankfurt/Maingas AG).

Die Fusion von Daimler-Benz und Chrysler, die zu Recht als Megafusion bezeichnet wurde, hatte ja nicht nur wirtschaftliche, sondern auch politische Dimensionen, und bei der Wahl des neuen Unternehmensnamens war sicherlich ein besonderes Maß an »Fingerspitzengefühl« notwendig.

Man darf davon ausgehen, dass die Wahl des neuen Firmennamens nicht leicht fiel, zudem auch unterschiedliche Nationalitäten und Unternehmenskulturen unter einem gemeinsamen »Dach« zusammengeführt werden mussten.

Die Entscheidung, bei dem Namen DAIMLER-BENZ zu bleiben, wäre mit Sicherheit sehr viel klarer gewesen, aber genauso sicher hätte diese mögliche Forderung die Fusion gefährdet. Und selbst wenn Chrysler sich dazu bereit erklärt hätte, mussten die Reaktionen in der Öffentlichkeit der USA einkalkuliert werden. Die Namensentscheidung DAIMLERCHRYSLER war unter dem Aspekt der Namensqualität und einer eindeutigen Unternehmensidentität nicht die beste, aber die klügste.

Die Entscheidung für einen gemeinsamen neuen Unternehmensnamen ist jedoch in den meisten Fällen die langfristig richtigere Alternative, da die fusionierenden Unternehmen ganz einfach dazu gezwungen sind, eine *gemeinsame* und *neue* Identität zu definieren.

Ein neues und erfolgreiches Produkt von AVENTIS »schweißt« auch die früheren HOECHST- und RHÔNE-POULENC Mitarbeiter zu AVENTIS Mitarbeitern zusammen und bildet damit die Basis für eine tatsächliche »innere« Fusion und Identifizierung mit dem neuen Unternehmensnamen, die die entscheidende Basis für die Zukunft ist.

Man sieht, die Zeiten seit Mr. Eastman sich KODAK ausdachte, haben sich gravierend geändert. Die Anzahl der Unternehmen und Unternehmensnamen hat sich enorm vergrößert, der Wettbewerb ist durch das Internet transparenter und damit auch härter geworden, es ist auch ein Wettbewerb der Unternehmensnamen geworden, auch an der Börse. Unternehmensnamen müssen heute mehr denn je lebendige attraktive und faszinierende Unternehmen charakterisieren, die durch Mut, Charme, Leistungsfähigkeit und Durchsetzungsvermögen kommunizierbar sind.

Noch heute gilt das, was Hebbel zwischen 1813 und 1863 einmal sagte:

»Jedenfalls ist es besser ein eckiges Etwas
als ein rundes Nichts zu sein.«

Checkliste

1. »KRITERIEN FÜR DEN EINSATZ DES NEUEN UNTERNEHMENS-NAMENS«

- Ist der neue Unternehmensname eigenständig, unverwechselbar und positionierungsadäquat?
- Ist der neue Unternehmensname in allen potenziell wichtigen Vertriebsländern ohne negative oder falsche Assoziationen und aussprechbar?
- Ist der neue Unternehmensname firmen- und markenrechtlich in allen potenziell wichtigen Vertriebsländern schutzfähig, recherchiert und ohne ernsthafte Kollisionsgefahr?

- Ist der neue Unternehmensname als identische Domain-Bezeichnung im Internet verfügbar?
- Steht ein Budget für den eventuellen Kauf von Namensrechten zur Verfügung?

Checkliste

2. »ENTWICKLUNG DES NEUEN UNTERNEHMENS-NAMENS«

- Analysieren Sie alle Wettbewerbsnamen.
- Entwickeln Sie Namen auf unterschiedlich strategischen Ansätzen und trennen Sie sich von der Vorstellung, dass Namen konkrete Inhalte haben müssen – denken Sie weitsichtig, mutig und kreativ.
- Prüfen Sie alle in Frage kommenden Namensoptionen in allen potenziell in Frage kommenden Ländern auf mögliche Nebenbedeutungen.
- Lassen Sie alle Namensoptionen von einem Patentanwalt in allen potenziellen Vertriebsländern firmen- und markenrechtlich überprüfen und rechtzeitig zum Schutz anmelden.
- Setzen Sie nicht auf *einen* Namen, sondern auf zwei bis drei Namen, damit Sie weniger abhängig sind.
- Lassen Sie alle Namensoptionen grafisch umzusetzen; nur so kann man die neuen Firmennamen emotional *und* rational zugleich beurteilen.
- Je beschreibender ein Name ist, desto höher ist die Wahrscheinlichkeit auf vergleichbare Namen zu treffen und umso mehr müssen Sie über Kommunikation in diesen Namen investieren.
- Denken sie über den Tellerrand hinaus, entscheiden Sie sich für Namen, die in jedem Land dasselbe bedeuten können, und denken Sie an Namen wie KODAK, BACARDI und QIAGEN.

3. Die Kommunikation des Börsengangs

von Klaus Rainer Kirchhoff

- Vor Beginn des Börsengangs muss ein Kommunikationskonzept erstellt werden. Das Konzept legt Ziele und Inhalte, Instrumente, Timing und das Budget fest.
- Mit dem Börsengang empfiehlt es sich eine IR-Abteilung einzurichten, die direkten Zugang zum Vorstand haben sollte.
- Die Palette an Instrumenten umfasst unter anderem: Geschäftsberichte, Anzeigen, IPO-Folder, Pressearbeit, DVFA-Veranstaltung, Fernsehspot, Internet und Unternehmensvideo.
- Die Mitarbeiter sollten beim Börsengang etwa durch eigene Veranstaltungen und die Ausgabe von Mitarbeiteraktien einbezogen werden.

3.1 Kapital ist nicht knapp

Kapital ist kein Engpassfaktor – im Gegenteil. Die sogenannte Erbengeneration verfügt über mehr Geld als je zuvor. Und auch der wachsende Vorsorgebedarf für die Zeit nach dem Erwerbsleben garantiert, dass viel Geld angelegt werden muß.

Die zunehmenden Globalisierung und das Zusammenwachsen der (Kapital-) Märkte bewirken aber, dass der Wettbewerb um das Kapital beständig zunimmt. Und auch am Aktienmarkt hat sich einiges getan. Gingen 1992 lediglich neun Unternehmen an die Börse, waren es 1998 bereits 67. 1999 werden es voraussichtlich mehr als 120 Unternehmen sein, die den Gang an den Kapitalmarkt wagen. Diese Entwicklung ist für die Aktienkultur in Deutschland sehr erfreulich und wird sich auch in Zukunft fortsetzen.

Der Autor

Klaus Rainer Kirchhoff

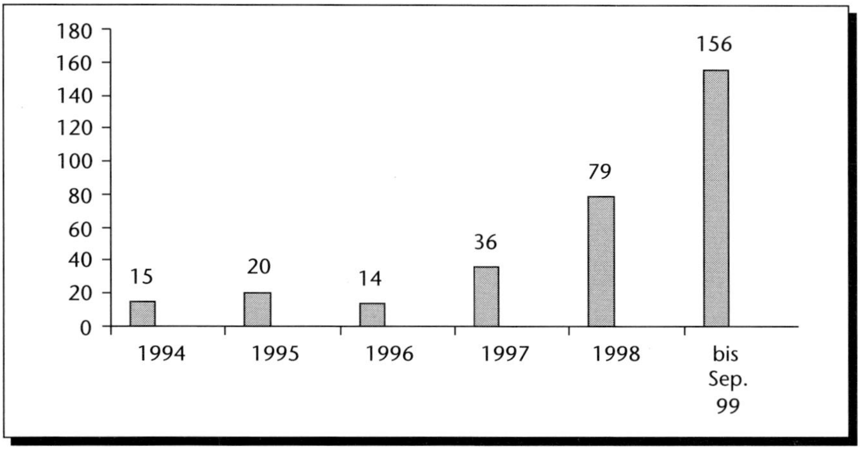

Abb. 1: Entwicklung der Aktienemissionen seit 1990

Bei dieser Anzahl von Unternehmen ist es allerdings selbst für die Profis schwer, den Überblick zu behalten. Noch schwieriger ist es den Privatanleger.

Vor diesem Hintergrund wird die Bedeutung der Kommunikation des Börsengangs deutlich. Es gilt, sich von der Masse der Unternehmen abzusetzen und die Einzigartigkeit des Unternehmens herauszustellen.

3.2 Chance oder Risiko? Ziele der Kommunikation

Viele Unternehmer haben Angst, durch weitreichende Informationen die Konkurrenz schlau zu machen und halten sich deshalb in ihrer Informationspolitik zurück. Das ist ein Fehler. Denn machen wir uns nichts vor: Im Zweifel hat die Konkurrenz längst die Informationen, die sie braucht. Führen Sie sich deshalb die Risiken einer restriktiven und verschlossenen Kommunikationspolitik vor Augen:

- Sie erreichen negative Aufmerksamkeit, wenn Fragen offen bleiben.
- Sie werden von der Presse und den Analysten falsch eingeordnet. Das kann erhebliche Auswirkungen auf Ihre Bewertung (Multiple) am Markt haben. Ein Automobilwert erreicht ein anderes Kurs-Gewinn-Verhältnis als ein Wachstumswert aus der IT-Branche.
- Synergieeffekte werden nicht genutzt oder – noch schlimmer – negative Synergien entstehen. Das heißt Ihr schlechtes Image hinsichtlich der Kommunikation wirkt sich negativ auf Ihre Produkte aus.

Begreifen Sie den Börsengang deshalb auch in kommunikativer Hinsicht als große Chance: Je glaubwürdiger Ihre Kommunikation ist, desto größer ist auch das Vertrauen und Sicherheitsgefühl bei den Investoren. Das Ergebnis ist ein höherer Emissionspreis und eine langfristig höhere Bewertung an der Börse. Darüber hinaus können sich positive Effekte zum Beispiel auf Ihr Marketing durch einen erhöhten Bekanntheitsgrad ergeben. Nicht zu vergessen sind die Auswirkungen auf das Recruiting hochqualifizierter Mitarbeiter. Durch eine professionelle Kommunikation beim Börsengang konnte ein Unternehmen wie TDS die Personalbeschaffungskosten deutlich senken. Zusammengefasst lassen sich die Ziele der Kommunikation zum Börsengang wie folgt darstellen:

- Interesse der potenziellen Investoren und der Multiplikatoren wecken
- Das Unternehmen als interessantes Investment mit überdurchschnittlichem Ertragspotenzial vorstellen.
- Den Bekanntheitsgrad auch außerhalb des bisherigen Kundenkreises erhöhen.
- Positive Beeinflussung des Images
- Klare Positionierung innerhalb einer Branche/eines Sektors

3.3 Neue Zielgruppen der Kommunikation

Als nicht börsennotiertes Unternehmen richtet sich die Kommunikation hauptsächlich an Kunden, Lieferanten, Wettbewerber, Mitarbeiter und die Fachpresse. Diese Aufgaben werden von der PR-Abteilung und vom Marketing übernommen. Durch den Börsengang kommen die Privatanleger und die so genannte Financial Community als neue Zielgruppen (*vgl. Kapitel B.2 Die Grundlagen der Investor Relations*) hinzu. Zur Financial Community zählen:

- Institutionelle Investoren
- Analysten
- Wertpapierberater
- Wirtschaftsjournalisten

Sie alle begegnen dem Unternehmen mit Sachverstand und kritischen Fragen, auf die überzeugende Antworten gegeben werden müssen.

3.4 Vorgehensweise: Am Anfang steht das Konzept

Durch den Börsengang wird Ihr ganzes Unternehmen »umgekrempelt«. Es gilt, eine Vielzahl von Ereignissen und Erfordernissen zu koordinieren und zu gestalten. Eine sorgfältige Planung vermeidet dabei Fehler und Ärgernisse. Deshalb steht an erster Stelle die Erarbeitung eines Kommunikationskonzeptes. Dieses sollte durch einen IR-Berater geschehen, der alle Facetten der Finanzkommunikation beherrscht und über ausreichende Erfahrung bei Börsengängen verfügt.

Das Konzept bestimmt:

- **Ziele und Inhalte**
  Welche Informationen sollen mit welcher Intention verbreitet werden? Es ist festzulegen, wie das Unternehmen positioniert werden soll. Handelt es sich um ein solides Unternehmen mit seit langem bestehenden, ertragsstarken Geschäftsfeldern oder ist es ein innovatives und dynamisches Wachstumsunternehmen? Als die Intershop AG aus Jena im Juli 1998 an die Börse ging, schrieb sie rote Zahlen. Hier galt es, die Dynamik, die dem Geschäft zugrunde liegt, zu kommunizieren und Intershop als klaren Internet-Wert zu positionieren. Dass dies gelungen ist, zeigt die Kursentwicklung eindrucksvoll.
- **Instrumente**
  Die Wahl der Instrumente wird durch die Ziele und Inhalte sowie durch das Budget determiniert. Es ist wichtig, die Maßnahmen sehr individuell auf das jeweilige Unternehmen zuzuschneiden. Ein Unternehmen, welches sich mit e-commerce beschäftigt, muss einen überzeugenden Internet-Auftritt haben. Verfügt ein Unternehmen über beeindruckende Produktionsanlagen, die auch einem Laien verständlich gemacht werden können, sind Betriebsbesichtigungen für Analysten ein geeignetes Mittel, um das Unternehmen (be-)greifbarer zu machen.
- **Timing**
  Ein stimmiges Kommunikationskonzept plant den Einsatz der verschiedenen Instrumente. Es gilt, eine Dramaturgie zu entwickeln, die ihren Höhepunkt in der IPO-Pressekonferenz mit den letzten Details zum Börsengang findet.
  Ein gutes Konzept umfasst aber auch die Zeit danach. Viele Unternehmen haben in der Vergangenheit den Fehler gemacht, ihr »Kommunikationspulver« zum Börsengang zu verschießen. Aber gerade für die Zeit danach ist eine kontinuierliche und informative Investor Relations-Arbeit unerläßlich.
  Dabei sei an dieser Stelle ein kleiner Exkurs zum Grundsatzthema Zeit erlaubt: Viele Unternehmen beginnen erst sehr spät, häufig erst zwei bis drei Monate vor dem geplanten Börsengang, sich mit der Finanzkommunikation auseinanderzusetzen. Das ist sehr schade, denn wer früher anfängt hat auch mehr Zeit zum Üben und kann Fehler vermeiden.
  Häufig wird der Zeitaufwand, der für eine Maßnahme erforderlich ist, unterschätzt. Texte müssen abgestimmt und korrigiert, Anzeigen layoutet oder Publikationen gedruckt werden. All dies kostet Zeit – die umso wertvoller wird, je näher der Börsengang bevorsteht.
- **Verteilung des Budgets**
  Ein Börsengang kostet Geld. Dieses sollte möglichst effizient und ergebnisorientiert eingesetzt werden. Ein erfahrener Berater prüft daher sehr genau, welche Maßnahmen in welchem Umfang notwendig sind und auf welche verzichtet werden kann. Das Unternehmen sollte sich aber bei der Festlegung des Budgets immer die einzigartige Chance des Börsengangs vor Augen halten. Eine erfolgreiche Vermarktung des Unternehmens beim Börsengang wird sich mit Sicherheit im Pricing niederschlagen. Hier kann ein geringer

Mehraufwand (zum Beispiel bei der Anzeigenkampagne) gleich mehrere Millionen EURO Mehrerlös bedeuten. Dieser Umstand ist bei der Budgetierung des Börsengangs zu berücksichtigen.

3.5 Organisatorische Implementierung der Kommunikation

Mit der Entscheidung zum Börsengang taucht die Frage auf, wer denn für die Kommunikation mit den künftigen Aktionären und der Financial Community zuständig sein wird. Soll diese Kommunikation professionell betrieben werden, empfiehlt es sich, eine eigene Investor Relations-Abteilung zu errichten. Diese kann am Anfang durchaus nur aus einer Person bestehen. Wichtig ist allerdings, dass die Abteilung/Person im direkten Kontakt zum Vorstand steht. Denn an der Börse wird die Zukunft gehandelt. Deshalb interessiert vor allem die Strategie und die Aussichten des Unternehmens – und das wird im Vorstand festgelegt. Bedenken Sie: Mit der Qualität Ihrer Information bestimmen Sie die Qualität Ihrer Investoren!

Häufig taucht die Überlegung auf, der Finanzvorstand könne die Investor Relations-Arbeit noch nebenbei erledigen. Vorsicht: Unterschätzen Sie den für die Kommunikation mit den Investoren erforderlichen Zeitaufwand nicht. Ein professioneller Dialog braucht Zeit. Es müssen Publikationen erstellt, Veranstaltungen organisiert, Zwischen- und Jahresberichte verfasst und Einzeltermine mit Analysten abgehalten werden. Darüber hinaus soll auch die Finanzpresse mit kontinuierlichen Informationen versorgt werden. Das ist an den üblicherweise bereits sehr vollen Arbeitstagen des Vorstandes nicht zu schaffen.

3.6 Die Vielfältigkeit der Instrumente ausschöpfen

3.6.1 Die besondere Rolle des Geschäftsberichts

Dem Geschäftsbericht fällt beim Going Public eine besondere Rolle zu. Er überzeugt durch seine hohe Glaubwürdigkeit – bürgen doch Vorstand, Aufsichtsrat und die Wirtschaftsprüfer mit ihrer Unterschrift für die Richtigkeit der Information. Aber auch intern ist er von großem Nutzen. Die Arbeit am Geschäftsbericht zwingt das Unternehmen, alle relevanten Informationen systematisch aufzubereiten. So wird schnell deutlich, wo das Berichtswesen des Unternehmens noch Lücken aufweist.

Häufig wird erstmals zum Börsengang ein Geschäftsbericht veröffentlicht. Dabei ist es wichtig, daß bereits dieser erste Geschäftsbericht professionell erscheint und sich an internationalen Standards orientiert. Auch er ist eingebettet in das Kommunikationskonzept und muss die vorher festgelegten Inhalte kommunizieren. Neben quantitativen Informationen vermittelt er auch qualitative Einblicke in das Unternehmen und versucht, die Philosophie deutlich werden zu lassen.

Börsengang im November – trotzdem ein Geschäftsbericht? In solch einem Fall ist ein Geschäftsbericht nicht zwingend erforderlich, schließlich liefert er keine aktuellen Zahlen. Wird er allerdings dazu genutzt, die Strategie und die Zukunftsaussichten des Unternehmens zu vermitteln, ist er trotzdem für den künftigen Aktionär interessant. Durch den Geschäftsbericht kann er sich ein umfassendes Bild über das Unternehmen machen, dem er vielleicht sein Geld geben will.

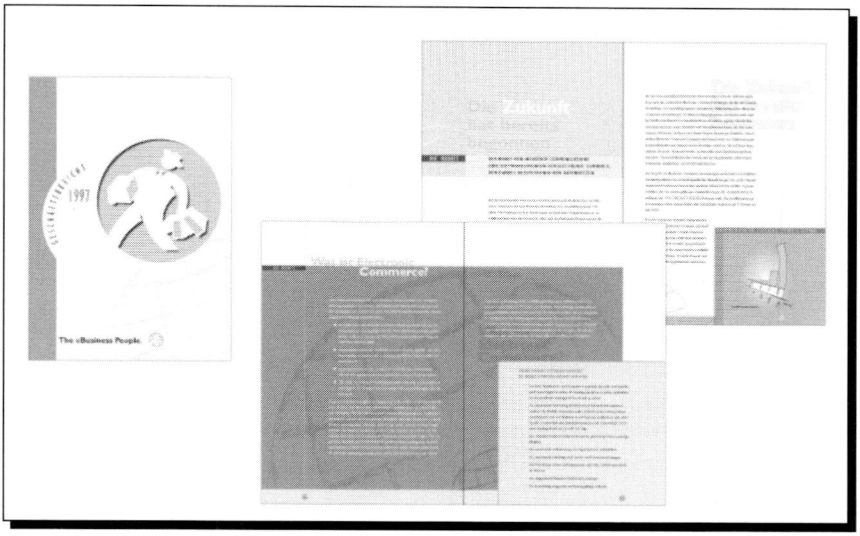

Abb. 2: Börsengang der Intershop AG

3.6.2 Anzeigen zur Kontaktaufnahme mit dem Privatanleger

Privatanleger sind für ein Unternehmen eine willkommene Investorengruppe. Sind sie doch häufig beständiger in ihren Investitionsentscheidungen und nicht so sehr an der kurzfristigen Entwicklung einer Aktie orientiert. Allerdings ist es ungleich schwerer, sie mit der Kommunikation zu erreichen. Deshalb sollte auf die Schaltung von Finanzimageanzeigen nicht verzichtet werden. Denn diese eröffnen durch die Angabe einer Hotline-Nummer die Möglichkeit zur Kontaktaufnahme durch den Kleinanleger. Ruft dieser an, wird seine Adresse aufgenommen um so mit der Zeit eine umfangreiche Investor Relations-Datei aufzubauen.

Von den Finanzimageanzeigen wird – anders als von Werbeanzeigen – nicht nur eine geeignete optische Gestaltung erwartet, sondern auch das gebotene Maß an sachlicher und prägnant dargebotener Finanzinformation. Bei der Auswahl der Printmedien, in denen die Anzeigen geschaltet werden, ist neben Kostenüberlegungen vor allem auf eine möglichst weitgehende Übereinstimmung der jeweiligen Leser mit den anzusprechenden Zielgruppen zu achten.

Abb. 3: Börsengang der epcos AG

3.6.3 IPO-Folder oder was schicke ich auf Nachfrage?

Die Privatanleger möchten sich – angeregt durch Anzeigen oder Spots – über das Unternehmen informieren. Für viele ist dabei ein Geschäftsbericht zu umfangreich. Ein IPO-Folder enthält eine kurze und informative Darstellung des Unternehmens. Hierbei werden vor allem qualitative Informationen in den Vordergrund gerückt und lediglich ein Überblick über die wichtigsten quantitativen Fakten gegeben. Besonders geeignet ist ein Folder, wenn es unternehmensspezifische Möglichkeiten der Verteilung gibt.

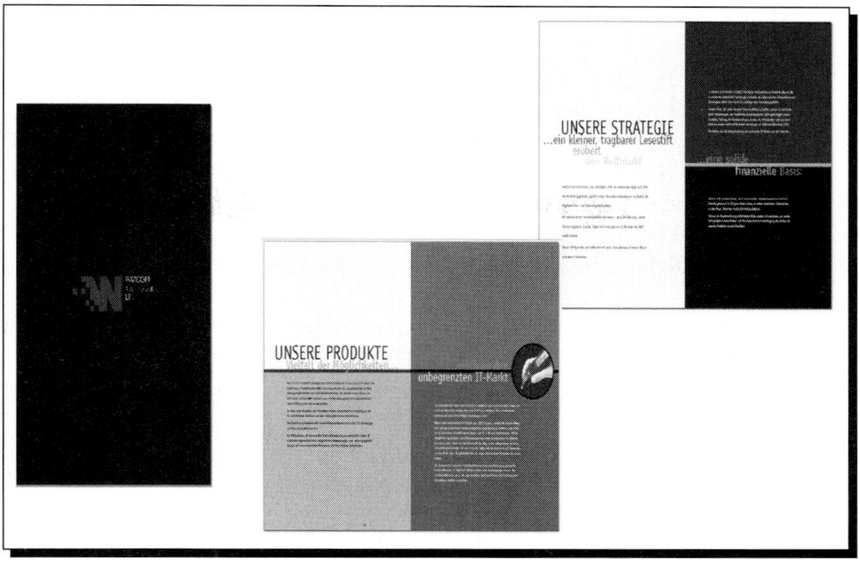

Abb. 4: Börsengang der Wizcom AG

3.6.4 Pressearbeit will gelernt sein

Die Finanzpressearbeit sollte möglichst frühzeitig beginnen. So ist Zeit, Kontakte zur Presse aufzubauen und diese mit Hintergrundinformationen über das Unternehmen zu versorgen. Auch hier ist auf eine spannende Dramaturgie zu achten Erst circa 5–6 Wochen vor dem Börsenstart sollte das Going Public kommuniziert werden. Kommt die Nachricht über den Börsengang zu früh und können dann nicht zeitnah die nachgefragten Detailinformationen geboten werden, verliert die Meldung die gewünschte Wirkung. Noch schlimmer ist es, wenn sich der Börsengang verzögert und der Verdacht aufkommt, die Fundamentaldaten des Unternehmens seien nicht korrekt.

Achten Sie bei der Auswahl des Kommunikationsberaters darauf, daß dieser Ihnen auch die Pressearbeit abnehmen kann. Nur so bekommen Sie eine Kommunikation, die wirklich aus einem Guß ist. Darüber hinaus verfügt das Unternehmen in der Regel noch über keine Kontakte zur einschlägigen Wirtschaftspresse. Diese Kontakte muß Ihnen Ihr Berater verschaffen können.

Pressearbeit ist eine sensible Angelegenheit. Versuchen Sie, Fehler zu vermeiden und den Umgang mit der Presse möglichst positiv zu gestalten:

- Geben Sie stets wahre Informationen und vermeiden unrichtige oder schön gefärbte Aussagen – Vertrauen aufzubauen ist ein langer Prozess, Vertrauen zu verspielen geht in Sekunden.
- Arroganz, Überheblichkeit und eine allgemeine Medienschelte bringen Ihnen keine Freunde unter den Journalisten.

- Versuchen Sie, möglichst einfach und anschaulich Ihr Geschäft zu erklären. Vermeiden Sie Fachtermini dort, wo sie nicht unbedingt nötig sind. Vergessen Sie nicht: Wirtschaftsjournalisten sind auf dem speziellen Arbeitsgebiet Ihres Unternehmens Laien.
- Vermeiden Sie einen Information-Overload. Wenn Sie zu viele – vor allem unwichtige – Nachrichten verteilen, kann es Ihnen passieren, dass sie gar nicht mehr gelesen werden – auch die wichtigen nicht.
- Achten Sie bei Exklusivstories sehr auf die Auswahl Ihres Partners, sichern Sie aber bei allgemeinen Presseterminen eine Gleichbehandlung aller Teilnehmer.
- Informieren Sie regelmäßig, auch in schlechten Zeiten und pflegen Sie Ihre Kontakte.
- Versuchen Sie niemals, dem Journalisten vorzuschreiben, wie sein Artikel auszusehen hat.
- Bereiten Sie sich sorgfältig auf kritische Fragen vor.

3.6.5 Die DVFA-Veranstaltung – hier treffen Sie Profis

Um Ihre Aktien erfolgreich zu platzieren, müssen Sie die Profis überzeugen. Dazu haben Sie auf der DVFA-Veranstaltung zu Beginn des Bookbuildings Gelegenheit. Dabei sollten Sie bei der Terminierung darauf achten, dass keine DVFA-Veranstaltung eines bedeutenden DAX-Wertes oder eines anderen IPOs stattfindet – sonst gehen die Analysten im Zweifelsfall dorthin.

Ein nicht zu langer Vortrag sollte – unterstützt durch erstklassige Charts – Ihr Unternehmen umfassend vor- und vor allem die Zukunftsaussichten und die strategischen Wettbewerbsvorteile herausstellen. Die Charts erhalten die Analysten in gedruckter Form als sogenanntes Fact Book.

Auf der Veranstaltung ist der gesamte Vorstand anwesend. Die Analysten interessieren sich nicht nur für die Fakten. Sie sind vielmehr auch an den Persönlichkeiten des Management und dem Zusammenspiel untereinander interessiert. Sie sollten gut auf mögliche, sehr ins Detail gehende Fragen vorbereitet sein. Fragen zum Zahlenwerk sowie zum strategischen und operativen Geschäft müssen Sie ohne zu Zögern beantworten können. Dadurch wird Kompetenz ausgestrahlt und es verfestigt sich der Eindruck, dass das Management das Unternehmen im Griff hat.

Ein anschließender Imbiss gibt Zeit, persönliche Kontakte zu den Analysten zu knüpfen und Dialogbereitschaft auszustrahlen. Diese Dialogbereitschaft muss aber auch nach den Veranstaltungen gegeben sein. Wenn ein Analyst im Unternehmen anruft, um einen Sachverhalt zu klären, sollte ihm das immer noch am selben Tag möglich sein. Auch hier wird wieder deutlich, dass der Vorstand die Investor Relations-Aufgabe nicht allein wahrnehmen kann.

3.6.6 n-tv-Spot

Ist das Budget ausreichend groß, kann ein Spot auf n-tv geschaltet werden. Dafür sind je nach Aufwand 150–400 TDM erforderlich. Diese sind allerdings gut investiert. Schaltet man zur besten Sendezeit – also vor der Mittagstelebörse um 12.27 Uhr und während der Spätausgabe – erreicht man sehr gezielt die potenziellen Investoren. Die Anruferzahl bei der Hotline schnellt nach der Ausstrahlung regelmäßig in die Höhe. Außerdem ist es leichter als auf Papier, das Feeling und die Besonderheit des Unternehmens zu kommunizieren.

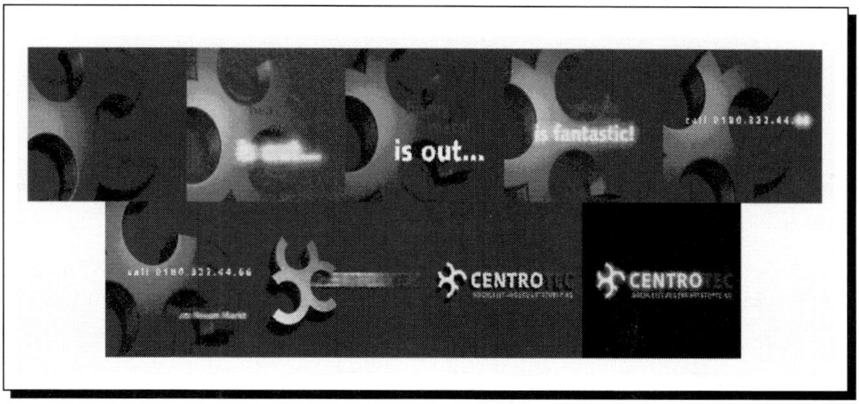

Abb. 5: Börsengang der Centrotec AG

3.6.7 Im Dialog im Internet

Die Mehrzahl der Unternehmen hat heutzutage bereits einen Internet-Auftritt. Im Zuge der Vorbereitung auf einen Börsengang wird er durch ein Investor Relations-Tool ergänzt. Denn die Kombination von Interaktivität, Aktualität, Globalität und Effizienz prädestiniert das Internet für die zielgruppenspezifische Investor Relations-Arbeit. Achten Sie darauf, dass Sie sich die Spezifika des Internet zu Nutze machen und nicht einfach nur Publikationen ins Internet stellen. Damit verfehlen Sie die Wirkung.

Sorgen Sie für einen schnellen Seitenaufbau, für eindeutige und leicht verständliche Links und für die Aktualität der Information. Im Internet darf der letzte Eintrag nicht drei Monate zurückliegen. Durch die Möglichkeit, sich Daten auf den Computer zu laden, erleichtern Sie gerade den Professionals die Arbeit. Die Angabe einer e-Mail-Adresse sichert den direkten Kontakt zur Investor Relations-Abteilung in Ihrem Unternehmen.

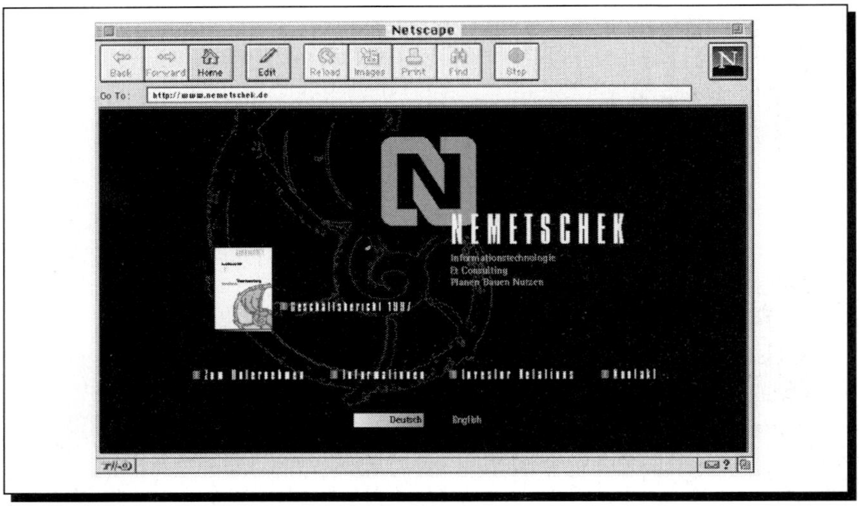

Abb. 6: Börsengang der Nemetschek AG

3.6.8 Emotionen vermitteln über Video

Ein größere – allerdings sehr nützliche – Investition stellt die Produktion eines Videos dar. Es ergänzt die »hard facts«, die über Geschäftsbericht, Fact Book und Börsenzulassungsprospekt kommuniziert werden und kann hervorragend als informativer und unterhaltsamer Auftakt für Veranstaltungen genutzt werden. Die Sequenzen, die sich ausschließlich mit dem Börsengang beschäftigen, können danach verändert werden, so dass das Video auch später auf Veranstaltungen gezeigt werden kann.

Das Video sollte kurz – das heißt nicht länger als drei Minuten – aber informativ sein. Eine schnelle Abfolge dynamischer, situativer Sequenzen sorgt für die nötige Spannung. Imagebildende Elemente und Fakten bilden eine interessante Mischung.

Abb. 7: Börsengang der 1 & 1 AG

3.7 Die interne Kommunikation

Vergessen Sie bei aller Kommunikation mit dem Kapitalmarkt und den potentiellen Investoren Ihre Mitarbeiter nicht. Auch für sie ist ein Börsengang ein einschneidendes Erlebnis. Viele haben Ängste und sind unsicher, was sich für sie durch einen Börsengang ändert. Lassen Sie nicht zu, daß die Mitarbeiter erst aus der Presse erfahren, dass »ihr« Unternehmen an die Börse geht. Organisieren Sie eine Mitarbeiterveranstaltung, auf der das Thema Going Public ausführlich behandelt wird oder schicken jedem Mitarbeiter einen persönlichen Brief.

Durch die Ausgabe von Mitarbeiteraktien wird die Belegschaft direkt in das Going Public einbezogen. Wahrscheinlich haben bisher erst wenige ein eigenes Depot und investieren in Aktien. Deshalb sollten Sie einen Berater Ihrer Konsortialbank bitten, als Ansprechpartner für die Mitarbeiter zur Verfügung zu stehen.

Der Grad der Mitarbeiterbeteiligung ist bei kleineren und mittleren Unternehmen ein wichtiger Indikator für eine engagierte Belegschaft und Ausdruck eines starken Vertrauens der über das Unternehmen bestens informierten Mitarbeiter. Sind also ein Großteil Ihrer Mitarbeiter bereit, sich über Aktien am Unternehmen zu beteiligen, sollten Sie dies auch nach außen kommunizieren.

3.8. Sechs Regeln für das Management

1. **Vergessen Sie nicht die Bedeutung des Begriffs Going Public**
   Going Public bedeutet: der Gang in die Öffentlichkeit. Wenn Sie sich einmal entschlossen haben, an die Börse zu gehen, müssen Sie auch zur erhöhten

Publizität bereit sein. Und dazu reicht es nicht, dass Sie einmal im Jahr Ihre Umsatzzahlen veröffentlichen. Regelmäßig und ausführlich sollten Sie über Ihre Strategien und Visionen und tiefgehende Zahlen berichten.

2. **Informationen sind Bringschulden**
   Warten Sie nicht, bis sich ein Journalist oder Analyst an Sie wendet. Investor Relations-Arbeit ist aktiv – nicht reaktiv. SIE müssen die Öffentlichkeit mit den notwendigen Informationen versorgen.
3. **Seien Sie immer ehrlich**
   Eigentlich eine Selbstverständlich – aber in schlechten Zeiten manchmal schwer einzuhalten. Trotzdem: eine offene und ehrliche Berichterstattung ist allemal besser als beschönigende Daten, mit denen Sie im Endeffekt das Vertrauen Ihrer Investoren verspielen.
4. **Trainieren Sie**
   Nur die wenigsten Menschen sind rhetorische Naturtalente. Üben Sie deshalb, bevor Sie an die Öffentlichkeit gehen. Hierbei können Sie Kommunikationsprofis unterstützen, die Sie auch auf unangenehme Fragen und Situationen vorbereiten.
5. **Begreifen Sie Investor Relations als Management-Aufgabe**
   Früher wollten Sie nur Ihre Produkte verkaufen, jetzt wollen Sie dies auch mit Ihrer Aktie tun. Das Aktienmarketing kommt also als Management-Aufgabe hinzu. Planen Sie dafür Zeit ein – auch wenn Sie eine eigenständige Investor Relations-Abteilung eingerichtet haben. Denn der Vorstand sollte immer direkt in diese Aufgaben mit einbezogen werden.
   Suchen Sie den persönlichen Kontakt zu den Multiplikatoren
   Beschränken Sie Ihre Kommunikation nicht auf unpersönliche Maßnahmen. Die Analysten und Institutionellen wollen das Management kennenlernen – persönlich. Deshalb sollten Sie regelmäßige DVFA-Veranstaltungen, Pressekonferenzen und Roadshows
6. **Suchen Sie den persönlichen Kontakt zu den Multiplikatoren**
   Beschränken Sie Ihre Kommunikation nicht auf unpersönliche Maßnahmen. Die Analysten und Institutionellen wollen das Management kennenlernen – persönlich. Deshalb sollten Sie regelmäßige DVFA-Veranstaltungen, Pressekonferenzen und Roadshows veranstalten.

4. Investor Relations zum Börsengang – Erfahrungen eines Börsenneulings

von John Lange

- Der Gang an die Börse erfreut sich als Finanzierungsinstrument zunehmender Beliebtheit. Angesichts der großen Zahl von IPOs (Initial Public Offering) wächst für die Börsenneulinge der Wettbewerb um Investoren.
- Voraussetzung für den Erfolg eines Börsengangs und das Erreichen der langfristigen Investor Relations-Ziele nach dem Börsengang ist daher immer mehr die systematische Einbeziehung von Investor Relations-Gesichtspunkten bereits in der Vorbereitungsphase.
- Dazu gehören ein klares Investor Relations-Konzept und zielgruppengenaue Investor Relations-Maßnahmen bei der Investorenansprache.
- Während nach dem IPO das laufende Geschäft besonders aus der engen Kontaktpflege zu den Investoren besteht, sind die Investor Relations-Aktivitäten vor dem Börsengang auf die Entwicklung und die Einführung des »Produkts« Aktie am Kapitalmarkt gerichtet.
- Diese Herausforderung wird von vielen Unternehmen unterschätzt.

Im folgenden Aufsatz werden die Grundzüge einer systematischen Investor Relations-Arbeit zum Börsengang skizziert. Die Empfehlungen basieren auf den Erfahrungen aus dem Börsengang der Intershop Communications AG im Juli 1998 am Neuen Markt.

4.1 Aktive Investor Relations als Aktienmarketing

Investor Relations bildet die Schnittstelle zwischen Unternehmen und der Finanzwelt mit dem Ziel, das Vertrauen gegenwärtiger und potenzieller Investoren in das Unternehmen aufzubauen und zu stärken. Zentrale Funktion von Investor Relations ist es, Transparenz über das Unternehmen zu schaffen und direkte Beziehungen zu den Investoren aufzubauen. Zu den Hauptaufgaben zählen eine investorengerechte Informationspolitik und dialogorientierte Kommunikation. Eine aktive Investor Relations-Arbeit kann zu einer höheren Marktkapitalisierung und damit zu geringeren Eigenkapitalkosten bei Kapital-

Der Autor

John Lange

erhöhungen, einem besseren Schutz gegen Übernahmen und größerem Spielraum für Akquisitionen beitragen.

Aktive Investor Relations-Arbeit ähnelt vom Vorgehen her dem klassischen Produktmarketing, nur ist der Kunde hier ein Investor und das Produkt eine Aktie. Entsprechend orientiert sich eine systematisch angelegte Investor Relations-Arbeit idealtypisch an den Arbeitsschritten im Marketing: Bedürfnisanalyse, Zielgruppendefinition, Positionierung, Produktentwicklung, Information, Werbung und PR, Produkteinführung, direkte Kundenkommunikation und langfristige Kundenbindung. Bei der Aktie handelt es sich um ein informationsintensives »Produkt«, da die Mehrzahl der Investoren ihre Anlageentscheidung auf der Basis von Fundamentaldaten treffen. Die Attraktivität einer Aktie ist aber auch von subjektiven und emotionalen Momenten geprägt. Daher ist die Aufgabe von Investor Relations nicht nur eine umfassende »Produktinformation«, sondern hat – wie bei Konsumgütern auch – das Ziel, eine Marke mit einem positiven Image zu schaffen. Markenbildung fördert ein Grundvertrauen in die Aktie, durch das der Informationsbedarf und die Unsicherheit der Anleger sowie die Anfälligkeit der Aktie gegenüber negativen Einflüssen reduziert werden können.

4.2 Investor Relations beginnt vor dem Börsengang

Mit dem Entstehen neuer, auf Wachstumsunternehmen spezialisierter Börsensegmente ist der Gang an die Börse für immer mehr Unternehmen eine attraktive Alternative. Vorrangiges Ziel für den Börsengang ist der Zuwachs an Liquidität zur Finanzierung des internen oder externen Wachstums. Zusätzliche Motive können die Steigerung der Bekanntheit, eine Verbesserung der Reputation bei Kunden, Lieferanten und Banken, eine höhere Attraktivität als Arbeitgeber sowie erweiterte Möglichkeiten für Merger & Acquisitions sein.

Das Going public stellt jedoch völlig neue Anforderungen an das Management und die Mitarbeiter. Ein leistungsfähiges Rechnungswesen, die Einhaltung aktien- und börsenrechtlicher Auflagen, eine erhöhte Publizität sowie eine professionelle Investor Relations-Arbeit sind nicht nur unmittelbare Folgepflichten eines Börsenganges, sondern müssen bereits vor dem Börsengang beherrscht werden. Diese neuen Aufgaben werden in der Praxis jedoch häufig unterschätzt oder zu spät ernst genommen. Während die rechtlichen Vorschriften relativ einfach zu identifizieren sind, muss die Investor Relations-Arbeit dagegen erst völlig neu definiert werden. Dabei ist es sowohl für den Emissionserfolg selbst als auch für die anschließende Behauptung am Kapitalmarkt von entscheidender Bedeutung, dass der Börsengang bereits von Anfang an unter Beachtung von Investor Relations-Gesichtspunkten konzipiert und vorbereitet wird. Bei einem systematischen Investor Relations-Ansatz sind Bedürfnisanalyse, Zielgruppendefinition, Positionierung, »Produktentwicklung«, Information, Vermarktung und »Produkteinführung« vor dem Börsengang durchzuführen. Nach dem Börsengang bestehen die Aufgaben vor allem in laufender Information und intensiver Kontaktpflege zu bestehenden und potenziellen Investoren und Analysten.

4.3 Emissionskonzept und Investor Relations

Bereits bei der Prüfung der Börsenreife sind fundamentale Investor Relations-Kriterien zu berücksichtigen. Dabei ist zu analysieren, ob die Ausgangsbedingungen des Unternehmens für potenzielle Investoren attraktiv genug sind, um ein ausreichendes Kaufinteresse zu generieren. Wichtige Kriterien sind das Unternehmenskonzept, die Strategie, die Technologie- und Marktposition der Produkte, die Markt- und Branchenparameter, das langfristige Wachstumspotenzial, die Managementqualität und die Gewinnaussichten. In dieser Phase der Bedürfnisanalyse sind die Gegebenheiten des Unternehmens mit den Erwartungen der Investoren zu vergleichen. Nur wenn die aus Investorensicht relevanten Kriterien erfüllt sind, kann ein Börsengang Erfolg versprechend sein.

Nach einer positiven Grundsatzentscheidung wird in Abstimmung mit den Konsortialbanken das Emissionskonzept festgelegt. Dies ist die Phase der »Produktentwicklung«, in die nicht nur die Ziele und Gegebenheiten des Unternehmens, sondern vor allem auch die Bedürfnisse der Investoren einfließen müssen. Ein aktionärsunfreundliches Emissionskonzept gefährdet die spätere Akzeptanz der Aktie und damit den Emissionserfolg als Ganzes. Im Emissionskonzept sind folgende Aspekte aus Investor Relations-Sicht zu berücksichtigen:

- **Rechtsform und Sitz der Gesellschaft**
  Rechtsform und Sitz der börsennotierten Gesellschaft, die anlässlich der Börseneinführung eines Unternehmens häufig ohnehin neu festzugelegen sind, sollten so gewählt sein, dass der Aktionär mit den geltenden rechtlichen Bestimmungen vertraut ist und die ihm bekannten Aktionärsrechte ohne Einschränkung wahrnehmen kann. Ausländische oder wenig verbreitete Rechtsformen sollten daher nach Möglichkeit vermieden werden.
- **Aktientyp**
  Gemieden werden sollten außerdem selten verwendete und mit Rechtsbeschränkungen behaftete Aktientypen. Dazu gehören zum Beispiel vinkulierte Namensaktien und stimmrechtlose Aktien. Namensaktien erfreuen sich auf Grund der internationalen Handelbarkeit und der Möglichkeiten einer gezielten Investor Relations zunehmender Beliebtheit, werden zum Teil aber auch als Vorstufe zum »gläsernen Aktionär« kritisiert.
- **Börsenplatz/-segment**
  Auch die Wahl des Börsenplatzes bzw. des Börsensegments hat Einfluss auf die Akzeptanz der Aktie. »Strenge«, aktionärsfreundliche Auflagen für die Unternehmen schaffen Vertrauen. Auch die Bekanntheit und die Beliebtheit der Börse spielt eine Rolle. Grundsätzlich ist bei der Wahl der Börse da-

rauf zu achten, dass die Börse von den anvisierten Investoren auch intensiv genutzt wird. Mit der Wahl der Börse werden zugleich bestimmte Verpflichtungen eingegangen. Ein intensives Studium der Zulassungs- und Zulassungsfolgepflichten der jeweiligen Börsen ist daher unerlässlich.

- **Angestrebte Investorenstruktur**
  Die Festlegung der anvisierten Investorenstruktur ist aus Investor Relations-Sicht von fundamentaler Bedeutung. Wichtig hierbei ist, sich auf jene Investorengruppe zu konzentrieren, die vom Investitionsansatz und Anlageverhalten her optimal zum Unternehmen passt. Werden in diesem Stadium die Zielgruppen falsch definiert, ist der Erfolg der Investor Relations-Aktivitäten fraglich.
- **Emissionsvolumen**
  Das Emissionsvolumen sollte hoch genug sein, um eine ausreichende Liquidität der Aktie im Handel sicherzustellen. Ein geringer Publikumsanteil dagegen mindert außerdem den Einfluss der freien Aktionäre auf die Entscheidungsprozesse im Unternehmen und wird daher nicht gern gesehen.
- **Verwendung des Emissionserlöses**
  Investoren erwarten, dass der überwiegende Teil des Emissionsvolumens aus einer Kapitalerhöhung stammt und der Zufluss an Liquidität in die Kasse des Unternehmens und nicht in die Taschen der Altgesellschafter fließt. An vielen Börsen bestehen daher Mindestauflagen für das Ausmaß der Kapitalerhöhung.
- **Konsortialbanken**
  Ein entscheidendes Kriterium für die Wahl der Konsortialbanken ist die Platzierungskraft bei den gewünschten Investoren. Je nach angestrebter Investorenstruktur sind daher Banken mit guten Kontakten zu den passenden institutionellen Investoren, bzw. Banken mit einem hohem Anteil an Privatkundengeschäft in das Konsortium aufzunehmen. Ein aus Investor Relations-Sicht wichtiges Kriterium ist zudem, dass die Konsortialbanken eine umfassende Betreuung vor und nach dem Börsengang anbieten. Das gilt auch für die Market Maker-Funktion der Konsortialbanken, die nach dem Börsengang eine ausreichende Liquidität der Aktie gewährleisten soll.

4.4 Investor Relations-Strategie

Auf Basis des Emissionskonzepts ist die Investor Relations-Strategie zum Börsengang festzulegen. Die Investor Relations-Strategie ist ein Kernelement der gesamten Planung des Börsengangs und umfasst die Definition der Ziele, der Zielgruppen und des Zeitplans.

4.4.1 Definition der Ziele

Oberstes Ziel von Investor Relations zum Börsengang ist die Erzeugung einer ausreichenden Nachfrage der Investoren nach der Aktie zum anvisierten Emissionspreis. Zu den wesentlichen Aufgaben von Investor Relations zum Börsengang gehören daher die Auswahl der richtigen Zielgruppen und die überzeugende Vermittlung der »Equity story« sowie des Unternehmenswertes. Bis zur Zeichnung sind jedoch einige Hürden zu nehmen, die dem aus der Marketingforschung bekannten AIDA-Modell folgen: attention, interest, desire, action. Daraus lassen sich folgende Unterziele für die Investor Relations-Arbeit vor dem Börsengang ableiten:

- **Aufmerksamkeit erzeugen**
  Grundlage für den Emissionserfolg ist die Aufmerksamkeit der relevanten Zielgruppen gegenüber dem Unternehmen und dem Börsengang. Eine Steigerung der Bekanntheit ist insbesondere für Unternehmen, die dem Kapitalmarkt und der Öffentlichkeit bislang noch wenig oder gar nicht bekannt sind, eine wichtige Voraussetzung dafür, dass sich die Zielgruppen überhaupt mit dem Unternehmen als mögliches Investment auseinander setzen.
- **Interesse wecken**
  Im nächsten Schritt gilt es, das Interesse der Investoren und der Medien für das Unternehmen zu wecken. Interesse entsteht in der Regel dann, wenn das Unternehmen über eine attraktive »Story« verfügt, die auf einer Erfolg versprechenden Produktidee, einer überzeugenden Strategie oder einem interessanten Markt basieren kann.
- **Kaufbereitschaft erzeugen**
  Erst wenn sich der Investor ein vollständiges Bild vom Chancen-Risiken-Profil des Investments gemacht hat, ist er zu einer positiven Investitionsentscheidung bereit, sofern das Preis-Leistungs-Verhältnis für ihn akzeptabel ist. Um Kaufbereitschaft zu erzeugen, müssen daher alle wichtigen Informationen zum Unternehmen sowie die Details zum Börsengang überzeugend vermittelt werden.
- **Kaufhandlung auslösen**
  Damit es zum Kauf der Aktie kommt, müssen dem Investor die Kaufentscheidung und die Umstände des Kaufens möglichst leicht gemacht werden. Ein wichtiger Aspekt ist in diesem Zusammenhang, dass die Möglichkeiten für die Zeichnung und Zuteilung der Aktien nicht zu gering sein sollten. Ein möglichst transparentes Zuteilungsverfahren sowie eine ausreichende Platzierung über Banken mit einer breiten Kundenstruktur erhöhen die Bereitschaft breiterer Aktionärskreise, sich für eine Zeichnung zu entschließen.

4.4.2 Definition der Zielgruppen

Wichtig für die Effektivität der Investor Relations-Arbeit ist die klare Definition der anvisierten Zielgruppen. Dabei können folgende Zielgruppen für Investor Relations unterschieden werden:

- **Investoren**
  Grundsätzlich können die Investoren in private und institutionelle einerseits sowie inländische und ausländische andererseits unterschieden wer-

den. Die angestrebte Investorenstruktur wird bereits im Emissionskonzept definiert. Darauf ist auch das Investor Relations-Programm auszurichten. So erfordert die Ansprache von Privatanlegern den Einsatz anderer Kommunikationsmittel als die institutioneller Investoren. Ebenso macht zum Beispiel ein hoher Anteil ausländischer Investoren eine teilweise Verlagerung der Investor Relations-Aktivitäten ins Ausland notwendig.
Das grundsätzliche Problem für die Investor Relations-Arbeit vor dem Börsengang besteht darin, dass das Unternehmen noch relativ wenig über die Investoren weiß. Es ist daher ratsam, sich möglichst frühzeitig über den Kenntnisstand, die Einstellungen und die Informationsbedürfnisse der Investoren zu informieren. Ein intensives Studium der Fachpresse und die Beratung durch die Konsortialbanken sind hierbei unerlässlich.
Die einzelnen Investorengruppen sollten so genau wie möglich spezifiziert werden. Insbesondere bei institutionellen Investoren gibt es eine große Bandbreite von Investmentgesellschaften mit unterschiedlichen Anlageschwerpunkten, Anlagehorizonten und Anlageverhalten. So existieren neben breit angelegten Publikumsfonds zahlreiche Spezialfonds, die ausschließlich auf bestimmte Branchen, Regionen oder Unternehmenstypen ausgerichtet sind. Es ist daher vor allem für den langfristigen Erfolg der Emission entscheidend, den für das Unternehmen richtigen Anlegertyp zu identifizieren und gezielt anzusprechen (Targeting). Die direkte Ansprache der institutionellen Investoren erfolgt bei einem Börsengang in der Regel durch die Konsortialbanken. Dennoch sollte sich das Unternehmen aktiv an dem Auswahlprozess und an der Zielgruppendefinition beteiligen. Informationen über die Kapitalanlagegesellschaften sind auf Grund der Publizitätspflicht vieler Fonds zum Teil öffentlich erhältlich. Darüber hinaus bieten spezialisierte Investor Relations-Dienstleister entsprechende Targeting-Analysen an, die neben dem Anlageschwerpunkt der Fonds auch Informationen darüber enthalten, ob ein Fonds bereits in Konkurrenzunternehmen investiert.

- **Meinungsbildende Multiplikatoren**
  - *Finanzanalysten*

    Finanzanalysten sind beim Börsengang von großer Bedeutung. Durch ihre Studien über das Unternehmen nehmen sie es dem Investor ab, sich die notwendigen Informationen selbst zu beschaffen. Häufig sind sie die einzigen, die den Börsenkandidaten vor dem Börsengang umfassend analysiert haben, so daß ihrem Urteil eine maßgebliche Bedeutung zukommt. Dies gilt insbesondere für die Analysten der Konsortialbanken, die mit den Emissionsstudien die Basis für die Festlegung der Preisspanne sowie häufig die zentrale Entscheidungsgrundlage für Investoren liefern. Ein intensiver Kontakt und ein den tatsächlichen Verhältnissen entsprechendes »Briefing« der Syndikatsanalysten im Vorfeld ist daher besonders wichtig. Erst kurz vor dem Börsengang wird das Unternehmen normalerweise einem weiteren Kreis von Analysten präsentiert.

- *Retailbanken*
  Eine weitere wichtige Gruppe sind die Banken mit breitem Privatkundengeschäft (Retailbanken). Die Kundenbetreuer fungieren als Ansprechpartner und Ratgeber für die Privatanleger und verfügen daher über einen großen Einfluss auf die Meinungsbildung dieser Zielgruppe.
- *Medien*
  Eine mindestens ebenso wichtige Zielgruppe wie die Finanzanalysten sind die Medien (Tagespresse, Fachpresse, TV, Hörfunk und Internet). Ihre Berichterstattung bestimmt wegen der hohen Reichweite in besonderer Weise das öffentliche Meinungsbild.

- **Sonstige**
  Neben den oben genannten Kernzielgruppen gibt es eine Reihe wichtiger Gruppen, die im Investor Relations-Programm berücksichtigt werden sollten. Dazu gehören unter anderem *Mitarbeiter*, vor allem, wenn sie am Unternehmen selbst beteiligt sind, sowie *Kunden, Lieferanten, Hausbanken* und *sonstige Geschäftspartner*. Obwohl diese Gruppen keinen direkten Einfluss auf den Börsengang haben, sollten sie über die Emission ebenfalls umfassend informiert werden. Dadurch können auf Informationsdefiziten beruhende Unsicherheiten vermieden werden und eventuell die Bindung an das Unternehmen erhöht werden. Dies gilt besonders dann, wenn im Rahmen so genannter »Friends & Family«-Programme Mitarbeitern und Geschäftspartnern Aktien aus der Emission bevorzugt zugeteilt werden.

4.4.3 Festlegung des Zeitplans

Das richtige Timing ist ein kritischer Faktor für den Erfolg der Investor Relations-Arbeit zum Börsengang. Ausgangspunkt der Planung ist die Fixierung des Emissionstages. Dieser sollte, soweit möglich, in ein positives Börsenumfeld gelegt werden. Außerdem sollte ein ausreichender Abstand zu eventuellen Börsengängen vergleichbarer Unternehmen gewährleistet sein. Alle Investor Relations-Maßnahmen müssen auf den Emissionstag präzise abgestimmt werden. Dazu ist möglichst frühzeitig ein grober Stufenplan festzulegen. Die Kommunikation zum Börsengang vollzieht sich in folgenden Schritten:

- Ankündigung
- Information zum Unternehmen und Rahmendaten des Börsenganges
- Detailinformation zum Offering
- Börsengang

Die Ankündigung des Börsengangs sollte einige Monate vor dem Emissionstag erfolgen, um ausreichend Zeit für die Durchführung der Investor Relations-Maßnahmen und die Penetration der Informationen zu gewähren. Andererseits sollte der Schritt in die Öffentlichkeit nicht zu früh geschehen, damit die Aufmerksamkeit und das Interesse bis zum Börsengang aufrechterhalten bleiben. Nach der Ankündigung folgt die Informationsphase, in der die relevanten Zielgruppen mit allen notwendigen Informationen über das Unternehmen und die Rahmendaten zum Börsengang versorgt werden. Die Details zum Angebot der Aktien, insbesondere die Preisspanne, werden in der Regel erst rund zwei Wochen vor dem Börsengang bekannt gegeben.

4.5 Investor Relations-Programm zum Börsengang

Im Investor Relations-Programm werden sämtliche Investor Relations-Maßnahmen zum Börsengang hinsichtlich Intensität und Timing festgelegt. Im Gegensatz zu der laufenden Investor Relations-Arbeit nach dem Börsengang, bei der die intensive Kommunikation mit den Investoren eine zentrale Rolle spielt, liegt vor dem Börsengang der Schwerpunkt der Investor Relations-Aktivitäten auf der Informationsvermittlung.

4.5.1 Factbook und Positionierung

Inhaltlicher Schwerpunkt der Information zum Börsengang ist die Darstellung der Unternehmens, seiner Aktivitäten, Märkte und Ziele. Diese sind vorab klar und umfassend in einem »Factbook« zu formulieren, das als inhaltliche Grundlage für alle Kommunikationsmaßnahmen dient. Auch sollten bereits im Vorfeld mögliche kritische Fragen antizipiert und entkräftende Argumente aufgenommen werden. Das Factbook sollte Informationen zu folgenden Aspekten beinhalten: Historie des Unternehmens, Gesellschafterstruktur, Organisation, Konzernstruktur, Management, Mitarbeiter, Standorte, Produkte, Forschung & Entwicklung, Ziele, Strategie, Vision, Marktumfeld, Marktposition, Wettbewerber, Finanzen, Verwendungszweck des Emissionserlöses. Aus der Vielzahl an Informationen sind die zentralen Botschaften herauszufiltern, um diese kontinuierlich penetrieren zu können. Die sich daraus ergebene »Equity Story« ist die Basis für die Positionierung der Aktie. Je klarer und überzeugender die Positionierung in dieser Phase gelingt, umso effektiver kann die Kommunikation sein.

4.5.2 Informationsmaterial

- **Geschäftsbericht**
  Der Geschäftsbericht, die »Visitenkarte« des Unternehmens, ist eines der zentralen Investor Relations-Instrumente zum Börsengang. Mit ihm lassen sich alle wichtigen Informationen vermitteln: Vision, Marktumfeld, Strategie, Management, Geschäftsfelder, Produkte, Aktivitäten bei Entwicklung und Marketing, Personal sowie die Finanzlage. Da der Geschäftsbericht den geprüften Jahresabschluss enthält und formal vom Vorstand erstellt wird, verfügt er über eine besonders hohe Glaubwürdigkeit. Mit der Gestaltung kann die Corporate Identity des Unternehmens vermittelt werden. Neben dem Verkaufsprospekt und den Emissionsstudien ist der Geschäfts-

bericht für viele Investoren die wichtigste Informationsquelle vor dem Börsengang.

- **Verkaufsprospekt**
  Der Verkaufsprospekt ist das einzige rechtlich verbindliche Dokument zum Börsengang und gehört daher zum gesetzlich vorgeschriebenen Pflichtprogramm. Im Verkaufsprospekt, der in Zusammenarbeit mit den Syndikatsbanken erstellt wird, wird zum einen das Aktienangebot, zum anderen das emittierende Unternehmen im Detail beschrieben. Die Unternehmensinformationen betreffen die Gesellschafter- und Kapitalverhältnisse, die Geschäftsaktivitäten sowie die Finanzlage gemäß Jahresabschluss. Eine Besonderheit des Verkaufsprospekts ist die explizite Aufzählung der Risiken des Unternehmens. Diese Auflage mag dem Emittenten anfangs unangenehm erscheinen, dient aber letztlich der Transparenz und der Informationssicherheit für den Investor. Neben der haftungsrechtlichen Relevanz für die Organe der Gesellschaft sollte der Verkaufsprospekt aber auch aus Investor Relations-Gesichtspunkten eine möglichst weit gehende Transparenz schaffen, da sich der Investor nach dem Börsengang auf dessen Inhalt berufen kann. Deswegen sind bei der Erstellung des Verkaufsprospekts alle vorhandenen Informationen vom Unternehmen vollständig und korrekt zur Verfügung zu stellen. Der Verkaufsprospekt wird in der Regel erst zu Beginn der Verkaufsphase an interessierte Investoren verteilt.
- **Unternehmenspräsentation**
  Vor einem Börsengang ergeben sich zahlreiche Notwendigkeiten und Möglichkeiten, das Unternehmen vor einem Auditorium zu präsentieren. Daher ist es erforderlich, die zentralen Informationen über das Unternehmen (siehe Factbook) in Form von Präsentationsunterlagen aufzubereiten. Die Präsentation sollte so gestaltet sein, dass die wichtigen Informationen schnell und einfach erfasst werden können, und der Umfang von 50 Charts nicht überschritten wird.
- **Produktbroschüren**
  Insbesondere bei weniger bekannten Unternehmen ist die Aufklärung über das Produktangebot für den Investor von besonderem Interesse, um die Geschäftstätigkeit des Unternehmens verstehen und die Wettbewerbsfähigkeit beurteilen zu können. Da im Geschäftsbericht häufig nur begrenzt Produktinformationen gegeben werden können, ist die Herstellung von Produktbroschüren empfehlenswert, sofern diese nicht ohnehin zu Zwecken des Produktmarketings vorhanden sind.
- **Kurz-Factbook**
  Mit dem Factbook in Kurzform, zum Beispiel als Folder, können die wichtigsten Informationen zum Börsengang und zum Unternehmen kompakt und stichpunktartig zusammengefasst werden (»Investment case«). Dadurch wird gewährleistet, dass die zentralen Botschaften nicht in der Vielzahl der Informationen verloren gehen und der USP des Unternehmen klar erkennbar ist. Das Kurz-Factbook ist daher nicht nur für jeden Anleger eine wichtige Verdichtung der Informationen, sondern kann auch als Argumen-

tationshilfe an die Kundenberater der Banken und andere, die Anfragen zum Börsengang beantworten müssen, verteilt werden.

- **Unternehmensvideo**
  Ein weitere Möglichkeit der Unternehmensdarstellung vor größerem Publikum ist das Unternehmensvideo. Häufig wird die Unternehmenspräsentation mit der Vorführung des Unternehmensvideos kombiniert. Das Video ermöglicht es, Unternehmensinformationen anschaulich zu transportieren, Kernaussagen der Corporate Identity zu visualieren und emotional erlebbarer zu machen.

4.5.3 Werbung

Ein wichtiger Baustein der Investor Relations-Maßnahmen zum Börsengang ist die Werbung. Die grundsätzlichen Ziele der Werbung vor dem Börsengang sind die Erhöhung der Bekanntheit und die Penetration zentraler Aussagen. Nur durch Werbung können breitere Zielgruppen erreicht werden. Bei der Gestaltung der Werbung ist auf die Einhaltung der wesentlichen Elemente des Corporate Designs zu achten, um, sofern gleichzeitig auch Produktwerbung betrieben wird, einen hohen Wiedererkennungseffekt zu erreichen und die Konsistenz der Produktwerbung nicht zu gefährden.

Die Werbekampagne sollte vier bis acht Wochen vor dem Börsengang beginnen und wie die gesamten Investor Relations-Maßnahmen einem Stufenplan folgen: die erste Phase kündigt den Börsengang an und schafft Aufmerksamkeit; in der zweiten Phase werden die wichtigsten Botschaften und der USP des Unternehmens vermittelt; in der dritten Phase, die kurz vor dem Börsengang beginnt, werden die notwendigen Details zum Börsengang selbst, wie Zeichnungsfrist, Wertpapier-Kenn-Nummer und Emissionspreisspanne kommuniziert. Grundsätzlich stehen sämtliche Werbeformen zur Verfügung.

- **Printanzeigen**
  Das Kernelement der Werbemaßnahmen sind Anzeigen in Printmedien. Um eine möglichst hohe Reichweite bei der relevanten Zielgruppe zu erzielen, eignen sich besonders Anzeigen in überregionalen Tageszeitungen mit einem hohem Anteil wirtschaftsorientierter Leser. Je nach Budget kann die Anzeigenschaltung auf führende Fachzeitschriften ausgeweitet werden.
- **TV/ Hörfunk-Werbung**
  Die Printwerbung kann durch Spots in TV und/oder Hörfunk komplettiert werden. Insbesondere auf Finanzthemen spezialierte TV-Programme bieten eine gute Möglichkeit, um vor allem Privatanleger zielgruppengenau zu erreichen.
- **Internet-Werbung**
  Ein zunehmend wichtigeres Medium für Investor Relations ist das Internet, das besonders von Privatanlegern vermehrt zur Information und Abwicklung ihrer Börsengeschäfte genutzt wird. Die Zahl der Online-Broker und Informationsdienste hat in letzter Zeit stark zugenommen, so daß sich zahlreiche Mög-

lichkeiten für die Platzierung von Werbebuttons bieten. Ein besonderer Vorteil des Internets ist die Möglichkeit zur Verlinkung mit weiterführenden Informationsquellen, wie zum Beispiel der eigenen Homepage.

4.5.4 Interaktive Kommunikation

- **Homepage**
  Eines der wichtigsten Instrumente für Investor Relations generell ist die Homepage des Unternehmens. Die Homepage eignet sich ideal für Investor Relations-Zwecke, da Informationen jederzeit von überall auf der Welt zeitnah abgefragt werden können. Da sich quasi unbegrenzt Daten in der Homepage darstellen lassen, können alle relevanten Informationen dort gesammelt werden. So sollten die das Unternehmen betreffenden Informationen (siehe Factbook) und die Fakten zum Börsengang gut strukturiert aufbereitet werden und das in Printform verfügbare Informationsmaterial (Geschäftsbericht, Verkaufsprospekt usw.) zum Herunterladen bereit stehen. Auch können die Antworten auf die am häufigsten gestellten Fragen zum Börsengang ins Internet gestellt werden. Darüber hinaus sollte die Möglichkeit bestehen, Informationsmaterial anzufordern und individuelle Fragen an das Unternehmen zu richten. Die Angabe von Kontaktadressen und -personen des Unternehmens zur weiteren Kontaktaufnahme sind selbstverständlich. Wegen der Bedeutung der Homepage als zentrale Informations- und Kommunikationsplattform sollte die Web-Adresse breit gestreut werden, zum Beispiel in der Werbung.
- **Telefon-Hotline**
  Um der großen Informationsnachfrage vor dem Börsengang gerecht zu werden, empfiehlt sich die zusätzliche Einrichtung einer Telefon-Hotline, die der Beantwortung von Anfragen und der Aufnahme von Adresssen für die Zusendung von Informationsmaterial dient. Ebenso wie die Web-Adresse sollte auch die Hotline-Nummer möglichst breit bekannt gemacht werden. Die Hotline kann entweder intern oder extern durch ein Call Center betrieben werden. Der Einsatz eines Call Centers entlastet zwar die internen Kapazitäten, setzt aber eine gründliche Schulung der Telefonisten voraus, um die kompetente Beantwortung von Fragen sicherzustellen.
- **Kontaktperson im Unternehmen**
  Trotz Homepage und Hotline wenden sich häufig zahlreiche Interessenten mit Fragen direkt an das Unternehmen. Daher muss Gewähr leistet sein, dass im Unternehmen permanent ein Ansprechpartner für Fragen zum Unternehmen und zum Börsengang zur Verfügung steht. Wichtig ist hierbei, dass diese Funktion im Unternehmen bekannt ist, damit eingehende Anrufe ohne Umwege weitergeleitet werden können.
- **Fax-Abruf**
  Eine weitere Möglichkeit, Informationen standardisiert zu verteilen, ist der Fax-Abruf. Auch hier sollte die Faxabrufnummer entsprechend kommuniziert werden.

4.5.5 Pressearbeit

Bei einem Börsengang zählen Journalisten zu den wichtigsten Zielgruppen, da sie durch ihre Berichterstattung über großen Einfluss auf die öffentliche Meinung zum Unternehmen verfügen und wesentlich zur Bekanntheit des Unternehmens beitragen können. Daher hat vor einem Börsengang die aktive Pressearbeit hohe Priorität. Vorrangige Ziele der Pressearbeit sind, möglichst viele Journalisten für die »Story« des Unternehmens zu interessieren, sie umfassend zu informieren und zu betreuen. Eine besondere Schwierigkeit besteht grundsätzlich in der Identifikation und Auswahl der richtigen Ansprechpartner innerhalb der Finanzpresse. Je nach dem Erfahrungsstand der internen Presseabteilung kann daher die Hinzuziehung einer externen PR-Beratung sinnvoll sein, die bereits über entsprechende Kontakte zur einschlägigen Wirtschafts- und Finanzpresse verfügt.

- **Pressekonferenzen**
  Zum Börsengang werden normalerweise mindestens zwei Pressekonferenzen durchgeführt: eine zur Ankündigung des Börsengangs und eine weitere zu Beginn der Zeichnungsfrist, wenn die Details zur Emission bekannt gegeben werden. Pressekonferenzen sind grundsätzlich vom Vorstand selbst durchzuführen. Um einen positiven Eindruck nicht zu gefährden, sollten mögliche Fragen vorher identifiziert und Musterantworten ausgearbeitet werden. Bei PR-unerfahrenen Vorständen empfiehlt es sich, die Präsentation selbst und die Beantwortung von Fragen intensiv zu üben.
- **Pressemitteilungen**
  Wichtig für die Pressearbeit ist, dass die Medien regelmäßig mit Nachrichten aus dem Unternehmen versorgt werden müssen. Nur so erfährt die Presse etwas vom laufenden Geschäft des Unternehmens und hat ausreichend Material für eine kontiniuerliche Berichterstattung. Insbesondere vor dem Börsengang ist es wichtig, dass das Unternehmen durch häufige Erwähnungen in der Presse bekannt wird und im Gespräch bleibt.
- **Presse-Betreuung**
  Wichtig ist außerdem eine professionelle Betreuung der Journalisten. Es sollte daher rechtzeitig vor dem Börsengang mit dem Aufbau einer eigenen Presseabteilung begonnen bzw. eine PR-Agentur hinzugezogen werden.
- **Einzelgespräche und Interviews**
  Neben der eher breit angelegten Information der Presse über Pressekonferenzen und Pressemitteilungen empfiehlt es sich, den direkten Kontakt zu ausgewählten, besonders wichtigen Publikationen zu suchen. Pressegespräche im kleinen Kreis dienen dem tieferen Verständnis der Journalisten vom Unternehmen und sind Ausgangspunkt für umfassendere Reportagen und Interviews. Zugang zu Hintergrundinformationen fördert die Bereitschaft der Medienvertreter zu einer ausführlichen Berichterstattung.

4.5.6 Präsentation vor Analysten und Investoren

- **Analystenkonferenzen**
  Die Präsentationen des Unternehmens vor Finanzanalysten sind eine der wichtigsten, aber zugleich schwierigsten »Übungen« zum Börsengang. Wichtig deswegen, weil das Urteil der Analysten einen starken Einfluss auf die Meinungsbildung der Investoren hat. Schwierig, da sich das Unternehmen erstmalig einem kritischen Fachpublikum stellt. Analystenkonferenzen vor dem Börsengang sind daher gründlich vorzubereiten. Ebenso wie bei Pressekonferenzen sollten Antworten zu möglichen Fragen vorbereitet werden. Dabei ist zu berücksichtigen, dass sich Analysten deutlich mehr als Medien für Fakten und Zahlen interessieren und zum Teil über detaillierte Branchenkenntnisse verfügen.
  Standardmäßig werden mindestens zwei Analystenkonferenzen durchgeführt. Die Erste richtet sich ausschließlich an die Analysten der Konsortialbanken, die mit der Erstellung der Emissionsstudien beauftragt sind. Ziel dieser Syndikatsanalystenkonferenzen, die in einer relativen frühen Phase stattfinden, ist es, die Analysten mit umfassenden Informationen zu versorgen. Da die Analysten die hier erhaltenen Informationen als Grundlage für die Emissionsstudien verwenden, sollten die Informationen besonders ausführlich und sorgfältig aufbereitet werden. Missverständnisse, die hier entstehen, wirken besonders lange nach, da die Emissionsstudien von vielen Investoren noch weit nach dem Börsengang als Grundlage für Investitionsentscheidungen dienen.
  Eine weitere Analystenkonferenz wird zu Beginn der Zeichnungs- und Preisfestsetzungsfrist für einen breiten Analystenkreis veranstaltet. Die Einladung der Analysten wird in Deutschland üblicherweise über die DFVA, die Vereinigung der Finanzanalysten, organisiert. Darüber hinaus können weitere Analystenkonferenzen in unterschiedlichen Städten im Rahmen der Roadshow veranstaltet werden.
- **Roadshow**
  Die Analystenkonferenz zu Beginn der Zeichnungs- und Preisfestsetzungsfrist ist in der Regel der Start zu einer Präsentationstour vor potenziellen Investoren und Analysten. Während dieser so genannten »Roadshow« präsentiert der Vorstand das Unternehmen an verschiedenen Orten über mehrere Tage hinweg vor einem ausgewählten Publikum. In erster Linie dienen Roadshows der direkten Ansprache institutioneller Investoren im In- und Ausland. Die Dauer der Roadshow und die Auswahl der Stationen hängt von der angestrebten Investorenstruktur ab. Um die bedeutenderen institutionellen Investoren zu erreichen, gehören Termine in den größeren Finanzmetropolen wie Frankfurt, London, Edinburgh, Paris, Zürich, New York und Boston zum Standard. Die Organisation der Roadshows liegt in der Regel bei den Konsortialbanken, die bereits im Vorfeld mögliche Interessenten identifizieren und entsprechend das Programm zusammenstellen. Die Präsentation des Unternehmens durch den Vorstand selbst ist ein Muss, da ein

Großteil der institutionellen Investoren besonderen Wert darauf legt, das Management persönlich kennen zu lernen, bevor sie ihr Kapital in ein ihnen bis dahin häufig unbekanntes Unternehmen investieren. Für den präsentierenden Vorstand bedeuten Roadshows in aller Regel eine hohe psychische und physische Belastung, da täglich vier bis sechs Meetings an mehreren Tagen hintereinander in unterschiedlichen Städten zu absolvieren sind.

4.6 Informationsgrundsätze zum Börsengang

Investor Relations zum Börsengang ist in erster Linie Information. Da die Kenntnisse über das Unternehmen meistens noch gering sind, ist die Informationsnachfrage der Interessenten entsprechend groß. Umso wichtiger ist, dass bereits vor dem Börsengang die Grundsätze der Informationsverbreitung für Investor Relations konsequent eingehalten werden. Wesentliche Grundsätze der Investor Relations-Information sind: Klarheit, Kontinuität, Verlässlichkeit, Kompetenz, Wahrheit, Offenheit, Geschwindigkeit, Glaubwürdigkeit und Gleichheit gegenüber unterschiedlichen Zielgruppen. Oft prägt der erste Kontakt, die erste Erfahrung mit dem Unternehmen das Bild, das der potenzielle Investor von dem Unternehmen hat. Fehler in der Kommunikation können daher nicht nur den Erfolg des Börsenganges beeinträchtigen, sondern sich nachhaltig negativ auswirken.

Eine offene Informationspolitik ist jedoch nicht immer eine freiwillige Entscheidung. Bei den meisten Börsen zählt die Einhaltung bestimmter Publizitätsvorschriften bereits vor dem Börsengang zu den Zulassungsvoraussetzungen. Besonders die Neuen Märkte in Europa und die US-Börsen verfügen über strenge Auflagen. Der Neue Markt in Frankfurt beispielsweise verlangt unter anderem eine dreijährige Bilanzierung nach internationalen Rechnungslegungsvorschriften, einen zeitnahen Zwischenabschluss vor dem Börsengang sowie umfangreiche Angaben über das Unternehmen, die im Verkaufsprospekt offen zu legen sind.

Allerdings unterliegt die Informationspolitik gerade vor dem Börsengang auch diversen Beschränkungen, die sicherstellen sollen, dass der Verkaufsprospekt gegenüber den Investoren das einzige rechtlich verbindliche Dokument für die Aktienplatzierung darstellt. So werden von den Syndikatsbanken während der so genannten »black out period«, die in der Regel 14 Tage vor Beginn der Zeichnungsfrist anfängt und 30 Tage nach dem ersten Handelstag an der Börse endet, keine Studien und Empfehlungen mehr veröffentlicht. Bei einer angestrebten Notierung in den USA sind zudem die Auflagen der amerikanischen Börsenaufsicht zu beachten, die unter anderem jegliche Werbung für die Aktie gegenüber US-Investoren bis zu vier Wochen nach dem Börsengang untersagen (»quiet period«).

4.7 Organisation

Die Investor Relations-Aufgaben zum Börsengang sind – wie beschrieben – äußerst umfangreich und bedürfen einer ausreichenden personellen und finanziellen Kapazität. Für die Organisation der Investor Relations-Aufgaben gibt es keine pauschale Lösung. Auf Grund der Vielfalt und Neuheit der Aufgaben für das Unternehmen empfiehlt es sich jedoch, möglichst frühzeitig eine eigene Stelle für Investor Relations zu schaffen und mit einem erfahrenen Manager zu besetzen. Versuche, die Investor Relations-Arbeit durch bestehende Positionen aufzufangen und »nebenbei« zu erledigen, scheitern dagegen häufig an mangelnder Zeit und Erfahrung.

Bezüglich der organisatorischen Eingliederung gibt es unterschiedliche Ansätze in der Praxis. So kann die Investor Relations-Position entweder im Bereich PR/Marketing oder im Bereich Finanzen angesiedelt werden. Beide Alternativen haben Vor- und Nachteile, da der Investor Relations-Manager sowohl über betriebswirtschaftliche Kenntnisse als auch über Kommunikationserfahrung verfügen sollte. Eine dritte Möglichkeit besteht in der Schaffung einer Stabstelle, die direkt dem Vorstand zugeordnet ist. Die Nähe zum Vorstand ist besonders wichtig, da so die für die Kompetenz notwendige Einbindung in die zentralen Informationsprozesse im Unternehmen sichergestellt wird. Außerdem spielt der Vorstand durch seine Repräsentationsfunktion vor dem Börsengang eine zentrale Rolle für die Investor Relations-Arbeit, so daß ein enger Kontakt zwischen Vorstand und Investor Relations-Manager hilfreich ist. Bei der Stabstellen-Lösung ist es notwendig, dass der Investor Relations-Manager besonders eng mit den Bereichen PR/ Marketing und Finanzen zusammenarbeitet. Vor allem aber sollte der Investor Relations-Manager aktiv in das Projektmanagement für den Börsengang eingebunden sein. Da die Investor Relations-Arbeit ein wesentlicher Bestandteil der Vorbereitungen des Börsengangs darstellt, kann es sogar sinnvoll sein, dem Investor Relations-Manager die gesamte Projektleitung für den Börsengang zu übertragen.

In den meisten Fällen kommen Unternehmen beim Börsengang nicht ohne professionelle Beratung aus. Durch die Zunahme der Börsengänge hat sich eine große Bandbreite von Dienstleistern entwickelt. Das Spektrum reicht von Emissionsberatern, die sich auf die Planung und Durchführung von Börsengängen spezialisiert haben, über Investor Relations-Firmen, bis hin zu PR- und Werbeagenturen. In welchem Umfang externe Unterstützung herangezogen wird, hängt von den internen fachlichen, personellen und finanziellen Kapazitäten ab. Eine allgemeine Beratung erfolgt im Allgemeinen ohnehin durch die konsortialführende Bank. Sind ein Investor Relations-Manager sowie erfahrene Verantwortliche in den Bereichen PR und Marketing vorhanden, kann es daher ausreichend sein, dass nur Teilleistungen von Dienstleistern erbracht werden. Empfehlenswert ist die Hinzuziehung einer auf Finanzmarktkommunikation spezialisierten Agentur für die Konzeption und Umsetzung der Kommunikationsmaßnahmen. Dabei ist wichtig, dass die »Equity story« von den

Dienstleistern voll verstanden wird. Dies setzt einen engen Kontakt zwischen Unternehmen und Dienstleistern voraus.

Vor Beginn der Investor Relations-Planung ist das Budget für das Investor Relations-Programm festzulegen. Die Kosten für die Investor Relations-Maßnahmen zum Börsengang können zwischen einer halben und mehreren Millionen Mark betragen. Einflussgrößen auf die Ausgaben sind vor allem der Umfang der Kommunikationsmaßnahmen und der extern erbrachten Dienstleistungen. Generell sollte der finanzielle Aufwand für Investor Relations zum Börsengang der Größe und der finanziellen Situation des Unternehmens angemessen sein. Der Börsenerfolg hängt weniger vom Umfang der Werbekampagne als vielmehr von einem gut durchdachten und strategisch geplanten Investor Relations-Konzept ab.

4.8 Erfolgsmessung

Die Erfolgsmessung der Investor Relations-Arbeit zum Börsengang orientiert sich an den vorher definierten Zielen. Grundsätzlich lassen sich folgende Erfolgskriterien für die Beurteilung von Investor Relations zum Börsengang heranziehen:

- Die *Anzahl der Presseartikel und -berichte* gibt Aufschluss über die erzielte Aufmerksamkeit in den Medien;
- Die *Anzahl der Anfragen* (unter anderem Anrufe bei der Hotline, Hits auf der Website) ist ein Indikator für das vor allem bei den Privatanlegern hervorgerufene Interesse;
- Die *Erreichung des anvisierten Emissionspreises* ist das Kernziel des Börsengangs selbst;
- Ob die *Platzierung entsprechend der angestrebten Investorenstruktur* erreicht wurde, kann den Zuteilungslisten der Konsortialbanken entnommen werden;
- Der *Grad der Überzeichnung* misst das Verhältnis von Angebot und Nachfrage, ist häufig allerdings nur bedingt aussagekräftig, da viele Investoren bei geringem Angebot und daher geringen Zuteilungschancen bewusst überzeichnen;
- Der *erste Kurs* gibt Aufschluss darüber, welchen Preis ein Teil der Investoren tatsächlich bereit ist, für die Aktie zu zahlen. Ein deutlicher Kursanstieg kurz nach der Emission zeugt von einem großen Vertrauen vieler Anleger in das Potenzial des Unternehmens.
- Jedoch erst die *Kursentwicklung in den ersten Wochen nach dem Börsengang* zeigt, ob das Vertrauen in die Aktie wirklich vorhanden ist. Nur wenn sich der Kurs über längere Zeit über dem Ausgabepreis hält, ist es gelungen, die Investoren nachhaltig von dem Unternehmenswert zu überzeugen.

4.9 Fazit

Investor Relations vor dem Börsengang hat nicht nur einen entscheidenden Einfluss auf den kurzfristigen Erfolg der Börsengangs, sondern legt auch den Grundstein für den langfristigen Emissionserfolg. Fehler im Emissionskonzept, in der Auswahl der Zielinvestoren oder in der Kommunikation vor dem Börsengang können sich nachhaltig negativ auf das Image des Unternehmens und die langfristige Kursentwicklung auswirken. Die frühzeitige Erstellung eines umfassenden Investor Relations-Konzepts und eine von Anfang an professionelle Investor Relations-Arbeit sind daher wichtige Voraussetzungen, damit die Emission langfristig den erwünschten Erfolg bringt und Investor Relations auch nach dem Börsengang effektiv betrieben werden kann.

E Investor Relations nach dem Börsengang – Vorgehensweise und Erwartungen

1. Investor Relations – Die unternehmerische Herausforderung nach dem Börsengang

von Petra Nix

- Kriterien, die das Image eines börsennotierten Unternehmens determinieren: transparente Unternehmensstrategie, Wertsteigerungsmanagement, offene Kommunikation und Aktienkursentwicklung
- IR wird in deutschen Unternehmen noch nicht die notwendige Bedeutung beigemessen. ⇒ Potenzial zur Steigerung des Unternehmenswertes wird nicht voll ausgeschöpft
- Aufgabe der IR ist ganzheitlich unternehmerische Zusammenhänge zu verstehen, zu kommunizieren sowie einzelne Informationen zu interpretieren und weiterzugeben.
- Globaler Wettbewerb um Kapital setzt eine offene und transparente Informationspolitik voraus, die sich an angelsächsischen Usancen orientiert.
- »Being public« erfordert eine kontinuierliche, vertrauensbildende und glaubwürdige Kommunikation. ⇒ *»Den Worten müssen Taten folgen«*

1.1 Über den Börsengang hinaus erfolgreich

Investor Relations beginnt bereits mit der internen Vorbereitung des Börsengangs. Ein Unternehmen sollte sich bereits im Rahmen der Planung des Börsengangs bewusst machen, dass mit dem Going Public ein Publizitätszwang eingegangen wird. Ein Going Public bietet dem Unternehmen mehr Möglichkeiten, sich über die weltweiten Finanzmärkte flexibel und günstig zu finanzieren. Unternehmen, die das Rampenlicht des internationalen Börsenparketts betreten, müssen sich jedoch den hohen Anforderungen der Investoren und Analysten stellen: schnelle und präzise Informationen sowie klare Entscheidungsgrundlagen, die eine genaue Bewertung der Anlagerisiken und -chancen erlauben. Konkurrenten, Kunden und Mitarbeiter bekommen plötzlich über Geschäftsvorgänge umfassende Informationen. Durch die Tranzparenz und die regelmäßige Berichterstattung werden Schwierigkeiten schnell sichtbar,

Die Autorin

Petra Nix

und Rückschläge lassen sich nicht lange verbergen. Eine offene Kommunikation wird notwendig.

Eine glaubwürdige und kontinuierliche Pflege der Aktionäre und Analysten ist eine Aufgabe, die die obere Geschäftsführung zeitlich und intellektuell stark in Anspruch nimmt – ein Aspekt der oft unterschätzt wird. Die Informationsplanung sollte deshalb bereits parallel zur Finanzierungs- und Projektleitung des Börsengangs laufen. Mit einer korrekten und imagebezogenen Positionierung des Unternehmens wird schon im Stadium des geplanten Börsengangs eine tragfähige Grundlage für die künftige Finanzkommunikation gelegt. In dieser Phase gilt es, das Unternehmen, dessen Produkte und die Positionierung im Markt, aber auch die bisherigen Erfolge, die Perspektiven und die strategischen Ziele einer breiten Öffentlichkeit bekannt zu machen, um potenzielle Kapitalgeber zu überzeugen. Wem es gelingt, in diesem Zeitraum Image und Vertrauen in der Finanzwelt aufzubauen, legt einen wichtigen Grundstein für einen erfolgreichen Börsenstart.

Der Börsengang eines Unternehmens löst in der Regel große Euphorie aus. Der erste Handelstag ist von zentraler, unternehmenshistorischer Bedeutung und von einem großen PR-Auftritt begleitet. Die erste Kursnotiz des neuen Börsenunternehmens ist der Schlusspunkt eines wichtigen Projekts. Das Unternehmen hat sich eine Ausgangsposition geschaffen, um das künftige Unternehmenswachstum über den Kapitalmarkt zu finanzieren. Die Aktionäre werden durch Kursgewinne und Dividendenzahlungen an dem Unternehmenswachstum teilhaben. Das Erscheinen auf dem Kurszettel ist aber auch gleichzeitig der Startpunkt für die künftige Investor Relations-Arbeit. Der Börsengang markiert die Abkehr vom Privaten und die Hinwendung zum Öffentlichen. »*Going public*« ist ein überschaubarer und planbarer Prozess – »*being public*« hingegen bildet die eigentliche unternehmerische Herausforderung der Zukunft. Für ein Unternehmen scheint das »Projekt Börsengang« zwar erfolgreich abgeschlossen zu sein; für den Kapitalmarkt – die Analysten und Investoren – beginnt damit jedoch erst die Entwicklung des neu notierten Unternehmens, das von nun an gecovert wird.

Oftmals wird die junge Publikumsgesellschaft kurze Zeit nach der Börseneinführung auf den Boden der Realität zurückgeholt: Der Bonus der Premiere und des großen PR-Auftritts ist verflogen; die mit dem Going Public übernommenen Informationspflichten stellen sich als eine Daueraufgabe heraus. Die Zeit, mit sich selber zu kommunizieren, ist mit dem Börsengang überholt – die Zeit der Provinzialität vorbei. Jetzt gilt es, die spezifischen Besonderheiten und Merkmale eines börsennotierten Unternehmens klar herauszustellen und zu kommunizieren. Unternehmen, die nicht von Beginn an eine langfristige Aktionärsbeziehung im Auge haben, sollten daher lieber von der Börse fernbleiben. Die Informationsbedürfnisse des Kapitalmarktes implizieren für alle Unternehmen – ob groß oder klein – ein Mindestmaß an Aufwand. Die Unternehmensleitung übernimmt mit dem Börsengang die dauernde Verpflichtung, die Financial Community umfassend zu informieren. Unternehmen, die die

Informationsbedürfnisse des Kapitalmarkts ignorieren, werden schnell mit Sanktionen bestraft.

Die betulichen Zeiten auf den Finanzmärkten sind schon lange vorbei. Nach der Publikumsöffnung wird die Kontinuität der Informationsübermittlung und die Glaubwürdigkeit des Unternehmensmanagements zu einem zentralen Erfolgsfaktor der Investor Relations. Investoren verlangen heute eine angemessene Rendite auf ihr eingesetztes Kapital und eine kontinuierliche sowie vertrauensbildende Kommunikation. Die Beziehungspflege zum Kapitalmarkt – der »Financial Community« – wird nach dem Börsengang zu einem zentralen Bestandteil der Unternehmensführung.

1.1.1 Bedeutung der Investor Relations wird unterschätzt

Die Bedeutung und Qualität der Investor Relations – die bis zum Anfang der 90er Jahre noch ein absolutes Novum in Deutschland waren – hat zwar an öffentlicher Aufmerksamkeit gewonnen, aber noch lange nicht den notwendigen Stellenwert in deutschen Aktiengesellschaften erreicht.

Die Anforderung des Kapitalmarkts an ein börsennotiertes Unternehmen sind in den letzten Jahren deutlich gestiegen. Das Management einer börsennotierten Gesellschaft wird mit neuen und anderen Anforderungen an die Unternehmensführung konfrontiert. In den Mittelpunkt des Interesses der Investoren und Analysten rücken zunehmend eine transparente Unternehmensstrategie, ein aktives Wertsteigerungsmanagement, eine offene Kommunikation und die Aktienkursentwicklung. Diese Kriterien determinieren das Image eines börsennotierten Unternehmens. Die traditionellen Kennzahlen aus Bilanz, Gewinn- und Verlustrechnung, Umsatz und Investitionen spielen nicht mehr die zentrale Rolle. Eine transparente Rechnungslegung, die sich an internationalen Standards orientiert, wird vorausgesetzt. Als Börsenlieblinge gelten in erster Linie Gesellschaften, die kontinuierlich informieren sowie die quantitativen und qualitativen Informationen an den neuen Kunden – Analysten und Investoren – ausrichten.

Dank der Kommunikationstechnik ist der Kapitalmarkt global geworden. Es ist für den Anleger heute kein Problem mehr, sein Geld rund um den Globus in extrem kurzer Zeit zu verschieben. Die Zahl der Investoren, die nicht nur in ihrem Heimatmarkt investieren, steigt. Dies hat dazu geführt, dass es zwar am international zusammenwachsenden Kapitalmarkt einerseits mehr Investoren gibt, andererseits aber auch mehr Auswahlmöglichkeiten an Aktien. Kapital findet daher nicht notwendigerweise das attraktivste Unternehmen. Analysten sehen sich durch die ständig steigende Zahl börsennotierter Unternehmen einer Flut von Informationen gegenüber. Je austauschbarer das Produkt »Aktie« wird, desto mehr kommt es auf die Außenwirkung eines Unternehmens und dessen Glaubwürdigkeit an, das heißt die Reputation muss wieder entdeckt und kontinuierlich gepflegt werden. Ein Unternehmen muss sich profilieren, um als Investment attraktiv zu werden. Rendite, Performancesteigerung, Managementqualität und die Zugehörigkeit zu einer Branche kombiniert mit einer gut kommunizierten Equity Story sind die Bestimmungsfaktoren für das Anlageurteil der Analysen und Investoren.

1.1.2 Einbindung in die Unternehmensstruktur

Mit dem Börsengang zieht neben den klassischen Unternehmensbereichen Controlling, Rechungswesen, Finanzen und Unternehmenskommunikation ein neuer Bereich in die Organisationsstruktur ein: Investor Relations. Aufgabe der Investor Relations ist, die Kontakte zu Finanzanalysten und institutionellen Anlegern, die während des Börsengangs geknüpft wurden, weiter zu pflegen und auszubauen. Investor Relations ist keineswegs nur Lieferant von Unternehmenszahlen. Vielmehr geht es bei dieser Funktion darum, gesamtheitlich unternehmerische Zusammenhänge zu verstehen, zu kommunizieren sowie einzelne Informationen richtig zu interpretieren und weiterzugeben. Investor Relations kann daher auch als das »Management der Erwartungen« bezeichnet werden und wirkt sich langfristig nachhaltig auf die Unternehmensbewertung aus.

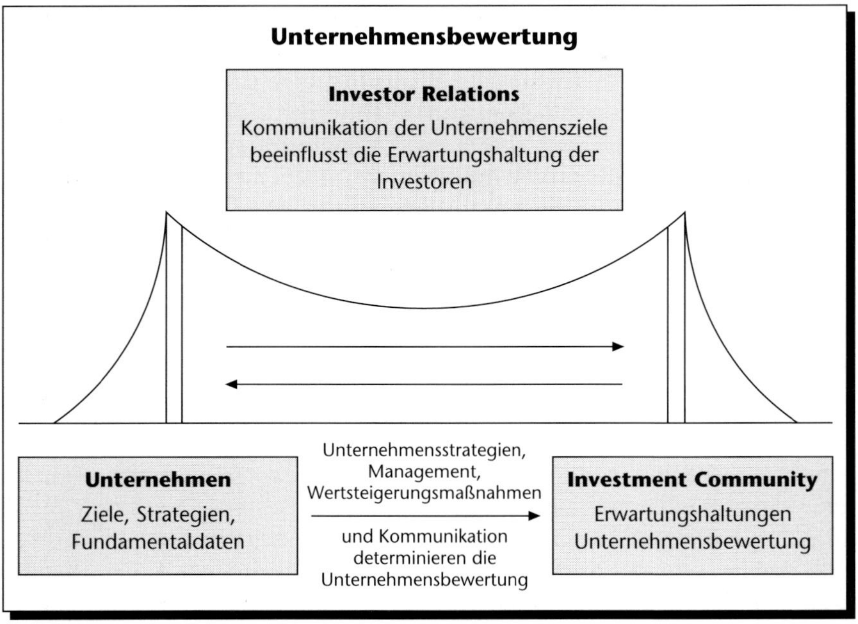

Abb. 1: Investor Relations als Management der Erwartungen

Das Ziel der Investor Relations ist, die Unternehmensstrategie bei den Analysten und Investoren realistisch und objektiv darzustellen. Wesentlich für eine anerkannte und transparente Investor Relations-Arbeit ist, dass dieser Bereich in den gesamten unternehmensinternen Informationsfluss eingebunden ist so-

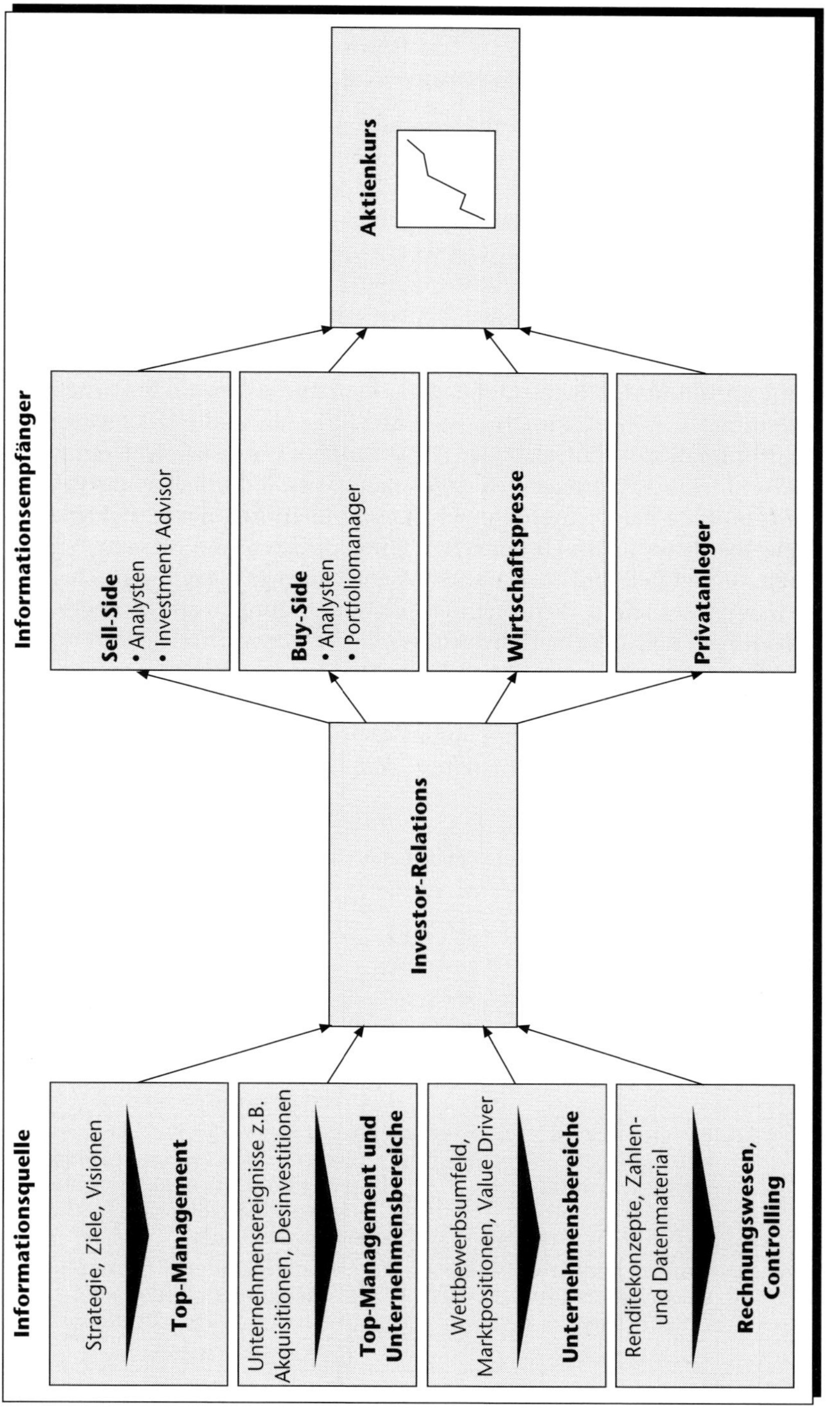

Abb. 2: Investor Relations – Schnittstelle zwischen Unternehmen und Kapitalmarkt

wie schnelle und ungefilterte Informationen aus allen relevanten Bereichen bekommt. Ein internes Informationsnetz auf institutionalisierter und informeller Basis ist daher zumindest ebenso wichtig wie die Kommunikation nach außen.

Um diese anspruchsvolle Aufgabe umfassend und gut ausführen zu können, ist es erforderlich, Investor Relations in der Unternehmenshierarchie entsprechend hoch anzusiedeln. Eine im Sommer 1999 bei 72 deutschen Aktiengesellschaften durchgeführte Umfrage ergab, dass 34 Unternehmen eine eigenständige IR-Abteilung haben, die an den Vorstand direkt berichten. Bei 19 Unternehmen gehört Investor Relations zu der Finanzabteilung. Teil der Unternehmenskommunikation sind lediglich 14 IR-Abteilungen. Bei den übrigen Unternehmen gehört der Bereich Investor Relations zum Rechnungswesen oder zu anderen Bereichen.

Eine Integration in den Bereich Finanzen, Rechnungswesen oder Unternehmenskommunikation ist auf Grund der umfassenden und bereichsübergreifenden Informationsbedürfnisse der IR-Abteilung nicht effizient. Optimal ist daher eine direkte Anbindung an den Vorstand (Vorstandsvorsitzender bzw. Finanzvorstand). Je nach Unternehmen ist es darüber hinaus wichtig, auch zu den einzelnen Unternehmensbereichen einen direkten und offenen Zugang zu haben, um schnell und ohne bürokratische Umwege die erforderlichen Informationen zu erhalten. Zielführend ist die Einbindung in alle strategischen Entscheidungs- und Informationsprozesse, um somit rechtzeitig und umfassend in alle laufenden Unternehmensprojekte eingebunden zu sein. Die Teilnahme an Strategiegesprächen sowie Vorstandssitzungen zählt dazu. Nur dann kann Investor Relations eine umfassende und langfristig orientierte Informationspolitik nach außen betreiben, ohne von Unternehmensnachrichten überrascht zu werden.

Tabelle 1: Unterscheidungsmerkmale Public Relations und Investor Relations

Merkmal	**PR**	**IR**
Aufgaben	Kommunikation zwischen Unternehmen und breiter Öffentlichkeit	Kommunikation mit der Financial Community
Ziele	Hohe Akzeptanz in der Öffentlichkeit, Schaffung von Firmenimage und Corporate Culture	Angemessener Aktienkurs, Senkung der Kapitalkosten, Positionierung eines Unternehmensprofils/Managementkompetenz, Internationalisierung des Aktionärskreis
Instrumente	Pressekonferenz, Hauptversammlung, Anzeigen, Interviews, Informationsbroschüren	Geschäftsbericht, Zwischenbericht, Telefonkonferenz, Unternehmenspräsentationen, Analystenkonferenzen, Einzelgespräche, Factbook, Ad hoc-Publizität
Zielgruppen	Kunden, Konkurrenten, Mitarbeiter, Journalisten, breite Öffentlichkeit	Aktionäre, potentielle Investoren, Meinungsmultiplikatoren (Analysten, Wirtschaftspresse)
Sprache	journalistisch	Kapitalmarkt-Terminologie

Investor Relations lebt, wie auch der Kapitalmarkt, von Informationen, und die müssen in der Regel schnell, einfach und unkompliziert verfügbar sein. Nur so kann die Aufgabe der Investor Relations, den Kapitalmarkt mit den richtigten und relevanten Unternehmensinformationen zu versorgen, um eine angemessene Aktienkursbewertung zu gewährleisten, erfüllt werden.

1.2 Anforderungsprofil und Aufgabengebiet eines IR-Managers

Die gestiegene Bedeutung der Investor Relations und die vielen Börsengänge haben einen völlig neuen Berufszweig geschaffen. Anfang der 90er Jahre war dieses Berufsfeld in Deutschland noch weitestgehend unbekannt oder wurde von anderen Unternehmensbereichen (z.B. Finanzen, Rechnungswesen) mit wahrgenommen. Qualifizierte IR-Manager sind rar und erfreuen sich einer hohen Nachfrage. Das Berufsbild des Investor Relations-Managers ist relativ neu, das Anforderungsprofil noch nicht klar definiert aber sehr anspruchsvoll. Einen vorgegebenen Ausbildungsweg gibt es bisher nicht.

In der Regel ist ein Generalist gefragt, der den Spagat schafft, ausgeprägtes analytisches Denken und hohe kommunikative Fähigkeiten miteinander zu vereinen. Ein wirtschaftswissenschaftliches Studium und mehrjährige Erfahrungen aus den Bereichen Finanzanalyse, Rechnungswesen und ein ausgeprägtes Kapitalmarktverständnis sind für das Tagesgeschäft nützlich. Die genaue und detaillierte Kenntnis des eigenen Unternehmens sowie der relevanten Branchen bilden jedoch die Ausgangsbasis und sind unabdingbare Grundvoraussetzungen für eine erfolgreiche IR-Arbeit. IR-Manager, die auf Fragen der Analysten nicht schnell und umfassend antworten können, verlieren bald an Standing und werden als Gesprächspartner nicht akzeptiert. Je kompetenter ein IR-Manager auf Fragen der Analysten und Investoren antwortet und je tiefer die Einbindung in alle unternehmensrelevanten strategischen Entscheidungsprozesse ist, desto mehr kann ein IR-Manager eigenständig agieren und den Vorstand von IR-Aufgaben entlasten. IR-Manager müssen deshalb zu den am besten informierten Mitarbeitern im Unternehmen zählen. Auf Grund der Komplexität der Aufgabengebietes und der hohen Außenwirkung sollten Berufsanfänger ohne praktische Erfahrung durch erfahrene IR-Manager an diese Aufgabe herangeführt werden.

Die mit Investor Relations verbundenen Aufgaben wie die Vorbereitung und Organisation der Road Shows an allen wichtigen internationalen Finanzplätzen, Analysten- und Telefonkonferenzen, Geschäfts- und Zwischenberichte, Ad-hoc-Meldungen, sowie die regelmäßigen täglichen Kontakte zu der Financial Community erfordern einen sicheren und guten Umgang mit der deutschen und der englischen Sprache – schriftlich wie mündlich. Das eigenständige Durchführen von Präsentationen vor einem größeren Kreis erfordert darüber hinaus ein überzeugendes Auftreten und gute rhetorische Fähigkeiten.

Anforderungsprofil eines IR-Managers

- Analytisches Denken
- Kommunikative Fähigkeiten
- Sicheres Auftreten
- Erfahrungen aus den Bereichen Finanzanalyse, Rechnungswesen, Kapitalmarkt
- Abgeschlossenes Studium
- Organisationstalent
- Team- und Kontaktfähigkeit

1.3 Worauf muss eine erfolgreiche IR-Strategie aufbauen?

Der Zugang zum Kapitalmarkt, die Verbesserung der Eigenkapitalbasis zur Finanzierung des Unternehmenswachstums sowie die Steigerung des Bekanntheitsgrades sind die wesentlichen Gründe für einen Börsengang. Mit dem Schritt an die Börse sind neue unternehmerische Herausforderungen verbunden. Erfolg hat auf dem internationalen Börsenparkett nur, wer die geforderten Standards der Marktteilnehmer – Investoren, Intermediäre und Emittenten – erfüllt. Es reicht bei weitem nicht mehr aus, nur den gesetzlichen Mindestanforderungen – jährlich einen Geschäftsbericht und einen halbjährlichen Zwischenbericht zu veröffentlichen – nachzukommen. Der Wettbewerb um das internationale Kapital setzt eine offene und transparente Informationspolitik voraus, die sich an angelsächsischen Usancen orientiert.

Das Kapitalmarktgeschäft ist ein Wachstumsmarkt par excellence. Seit Beginn der 80er Jahre hat sich die Zahl – und somit auch die Bedeutung und die Macht – institutioneller Anleger deutlich erhöht. Die großen weltweit agierenden institutionellen Anleger, deren verwaltetes Vermögen oftmals ein vielfaches der Marktkapitalisierung des eigenen Unternehmens beträgt, erwarten eine angemessene Verzinsung des eingesetzten Kapitals und nehmen in zunehmendem Maße ihre Aktionärsinteressen war. Ein Paradigmenwechsel hat stattgefunden: In der Ära des Shareholder Value ist der Aktienkurs zum primären Gradmesser des Managementerfolgs geworden. In den USA, dem Land der klassischen »Equity-Culture«, gehört es bereits seit den 50er Jahren zur Firmenphilosophie, dass die Anleger die Qualität des Managements auch nach der langfristigen Entwicklung des Aktienkurses beurteilen.

Erfolgskriterien der IR

- Equity Story
- IR-Aktivitäten auf die Fokusmärkte konzentrieren
- Richtige Zielgruppen anprechen und verstehen, wie diese agieren, untereinander kommunizieren und sich gegenseitig beeinflussen. Das Kommunikationsnetz des Kapitalmarktes muss verstanden werden!
- Einsatz der richtigen Instrumente (z.B. Road Show, Telefonkonferenzen, Analysten-/Investorenkonferenzen)

Unternehmen, die auf den internationalen Kapitalmärkten erfolgreich und als Investment für internationale Investoren attraktiv sein wollen, müssen sich diesen Gegebenheiten anpassen. Weltweit agierende Unternehmen sind auf den Zugang zu international verfügbarem Kapital angewiesen, um sich die langfristigen Wachstumsperspektiven ihrer globalen Produktmärkte zu sichern.

1.3.1 Positionierung der Equity-Story

Wichtig für ein Unternehmen ist die Equity Story. Inhalte der Equity-Story sind die entscheidenden Erfolgsfaktoren. In der Equity Story muss das Potenzial des Unternehmens in Bezug auf Wachstum, Ertrag und Wettbewerbsvorteile realistisch und für den Investor transparent und nachvollziehbar dargestellt werden.

Das Ziel der Equity Story ist, bei den Analysten und Investoren ein Unternehmensprofil zu positionieren. Kern der Equity-Story bildet die Unternehmensstrategie. Hierauf aufbauend wird ein systematisches Konzept entwickelt, dass durch den Prozess der Kommunikation die Werterwartung der Analysten und Investoren weckt. In den ersten Gesprächen mit Analysten und Investoren ist es das Ziel, mit der Equity-Story eine gewisse Erwartungshaltung zu wecken. Mittelpunkt bilden hierbei die Unternehmensvision, die Werttreiber und die Unternehmenspotenziale. Wichtig ist, dass sich die Analysten und Investoren eine eigene Meinung über das Unternehmen bilden können und dass sie von dem langfristigen Wertsteigerungspotenzial überzeugt werden. Eines darf dabei jedoch nie vergessen werden: *Den Worten müssen Taten folgen!* Das Management muss voll hinter dem Gesagten stehen. Versprechungen, die nicht schnell und konsequent umgesetzt werden, wirken kontraproduktiv. Nichts bestraft der Kapitalmarkt mehr als Versprechen, die nicht eingehalten werden. Enttäuschungen sind daher unbedingt zu vermeiden, da sie einen langfristigen Imageschaden zur Folge haben können.

Qualitätselemente, die für Investoren und Analysten eine hohe Bedeutung haben

Bewertung des Unternehmens
- Strategische Ausrichtung
- Transparenz der Unternehmensstrategie
- Berechenbarkeit der Unternehmensstrategie
- Kompetenz des Managements
- Führung nach Renditekennziffern
- Professionalität des Handelns
- Erfolgsorientierte Vergütungssysteme
- Wachstumsfantasie der Aktie

Information und Kommunikation
- Persönliche Einzelgespräche
- Relevanz der Informationen
- Erreichbarkeit eines gut informierten Ansprechpartners
- Transparenz der Rechnungslegung und der Rentabilitätskennziffern
- Kontakt zum Management
- Präsentationen/Vorträge/Road Shows
- Telefonkonferenzen
- Regelmäßiger telefonischer Kontakt

Die Positionierung der Equity-Story verläuft in der Regel in drei Phasen. Ausnahmen können Unternehmen sein, die sich in attraktiven Branchen tummeln (zum Beispiel Telekommunikation, Technolgie) und daher schon im Mittelpunkt des Interesses der Analysten und Investoren stehen. Unternehmen in Branchen, die nicht gerade en vogue sind, müssen eine kontinuierliche und offene Informationspolitik betreiben, um sich die Aufmerksamkeit und das Vertrauen der Investoren und Analysten zu erarbeiten.

1. Entstehungsphase

In der ersten Kommunikationsphase der Equity-Story wird das künftige Unternehmenspotenzial den größten Raum in der Kommunikation einnehmen. Die Eckpunkte der künftigen strategischen Ausrichtung werden dargelegt. Charakterisch für diese Phase kann sein, dass die überwiegende Mehrheit von Analysten und Investoren dieser Story eher skeptisch gegenüber stehen. Die zugrundegelegte Strategie mit ihren Wertpotenzialen wird sich vorerst kaum im Kurs widerspiegeln. In dieser Phase ist es daher besonders wichtig, verschiedene Analysten und Investoren als Meinungsbildner zu bekommen, um so die Parteibildung im Kapitalmarkt aufzubauen. Dieser Nukleus wird einen Signalcharakter bekommen, um die Equity-Story mittelfristig im Kapitalmarkt zu positionieren und die Werteigenschaften transparent zu machen.

2. Wachstumsphase
Die Equity-Story ist im Kapitalmarkt etabliert. Dies zeigt sich darin, dass auch Analysten und Investoren, die in der ersten Phase eher skeptisch reagiert haben, die Equity-Story antizipieren und in ihren Research-Reports aufnehmen und kommentieren. Damit wird eine breitere Kommunikationsplattform geschaffen, was sich in einer deutlich steigenden Anzahl von Research-Reports und Unternehmensbesuchen von Fondsmanagern niederschlägt. Eine zwingende Voraussetzung für diese Phase ist, dass das Unternehmen durch entsprechende strategische Maßnahmen deutlich macht, dass die kommunizierten Eckpunkte nun unternehmerisch konsequent umgesetzt werden. Vermieden werden muss unbedingt, dass Maßnahmen ergriffen werden, die der kommunizierten Strategie widersprechen. Dies würde zu einem erheblichen Glaubwürdigkeitsverlust führen und die Vertrauensbasis nachhaltig negativ beeinträchtigen. Kursverluste sind dann vorprogrammiert. Diese Phase ist entscheidend, um die entsprechende »Value Proposition« im Kapitalmarkt langfristig zu sichern.

3. Stagnationsphase
Die vollständige Penetration der Equity-Story ist erreicht, wenn sich die kommunizierte Unternehmensstrategie am Kapitalmarkt weitgehend durchgesetzt hat. Die Equity-Story zieht sich durch alle Research-Reports und Presseartikel. Das zugrundeliegende Wertpotenzial ist voll im Kurs eskomptiert, eine faire Bewertung ist erreicht und die Vertrauensbasis zu den Investoren gelegt.

Das Ziel der Equity-Story ist es, durch die Kommunikation dem Unternehmen einen Aktionsradius zu schaffen, in dem sich die künftigen strategischen Handlungen und Maßnahmen bewegen, um langfristig die Berechenbarkeit der Unternehmensstrategie sicherzustellen. Das Management und alle Unternehmenseinheiten müssen hinter dieser Ausrichtung stehen. Aussagen einzelner Unternehmensbereiche und -manager, die nicht konform sind zur Equity Story, sind zu vermeiden, denn sie schaden oftmals mehr als sie nützen. Investor Relations alleine – ohne das entsprechende Commitment des Managements – kann langfristig keine Börsenkurse machen. Strategie und Kommunikationen müssen eine Symbiose bilden.

Wie lange es dauert, die Equity-Story vollständig im Kapitalmarkt zu positionieren, hängt in der Regel davon ab, wie intensiv, effizient und zielgerichet die IR-Aktivitäten ausgerichtet sind. Dies voraussgesetzt, kann die Equity-Story in ein bis zwei Jahren vom Kapitalmarkt voll absorbiert sein. Eine kontinuierliche und offene Informationspolitik ist die Grundvoraussetzung.

1.3.2 Die Fokusmärkte der Investor Relations

In den letzten Jahren hat die Aktie in Deutschland als Geldanlage an Popularität gewonnen. Im Vergleich zu anderen internationalen Kapitalmärkten ist

Deutschland allerdings aktienmäßig immer noch ein »Entwicklungsland«. Absolut gesehen ist der deutsche Aktienmarkt zwar der viertgrößte der Welt, jedoch mit deutlichem Abstand zu den Vereinigten Staaten, Japan und Großbritannien. Dies zeigt sich insbesondere im Vergleich der Marktkapitalisierung zum Brutto-Inlandsprodukt der wichtigsten OECD-Länder. Hier nimmt Deutschland nicht einmal mehr einen Platz unter den ersten zehn ein.

Tabelle 2: Börsenkapitalisierung in ausgewählten OECD-Länder

Land	Kurswert inländischer Aktien (Mrd DM)	Aktienumlauf in Prozent des BIP
USA	19 028	129
Japan	3 737	48
EU-11	5 327	44
Großbritannien	3 707	155
Deutschland	1 479	39
Frankreich	1 209	42
Italien	618	27
Niederlande	840	111

Quelle: Deutsche Bundesbank April 1998 (Auszug)

Der Grund liegt sicherlich in einigen strukturellen Unterschieden zwischen dem deutschen und den angelsächsisch geprägten Kapitalmärkten. In Deutschland haben institutionelle Anleger, Investmentfonds und Privatanleger im Vergleich zu den USA und Großbritannien einen erheblich geringeren Anteil. Überkreuzbeteiligungen zwischen Banken und Industrieunternehmen haben nach wie vor in Deutschland ein großes Gewicht. Mit einer stärkeren Konzentration auf die Kernkompetenzen und der immer größer werdenden Bedeutung der wertorientierten Unternehmensführung werden Banken und Industrieunternehmen Beteiligungen abgeben, die nicht zum strategischen Portfolio der Geschäftsbereiche gehören. Was auch dazu führt, das institutionelle Anleger und Privatkunden – wie bereits in USA und Großbritannien – eine größere Macht bekommen.

Tabelle 3: Strukturelle Kapitalmarktunterschiede zwischen Deutschland und UK/USA

Deutschland	UK/USA
• Geringerer Anteil institutioneller und privater Anleger • Überkreuzbeteiligungen • Enge Beziehung zur »Hausbank«	• Asset Management Industrie ist weiter entwickelt • Aktie = Geldanlage für private Investoren • Altersversorgung ⇒ Pensionsfonds

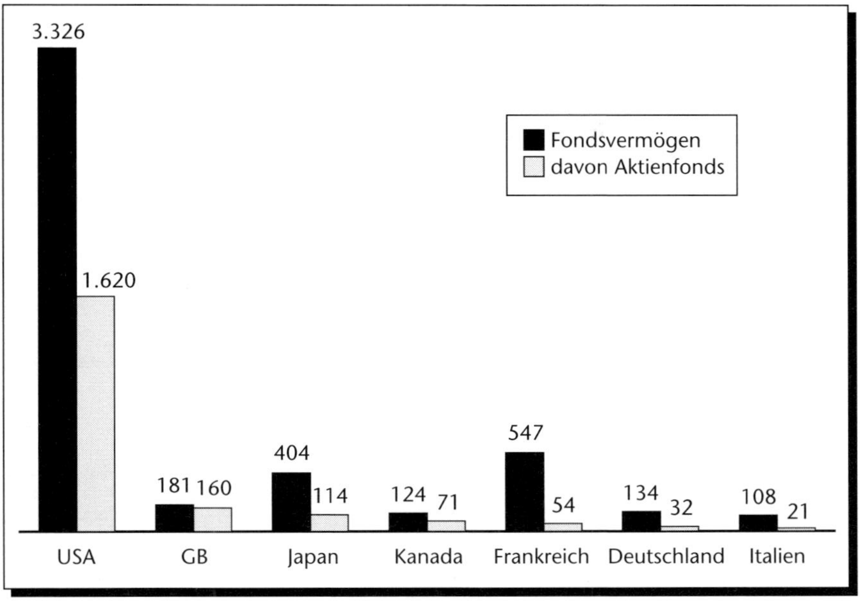

Abb. 3: Verwaltete Vermögen von institutionellen Fonds (in Mrd. $)

Vergleicht man die in Aktienanlagen investierten Vermögen, wird die dominante Positionen der angloamerikanischen Länder noch deutlicher. In den USA ist das in Aktienfonds investierte Vermögen 50 × größer als in Deutschland und in Großbritannien sind es immerhin noch 5 × so viel. Für die praktische IR-Tätigkeit heißt das: Die IR-Aktivitäten müssen sich verstärkt auf diesen Investorenkreis konzentrieren.

1.3.3 Die Zielgruppen richtig ansprechen

Im Grunde besteht ein Dreiecksverhältnis zwischen den Unternehmen, den Analysten einer Investmentbank – auch Brokerage oder Sell-Side genannt – und den Investoren, der so genannten Buy-Side. Dem Grundsatz, dass unterschiedliche Menschen unterschiedliche Interessen und Zielsetzungen haben, sollte das Unternehmen dadurch Rechnung tragen, dass die Unternehmensinteressen und Ziele gegenüber den Analysten und den Investoren direkt vertreten werden.

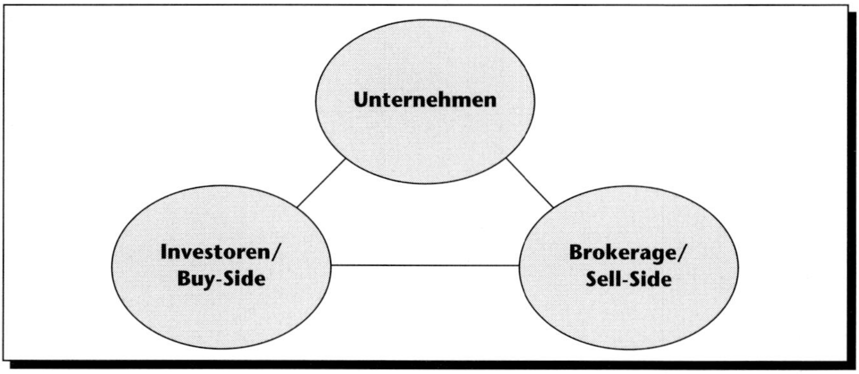

Abb. 4: Das Kommunikationsdreieck des Aktienmarktes

Sell-side Analysten: Bindeglied zwischen Unternehmen und Investoren

Die Zunft der Analysten rückt immer stärker ins Rampenlicht der Öffentlichkeit. Die Meinung der Analysten beinflusst zunehmend auch das Image eines Unternehmens in der breiten Öffentlichkeit. Das Urteil der Analysten – Kauf oder Verkauf einer Aktie – flimmert weltweit über die Bildschirme der Banken und löst Finanzströme in Milliardenhöhe aus und kann die Börsenwerte um einige Millionen oder Milliarden bewegen.

Die Sell-Side Analysten veröffentlichen Research-Studien über ein Unternehmen, eine Branche und die verschiedenen Wettbewerber. Die Finanzanalysten bilden das wichtigste Bindeglied zwischen Aktiengesellschaften und institutionellen Investoren. Die Analysten analysieren Unternehmen im Hinblick auf die Marktstellung, die Kostenposition in der jeweiligen Branche und die technologische Führerschaft. Hierbei treten oftmals Unternehmenssegmente zu Tage, die noch nicht entsprechend optimiert sind. Dies löst nicht selten einen entsprechenden Druck auf das Management aus, Schritte in die Wege zu leiten, die Schwachstellen zu beseitigen oder nicht rentable Geschäftsfelder zu verkaufen bzw. in Partnerschaften einzubringen.

Gewinnschätzungen gehören zu den populärsten Instrumenten, mit denen Investoren ihre Anlageentscheidung treffen. Der Qualität der Gewinnprognosen kommt daher eine große Bedeutung zu. Je größer die Bandbreite der externen Gewinnschätzungen ist und je höher die Abweichung des veröffentlichten Unternehmensergebnisses vom Marktkonsens ist, desto reagibler wird der Aktienkurs. Von daher ist es wichtig, Gewinnüberraschungen zu vermeiden. Durch einen permanenten Gedankenaustausch mit Analysten können falsche, zu optimistische oder auch zu pessimistische Annahmen rechtzeitig korrigiert werden. Oft kommt es vor, dass Analysten ihre Studien vor der Veröffentlichung mit dem Unternehmen diskutieren, um sachliche Fehlinterpretationen zu vermeiden. Faktische Ungereimtheiten oder eventuelle Missverständnisse können damit frühzeitig korrigiert werden und lassen erst gar keine falsche Meinung entstehen. So wird sichergestellt, dass die Unternehmensstrategie konsistent dargestellt wird und sich die Gewinnschätzungen in einem realistischen Korridor bewegen. In die Unternehmensbewertung und das Anlageurteil sollte jedoch seitens Investor Relations nicht eingegriffen werden.

Was treibt Analysten dazu, das teure Research zu publizieren? Sicherlich nicht die Nächstenliebe zu den Unternehmen, sondern die Hoffnung auf ein Geschäft. Brokerage lebt von den Provisionseinnahmen, die durch die Anlageempfehlungen der Analysten generiert werden. Gute und seriöse Anlageempfehlungen steigern die Kompetenz der Investmentbank und tragen zu einem engen Vertrauensverhältnis mit den Investoren bei. Da bei weitem nicht alle Vermögensverwaltungsgesellschaften ihre Anlageentscheidung auf der Grundlage eigener Analysen treffen, kommt den Finanzanalysten als Informationsmittler eine sehr große Bedeutung zu. »Gefälligkeitsgutachten« oder eine Art »Hofberichterstattung« sind langfristig eher kontraproduktiv. Ein seriöses, effizientes und optimales Research ist somit für die Banken immens wichtig. Banken und Broker können es sich nicht erlauben, Aktien ohne fundamentale Grundlage zu puschen. Falls sie es tun, verlieren sie die Kunden, von denen sie leben: die Großanleger. Analysten werden von den Investoren danach beurteilt, inwieweit sie richtig liegen bei der Einschätzung der Entwicklung eines bestimmten Unternehmens. Gutes Research wird zunehmend internationaler und ist nach Sektoren ausgerichtet. Ein Team von etwa drei bis fünf Analysten verfolgt intensiv eine Branche (zum Beispiel Automobile, Chemie, Versorger, Telekommunikation). Die Branche wird europa- oder sogar weltweit analysiert.

Für ein Unternehmen sind die Researchstudien ein ideales Medium, das Interesse der institutionellen Anleger zu wecken und das Unternehmensimage am Kapitalmarkt zu positionieren. Für Investoren ist das Research hingegen eine erste Informationsquelle für die Meinungsbildung und für die Entscheidung über die Strukturierung des Portfolios im Rahmen der Anlagerichtlinien. Gerade für Börsenneulinge ist es deshalb enorm wichtig, zu den Analysten eine stabile und kontinuierliche Beziehung aufzubauen. Aktien, über die nicht regelmäßig Researchberichte veröffentlicht werden, haben nur wenig Chancen, in den Blickpunkt der Investoren zu gelangen.

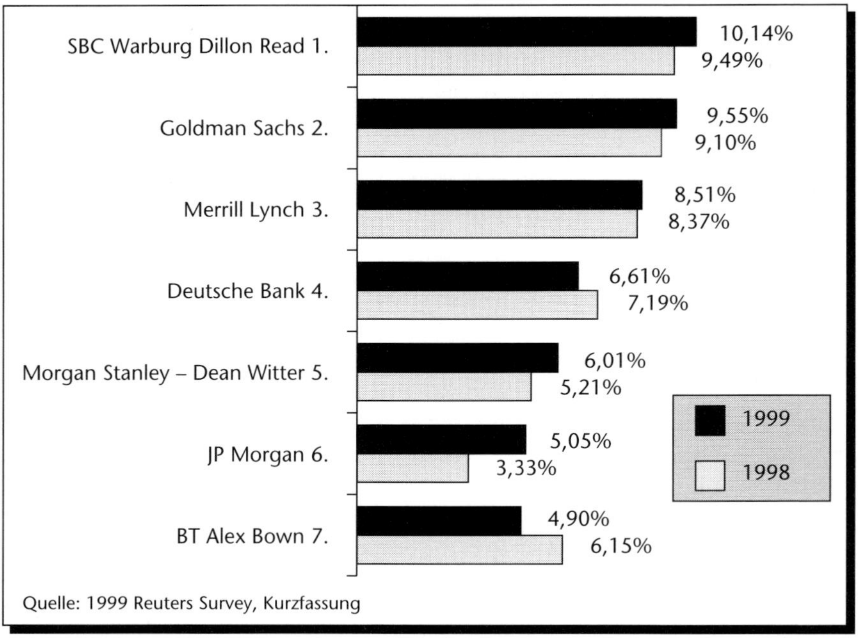

Abb. 5: Ranking der Brokerhäuser

Investoren: Die Entscheidungsträger

Die institutionellen Investoren – oder auch Buy-Side genannt – sind die Entscheidungsträger für ein Aktieninvestment. Einige Vermögensverwaltungsgesellschaften haben in den letzten Jahren ein eigenes in-house Research aufgebaut. Dies macht sie in ihrer Entscheidungsfindung unabhängiger. Ein enger Kontakt zu den Unternehmen wird immer wichtiger. Einige der großen Fondsgesellschaften kaufen sogar nur Aktien von Unternehmen, die einen offenen und regelmäßigen Dialog zwischen Investor und Unternehmensmanagement gewährleisten. Bei den institutionellen Investoren, die Vermögen von mehreren Hundert Millarden Dollar verwalten, werden Unternehmensbesuche und der direkte Kontakt zum Unternehmensmanagement immer wichtiger für die Anlageentscheidung. Bei dem direkten Unternehmenskontakt wollen Investoren das Management kennen lernen und sich selbst von dessen Kompetenz überzeugen. Investments in einzelne Unternehmen werden nicht mehr allein von Broker-Reports getroffen, sondern oftmals geht ein Unternehmensbesuch voraus. Fondsmanager führen nicht selten über 300 Unternehmensgespräche im Jahr, die im Fachjargon auch »One-on-one-meetings« genannt werden. Oft passiert es, dass sich auch Vorstände im Rahmen einer internationalen Road Show bei der Anmeldung zu einem Investorenbesuch in die lange Warteschlange an der Rezeption großer Vermögensverwaltungen einreihen müssen.

In den Einzelgesprächen gilt es, den Investor von dem Potenzial des eigenen Unternehmens zu überzeugen. Eine klar definierte Strategie, ein ausgezeichnetes Entwicklungspotenzial bei guter Gewinnqualität sind entscheidende Voraussetzungen für den Erfolg eines solchen Gesprächs. Viel Zeit bleibt dem Management allerdings nicht, den Fondsmanager von der Werthaltigkeit seiner Strategie zu überzeugen. In der Regel dauern die Einzelgespräche zwischen Management und Fondsmanager nur eine Stunde. Diese eine Stunde wird in den meisten Fällen jedoch sehr effizient durch klare, fokussierte Fragen seitens der Fondsmanager gestaltet.

Die Fondsgesellschaften unterscheiden sich nach den unterschiedlichen Investmentphilosophien. Hier gibt es beispielsweise Fondsgesellschaften, die sich primär darauf spezialisieren nur in Unternehmen zu investieren, die mindestens zweistellige Wachstumsraten oder mehr pro Jahr erzielen. Für diese so genannten »Growth Investoren« sind beispielsweise Versorgerwerte, die durch ihr bisheriges regulatorisches Umfeld Eigenschaften von Aktien und Renten in sich vereinten, eher unattraktiv. Dafür wecken die Versorgerwerte viel mehr das Interesse der »Value Investoren«, die einen eher konservativen Investment-Approach verfolgen. Eine wichtige Rolle spielen für diese Investoren Restrukturierung, Kostensenkungen und die Generierung von Free-Cash-Flow. Wichtig für ein Unternehmen ist, die richtigen Investoren zu identifizieren, diese gezielt anzusprechen und sie mit den richtigen Argumenten zu überzeugen. Eine intensive Vorbereitung und die Auswahl der Investoren anhand von Investorenprofilen, die für ein Einzelgespräch in Frage kommen, ist daher im Vorfeld einer Road Show zwingend erforderlich und gehört zum Service von Brokerhäusern.

Tabelle 4: Investorentypen

Investorentypen	**Interessenlage**	**Verhalten**	**Bevorzugte Werte; Bsp.**
Growth Investor	• Überdurchschnittliches Wachstum • Wenig Interesse an Gegenwart	• Sehr flexibel, risikobereit • Starker Performance Druck	• Technologiewerte • Aktien des neuen Marktes
Value Investor	• Gegenwart interessiert • Niedriges Branchen-KGV • Verkauft bei erreichtem Kursziel, auch wenn weiteres Kurspotential vorhanden	• Stabiles Anlageverhalten • Hohe Erwartungshaltung	• Turnaround Kandidaten • Unternehmen in Restrukturierungsphase
Income Investor	• Dividendenrendite • Free Cash Flow	• Langfristig orientiert • Konservativ	• Versorgewerte
Index Investor	• Abbildung eines Aktienindex	• Kein eigenes Research • Kein Interesse an one-on-one Meetings • Kostenbewußt	• Stellen einen ausgewählten Aktienindex (zum Beispiel DAX, M SCI Europe) in ihrem Portfolio dar.

1.4 Resümee

Ein solides Fundament für eine erfolgreiche IR-Strategie bieten

- eine überzeugende und klare Unternehmensstrategie
- realistische, transparente und gute Zahlen
- Glaubwürdigkeit und Vertrauen

Tabelle 5: Wie sollte eine IR-Strategie aufgebaut sein?

Realistische und gute Zahlen	Überzeugende Strategie	Glaubwürdigkeit
Transparente Darstellung (zum Beispiel Segmentberichterstattung) Schnelle und aktuelle Veröffentlichung Keine Ergebnisüberraschung Vergleichbarkeit der Unternehmenszahlen	Klare Kommunikation Zugang zum Top-Management Verankerung eines Wertsteigerungsmanagements	Taten, die den Worten entsprechen Abgestimmte Kommunikation mit allen Unternehmensbereichen Vertrauen durch realistische Informationen

Die Unternehmensstrategie und die quantitativen Ziele müssen klar und unmissverständlich kommuniziert werden. Die gesetzten Ziele und deren Erreichung sind letztendlich die Messlatte, an der sich das Unternehmensmanagement von den Investoren und Analysten messen lassen muss. Ein Investorengespräch ist durchaus vergleichbar mit einem internen Strategiegespräch.

Nicht allein, welche Zahlen ein Unternehmen veröffentlicht ist entscheidend, sondern auch das »Wie«. Transparenz ist hier der Dreh- und Angelpunkt. Stichworte sind US-Gaap und IAS-Accounting mit einer detaillierten Segmentberichterstattung. Auch die Schnelligkeit, Vergleichbarkeit und Verständlichkeit der zeitnah publizierten Zahlen sind entscheidende Erfolgsfaktoren.

Die Glaubwürdigkeit ist ein wichtiger Baustein guter IR-Arbeit, um langfristig das Vertrauen der Anleger zu gewinnen. Investoren lieben keine Überraschungen – vor allem keine negativen. Enorm wichtig ist daher, dass Äußerungen in der breiten Öffentlichkeit oder der Presse innerhalb des Unternehmens abgestimmt sind und auch keine unterschiedlichen Akzentuierungen auftreten, die zu möglichen Spekulationen und Missverständnissen oder sogar unterschiedlichen Unternehmensaussagen führen könnten.

Die entscheidende Frage für ein Untenehmen ist: *Wie möchte das Unternehmen vom Kapitalmarkt gesehen werden?* Um dieses Idealbild zu erreichen, dürfen zwischen dem Außenbild und dem Innenleben eines Unternehmens keine signifikanten Unterschiede existieren. Strategie und Kommunikation sind daher unzertrennbar. Alle unternehmerischen Entscheidungen und die zur Verfügung stehenden Instrumente sind zielgerichtet einzusetzen, um eine einheitliche und konsistente Darstellung zu erreichen.

Der Wert von Investor Relations lässt sich durch die Faktoren (z.B. Managementwechsel, Strategieänderung), die nicht immer im Einflussbereich der Investor Relations liegen, nur schwer messen. Renommierte internationale Investmentbanken messen guter Investor Relations allerdings einen hohen Wertbeitrag zu, der durchaus 10 Prozent bis 20 Prozent des gesamten Unternehmenswerts betragen kann. Ein beachtliches Potenzial, dem sich heute kein Unternehmen, dass sich im internationalen Wettbewerb behaupten will, entgehen lassen kann. Eine an dem Kapitalmarkt orientierte Unternehmensführung bildet die notwendige Basis. Unter dieser Voraussetzung bietet Investor Relations die Chance, den Unternehmenswert zu steigern. Darüber hinaus steht die eigene Strategie durch die regelmäßigen Gespräche mit der Financial Community fortlaufend auf dem Prüfstand. Der Kapitalmarkt ist der schnellste Richter über die Qualität eines Unternehmens. Wer den kritischen, hoch gesteckten Ansprüchen und dem Druck der Analysten und Investoren standhält, wird auch auf den Produktmärkten erfolgreich agieren, seine Wettbewerbsposition ausbauen, die langfristige Wertsteigerung sichern und nach immer besseren Ergebnissen streben.

2. Staying Public – Erfahrungen eines untypischen Mittelständlers im ersten Börsenjahr

von Heiner Kamps

- Der Aktienmarkt akzeptiert Unternehmen aus Branchen, die nicht als »börsenfähig« gelten
- Um sich durchzusetzen, brauchen Börsenneulinge klar definierte Inhalte, eine zielgerichtete Kommunikationsstrategie und Geduld
- Die verantwortlichen Vorstände sollten einen substanziellen Teil ihrer Arbeitszeit für Investor Relations reservieren
- Operative Erfolgsnachweise sollten die beim IPO geweckte Erwartungen möglichst genau erfüllen

Brot und Brötchen an der Aktienbörse? Auch wenn es 18 Monate danach ganz selbstverständlich erscheint – die Vorstellung vom Börsengang eines Handwerks-Unternehmens mit traditionellem Produktangebot war für die Marktteilnehmer nicht einfach. Handwerksfirmen stellen in Deutschland zwar einen wesentlichen Teil der Arbeitsplätze, galten aber bislang nicht als börsenfähig.

Im ersten Jahr des Neuen Marktes an die Börse zu gehen, dessen überwiegend innovationsorientierte Unternehmen als exaktes Gegenbild zur vermeintlich »altmodisch« bis »langweiligen« Handwerksfirma erschienen und von den Anlegern enthusiastisch begrüßt wurden, wirkte bei Beginn des Börsenhandels der Kamps-Aktie am 8. April 1998 zunächst wie ein Handicap.

Der Autor

Heiner Kamps

Tabelle 1: Profil der Kamps AG

Profil der Kamps AG
Produkt: Frische Brot- und Backwaren, täglich circa 120 Artikel
Produktion: Dezentral für jede Filialkette zur Lieferung in maximal 1 Stunde und zur Sicherung der Frische
Vertrieb: Filialbäckerei-Ketten mit verpachteten Shops und starker Position in regionalen Märkten
Expertise: Standardisierung aller Abläufe durch Best Practices, permanente Ertragsoptimierung
Ziel: Ertragsorientiertes Wachstum
Strategie: Akquisition von Filialbäckereien zur Erschließung neuer Teilmärkte und zur Festigung der Position in vorhandenen Regionen, zusätzlich organisches Wachstum durch Verdichtung der Filialnetze

2.1 Wettbewerb um Aufmerksamkeit

Die Ausgangssituation ist jedoch grundsätzlich für alle Börsenneulinge gleich: Ein Unternehmen, dessen öffentlicher Auftritt sich bisher auf den IPO beschränkte, muss sich am Kapitalmarkt gegen die starke Konkurrenz aus bereits notierten Aktiengesellschaften und zahlreichen anderen Neuemissionen durchsetzen. In welchem Umfang das gelingt, wurde und wird im Fall von Kamps vor allem von drei Faktoren bestimmt – der Unternehmensstrategie, der operativen Entwicklung der Gesellschaft und der Kommunikation. Die handwerklichen Aspekte, die Produktangebot, Vertrieb und Produktion kennzeichnen, waren rückblickend weniger ein Problem als eine besondere Eigenschaft des Unternehmens: Handwerk steht für Qualität, Frische und den Bäckerei-Shop als Vertriebsform. Aufgabe des Managements nach der Aktienplatzierung war daher nicht, gegen das Handwerks-Image anzukämpfen, sondern es im Zusammenhang mit den Aussagen über Strategie, Geschäftsmodell und mögliche Resultate bei den Marktteilnehmern durchzusetzen.

Sieht man sich die Entwicklung der Aktie an, war diese Durchsetzungsphase kurz: Ab Ende Juli 1998, das heißt etwa vier Monate nach Beginn des Handels, stieg der Kurs nachhaltig über den Emissionspreis und entwickelte sich von da an dynamisch weiter. Am Ende des ersten Börsenjahres war ein Aktienkurs von 106,– DM erreicht und die Investorenbasis von Kamps begann sich zu stabilisieren.

1999 fing der »Alltag« des Kapitalmarkts an: Mit einem Aktiensplit, einer Kapitalerhöhung und einer gewissen Fluktuation in der Aktionärsbasis, die unter anderem auf zwischenzeitliche Gewinnmitnahmen zurückging, und einer Kurssteigerung auf über 300,– DM (ohne Berücksichtigung des Aktiensplits).

Tabelle 2: Der Weg der Kamps AG

Dezember 1996: Management Buy-Out des Geschäftsbereichs deutsche Filialbäckereien aus dem US-Lebensmittelunternehmen Borden, Gründung der Bäckerei Beteiligungs Gesellschaft mbH (BBG) in Düsseldorf
Dezember 1997: Umwandlung der BBG in die Kamps AG **Ab Januar 1998:** Mehrere Akquisitionen von Filialbäckereien in Deutschland **April 1998:** Börsengang der Kamps AG **März 1999:** Aktiensplit 3:1 **Juni 1999:** Kapitalerhöhung von 15 Millionen DM auf 21 Millionen DM, erste Akquisition einer Filialbäckerei außerhalb Deutschlands
September 1999: Ankündigung der Übernahme von Wendeln Brot- und Backwaren GmbH, dem führenden Anbieter von SB-Backwaren – das größte deutsche Bäckerei-Unternehmen entsteht

2.2 Über die erste Hürde: Kursschwächen nach dem IPO

Eine positive Kursentwicklung wünscht man sich, sie ist aber mit Eintritt in den Sekundärmarkt keineswegs absehbar. Stattdessen bedeuten das Ende des »Projekts Börsengang« und der Beginn des laufenden Handels eine drastische Umstellung: Nach einem halben Jahr, in dem das Management von allen Seiten beraten und unterstützt, aber auch in die Zange genommen und angetrieben wurde, steht es plötzlich nahezu allein da. Die Teams der Konsortialbanken, Wirtschaftsprüfer, Rechtsanwälte und anderer Berater wenden sich den nächsten Mandaten zu, die Anfragen der Medien und von kaufbereiten Anlegern gehen zurück – es kehrt ungewohnte Ruhe ein.

Sie schlägt in Unruhe um, wenn der Aktienkurs nach einem ersten Anstieg über den Ausgabepreis etwas schwächer wird und dann unter das Zeichnungsniveau zurückgeht. Wie sich bei anderen IPOs gezeigt hat, ist diese Entwicklung nicht ungewöhnlich. Auch wenn bei der Vorbereitung des Börsengangs mit den Banken Eckpunkte der angestrebten Aktionärsstruktur vereinbart werden, ist sie nicht durch Zuteilung der Aktien realisiert und kann dann festgeschrieben werden. Vielmehr ist die Investorenbasis in Bewegung und verlangt permanentes Management – das ist ein wesentlicher Teil der Investor Relations.

2.3 Marktmechanismen besser verstehen

Die ersten Veränderungen werden bereits durch die Zuteilung ausgelöst, zum Beispiel durch die Kundenstruktur der Konsortialbanken. Neuemissionen werden auch bei institutionellen Investoren platziert, die junge Aktien zwar als

Beimischung zu ihren Portfolios kaufen, aber nicht unbedingt die Small Cap-Investoren sind, die ein Unternehmen wie Kamps mit einem anfänglichen Börsenwert von rund 245 Millionen DM braucht. Manche Investoren verkaufen nach ersten Zeichnungsgewinnen – steigt der Kurs nicht, tun sie es auch.

Ähnlich war es bei institutionellen Anlegern, denen eine kleinere Stückzahl an Kamps-Aktien zugeteilt wurde. Solche Engagements sind im Verhältnis zu den anderen Positionen und zum Gesamtportfolio so klein, dass sie keine substanziellen Beiträge zur Performance des Portfolios leisten und allein der Aufwand für die Beobachtung dieser Positionen in einem schlechten Verhältnis zum möglichen Nutzen steht.

Im Ergebnis sind trotz der grundsätzlichen Transparenz des Bookbuilding-Verfahrens, das dem Emittenten schon zu Anfang Möglichkeiten zur Gestaltung der Aktionärsstruktur gibt, Rückflüsse aus der Erstplatzierung kaum zu vermeiden. Da die Aktionärsbasis zu diesem Zeitpunkt meist schmal ist und das Handelsvolumen anfangs oft niedrig bleibt, können vergleichsweise kleine Einzeltransaktionen den Aktienkurs erheblich beeinflussen.

Börsenneulinge können eine Kurspflege mit dem Emissionskonsortium vereinbaren, aber diesen Maßnahmen sind Grenzen gesetzt. Investmentbanken können und wollen nur begrenzt Risiken eingehen, die nicht zu ihrem Kerngeschäft gehören – Kurspflege im Sekundärmarkt und Investor Relations sind es nicht – und haben unmittelbar nach der Emission nur noch begrenztes Absatzpotenzial: Mit Beginn des laufenden Börsenhandels hat sich das »Platzierungsfenster« geschlossen. Diese Erklärungen bekommt man im Nachhinein und gerade hier wünscht sich ein Vorstand offenere Kommunikation und mehr Beratung. Konsortialbanken kennen die Gefahr von »Post-IPO-Löchern« und sollten ihre Kunden rechtzeitig darauf vorbereiten. Reibungsverluste bei Aufnahme der Investor Relations im Sekundärmarkt könnten dadurch sicher reduziert werden.

2.4 Ansätze für die IR-Strategie

Für den Vorstand der AG beginnt nach dem »going public« ein Abschnitt, der »staying public« heißen könnte – zumindest in diesem Sinn: Die aus dem Börsengang entstehende Attraktivität des Neuen ist vorbei, die aufwendigen Vermarktungsmaßnahmen sind ausgelaufen und die AG muss sich die Aufmerksamkeit der investierenden Öffentlichkeit aus eigener Kraft erarbeiten.

Tabelle 3: IPO-Vorbereitung – Checkliste für die Kommunikation

- Sind Kernaussagen und »Story« des Unternehmens dokumentiert (Fact Book, Investoren-Handbuch)?
- Sind Geschäftsmodell und Strategie des Unternehmens für einen Externen verständlich (Fremdbeurteilung einholen)?
- Mit welchen Argumenten und Beispielen können Story, Geschäftsmodell und Strategie unterstützt werden (Fragekatalog)? Wo sind Schwächen und wie können sie ausgeglichen werden?
- Hat das Unternehmen einen individuellen, eigenen Auftritt (Corporate Design)?
- Ist der Informationsfluss bei Anfragen von Journalisten, Investoren und Analysten eindeutig und sinnvoll geregelt (Kontaktrichtlinien)? Sind die Richtlinien allen relevanten Personen im Unternehmen bekannt?
- Sind Kriterien definiert, mit denen die Banken für das Emissionskonsortium ausgewählt werden (zum Beispiel Researchkapazität, Branchenkompetenz)?
- Gibt es eine Vorstellung darüber, wie die spätere Aktionärsstruktur aussehen soll (institutionelle vs. private Investoren, Inlands- vs. Auslandsaktionäre)?
- Besteht eine Liste an Zielkontakten, die zum Unternehmen passende Investoren, Analysten und Journalisten beschreibt (Target List)?
- Hat das Management genug Kapazität bzw. interne Unterstützung, um beim Börsengang und in den ersten Monaten im Sekundärmarkt das laufende Geschäft und die Vermarktung der Aktie parallel zu betreiben (Teamstärke, Delegation, Organisationsaspekte)?

Diese Arbeit beginnt im Unternehmen und im persönlichen Umfeld der Vorstände, wenn – wie bei Kamps – ein Teil der Emission über »Friends and Family«- oder vergleichbare Programme bei Mitarbeitern und Geschäftsfreunden platziert wurde. Was vor der Emission als sinnvoll erscheint und Vorteile in Form einer engeren Bindung dieser Personen an das Unternehmen haben kann, ist bei Kursschwächen direkt nach dem Börsengang nicht ohne Risiken: Mitarbeiter, die im Rahmen der Emission eine kleine Anzahl von Aktien kaufen, sind in der Regel unerfahrene Anleger, reagieren emotional und erwarten verständlicherweise vom Management Erklärungen zur aktuellen und einen Ausblick auf die künftige Entwicklung. Bei Geschäftsfreunden und in den Familien der Vorstände kann in dieser Phase sozialer Druck entstehen.

Dieses Phänomen muss man mit den gleichen Maßnahmen bearbeiten wie den »externen« Kapitalmarkt: Durch intensive Kommunikation, die Strategie, Ziele und operative Ergebnisse des Unternehmens deutlich macht. Kamps hat sich von Anfang an für einen hohen Standard in der Kommunikation entschieden: Grundsätzlich steht das Management für alle Anfragen von Investoren und Analysten zur Verfügung und der direkte Kontakt zu den Marktteilnehmern wird aktiv und regelmäßig gesucht – nicht nur über zwei DVFA-Präsentationen zur Vorstellung der Jahres- und Halbjahresergebnisse, sondern zusätzlich durch Investoren- und Analystentreffen in Europa und den USA, die regelmäßig nach Veröffentlichung der Quartalsergebnisse bzw. im Zusammenhang mit größeren Akquisitionen erfolge

Insgesamt hat das Management im Jahr des Börsengangs – ohne die Termine im Rahmen der IPO-Roadshow – rund *120 Prozent* direkte Gespräche mit Fondsmanagern und Analysten geführt, davon rund *70 Prozent* im Ausland. Der Umfang der Telefonkontakte ist nicht exakt dokumentiert, lag aber im Monatsdurchschnitt bei rund 50. Insgesamt war die Kontaktarbeit sechs Monate lang zwischen Vorstandsvorsitzendem und Finanzvorstand aufgeteilt und nahm rund 70 Prozent der Arbeitszeit des CEO und weitere 30 Prozent beim CFO in Anspruch. Mit der Einrichtung des 2-Personen-Teams in der IR-Abteilung ab Oktober 1998 ließen sich diese Aufgaben besser bewältigen. Das »Zeitbudget« der in die IR-Arbeit einbezogenen Vorstände machte aber auch dann noch rund *40 Prozent* der Jahresarbeitszeit des CEO bzw. *10 Prozent* des CFO aus.

2.5 Mehr Erfolg durch ausreichende Managementkapazität

Diese auf den ersten Blick überraschenden Zahlen verdeutlichen zwei Aspekte: Eine eingespielte Organisation in der Geschäftsführung und ausreichende Managementkapazität sind Voraussetzung für einen erfolgreichen Börsengang. Vorstandsvorsitzender und Finanzvorstand sind die Personen, die bei der Vorbereitung des Börsengangs – vor allem im Rahmen der Due Diligence und bei Verhandlung der Emissionskonditionen – am stärksten zeitlich beansprucht werden. De facto wird die operative Geschäftsführung in dieser Phase vom übrigen Management-Team übernommen. Gerade unter dem Erfolgsdruck, der aus dem Börsengang entsteht, kann dies keine Adhoc-Maßnahme sein, sondern muss rechtzeitig vor dem Börsengang vorbereitet werden.

Die gleiche Überlegung gilt für den Sekundärmarkt: Ein Unternehmen, das sich über die Börse finanzieren will und nach dem IPO weitere Kapitalmaßnahmen plant, muss den Kontakt mit dem Markt aktiv suchen. Diese Rolle kann teilweise vom IR-Manager wahrgenommen werden, aber der Vorstand muss auf Dauer einen erheblichen Teil seiner Zeit für die laufenden Investor Relations reservieren. Wer sich dieser Aufgabe zu entziehen versucht, verliert sein Standing bei den Marktteilnehmern – diesen Verlust sollte kein Vorstand von sich aus herbeiführen.

Direktkontakte mit Investoren und Analysten sind nicht vorgeschrieben, sondern werden von den Marktteilnehmern gefordert. Hohe Kommunikationsstandards bedeuten natürlich auch, über die vorgeschriebene Regelpublizität hinauszugehen: Kamps ist im Amtlichen Handel notiert, der neben der Vorlage des Jahresabschluss› lediglich einen Halbjahresbericht vom Unternehmen verlangt. Mit dem stärkeren Engagement angelsächsischer Investoren in Deutschland, spätestens aber seit dem Start des Neuen Markts wird mehr erwartet, das heißt eine AG sollte die Pflichtpublizität von sich aus erweitern.

Kamps ist an mehreren Stellen über diesen Standard hinausgegangen. Da eine Quartalsberichterstattung auf Grund der früheren Zugehörigkeit der Gesellschaft zu einem US-Konzern etabliert und das Rechnungswesen auf diese Berichtsfrequenz eingestellt war, sollte sie auch in der börsennotierten AG umgesetzt werden. Jeder Quartalsbericht bietet hohe Transparenz, da er unter anderem die gesamte Gewinn- und Verlustrechnung mit den vergleichbaren Vorjahreswerten, die Kapitalflussrechnung sowie relevante Bilanzpositionen erläutert. Die Berichterstattung erfolgt sehr zeitnah, das heißt in der Regel werden Quartals- und Zwischenberichte 2–3 Wochen nach Abschluss der entsprechenden Berichtsperiode veröffentlicht. Es hat sich gezeigt, dass dies für Kamps im nationalen Vergleich ein Wettbewerbsvorteil ist, international ist zeitnahe Berichterstattung längst selbstverständlich.

2.6 Wichtig ist die »Story«

Intensiv kommunizieren lässt sich nur, was vorher eindeutig festgelegt wurde. Nach den Erfahrungen mit IPO und Sekundärmarkt kann man jedem börsenwilligen Unternehmen unseinen Repräsentaten nur empfehlen, die Kommunikationsinhalte frühzeitig, umfassend und für Außenstehende verständlich zu formulieren. Kamps hatte in diesem Zusammenhang Vorteile, da die Gesellschaft 16 Monate vor dem Börsengang aus einem Management Buy-Out entstanden war und bei der Rekrutierung von Finanzinvestoren für diese Transaktion eine grundsätzlich mit der IPO-Situation vergleichbare Aufgabenstellung bestanden hatte.

Die Kernaussagen über das Unternehmen wurden so formuliert, dass sie typische Fragestellungen der Marktteilnehmer adressierten. Zu den wesentlichen Aussagen gehörten

- Kamps ist ein »pure play« – es gibt nur ein Geschäftsfeld und keinerlei Nebenaktivitäten. Monostrukturierte Unternehmen sind für die Marktteilnehmer leichter zu verstehen und zu verfolgen. Außerdem können die Investoren selbst bestimmen, ob und wie sie ihre Portfolios diversifizieren wollen – die Unternehmensstruktur nimmt diese Entscheidung nicht vorweg.
- Das Geschäftsmodell ist analytisch nachvollziehbar: Bei grundsätzlich stabiler Nachfrage nach Brot und Brötchen kann eine reife operative Tochtergesellschaft von Kamps mit 100 Prozent Verpachtungsgrad als Referenz für die Frage herangezogen werden, wann Töchter mit geringerem Reifegrad ein vergleichbares Renditeniveau erreichen. Genauso lässt sich kalkulieren, wann und wie akquirierte Unternehmen die angestrebten wirtschaftlichen Ziele erreichen bzw. welche Beiträge sie zum Gesamtergebnis leisten.

- Die Geschäftsstrategie beschreibt genau,
  - dass Filialbäckereien nur in strategischen Zielgebieten gekauft werden,
  - bzw. nur dann gekauft werden, wenn definierte strategische und finanzielle Ziele erreichbar sind,
  - dass bei Akquisitionen nicht überbezahlt wird und
  - wann und wie die finanziellen Ziele erreicht werden sollen.

Die Ziele selbst waren explizit formuliert: Zugekaufte Firmen sollten innerhalb weniger Monate verlustfrei arbeiten, nach 18 Monaten eine EBIT-Marge vor Konzernumlage von 6 Prozent–8 Prozent erreichen und anschließend eine EBIT-Marge von 10 Prozent anstreben. Mit anderen Worten: Investoren mussten bei Kamps keine Angst vor Gewinnverwässerungen haben, die aus reiner Expansionslust entstehen.

2.7 Operativer Erfolg – nachweisbar und strategiekonform

Wer Erwartungen weckt, muss auch »liefern«: Letztlich ist der Erfolg von Kamps an der Börse das Ergebnis einer klaren Definition von Inhalten, die verständlich, gezielt und intensiv kommuniziert wurden – und das Resultat einer konsequenten Umsetzung der Geschäftsstrategie. Soll die Börse eine von Akquisitionen getriebene Strategie honorieren, verlangt sie Erfolgsnachweise.

Den ersten Nachweis trat Kamps direkt vor dem Börsengang an: Im Januar 1998 wurden zwei Filialbäckereien mit über 100 Millionen DM Umsatz gekauft. Das bedeutete zwar für den IPO speziell in der Due Diligence-Phase eine zusätzliche Belastung, aber so konnte schon zur Emission ein aktuelles Beispiel für die künftige Vorgehensweise vorgestellt werden. Bis Ende 1998 kamen fünf Unternehmenskäufe hinzu, bis zum Spätsommer 1999 fanden vier weitere Akquisitionen statt. Damit war eine wesentliche »Lieferverpflichtung« gegenüber der Börse erfüllt.

Bei den ersten Akquisitionen sind die auf den Turnaround zielenden Folgemaßnahmen bereits erfolgt, das heißt die Investoren haben inzwischen die Umsetzung der beim IPO vorgestellten Strategie in mehreren Fällen gesehen. Die Schlussphase der Integration, die zur Anhebung der Rendite in den neuen Tochtergesellschaften auf das optimale Niveau führen soll, steht noch aus. Dieses Ergebnis wird Kamps am Ende des zweiten oder zu Anfang des dritten Börsenjahres vorlegen, da vor allem die Optimierung im Vertriebsbereich durch Umstellung auf das Verpachtungssystem etwa zwei Jahre dauert. Aber die bisherige Entwicklung der Aktie lässt eigentlich nur diesen Schluss zu: Die Börse hat akzeptiert, dass die Strategie von Kamps tragfähig ist.

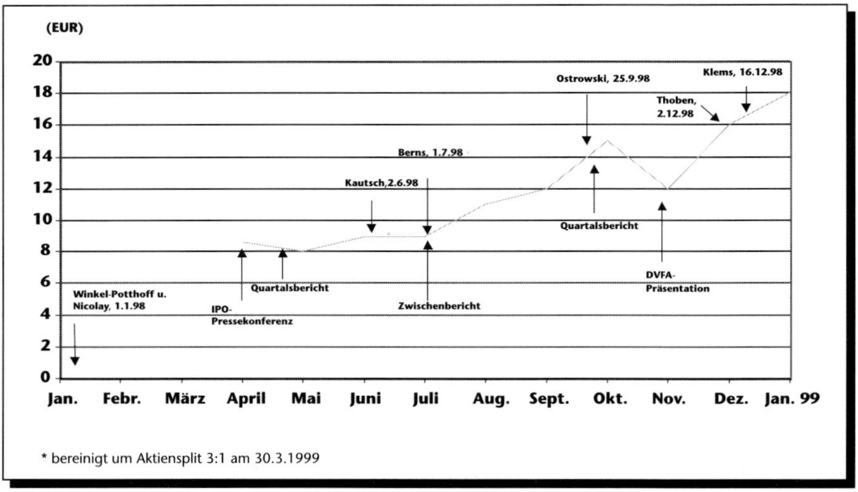

Abb. 1: Entwicklung der Kamps-Aktie im IPO-Jahr

Die Gegenüberstellung von Kursverlauf und Standard-Kommunikationsmaßnahmen, Investorenkontakten bzw. der schrittweisen Umsetzung der Akquisitionsstrategie zeigt keinen unmittelbaren bzw. durchgängigen Zusammenhang zwischen diesen Maßnahmen und der Kursentwicklung. Orientiert man sich nicht an einzelnen Schritten, sondern an der Gesamtentwicklung, war die »Post-IPO-Phase« Ende 1998 abgeschlossen.

2.8 Erfolg führt zu Erfolg

Die Kommunikationsstrategie hat sich seither grundsätzlich nicht geändert, richtet sich aber durch stärkere Internationalisierung der Investorenbasis und breitere Researchabdeckung an erheblich größere Zielgruppen am Kapitalmarkt. Der wesentliche Einflussfaktor für den weiteren Verlauf, der bis zum Sommer 1999 einschließlich einer Kapitalerhöhung von 15 Millionen EURO auf 2,5 Millionen EURO zu einer Verzehnfachung des Börsenwerts geführt hat, liegt in der kommunizierten Perspektive.

Anfangs musste Kamps beweisen, dass in Deutschland und in einer traditionellen Branche wie dem Bäckerhandwerk hohes Wachstum möglich sein würde. Als die Nachweise dafür vorlagen, haben die Investoren auch die erste Akquisition im Ausland akzeptiert: Im Juni 1999 hat Kamps die Bakker Bart Food Group in den Niederlanden übernommen und damit eine europäische Dimension für die Wachstumsstrategie angedeutet: Bei allem noch vorhandenen Potenzial gibt es im deutschen Markt irgendwann Wachstumsgrenzen, aber die Übertragung der Strategie auf die Nachbarländer kann den Wachstumspfad verlängern.

2.9 Investor Relations – externe vs. interne Lösungen

Ein funktionierendes Geschäftsmodell, eine tragfähige Strategie und Erfolg im operativen Geschäft sind Voraussetzungen für den Börsenerfolg, die das Management schaffen muss. Eine angemessene, »pro-aktive« Haltung zu Kommunikation und Investor Relations zu entwickeln, ist sogar »Chefsache«. Umfang, Intensität und Qualität der Unterstützung des Managements bei Investor Relations entscheiden jedoch mit über den Erfolg – beim IPO und im Sekundärmarkt.

Eine IR-Agentur unterstützt das Management vor allem dann, wenn sie das richtige Profil hat. Dazu gehört einschlägige Erfahrung mit Investor Relations – nicht nur mit IPOs als überwiegend von den Konsortialbanken geführten Projekten zur Vermarktung von Neuemissionen, sondern auch mit den Vorbereitungen und der Arbeit im Sekundärmarkt: Der Börsengang ist ein wichtiger Abschnitt der Unternehmensentwicklung, aber zugleich der Eintritt in das prinzipiell zeitlich unbegrenzte »Börsenleben« der AG. Konzepte und Maßnahmen aus dem IPO sollten daher auch im Sekundärmarkt anwendbar sein: So lassen sich Kurskorrekturen, die zusätzlichen Erklärungsbedarf gegenüber den Marktteilnehmern verursachen, und unnötiger finanzieller Aufwand vermeiden.

Die Auswahl einer IR-Agentur fängt im eigenen Unternehmen an – mit einem »Reality Check«: Welche Kenntnisse und Erfahrung, die für Unternehmens- und Finanzkommunikation wichtig sind, gibt es bereits im Unternehmen? Können kurzfristig interne Ressourcen aufgebaut werden? Mittelständler sollten diese Ressourcen einkaufen – zumindest bei Kamps waren sie auf Grund der sehr schlanken Verwaltung in der Zeit zwischen MBO und IPO nicht vorhanden. Bei der Auswahl einer Agentur helfen unter anderem diese Fragen:

- Kann die Agentur »strategisch«, das heißt nicht nur mit Ausrichtung auf bestimmte Interessen bzw. Kommunikationsinstrumente, sondern konzeptionell beraten?
- Hat sie Erfahrung aus anderen IPO-Projekten und im Sekundärmarkt?
- Können Referenzen von anderen Aktiengesellschaften, nicht nur von Banken vorgelegt werden?
- Hat die Agentur eine internationale Ausrichtung durch Niederlassungen oder Partner, zum Beispiel in UK und USA?
- Kann die Agentur spezialisierte Dienstleister für die Entwicklung der einzelnen Kommunikationsinstrumente bereitstellen und führen – eine IR-Agentur hat andere Arbeitsschwerpunkte als die auf klassische Kommunikation über Anzeigen und Drucksachen ausgerichtete Werbeagentur!
- Steht die Agentur für redaktionelle Arbeiten zur Verfügung – die Tätigkeit von IR-Agenturen bezieht sich zu einem wesentlichen Teil auf Inhalte für Präsentationen, Reden, Diskussionsvorbereitung, Struktur und Text von Pressemeldungen, Quartals-, Zwischen- und Geschäftsberichten oder andere Formen der Unternehmens-Berichterstattung!

- Leistet die Agentur strukturiertes Kontaktmanagement mit Investoren, Analysten und der Wirtschaftspresse, kann sie Präsentationen und Meetings mit sinnvollem Briefing für das Management organisieren?

Bei steigender Kontakthäufigkeit der AG nach Börsennotierung empfiehlt sich vor allem für ein wachsendes Unternehmen der Aufbau einer eigenen IR-Abteilung. Wenn die für Investor Relations nötigen Infrastrukturen, Konzepte und Maßnahmen zu diesem Zeitpunkt weitgehend etabliert sind, verändert sich die Arbeitsbeziehung mit der Agentur: Sie kann nicht für das Unternehmen sprechen, dies ist Sache des Managements. Eine gut etablierte Agenturbeziehung bleibt aber für Beratung, Spezialaufgaben und zur Überbrückung von Kapazitätsspitzen wertvoll.

Die IR-Abteilung ist ein entscheidendes Element der Kommunikations-Infrastruktur: Sie fungiert als ständige Anlaufstelle für alle externen Anfragen, plant das IR-Programm und steuert Einzelmaßnahmen. Bei Kamps bestehen ihre wesentlichen Aufgaben darin:

- Entwicklung von Konzepten für das Aktien-Marketing
- Planung des Jahres-Programms für Investor Relations mit Budget
- Weiterentwicklung und Pflege der in Fact Book und Unternehmenspräsentation dokumentierten Kernaussagen mit Argumentationshaushalt, Koordination der Kernaussagen mit anderen Abteilungen
- Pflege der Kontaktdatenbank
- Anlaufstelle für alle Außenkontakte mit dem Kapitalmarkt und mit Medien
- Aktive Ansprache der Financial Community und der Medien
- Qualifizierung der Außenkontakte für den Vorstand und Diskussionsvorbereitung
- Dokumentation der Kontakte und der Gesprächsinhalte
- Laufendes Kontaktmanagement, Beantwortung von Anfragen
- Entwicklung und Verteilung von Adhoc- und anderen Unternehmensmeldungen
- Vorbereitung des Vorstands auf Bilanz-Pressekonferenz, Hauptversammlung, Analysten- und Investoren-Präsentationen
- Logistik für Direktkontakte und Organisation von Veranstaltungen
- Briefing und Koordination von Agenturen, Projektsteuerung
- Präsentation des Unternehmens bei Veranstaltungen und Investoren

Wichtig ist das sinnvolle Zusammenspiel zwischen Vorstand und IR-Abteilung – interne Aspekte spielen dabei eine große Rolle. Es kommt wesentlich darauf an, die knappe Ressource »Managementzeit« sinnvoll einzusetzen, und Überraschungen für das Management aus nicht oder nicht ausreichend vorbereiteten Kontakten so weit wie möglich zu verhindern. Ohne »Sand im Getriebe« können Investor Relations durch kontinuierliche, zeitnahe, transparente und umfassende Information spürbar zur Verbesserung der Wettbewerbsposition der AG am Kapitalmarkt beitragen.

3. Erfahrungen mit Investor Relations eines internationalen Konzerns am Beispiel der DaimlerChrysler AG

von Ralf P. Brammer

- Dieser Beitrag gibt am Beispiel der DaimlerChrysler AG Einblick in die praktische Investor Relations Arbeit mit den internationalen Kapitalmärkten.
- Ausgehend von der Schilderung des Zusammenschlusses der Daimler-Benz AG mit der Chrysler Corp. wird die Arbeit der Direktion Investor Relations von DaimlerChrysler dargestellt.
- Dabei wird auf die Nutzung des Internet für globale Investor Relations und die Pionierrolle bei der Einführung der ersten globalen Namensaktie sowie des damit verbundenen ersten transatlantischen Aktienbuches näher eingegangen.

3.1 Der Zusammenschluss von Daimler-Benz und Chrysler

3.1.1 Vorbemerkungen

Zusammenschlüsse von Unternehmen hat es immer schon gegeben. Sie sind im Grunde genommen nichts besonderes, schließlich werden die 80er Jahre in den USA häufig als die Dekade der Mergers and Acquisitions bezeichnet. Trotzdem passt der Zusammenschluss von Daimler-Benz und Chrysler in vielerlei Hinsicht nicht in das herkömmliche Raster von Unternehmensfusionen. Bei dieser Transaktion handelt es sich nicht um eine Übernahme eines kleinen durch ein großes Unternehmen, sondern um einen Zusammenschluss von zwei gleich starken Unternehmen, um einen Merger of Equals. Entsprechend dieser Philosophie gab es daher auch keine Abfindungszahlungen an die Aktionäre von Chrysler. Vielmehr kam der Zusammenschluss zu Stande, indem die bisherigen Aktionäre von Daimler-Benz und Chrysler gemeinsam ihre Aktien in Wertpapiere des neu gegründeten Unternehmens DaimlerChrysler getauscht haben. Dieser Zusammenschluss war auch dadurch gekennzeichnet, dass es sich um einen transatlantischen Merger handelt, bei dem sich zwei Unternehmen zusammenschlossen, die völlig unterschiedlichen Rechtsordnun-

Der Autor

Ralf P. Brammer

gen unterworfen waren – mit allen sich daraus ergebenden Konsequenzen für die juristische Gestaltung des Zusammenschlusses. Darüber hinaus ist dieser Merger der bisher größte in der Automobilindustrie; einer Branche, die in den letzten 30 Jahren durch einen sehr intensiven Konzentrationsprozess gekennzeichnet war.

Während es 1960 weltweit noch 42 Automobilunternehmen gab, hat sich diese Zahl seither mehr als halbiert. Und es gibt Anzeichen, dass sich dieser Konzentrationsprozess in den kommenden Jahren weiter fortsetzen wird. Denn die in der Automobilindustrie besonders spürbare Abhängigkeit von Kostendegression über Stückzahlen (Economies of scales) führt dazu, dass alle großen Anbieter in den wesentlichen Märkten der Welt vertreten sein müssen.

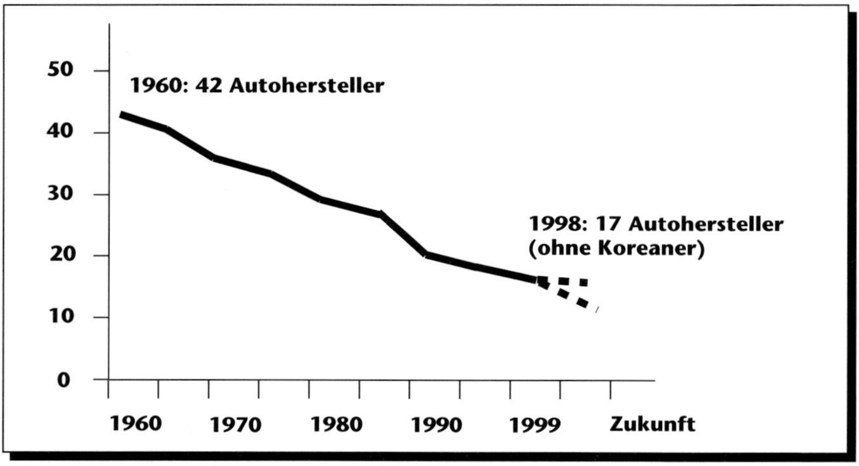

Abb. 1: Der Konsolidierungsprozess in der Automobilindustrie

Um in diesem wettbewerbsintensiven Umfeld langfristig nicht nur zu bestehen, sondern auch profitabel wachsen zu können, ist es erforderlich, über ein breites Spektrum an Marken und Produkten zu verfügen, mit denen sowohl das Volumen- als auch das Premiumsegment in allen wichtigen Märkten bedient werden kann.

Vor diesem Hintergrund führten Daimler-Benz und Chrysler bereits 1995 erste Gespräche über mögliche Formen einer Zusammenarbeit. Denn beide Unternehmen ergänzen sich in nahezu idealer Weise: Im Produktionsprogramm gibt es so gut wie keine Überschneidungen. Diese Tatsache ist umso bedeutender, da die bestehenden Marken beider Unternehmen die gesamte Markenhierarchie vom Premium- über das Standard- bis hin zum Economy-Segment vollständig abdecken. Dies gilt für den Pkw- wie für den Nutzfahrzeugmarkt. Außerdem weisen beide Unternehmen eine sehr hohe Komplementarität in der regionalen Präsenz auf. Diese Gespräche beschränkten sich damals allerdings nur auf Kooperationsprojekte.

Bei der Wiederaufnahme der Gespräche Anfang 1998 waren sich die beiden Partner sehr schnell darüber einig, dass ein Zusammenschluss langfristig erheblich mehr Potenziale freisetzen kann, als lediglich Vereinbarungen zur Kooperation oder die Zusammenarbeit bei ausgewählten Produktgruppen oder Projekten.

3.1.2 Rollenverständnis von Investor Relations beim Zusammenschluss

Im Wesentlichen hatte Investor Relations bei dem Unternehmenszusammenschluss zwischen Daimler-Benz und Chrysler zwei Aufgabenschwerpunkte zu erfüllen. Diese bestanden einerseits aus der Abwicklung zahlreicher Projekte, die sich als Folge der Konstruktion des Zusammenschlusses ergaben. So war für das Zustandekommen des Zusammenschlusses nicht nur die Zustimmung der beiden Hauptversammlungen erforderlich. Beim Aktientausch der Daimler-Benz-Aktien in DaimlerChrysler-Aktien mussten mindestens 75 Prozent der Daimler-Benz-Aktien freiwillig in DaimlerChrysler-Aktien getauscht werden. Grund war ein Ruling der US-amerikanischen Steuerbehörde (Internal Revenue Service), das nur in diesem Fall für die Chrysler-Aktionäre Steuerfreiheit der Transaktion vorsah. Im Vertrag über den Unternehmenszusammenschluss, dem Business Combination Agreement, war Steuerfreiheit für die Chrysler-Aktionäre eine der vereinbarten Bedingungen. Als zweiten Schwerpunkt hatte Investor Relations den Kapitalmarkt nicht nur über die laufende operative Entwicklung der beiden Unternehmen, sondern auch über die Besonderheiten und den Fortschritt des Mergers zu informieren.

Um die im Zusammenhang mit der Abwicklung des Zusammenschlusses anfallenden kapitalmarktrelevanten Themen effizient abzuwickeln, wurde eine Projektorganisation implementiert, innerhalb derer Investor Relations in der so genannten »Equity Capital Markets Group« die Lead-Funktion inne hatte. Hauptaufgaben dieser Arbeitsgruppe waren die Vorbereitung und Abwicklung des Umtauschangebots an die Daimler-Benz-Aktionäre, die Entwicklung, Einführung von Namensaktien und der damit verbundene Aufbau des ersten transatlantischen Aktienbuches sowie die Einführung der neuen DaimlerChrysler-Aktie an allen wichtigen Börsen der Welt. Darüber hinaus war Investor Relations dafür verantwortlich, die außerordentliche Hauptversammlung der Daimler-Benz AG inhaltlich und organisatorisch vorzubereiten, die am 18. September 1998 stattfand.

Im Zusammenhang mit der Ankündigung des Mergers bestand die erste Aufgabe für Investor Relations in der Erarbeitung einer schlüssigen und überzeugenden Equity Story. Diese sollte dem Kapitalmarkt den Zusammenschluss als eine unternehmerische Maßnahme darstellen, mit der langfristig der Wert von DaimlerChrysler stärker gesteigert würde als bei der Summe der beiden Unternehmen. Außerdem waren kurzfristige Synergiepotenziale aufzuzeigen.

3.1.3 Vorbereitung und Abwicklung des Umtauschangebotes

Die außerordentliche Hauptversammlung von Daimler-Benz verabschiedete am 18. September 1998 mit einer Mehrheit von 99,9 Prozent des anwesenden Kapitals die beiden zur Abstimmung stehenden Tagesordnungspunkte (Zustimmung zum Zusammenschluss, Zustimmung zum Verschmelzungsvertrag). Auch die am gleichen Tag stattfindende Hauptversammlung von Chrysler stimmte mit der erforderlichen Mehrheit von über 50 Prozent der ausgegebenen Aktien dem Zusammenschluss zwischen Daimler-Benz und Chrysler zu.

Damit waren die Voraussetzungen gegeben, dass bereits am 24. September das Umtauschangebot an die Aktionäre von Daimler-Benz beginnen konnte. Da der Startschuss für das Umtauschangebot schon sechs Tage nach der Hauptversammlung fiel, mussten die Vorbereitungen für das Umtauschangebot weitgehend parallel zur Vorbereitung der Hauptversammlung in Angriff genommen werden. Diese standen in ihrer Intensität denen für die Hauptversammlung in keiner Weise nach, da der Zusammenschluss nach erfolgter Zustimmung auf der Hauptversammlung noch daran scheitern konnte, dass nicht mindestens 75 Prozent der Daimler-Benz-Aktien freiwillig getauscht wurden. Eigentliches Ziel war es aber, bei der Umtauschaktion auf eine Quote von mindestens 90 Prozent der Daimler-Benz-Aktien zu kommen, da dann in der Rechnungslegung die für die Aktionäre vorteilhafte Pooling of interest-Methode angewendet werden konnte. Bei dieser Methode wird im Gegensatz zum »purchase accounting« buchhalterisch der Ausweis eines Geschäftswertes (Goodwill) vermieden, der in den Folgejahren abgeschrieben werden muss und das Ergebnis belastet.

Um das anspruchsvolle Ziel einer Umtauschquote von über 90 Prozent zu erreichen, wurden alle Aktionäre im Vorfeld des Umtauschangebots zielgruppenspezifisch analysiert, geclustert und unter Zuhilfenahme von mehr als 800 Banken adressiert und angesprochen. Um die Aktionäre zielgruppenspezifisch anzusprechen, wurde eine Kombination unterschiedlicher Kommunikationsformen und -instrumente eingesetzt. Dabei wurden die beiden Großaktionäre von Daimler-Benz, Deutsche Bank und Kuwait, direkt vom Vorstand angesprochen.

Für die institutionellen Anleger wurde eine weltweite Roadshow durchgeführt. Die über 800 000 privaten Aktionäre wurden durch Marketingmaßnahmen, eine Hotline, spezielle Informationsschriften, Fernsehsendungen sowie über Schulungen der Anlageberater der Banken erreicht.

Einbeziehung der Banken

Es war offensichtlich, dass eine Tauschquote von über 90 Prozent nur durch die Mobilisierung aller Aktionäre von Daimler-Benz erreicht werden konnte – dazu war die Unterstützung der Depotbanken unerlässlich. Aus diesem Grund hat Investor Relations gemeinsam mit den beratenden Investmentbanken eine Provisionsstruktur für die Depotbanken erarbeitet, die diesen einen Anreiz bildetete, die Daimler-Benz-Aktionäre möglichst frühzeitig anzusprechen und ihnen den Tausch ihrer Aktien zu empfehlen. Konkret wurde eine Provisionsstruktur verabschiedet, die vorsah, bei einem Tausch innerhalb der ersten zwanzig Tage des Angebots eine Provision von zwei Prozent des Kurswertes, jedoch maximal 1.500 DM und minimal 40 DM pro Depot zu bezahlen. Nach Ablauf von 20 Tagen reduzierte sich die Provision auf ein Prozent bzw. maximal 1.000 DM und minimal 30 DM pro Depot.

Diese Provisionsstruktur sowie die komplette Konstruktion des Zusammenschlusses, aber auch die komplexen technischen Details, die bei dem Umtausch zu beachten waren, hat Investor Relations den Depotbanken in einer Vielzahl von Veranstaltungen erläutert.

Marketingaktivitäten

Die größte Herausforderung beim Aktientausch bestand darin, die zu diesem Zeitpunkt über 800 000 privaten Aktionäre der Daimler-Benz AG, die circa 25 Prozent der Aktionärsbasis repräsentieren, zum Umtausch zu bewegen. Um diese Zielgruppe erfolgreich anzusprechen, wurde ein dezentrales Marketingkonzept erarbeitet, bei dem nahezu alle möglichen Kommunikationskanäle genutzt wurden.

Zu Beginn der Marketing-Aktivitäten stand eine Mailing-Aktion an alle Aktionäre der Daimler-Benz AG, mit der diese über die Depotbanken das offizielle Umtauschangebot einschließlich des Tauschformulars erhielten. Mit der Einladungsbekanntmachung zur Hauptversammlung hatten die Aktionäre bereits eine 48 Seiten umfassende Broschüre zugesendet bekommen. In Form eines Fragen – und Antwortenkatalogs hatte Investor Relations Themen wie die komplexe juristische Konstruktion des Zusammenschlusses, die Gründe des Zusammengehens und die für die Aktionäre daraus resultierenden Vorteile erläutert. Darüber hinaus wurde von Investor Relations in enger Zusammenarbeit mit einer Marketing-Agentur eine zwölf-seitige Broschüre entwickelt, in der noch einmal in knapper und übersichtlicher Form die wesentlichen Argumente für den Unternehmenszusammenschluss dargestellt waren.

Die Banken wurden dabei unterstützt in ihren Filialen durch Aushänge und Poster für den Aktientausch zu werben, indem ihnen beispielsweise die Filme für den Druck der Poster zur Verfügung gestellt wurden. Darüber hinaus informierte Investor Relations durch zahlreiche Präsentationen bei den Banken die Anlageberater über den Unternehmenszusammenschluss, um so eine Informationsbasis für die Gespräche mit den Aktionären zu schaffen.

Um zusätzlich auch in der Öffentlichkeit die notwendige Aufmerksamkeit zu erzeugen, wurden mehrere Anzeigenwellen in den Printmedien geschaltet, in denen auf den Aktienumtausch aufmerksam gemacht und zum Tausch aufgefordert wurde. Aus Aktionärserhebungen war bekannt, an welchen Orten besonders intensiv geworben werden musste. In diesen Anzeigen wurde auf eine

Telefon-Hotline hingewiesen, die ab dem Tag der außerordentlichen Hauptversammlung bis zum Ende des Tauschangebots geschaltet war. Von Investor Relations über Multiplikatoren geschultes Personal hat über diese Hotline täglich 18 Stunden die Fragen von Aktionären zum Exchange Offer beantwortet. Zusätzlich hatte Investor Relations noch eine weitere Hotline für die Anlageberater der Banken geschaltet, bei der besonders geschulte und erfahrene Mitarbeiter Rede und Antwort standen. Bei der Hotline aufgelaufene Fragen, die nicht unmittelbar beantwortet werden konnten, wurden an Investor Relations weitergeleitet und innerhalb von maximal drei Stunden bekam der Aktionär eine Antwort auf seine Frage. Insgesamt arbeiteten mehr als 800 Operatoren bei der Hotline.

In den letzten zwei Wochen vor Ablauf der Umtauschfrist wurde zusätzlich in halbstündigen Fernsehsendungen auf n-tv über den Zusammenschluss von Daimler-Benz und Chrysler und über das Umtauschangebot informiert. Nach einem Interview mit dem Finanzvorstand von Daimler-Benz, Dr. Manfred Gentz, konnten die Zuschauer an Dr. Gentz unmittelbar Fragen zum Aktientausch live in der Sendung stellen. Über eine halbe Million Zuschauer haben diese Sendungen verfolgt.

Exchange Offer Roadshow

Um auch die institutionellen Anleger von der Richtigkeit des Zusammenschlusses von Daimler-Benz und Chrysler zu überzeugen und zum Tausch ihrer Daimler-Benz-Aktien zu bewegen, wurde eine weltweite Roadshow durchgeführt. Bei der Planung dieser Roadshow konnte sich Investor Relations auf im Vorfeld veranlasste Untersuchungen stützen und die im Rahmen dieser Roadshow zu besuchenden Städte so festlegen, dass möglichst viele institutionelle Investoren von Daimler-Benz erreicht wurden. Dies war von besonderer Bedeutung, da die institutionellen Anleger (einschließlich der Großaktionäre Deutsche Bank und Kuwait) rund 75 Prozent des Kapitals von Daimler-Benz hielten.

Im Rahmen dieser Roadshow wurden in Europa die Städte Frankfurt, London, München und Zürich besucht. In den USA waren es Boston und New York. Dabei wurde der Schwerpunkt weniger auf Präsentationen als vielmehr auf Einzelgespräche mit den Investoren gelegt. Dementsprechend wurden im Rahmen der Roadshow nur fünf Großpräsentationen, jedoch über 80 Einzelgespräche auf Vorstandsebene durchgeführt. Darüber hinaus organisierte Investor Relations vier Conference Calls, so daß insgesamt über 1200 institutionelle Anleger und damit fast 60 Prozent des Kapitals von Daimler-Benz direkt erreicht werden konnten.

3.2 Die Internationalität

Durch den Zusammenschluss von Daimler-Benz und Chrysler entstand am 17. November 1998 ein neues, globales Unternehmen, das im Automobilsektor eine führende Rolle einnimmt bezüglich Absatz, Umsatz, Ergebnis und Börsenkapitalisierung. Die Vereinigung eines weltweit tätigen deutschen Konzerns mit einem international tätigen, dabei aber stark auf den nordamerikanischen Markt fokussierten US-Automobilhersteller hat eine neue gleichzeitig gemeinsame wie auch einzigartige DaimlerChrysler-Unternehmenskultur zur Folge. Gleichzeitig muss dieses Unternehmen den Erwartungen seiner internationalen Aktionärsstruktur Rechnung tragen.

Nach dem Zusammenschluss stellt sich die Aktionärsstruktur folgendermaßen dar: etwa 19 Prozent des Grundkapitals von rund fünf Milliarden DM werden von zwei Großaktionären gehalten. Die Deutsche Bank AG ist mit rund zwölf Prozent der größte Aktionär, gefolgt vom Emirat Kuwait mit circa sieben Prozent. Der zweite große Block von etwa 57 Prozent des Kapitals entfällt auf circa 17 000 institutionelle Anleger. Trotz der großen Zahl institutioneller Anleger werden 50 Prozent der Aktien nur von circa 400 Institutionen gehalten. Die verbleibenden 24 Prozent des Grundkapitals befinden sich im Besitz von rund 1,6 Millionen Privatinvestoren.

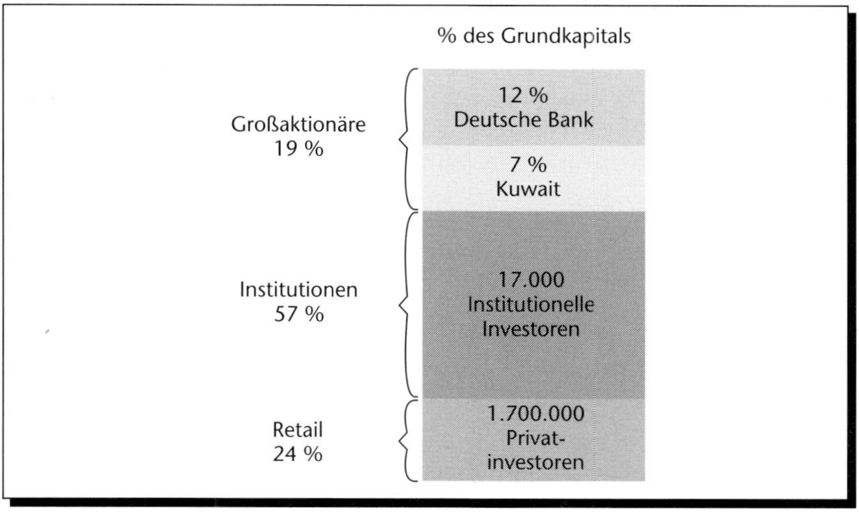

Abb. 2: Aktionärsstruktur

Die Internationalität des DaimlerChrysler-Konzerns findet ihren Ausdruck nicht nur in der weltweiten Präsenz auf den Märkten sondern in einer Vielzahl von Fertigungsstätten im Ausland. Durch den Merger ist schließlich auch ein Unternehmen entstanden, das eine internationale Aktionärsstruktur besitzt. Regional betrachtet werden rund 63 Prozent des Grundkapitals in

Europa gehalten (Deutschland 46 Prozent, Groß-Britannien 6 Prozent, Schweiz 5 Prozent, Belgien 2 Prozent, Luxemburg 2 Prozent, übrige Länder 2 Prozent), rund 27 Prozent in den USA und etwa zehn Prozent im Rest der Welt (incl. 7 Prozent Kuwait). Dementsprechend werden laufende Kontakte gepflegt zu Analysten in allen drei Triademärkten Europa, USA und Asien.

Zwar ist DaimlerChrysler eine Aktiengesellschaft nach deutschem Recht und mit Sitz in Stuttgart, Deutschland. Trotzdem haben die Unternehmenskultur und die Aktionärsverteilung klare Auswirkungen auf die Investor Relations Arbeit in diesem neuen Konzern. So besitzt die Investor Relations Arbeit bei DaimlerChrysler einen hohen Stellenwert. Der Leiter der Investor Relations-Direktion berichtet zugleich an den Finanzchef und die beiden Vorstandsvorsitzenden und nimmt an den Vorstandssitzungen teil.

3.3 Die Investor Relations-Arbeit bei DaimlerChrysler

3.3.1 Struktur und Funktionskonzept

Der Verantwortungsbereich von Investor Relations ist unterhalb der Leitungsfunktion in zwei generelle Zuständigkeitsbereiche gebündelt: das Front Office und das Back Office. Die Mitarbeiter des Front Office verwenden den größten Teil ihrer Kapazität für die direkte Kommunikation mit Investoren und Analysten. Im Bereich der institutionellen Anleger und Analysten erfolgt die Betreuung der Ansprechpartner nach den Regionen Europa, Asien und USA. Außerdem wird im Front Office der Kontakt zu den Privatinvestoren verantwortet und der weltweite Internet-Auftritt von DaimlerChrysler Investor Relations.

Im Back Office sind weitere Investor Relations Aufgaben angesiedelt. Dazu gehören im Wesentlichen die externe Berichterstattung in Form von Geschäftsberichten, Quartals- und Halbjahresberichten, die Börsenbetreuung (DaimlerChrysler ist an 21 Börsen weltweit gelistet), die Koordination der Gespräche mit den Ratingagenturen sowie die interne monatliche Berichterstattung an den Vorstand über wesentliche Entwicklungen an den Eigenkapitalmärkten.

Weitere Aufgaben sind laufende Analysen und eine Weiterentwicklung der Aktionärsstruktur sowie die Organisation der Hauptversammlung.

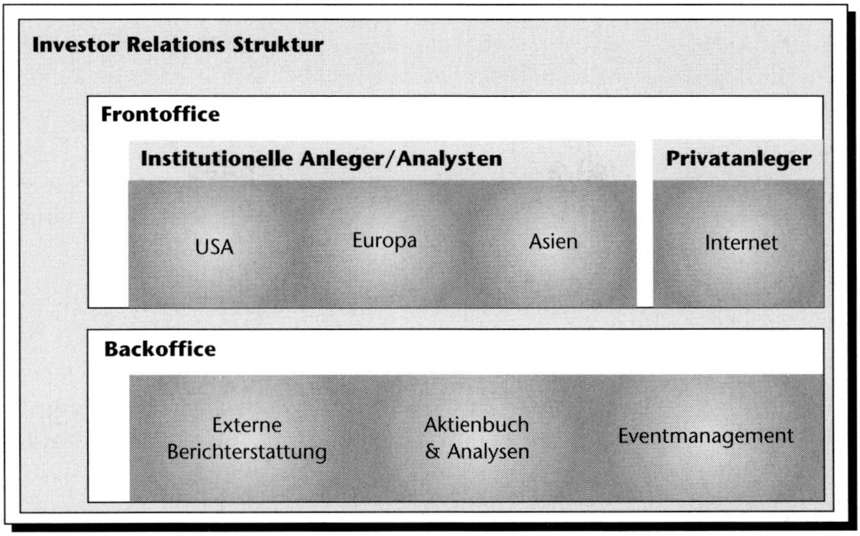

Abb. 3: Strukturkonzept Investor Relations

Hinsichtlich der Inhalte berichtet Investor Relations die gleichen Inhalte wie der Public Relations Bereich, der organisatorisch von IR getrennt ist. Zwischen beiden Bereichen findet eine regelmäßige und intensive Abstimmung der kommunizierten Inhalte statt.

Die organisatorische Trennung wurde dabei sehr bewusst gewählt, da – obwohl die gleichem Inhalte kommuniziert werden – eine unterschiedliche Zielsetzung beider Bereiche existiert.

Während Public Relations mehr an einem kontinuierlichen News-Flow interessiert ist, mit dem Ziel eine positive Außendarstellung zu erzielen, verfolgt Investor Relations die Zielsetzung Überraschungen auf den Eigenkapitalmärkten zu vermeiden. Übergeordnetes Ziel ist dabei eine geringe Volatilität der Aktie und die Schaffung von Glaubwürdigkeit bei Analysten und Investoren. Dies erfordert ein aktives Management der Markterwartungen. Dazu gehört beispielsweise bei sinkenden Ergebniszahlen die Markterwartungen rechtzeitig zu dämpfen.

3.3.2 Aufgaben, Ziele und Instrumente

Ein wesentlicher Grundsatz der Investor Relations Arbeit ist Glaubwürdigkeit und Transparenz gegenüber Analysten und Investoren. Dies ist Voraussetzung für eine faire Werteinschätzung des Unternehmens und eine kontinuierliche Entwicklung des Aktienkurses. Ein weiterer Grundsatz ist eine ständige Kommunikation mit den Marktakteuren. Eine permanente Ansprechbarkeit soll dabei eine schnelle Beantwortung der Anfragen garantieren. Außerdem können dadurch frühzeitig wesentliche Trends am Kapitalmarkt identifiziert werden und das Wissen und Verständnis über die Kapitalmärkte vertieft werden. Weiterhin soll dadurch der Zugang zu allen attraktiven Segmenten des Kapitalmarktes erhalten werden.

Begleitend zur laufenden Investor Relations Arbeit findet eine laufende, tägliche Aktualisierung der Aktionärsstruktur statt, bei der gleichzeitig die spezifischen Investitionsstile der Investoren identifiziert werden. Hier ist das Aktienbuch eine große Hilfe.

Wesentliche Trends und Veränderungen auf den Kapitalmärkten und in der Aktionärsstruktur werden direkt dem Top Management, insbesondere den CEOs und dem CFO, berichtet.

Da die Pflege der Investorenbeziehungen eine klassische Dienstleistungsfunktion bildet, ist der Grundsatz der Kundenorientierung von jedem Mitarbeiter von Investor Relations Voraussetzung für die Zufriedenheit bei Analysten und Investoren.

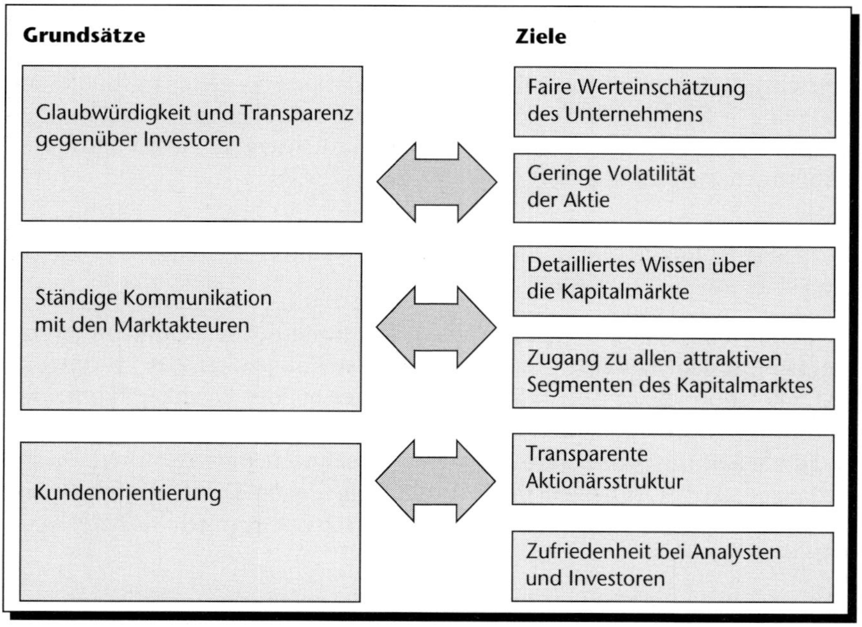

Abb. 4: Grundsätze und Ziele von Investor Relations

Im Rahmen der Kommunikation mit den unterschiedlichen Zielgruppen der Kapitalmärkte nutzt Investor Relations eine Vielzahl von Kommunikationsinstrumenten.

Neben den gesetzlich vorgeschriebenen Publikationen wie dem Geschäftsbericht und zusätzlich der Form 20-F für die USA bietet Investor Relations ein

Bündel von Informationsunterlagen an, die Investoren kostenlos abrufen können oder einem definierten Verteiler über Telefax- bzw. E-Mail zugesendet werden.

Seit Herbst 1998 bietet DaimlerChrysler auch Quartalsberichte an, in denen den Kapitalmärkten unterjährig Ergebnis- und Bilanzdaten angeboten werden. Aktuelle, finanzmarktrelevante Informationen werden an die wichtigsten 1500 Marktakteure mit einem Investor Relations Release versandt. DaimlerChrysler ist dabei in der Lage, innerhalb von 15 Minuten die Kapitalmärkte weltweit zu informieren.

Publikationen	Kommunikations-Instrumente	Events
Geschäftsbericht	Permanenter Telefon-Service	Hauptversammlung
Halbjahresbericht	Telefonkonferenzen	Treffen mit Top-Executives
Quartalsbericht	Videokonferenzen	Investoren- bzw. Analysten-Veranstaltungen
Investor Relations Release	One-on-Ones	Investorenbesuche
Informations-broschüren	Internet	Road Shows
		Special Events

Abb. 5: Investor Relations Instrumente

Weitere wichtige Kommunikationsinstrumente sind Telefon- und Videokonferenzen, die immer im Anschluss an die Bekanntgabe von Ergebniszahlen angeboten werden. Videokonferenzen werden häufig auch an Stelle von One-on-ones, insbesondere mit Investoren aus Fernost und Übersee, durchgeführt.

Zu einer zielgerichteten und kundenorientierten Investor Relations Arbeit gehört aber auch eine persönliche Präsenz der Vorstandsvorsitzenden und des Finanzvorstands bei Veranstaltungen mit den wichtigsten Investoren.

Mit den 50 Top-Investoren pflegen die CEO's und der CFO mehrmals jährlich direkte Kontakte (One-on-Ones). Auch bieten Sie einer größeren Zahl von Analysten und Investoren 6–8-mal pro Jahr Präsentationen und Konferenzen zu direkten Gesprächen an und nehmen an 2–3 Roadshows im Jahr teil. Neben der Begleitung der Roadshows auf Vorstandebene führt Investor Relations auch selbst Roadshows in verschiedenen Ländern durch, besucht Investoren, und gestaltet proaktiv und bedarfsgerecht Vorträge und Spezialveranstaltungen, zum Beispiel mit großen Bankhäusern.

3.4 Nutzung des Internet als Investor Relations-Instrument

3.4.1. Das aktuelle Leistungsangebot

Investor Relations verfolgt die Zielstzung, beim Einsatz moderner elektronischer Medien zur Unterstützung der Informations- und Kommunikationsbedürfnisse der Investoren und Analysten eine führende Rolle einzunehmen.

Die Nutzung des Internets, genauer die Investor Relations Seiten auf der Konzernwebsite *www.DaimlerChrysler.com* selbst sind ein solches Kommunikationsinstrument, dessen Bedeutung und Umfang ständig zunimmt. Das Internet bietet zusätzliche Möglichkeiten der Dienstleistung und Beziehungspflege mit dem Kapitalmarkt und der interessierten Öffentlichkeit. Seine Schnelligkeit und Unmittelbarkeit, aber auch die Dialogorientierung unterstützen die etablierten Investor Relations-Aktivitäten. Insgesamt ist das Internet ein sehr kostengünstiges Medium im Verhältnis zu seiner Reichweite.

Die Rubrik Investor Relations ist über die DaimlerChrysler Startseite direkt erreichbar. Die Startseite der Rubrik Investor Relations bietet als Erstes den Kurs der DaimlerChrysler-Aktie in Frankfurt und New York in Echtzeit und nicht mit der verbreiteten Verzögerung von 15–20 Minuten. Aktuelle Business Nachrichten sind ebenfalls Bestandteil der Startseite. Des Weiteren wird auf wesentliche Events und interessante Themenbereiche auf den Folgeseiten verwiesen. So werden zu den regelmäßigen Terminen der Jahres-, Halbjahres- und Quartalsberichterstattung über den Geschäftsverlauf einige Stunden vor Eröffnung der Pressekonferenzen und der Analysten- und Investorenkonferenzen die kompletten Geschäftsberichte in deutsch und englisch, das Investor Relations Release, die Berichte für die amerikanische Börsenaufsichtsbehörde Security and Exchange Commission, die wesentlichen Tabellen der Geschäftsberichte als Excel-Dateien sowie die Präsentationsfolien des Finanzvorstands zur Ansicht und zum Download angeboten. Dieser Service ermöglicht Analysten und allen Investoren, sich unmittelbar, top-aktuell und umfassend über die Ergebnissituation zu informieren. Investoren und Analysten nutzen dieses Angebot gerne zur Vorbereitung bei persönlicher Teilnahme bei Konferenzen und Telefonkonferenzen. Die Daten bleiben aber auch nach der Veranstaltung unbegrenzt auf den Internetseiten zugänglich.

Um die wahrnehmbare Authentizität der Botschaften auf den geschilderten Konferenzen zu erhöhen, und den Teilnehmern die Chance zu geben, nicht nur zu hören, sondern auch zu sehen, wie der Vorstand auf Ihre Fragen und Kommentare reagiert, hat Investor Relations zusätzlich Videokonferenzen eingeführt, die live im Internet übertragen werden und auch nachträglich noch allen Interessenten ungekürzt zum Abspielen als Replay für mehrere Tage bzw. Wochen zur Verfügung gestellt werden. Der hohe Zuspruch zu diesem audio-visuellen Einbeziehen von Analysten und Investoren, die nicht zum Veranstaltungsort reisen konnten oder wollten, zeigt den erheblichen Zusatznutzen für die Teilnehmer. Gegenwärtig werden die Investor Relations Seiten im Schnitt fünftausend mal pro Tag aufgesucht.

Zusätzliche Rubriken von Investor Relations im DaimlerChrysler Internetauftritt präsentieren Sachthemen von generellem Interesse, wie zum Beispiel einige Seiten rund um die Aktie, Detailfragen zum Merger oder die ausführliche Erläuterung des wertorientierten Controllingsystems bei DaimlerChrysler. Dies wird auch durch Videoaufzeichnungen ergänzt. Als weitere Dienstleistung bieten die Investor Relations Internetseiten die Möglichkeit, sich online in eine E-Mailing-Liste einzutragen, um zukünftig über die Geschäftsentwicklung unterrichtet zu werden. Ebenfalls können gedruckte Geschäfts- und Zwischenberichte online bestellt werden. Die Angabe von Kontaktadressen und Telefonnummern zu Investor Relations und die tägliche Beantwortung von individuellen E-Mail-Anfragen, für die ein spezieller Link zum Investor Relations-Team auf den Kontaktseiten angeboten wird, bieten den Interessenten auch unkomplizierte Möglichkeiten des individuellen Dialogs.

Zum Tagesgeschäft der Investor Relations Mitarbeiter gehört auch in hohem Maße im Front Office die Beantwortung von individuellen Anfragen per Brief, Telefax, E-Mail oder Telefon. Großveranstaltungen wie die Hauptversammlungen werden durch mehrwöchig eingesetzte Hotlines flankiert, an denen bis zu 20 geschulte Mitarbeiter spezifische Fragen von Aktionären und Bankenvertretern beantworten. In Analogie dazu werden im Internet typische Themenkomplexe in Form von Fragen und Antworten bearbeitet und dargestellt. Dies erleichtert zum einen Interessenten und teilnehmenden Aktionären die Orientierung und Information und trägt außerdem ein wenig zur Entlastung des Front Office bei.

3.4.2 Erweiterungsperspektiven

Selbstverständlich sind gegenwärtig zahlreiche neue Funktionalitäten für die Online-Kommunikation mit Investoren und Analysten in Vorbereitung, durch die das Angebot weiter ausgebaut und auf die Bedürfnisse der Interessenten des Kapitalmarktes zugeschnitten wird. Ein wesentliches Projekt in diesem Zusammenhang ist die stärkere Beteiligung nicht auf der Hauptversammlung anwesender Aktionäre am Abstimmungsprozess zu den Punkten der Tagesordnung. Dies ist insbesondere für sich im Ausland aufhaltende Aktionäre von Interesse. Die Live-Übertragung der Reden des Aufsichtsratsvorsitzenden und der beiden Vorstandsvorsitzenden zur Lage des Konzerns gehört bereits zum Internet-Standard von DaimlerChrysler. Als neues Angebot ist beabsichtigt, den Aktionären die permanente Teilnahme über den PC und die Abstimmung über das Internet zu ermöglichen. Unter Ausschöpfung der juristischen und technischen Möglichkeiten könnte damit der Anteil des an der Abstimmung beteiligten Kapitals erhöht werden. Gleichzeitig entstünde für den Aktionär der Vorteil, dass sich der erforderliche zeitliche Vorlauf für die Stimmabgabe um einige Tage verkürzt.

3.5 Die DaimlerChrysler-Aktie

3.5.1 Einführung globaler Namensaktien

Ebenfalls noch nie vorher praktiziert worden ist die Schaffung einer weltweit handelbaren einheitlichen Aktie. Die DaimlerChrysler-Aktie ist die erste richtig globale Aktie.

Leitgedanke war es, mit der DaimlerChrysler-Aktie ein Wertpapier zu schaffen, mit dem an allen Börsenplätzen das gleiche Papier gehandelt werden kann, welches dabei immer über die gleichen Ausstattungsmerkmale verfügt. Auch wenn diese Anforderung auf den ersten Blick einfach erscheinen mag, so war sie in der Praxis fast nicht umsetzbar. Denn bis dahin hatten alle deutschen Unternehmen, die an der New York Stock Exchange gelistet waren, dort nicht ihre Aktien, sondern Derivative, sog. American Depositary Receipts (ADR's) bzw. American Depositary Shares (ADS) gelistet. Darüber hinaus sind deutsche Aktien mit Gewinnanteilscheinen, den Coupons, versehen, ein in den USA völlig unübliches Verfahren. Dort werden Dividenden nach dem Aktienbuch und mittels Scheck bezahlt, während in Deutschland die Auszahlung von Dividenden auf Aktien, die sich bei einer Bank in Girosammelverwahrung befinden, durch Überweisung erfolgt.

Da in den USA Namensaktien zwingend vorgeschrieben sind, war es offensichtlich, dass nur die Ausgestaltung der DaimlerChrysler-Aktie als Namenspapier es ermöglichen würde, weltweit an allen Börsen das gleiche Papier zu handeln.

Die Entscheidung wurde insofern erleichtert, als Investor Relations durch Gespräche mit US-Investoren wusste, dass diese die von europäischen Unternehmen ausgegebenen ADR's nicht schätzen. ADR's werden vielfach als Papiere zweiter Klasse angesehen.

Daher sollte auch nach dem Merger sichergestellt werden, dass alle ehemaligen Chrysler Aktionäre mit der DaimlerChrysler Aktie über dieselbe Art von Wertpapier verfügen, die Sie bisher kannten.

In den Diskussionen über eine weltweit einheitliche Ausstattung der Aktie, die auf die Entscheidung für die Namensaktie folgten, wurde von der US-Seite der Wunsch geäußert, möglichst keine Änderung bei den in den USA üblichen Abläufen vorzunehmen. Insbesondere das deutsche System der Gewinnanteilscheine wurde als unüblich bezeichnet.

Auf der anderen Seite bestand für Investor Relations in Deutschland das Problem, dass auf Grund steuerlicher Vorschriften die Kreditinstitute nur dann Körperschaftsteuerbescheinigungen ausstellen dürfen, wenn die Dividendenberechtigung mittels eines Gewinnanteilsscheines verbrieft ist.

Somit musste ein Weg gefunden werden, wie die Ausgabe von Gewinnanteilscheinen vermieden werden konnte, gleichzeitig aber den Kreditinstituten weiterhin die Möglichkeit gegeben wird, Steuerbescheinigungen für ihre Depotkunden auszustellen.

Zur Lösung dieses Problems wurde in enger Zusammenarbeit mit den Rechtsberatern, den beteiligten Banken sowie der Deutsche Börse Clearing beschlossen, dass die Globalurkunde, die für die girosammelverwahrten Aktien bei der Deutsche Börse Clearing AG hinterlegt ist, mit einem Coupon versehen wird. Alle Aktien hingegen, die als effektive Stücke geliefert werden, erhalten keinen Coupon. Somit spricht DaimlerChrysler von dem ersten »virtuellen Coupon«.

Dieses System erlaubt es, die Dividenden auf Aktien in Girosammelverwahrung weiterhin über die Depotbestände auszuzahlen. Außerdem können die Kreditinstitute weiterhin die entsprechenden Steuerbescheinigungen ausstellen.

Bei Aktien, die als effektive Stücke ausgeliefert und verwahrt werden – diese Verwahrungsart spielt in den USA eine große Rolle – werden die Dividenden per Scheck entsprechend dem Eintrag im Aktienbuch ausbezahlt.

3.5.2 Konzeption und Implementierung des transatlantischen Aktienbuchs

Mit der Einführung von Namensaktien wurde es möglich, dass die DaimlerChrysler-Aktie unmittelbar an den wichtigsten Börsen der Welt notiert und gehandelt werden kann. Allerdings machte das eine weitere Neuerung erforderlich: Die Implementierung des weltweit ersten transatlantischen Aktienbuchs.

In diesem Aktienbuch werden täglich die Besitzwechsel der Namensaktien an den Börsen in Frankfurt und New York sowie an 19 weiteren Börsenplätzen dieser Welt in Stuttgart zusammengeführt. Hierfür muss die Kommunikation des Aktienbuchs mit den elektronischen Vorsystemen funktionieren. Die Zusammenführung der Daten und der Betrieb des Aktienbuchs muss mit einem vertretbaren Aufwand durchgeführt werden können und die einzelnen Komponenten müssen die rechtlichen Rahmenbedingungen berücksichtigen.

Das globale Aktienbuch von DaimlerChrysler besteht aus zwei Teile: Einem deutschen Teil und einem US-amerikanischen Teil.

Über den deutschen Teil werden die Börsen in Europa und Asien abgewickelt, über den US-amerikanischen Teil die Börsen in den USA und in Kanada. Beide Teile werden von Transfer-Agenten verwaltet. Im Falle von DaimlerChrysler sind dies die Deutsche Bank für den europäischen und asiatischen Teil und die Bank of New York für den US-amerikanischen und kanadischen Teil. Die Transfer-Agenten sind verantwortlich dafür, dass die jeweiligen Teile stets einen aktuellen Stand aufweisen. In der Konzernzentrale von DaimlerChrysler in Stuttgart entsteht aus den beiden Teilbüchern das eigentliche Aktienbuch.

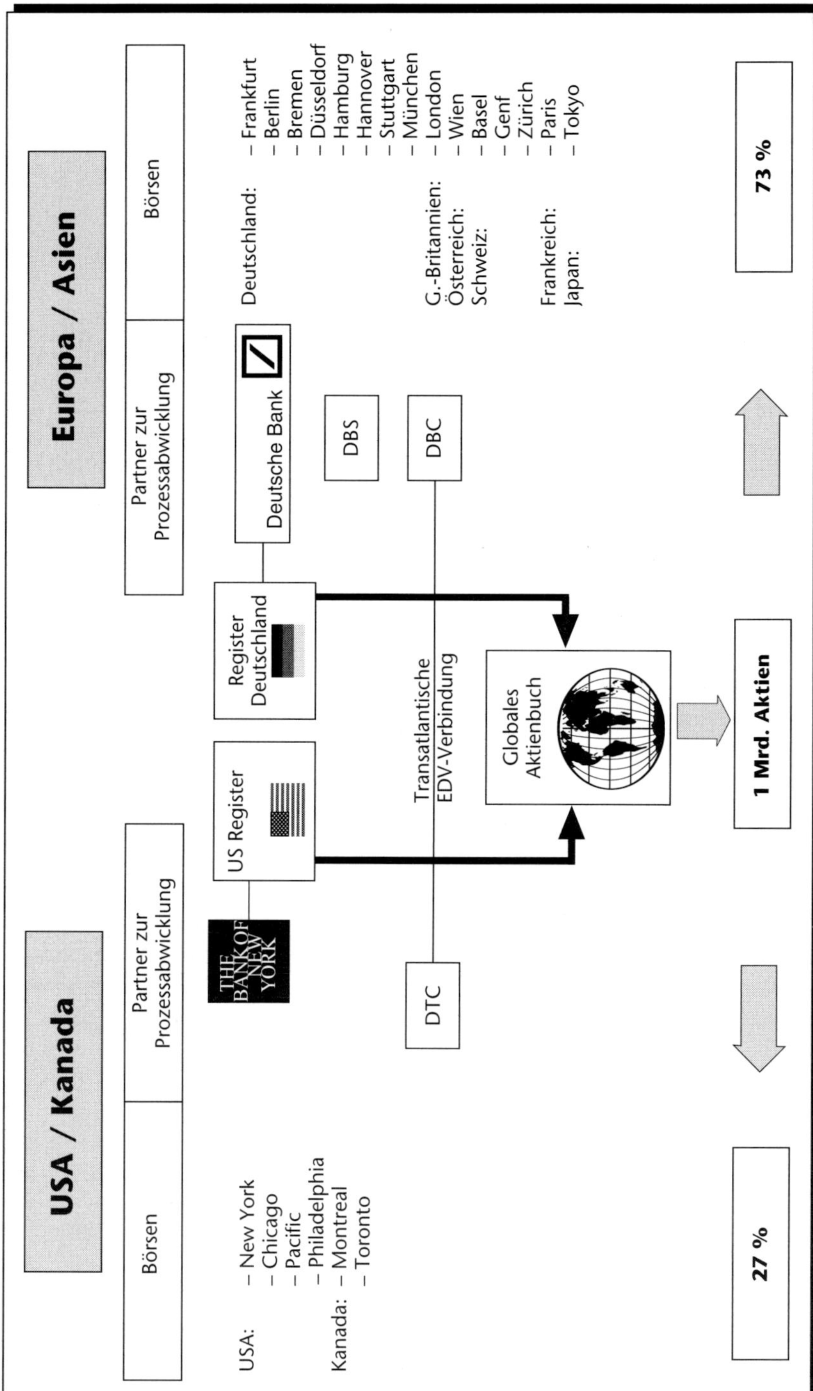

Abb. 6: Konzeption des ersten globalen Aktienbuchs

Für die Lieferung von Aktien aus dem amerikanischen Teil in den deutschen Teil und umgekehrt wurde neben dem Transfer-Agenten-Link eine neue elektronische Verbindung geschaffen, der direkte elektronische, so genannte DBC/DTC-Link (DBC: Deutsche Börse Clearing; DTC: Depositary Trust Company: Zentralverwahrer in den USA). Dieser Link wurde mit der Teilnahme der DTC am DBC-Clearing-Verfahren ermöglicht und von der amerikanischen Börsenaufsicht SEC genehmigt.

Damit wurde den Aktionären ermöglicht, zu erheblich günstigeren Konditionen als bisher beliebig große Aktienpakete zum Festpreis von US $ 5 über den Atlantik zu transferieren. Vorher kostete das transatlantische Versenden 5 Cent pro Aktie. Also konnte auch hiermit, neben der absoluten Fungibilität, eine deutliche Kostenreduzierung für institutionelle Anleger erreicht werden.

3.6 Schlussbemerkung

Die erfolgreiche Realisierung des Projektes »Equity Capital Market Group« im Rahmen des Zusammenschlusses von Daimler-Benz und Chrysler und die laufende Investor Relations-Arbeit sind das Resultat eines Teams engagierter Mitarbeiter.

In einer stark kommunikativ und dienstleistungsorientierten Funktion wie Investor Relations müssen – vielleicht mehr als in manch anderen Funktionen – eine Reihe von Verhaltensweisen von den Mitarbeitern verinnerlicht werden. So gehört zur Kundenorientierung nicht nur der Auftritt nach außen (Investoren, Analysten, Banken), sondern auch nach innen. Freundlichkeit, kompetentes Auftreten und vor allem exzellentes Fachwissen sollten selbstverständlich sein.

Dazu gehört ein effektives Management des Bereichswissens. Hiermit ist gemeint, dass wichtiges Wissen und Informationen allen Mitarbeitern zugänglich gemacht werden muss. Zur Prozessabsicherung sollten alle Teilprozesse von mindestens zwei Personen beherrscht werden. Dem Kapitalmarkt sollte ständig ein kompetenter Ansprechpartner zur Verfügung stehen.

DaimlerChrysler sieht sich in der Verpflichtung, seinen Aktionären, Kunden und Partnern durch die Verfolgung dieses Arbeits- und Leistungsverständnisses den bestmöglichen Service zu bieten in der Schnittstelle zwischen Kapitalmarkt und Unternehmen.

4. Die Anforderungen der Wirtschaftspresse an die Investor Relations

von Frank Schwarz

- Der Markt der Wirtschaftszeitungen- und Magazine boomt. Gleichzeitig erweitern die überregionalen Tageszeitung ihr Wirtschafts- und Fianzberichterstattung.
- Der Ansprechpartner im Unternehmen sollte sowohl über Unternehmens-, Branchen- als auch finanztechnische Kenntnisse verfügen und möglichst nahe am Vorstand angesiedelt sein.
- Für Anzahl und Umfang von Pressemitteilungen gilt das Prinzip »weniger ist mehr«. Die Unternehmenskennzahlen sollten bei Jahres- und Quartalsberichten erläutert werden und zusätzlich in einer Tabelle zusammengefasst werden.
- Bei Hintergrundgesprächen erwarten Journalisten ein exklusives Nachricht, mit der sie sich von der Konkurrenz abheben können.

4.1 Executive Summary – Ziel des Beitrags

Das Ziel dieses Beitrages ist es, den gewachsenen **Einfluss der Wirtschaftspresse auf die Entscheidung der Anleger** und die **Anforderung des Journalisten an die Kommunikation mit den Unternehmen** zu verdeutlichen. Der Wettbewerb mit den elektronischen Medien hat bei vielen Wirtschaftstiteln zu einer Neudefinition der eigenen Rolle geführt. Anstatt nur über zurückliegende Ereignisse zu berichten, sind viele Publikationen dazu übergegangen, ihren Lesern konkrete Anlageempfehlungen zu erteilen. Diese Rolle wird von vielen Lesern akzeptiert, wodurch der **Wirtschaftsjournalist zum Meinungsführer am Finanzmarkt** aufsteigt. Der Journalist trägt dadurch einerseits eine höhere Verantwortung in seiner Berichterstattung. Gleichzeitig erhöhen sich seine Anforderungen an die von den Unternehmen gelieferten Informationen. Dabei geht es ihm nicht nur um eine detailliertere Beschreibung der Vergangenheit, sondern auch um Einblicke in plausibel dargelegte Zukunftsplanungen von Unternehmen. Im folgenden

Der Autor

Frank Schwarz

Beitrag werden diese Anforderungen aus der Sicht eines Wirtschaftsjournalisten dargestellt, der täglich im Kontakt mit börsennotierten Unternehmen steht und über diese schreibt.

4.2 Veränderungen in der Medienlandschaft und deren Auswirkungen auf die Berichterstattung in der Wirtschaftspresse

Der deutsche Printmedienmarkt ist heiß umkämpft. Am Kiosk hat der Kunde die Wahl zwischen allein 3000 Zeitschriftentiteln. Die größten Auflagenerfolge wurden in jüngster Zeit im Bereich der Wirtschafts- und Finanzpresse verbucht. Das scheint auf den ersten Blick erstaunlich, galt das Thema Wirtschaft doch lange Zeit als staubtrocken und deshalb schwer verkäuflich. Während **Tageszeitungen und Nachrichtenmagazine** zum Teil mit dramatischem **Anzeigen- und Auflagenschwund** zu kämpfen haben, erfreuen sich **Blätter mit anlegerspezifischen Themen stürmischer Nachfrage.** Als Synonym für den Erfolg des Themas Aktie ist hier sicherlich an erster Stelle der kometenhafte Aufstieg des Magazins *Börse Online* zu nennen. Mitte 1999 lag die Zahl der verkauften Exemplare bei über 200 000 Stück. Das Anlegermagazin hat damit so traditionsreiche Wirtschaftstitel wie *Impulse,* das *Manager Magazin* oder die *Wirtschaftswoche* hinter sich gelassen. Dass dieser Aufstieg kein Einzelfall ist, zeigen die Erfolge von Börsenbriefen und Finanzzeitungen, die in jüngster Zeit beinahe wie Pilze aus dem Boden schossen und sich bisher keinesfalls als Eintagsfliegen erwiesen. Gleichzeitig basteln viele Verlagshäuser ehrgeizig an neuen Magazin- und Zeitungs-Konzepten.

Nun ist auch den großen überregionalen Tageszeitungen mit bedeutenden Wirtschaftsteilen das gestiegene Interesse der Leserschaft am Thema Börse nicht verborgen geblieben. *FAZ, Süddeutsche Zeitung, Die Welt, Handelsblatt* und *Börsen-Zeitung* haben ihre **Finanzberichterstattung kräftig ausgeweitet.** Kein Nachrichtenmagazin, in dem es die Themen Neuer Markt und Börsenboom 1998 nicht zur Titelstory gebracht hätten. Die Aktie, so ist landauf, landab zu vernehmen, ist endlich auch in Deutschland salonfähig geworden. Dabei hat der Anteil der Bevölkerung mit Aktienbesitz noch nicht einmal die 10 Prozent-Marke erreicht. Es scheint also durchaus noch Potenzial vorhanden – das gilt sowohl für die Zahl der Investoren als auch für die der Leser von Wirtschaftstiteln.

Die Initialzündung für diese Entwicklung wird zum einen der Emission der Deutschen Telekom und zum anderen der Geburt des Neuen Marktes zugeschrieben. Besonders das junge Wachstumssegment hat die privaten Anleger in seinen Bann gezogen. Mit dieser Plattform hat die Deutsche Börse AG nicht nur kapitalsuchenden Technologieunternehmen einen wertvollen Dienst erwiesen. Banken, Emissionsberater, Investor Relations-Agenturen und auch viele **Medien verdanken dem Neuen Markt eine Sonderkonjunktur.**

Was ist der entscheidende Faktor, der den Erfolg der prosperierenden Anlegertitel gegenüber den eher stagnierenden Tageszeitungen ausmacht? Die Blätter, die eindeutig auf der Gewinnerseite stehen, haben alle eines gemeinsam: Sie versprechen dem Leser **konkrete Tipps,** mit welchen Strategien sie **an der Börse Geld verdienen** können. Börsenbriefe und Anlegerzeitungen ködern ihre Käufer neben dem Angebot nackter Informationen also mit einem ganz konkreten Nutzwert: **Entscheidungshilfe bei der Geldanlage in Wertpapieren.**

Gegenüber den elektronischen Medien hat die Presse ein **Handicap beim Faktor Zeit.** Gleichzeitig fällt es Unternehmen übers **Internet** immer leichter, sich direkt an die Öffentlichkeit zu wenden. So bietet zum Beispiel das Internet-Emissionshaus *net.IPO* seinen Kunden, sprich den von ihm an die Börse geführten Unternehmen, den Service, Pressemitteilungen via E-Mail an alle Mitglieder zu verschicken. Da die interessierte Öffentlichkeit heutzutage von den unterschiedlichsten Medien mit einem wuchernden Informationsangebot geradezu überfordert wird, verschiebt sich die Rolle der gedruckten Medien daher noch stärker als bisher auf die **Selektion sowie die Auswertung von Nachrichten.**

Die **Belebung der Aktienkultur** in Deutschland hat also auch erhebliche Auswirkungen auf die wirtschaftliche Situation der Verlagshäuser. Gleichzeitig darf sich die Presse wegen der intensiven Auseinandersetzung mit dem Thema sicherlich auch einen Teil dieses Börsenfrühlings auf ihre Fahnen schreiben. Deshalb sind die Journalisten in die Pflicht genommen, die junge Pflanze Aktienkultur zu schützen und zu pflegen. Das entspricht sowohl ihrem Eigeninteresse, als auch dem Anliegen der Investoren, als deren Anwalt sie auftreten, und nicht zuletzt den Aktiengesellschaften, die durch den Zulauf zur Börse günstige Eigenfinanzierungsmöglichkeiten erhalten. Eine offene und aktive Kommunikationspolitik der Unternehmen bildet die Basis für eine solche Arbeit.

4.3 Überblick und Einordnung der Publikationen nach ihren Zielen und Zielgruppen

Die Presselandschaft lässt sich in Deutschland derzeit nach den Zielen der Berichterstattung grob in **drei für die Investor Relations-Abeit relevante Gruppen** einteilen. Überschneidungen sind dabei möglich und werden künftig eher noch zunehmen.

An erster Stelle sind hier die bedeutenden **überregionalen Tages- und Wochenzeitungen** zu nennen. Sie haben sich auf die Fahnen geschrieben, mit ihrem Wirtschaftsressort ein möglichst **umfassendes und objektives Nachrichtenangebot** zu liefern. Diese Publikationen bieten in gewisser Weise die Grundversorgung an Neuigkeiten aus den Unternehmen, Branchen,

Verbänden, usw. Je nach Ausrichtung auf eine gewisse Zielgruppe können sich die Nuancen der Berichterstattung abseits der allgemein interessierenden Meldungen in Richtung Wirtschafts- und Finanzpolitk, Kreditwirtschaft, Auslandsmeldungen, etc.verschieben.

Nicht selten erheben diese Publikationen den Anspruch, sich an die **Entscheider in Wirtschaft und Politik** zu wenden. Mitunter können diese Medien ihren Lesern zutrauen, dass jene in der Lage sind, sich aus den abgedruckten Nachrichten ihre eigenen Schlüsse zu ziehen. Kommentare der Redaktion beschränken sich in der Regel auf die Meinungsspalte oder sind höchstens zwischen den Zeilen zu vernehmen. In einem Artikel werden allenfalls die Meinungen Dritter wiedergegeben. In Bezug auf die Finanzmarkt-Berichte geschieht das in der Regel durch das Zitieren von Analysten oder Händlern. Von Kritikern wird diese Art der Berichterstattung in der deutschen Presse abwertend als Verkündigungs-Journalismus bezeichnet.

Tabelle 1: Der deutsche Zeitungs- und Zeitschriftenmarkt für Wirtschaftsberichterstattung

Überregionale Tages- und Wochenzeitungen mit hohen Anteil an Wirtschaftsberichterstattung	**Wirtschaftsmagazine mit börsenrelevanter Berichterstattung**	**Anlegerzeitungen/ Börsenbriefe**
Börsen-Zeitung (2)	Capital (6)	Börse Online (4)
Die Welt (1)	Impulse (6)	Czerwensky Intern (3)
Frankfurter Allgemeine Zeitung (1)	Manager Magazin (6)	Der Aktionär (5)
Handelsblatt (2)	Welt am Sonntag (4)	Der Platow Brief (3)
Süddeutsche Zeitung (1)	Wirtschaftswoche (6)	Effecten-Spiegel (4)
		EURO am Sonntag (4)
		Finanzen (6)
		Going Public (6)
		Neuer Markt inside (4)
		Prior Börse (3)
		Die Actien-Börse (4)
		...
Erscheinungsweise: 1) werktäglich; 2) börsentäglich; 3) mehrmals pro Woche 4) wöchentlich 5) 14-tägig 6) monatlich		

Die **nicht täglich erscheinenden Druckerzeugnisse** mit wirtschaftsthematischer Ausrichtung bieten im Vergleich dazu ein als komplementär zu bezeichnendes Informationsspektrum. Die Titel legen traditionell Wert auf das

gehobene Anspruchsprofil ihrer Leser und haben sich in der Vergangenheit – wohl nicht zuletzt auf Grund ihres Erscheinungsrhythmus – im Wesentlichen auf **Reportagen, Hintergrund- und Enthüllungsstorys** konzentriert und damit profiliert. Eine Rolle, die im angelsächsischen Bereich von auf Wirtschaft ausgerichteten Tageszeitungen wie dem *Wall Street Journal* oder der *Financial Times* besetzt ist. Im schärfer werdenden Kampf der deutschen Tageszeitungen um ihre Marktanteile ist in jüngster Zeit ebenfalls das Bemühen um eine exklusivere Berichterstattung auszumachen.

Gleichzeitig ist bei den Wirtschaftsmagazinen mit wöchentlichem oder monatlichem Erscheinungsrhythmus ein deutlicher Ausbau der Nutzwertthemen zu registrieren. Die Ratgeber in Sachen Kapitalanlage sind hier jedoch vorerst eher Beigaben als das eigentliche Zugpferd im Kampf um die Leser. Diese Publikationen richten sich in erster Linie an **wirtschaftlich interessierte Gruppen,** die sie aus den **Führungsetagen der Unternehmen** rekrutieren wollen.

Die **Anlegermazine und Börsenbriefe** richten sich hinsichtlich der wirtschaflichen Expertise ihrer Leserschaft dagegen meist an ein **breiteres Publikum.** Auch sie stehen auf Grund der ausgeprägt **meinungsorientierten und ratgeberartigen Berichterstattung** nicht im vollständigen Wettbewerb zu den zuvor genannten Gruppen. Vielmehr erschließen sie den Wirtschaftsblättern zum Teil völlig neue Lesergruppen. Diese sind an den wirtschaftlichen Themen nicht per se interessiert, sondern nur vor dem Hintergrund der **Informationssuche für eine zu treffende Anlageentscheidung.** Die Ursachen für die lebhaftere Nachfrage nach Geld-Themen sind vielschichtig:

1. Da ist zum einen das gestiegene Geldvermögen in der Bevölkerung – Stichwort Erbengeneration.
2. Allgemein ist ein stärkeres Interesse an der Anlageform Aktie zu erkennen, Grund hierfür ist die erwiesenermaßen höhere Rendite der Dividendenpapiere im Vergleich zu anderen Anlageformen.
3. Auch die Marktanteilsgewinne der Direktbanken im Privatkundengeschäft tragen ihren Teil zum Interesse an Börsenberichterstattung bei. Bei den Discountbanken werden die Kunden in der Regel bei ihrer Anlageentscheidung nicht beraten. Der Aktionär muss sich daher seine Informationen selbst beschaffen.
4. Nicht zuletzt gibt es auch bei den Kunden der klassischen Filialbanken und Sparkassen Bedarf an anlegerspezifischen Informationen. Viele Kunden zweifeln an der Kompetenz ihrer Hausbanken in Sachen Wertpapierberatung, weil diese ihnen in der Vergangenheit vorzugsweise eigene Produkte verkauft haben.

Die Presse übernimmt in diesem Fall nicht nur die **Funktion des Übermittlers von Nachrichten,** sondern die eines **Anlageberaters bzw. eines Analysten,** der oftmals auch sehr konkrete Empfehlungen bezüglich des

Kaufs oder Verkaufs von bestimmten Wertpapieren erteilt. Dass diese Empfehlungen durchaus bei der Anlegerschar Gehör finden, lässt sich allein daran ablesen, wie stark die Kurse von einzelnen Titeln reagieren, wenn sie zum Beispiel in das Musterdepot einer Anlegerpublikation aufgenommen werden. Bei marktengen Werten waren hier zuletzt Sprünge von +30 Prozent bei Bekanntgabe keine Seltenheit. Die Kaufempfehlung von einzelnen Börsendiensten hat dadurch sogar **eigenen Nachrichtenwert** erhalten. So melden die Wirtschaftsnachrichtenagentur *vwd* und *b. i. s.* ihren Kunden mittlerweile regelmäßig Aufnahmen in Musterdepots, von denen Kursbewegungen zu erwarten sind. Gleichzeitig verbreiten sich solche Empfehlungen wie ein Lauffeuer über die einschlägigen Chat-Boards im Internet, wodurch sie ein noch höheres Gewicht erhalten, als es die Auflage zum Beispiel eines einzelnen Börsenbriefes vermuten lassen würde.

4.4 Investor Relations und der Umgang mit der Presse in der Praxis

4.4.1 Anforderungen der Wirtschaftspresse an die Finanzkommunikation der Unternehmen

Entsprechend der neuen Ausrichtung in der Unternehmens- und Finanzberichterstattung in den Printmedien, hat sich auch der **Anspruch der Journalisten an die Informationen** geändert. Zwar spielen Unternehmenszweck, Personen und Projekte in der Berichterstattung über eine Investmentstory noch immer die tragenden Rollen, aber ein **tieferer Einblick in Bilanz und Gewinn- und Verlustrechnung** ist obligatorisch und mindestens gleichwertig.

Die Ansprüche an die Informationen aus den Unternehmen können sich dabei von Redaktion zu Redaktion unterscheiden. Insbesondere die nicht täglich erscheinenden Blätter, und hierbei in hohem Maße die Börsendienste, versuchen die vermeintlich mangelnde Aktualität ihrer Berichterstattung für ihre Leser durch **exklusive Nachrichten** zu kompensieren. Darüber hinaus gibt sich der Finanzjournalist in seiner neuen Funktion keineswegs mit einer Chronistenrolle zufrieden, sondern möchte intensive **Einblicke in die strategischen wie finanziellen Pläne der Unternehmen** erhalten. Diese möchte er möglichst plausibel dargestellt bekommen.

Der Journalist als **Mittler zwischen Unternehmen und Anleger** übernimmt zwar die Rolle eines Analysten. In der Regel verfügt er aber nicht über vergleichbar tiefe Kenntnisstände, weil er sich mit weit mehr Unternehmen und Branchen befassen muss, als sein Kollege in der Investmentabteilung einer Bank dies tut. Gleichzeitig verfügt er über eine unspezifischere Ausbildung, meist einem wirtschaftswissenschaftlichem Studium, und nur in den seltensten Fällen über eine weiter gehende Qualifikation in der Wertpapier- oder Portfolioanalyse, bzw. als DVFA-Analyst.

Anders als dem Research-Mitarbeiter einer Finanzinstitution, steht dem Journalisten meist nur sehr **begrenzter Raum** zur Verfügung, in dem er seine Botschaft an den Leser vermitteln kann. Dieser erwartet in der Regel eine möglichst griffige Handlungsanweisung, die Kaufen, Verkaufen oder Halten lauten soll. Der Analyst kann in seinem Research-Bericht hingegen alle Chancen und Risiken des Engagements in eine Branche oder ein spezifisches Unternehmen darstellen. Das Festlegen auf ein Urteil ist zwar eine mitunter unangenehme Aufgabe für den Redakteur, wird jedoch vom Leser stark anlegerorientierter Publikationen verlangt und lässt sich daher besser verkaufen. Der Redakteur einer Finanzzeitung muss sich also auf ein Urteil festlegen. Um dieses zu treffen, benötigt er deshalb jedoch genauso **umfassende Informationen** wie ein Analyst. Da ihm jedoch zur Bearbeitung eines Themas **weniger Zeit** zur Verfügung steht, ist es nützlich, wenn die **Informationen bereits in komprimierter Form** geliefert werden.

Journalisten aus dem Segment der Tageszeitungen, die sich bisher weitgehend eigenen Empfehlungen enthalten, können entweder unterschiedlich ausgerichtete Analysten-Meinungen wiedergeben oder sich auf die Wiedergabe eines mit ihrer eigenen Meinung konformen Urteils beschränken. Auch hier bietet sich also ein Ansatz für die Investor Relations-Arbeit, nämlich auf die Meinungsbildung einzuwirken.

4.4.2 Der richtige Ansprechpartner für den Journalisten

Nicht jeder Journalist verfügt über **tiefere Kenntnisstände in der Finanzanalyse.** Eine börsennotierte Gesellschaft, die auf eine positive Berichterstattung in der Presse Wert legt, sollte allerdings darauf gefasst sein, dass er es doch tut. Die Anforderungen an den Ansprechpartner im Unternehmen sind deshalb höher, als sie normalerweise an einen irgendwo zwischen Marketing und Öffentlichkeitsarbeit angesiedelten Mitarbeiter gestellt werden. Natürlich ist es auch für den Redakteur ein entscheidendes Kriterium für seine Meinungsbildung, dass er Vertrauen zu seiner Kontaktperson fasst. Voraussetzung für dieses Vertrauen ist, dass sein Gegenüber eine **fachliche Kompetenz** ausstrahlt. Diese sollte sich sowohl auf **Unternehmens-, Branchen- als auch finanztechnische Kenntnisse** erstrecken.

Der Journalist erwartet deshalb einen Ansprechpartner, der möglichst **nahe am Vorstand angesiedelt** ist. Gerade bei mittleständischen Unternehmen ist dies idealerweise eine Person, die direkt der Unternehmensführung angehört, in der Regel ist dies entweder der **Vorstandsvorsitzende** oder der **Finanzchef.** Das trifft insbesondere da zu, wo das Management stark mit dem Unternehmen in Beziehung gesetzt wird. Das ist regelmäßig besonders dann der Fall, wenn der Vorstand einen bedeutenden Aktienanteil hält, bzw. noch zu den Unternehmensgründern zählt. Investor Relations ist deshalb aus Sicht des Journalisten idealerweise eine Vorstandsaufgabe.

Mit der zunehmenden Größe und wirtschaftlichen Bedeutung eines Unternehmens steigt natürlich auch die Aufmerksamkeit, welche die Medien einer einzelnen Gesellschaft beimessen. Je größer ein Unternehmen ist, desto einsichtiger ist auch der Redakteur, dass sich der Vorstand für die zahlreichen Anfragen von der Presse nicht vom Tagesschäft abhalten lassen kann. Bei der täglichen Arbeit, die bei einem Journalisten immer unter dem Zeitdruck des näherrückenden Redaktionsschlusses steht, ist im Zweifel die **Verfügbarkeit des Ansprechpartners ein wichtigeres Kriterium,** als sein Rang in der Unternehmenshierarchie.

Auf alle Fälle sollte jedes börsennotierte Unternehmen eine feste Kontaktperson für die Finanzpresse haben. Dieser sollte in den einschlägigen Adressenverzeichnissen, wie zum Beispiel dem *Hoppenstedt Aktienführer* oder dem *Kroll Taschenbuch Wirtschaftspresse,* auf der Internet-Homepage sowie auf an die Wirtschaftsredaktionen gerichteten Pressemitteilungen namentlich genannt werden. Sollte die entsprechende Person bei der Kontaktaufnahme durch einen Redakteur nicht erreichbar sein, ist es hilfreich, wenn von der Vertretung neben dem Grund des Anrufs auch der äußerste Zeitpunkt für einen möglichen Rückruf aufgenommen wird. Es bietet sich an, die Liste der Anfragen dann nicht unbedingt nach dem Prinzip des ›first come, first serve‹-Prinzips abzuarbeiten, sondern bei der Beantwortung die unterschiedlichen **Zeitrestriktionen der Redakteure** im Blick zu behalten. Ist der versprochene Zeitpunkt von Seiten des Unternehmens nicht einzuhalten, sollte auch darüber rechtzeitig informiert werden. Auch wenn vermeintlich unangenehme Themen zur Sprache gebracht werden sollen: Kaum etwas ist für ein Unternehmen schädlicher, als der Kommunikation mit den Medien aus dem Wege zu gehen. Der schlechte Eindruck, den ein Redakteur dadurch von der Zuverlässigkeit und Kommunikationsbereitschaft des Unternehmens gewinnt, spiegelt sich im Zweifel in der Berichterstattung wieder und wird auch gerne namentlich genannt.

4.4.3 Anforderungen an Aufbau und Inhalt einer Pressemitteilung

Abgesehen von der Ad hoc-Mitteilung ist die Pressemitteilung das einfachste Mittel, um die Aufmerksamkeit der Presse auf sich zu lenken. Auf die Problematik der Ad hoc-Publizität wurde bereits in *Kapitel B 3* genauer eingegangen. An dieser Stelle sei noch einmal betont, dass die elektronisch verbreitete Meldung sich auf die wesentlichsten relevanten Aussagen beschränken sollte. Der Umstand, dass die Quintessenz einer Nachricht möglichst schnell erfasst werden kann, erleichtert die tägliche Arbeit eines Journalisten erheblich. Die Pressemitteilung kann die **Ad hoc-Mitteilung ergänzen** oder, im überwiegenden Fall von nicht kursrelevanten Nachrichten, vollkommen alleine dastehen.

Auch bei der Pressemitteilung gilt im Zweifel, dass weniger manchmal mehr sein kann. Das bezieht sich sowohl auf die **Anzahl,** als auch den Umfang der Meldungen. Wenn ein Unternehmen jeden kleinen Auftrag via Pressemitteilung verbreitet, kann es sehr schnell zu einem Abnutzungseffekt kommen. Dieser wirkt sich auf das eigentliche Ziel, nämlich das Publizieren der Nachricht in den Medien, mit hoher Wahrscheinlichkeit eher kontraproduktiv aus. Sinnvoller erscheint es da, die Nachrichten, so fern sie nicht kursrelevant sind zu sammeln und gemeinsam, zum Beispiel mit den Zwischenberichten zu veröffentlichen.

Der **Umfang** einer Pressemitteilung sollte sich an der Bedeutung der Nachricht für das Unternehmen orientieren. Hilfreich ist es, wenn die wichtigsten Aussagen der Mitteilung stichwortartig dem Text vorangestellt sind, wobei die Anzahl der Headlines möglichst auf drei begrenzt werden sollte. Die Glaubwürdigkeit des Unternehmens wird erhöht, wenn in den Schlagzeilen nicht nur die am positivsten ausgefallenen Kennzahlen, sondern die jeweils relevantesten genannt werden. Da diese oft sehr stark branchen- und unternehmensabhängig sind, lässt sich hier keine Aussage treffen, welche dies allgemein sein müssen. Zur Förderung des Vertrauensverhältnisses ist es außerdem besonders wichtig, dass auch negative Nachrichten offen kommuniziert werden.

Für die **Übertragung** bietet sich die Übermittlung per Fax oder E-Mail an. Die elektronische Post hat dabei den Vorteil, dass sie in der Regel direkt am Arbeitsplatz des Journalisten aufläuft und nicht im Redaktionschaos verloren geht. Sie erreicht den Adressaten mitunter zuverlässiger und schneller. Das Verschicken einer Pressemitteilung mit der Post läuft hingegen dem Anspruch an die Aktualität zuwider.

Zum **Inhalt:** Bei Jahres- und Quartalsberichten sollten die wichtigsten Kennzahlen (zum Beispiel Umsatz, EBIT-Marge, Jahresüberschuss, Ergebnis je Aktie, Eigenkapitalrendite, Auftragseingang) und ein in der abgelaufenen Periode jeweils entscheidender Einflussfaktor (zum Beispiel Konjunktur, Währungseffekte, ao-Effekte) kurz erläutert werden. Darüberhinaus bietet es sich übersichtshalber an, die Unternehmenskennzahlen noch einmal in tabellarischer Form darzustellen und dabei die Vergleichszahlen des Vorjahres sowie die prozentuale Veränderung daneben zu stellen. Konzerne, deren Umsätze sich auf unterschiedliche Geschäftsbereiche verteilen, sollten aus Gründen der Transparenz die Kennzahlen noch einmal nach Segmenten gesondert aufführen. Die Kennzahlen sind vorzugsweise in Euro aufzuführen, da sie so am einfachsten ins Verhältnis zu den ebenfalls in Euro notierten Kursen zu setzen sind. Übergangsweise bietet sich parallel das Aufführen in DM an, da in der Presse bislang noch keine Festlegung auf ein einheitliches Maß auszumachen ist.

Die Mitteilung wird durch die Berichterstattung wichtiger Ergeignisse oder Projekte und einem Ausblick in die Zukunft abgerundet. Am Ende einer Pressemitteilung sollten die Ansprechpartner für mögliche Rückfragen aufgelistet sein. Diese sollten am Tag der Veröffentlichung auch erreichbar sein. Das klingt banal, wird aber in der Realität häufig missachtet. Auf Grund der steigenden Zahl börsennotierter Gesellschaften ist es hilfreich, wenn nach der Pressemitteilung nochmals ein kurzer Text allgemeine Informationen über das Unternehmen liefert. Dazu können zum Beispiel Angaben zum Unternehmenszweck, zur Zahl der Mitarbeiter, zur Umsatz- und Ertragsgössenordnung sowie zum Börsensegment gehören. Viele Mitarbeiter eines Unternehmens, für die ›ihre Firma‹ ein alltäglicher und grundlegender Bestandteil ihres Lebens ist, gehen davon aus, dass auch ihr Gegenüber von der Presse die Gesellschaft aus dem Eff-Eff kennt. Sie sollten jedoch besser davon ausggehen, dass das nicht unbedingt der Fall ist.

Das eben beschriebene Grundgerüst lässt sich selbstverständlich auch auf Pressemitteilungen mit anderen Inhalten übertragen. Es empfiehlt sich jedoch, die an Finanzjournalisten adressierten Veröffentlichungen auf die für die Einschätzung von Unternehmen relevanten Ereignisse zu beschränken. Dazu gehören zum Beispiel:

- Die Beschlüsse einer Aufsichtsratssitzung/ Hauptversammlung (Gewinnverwendung, Kapitalerhöhungen).
- Das Erreichen von Meilensteinen in der Unternehmensentwicklung.
- Bedeutende Produktinnovationen.
- Der Einstieg/ Ausstieg eines bedeutenden Investors in/ aus den Aktionärskreis.
- Das Eingehen von strategischen Partnerschaften/ Beteiligungen/ Fusionen.
- Der Eingang bedeutender Aufträge, bzw. Änderungen der Auftrags- und Ertragsplanungen.
- Die Ankündigung eines Börsengangs von Tochterunternehmen.
- Die Erschließung neuer Geschäftsfelder.
- Wechsel in der Unternehmensführung oder im Aufsichtsrat.
- ...

Eine Bemerkung am Rande: Journalisten haben auch kein schlechteres Gedächtnis als andere Menschen. Es reicht daher prinzipiell, wenn der Name des Unternehmens im Briefkopf steht. Keinesfalls muss er jedoch in jedem Satz einer Pressemitteilung wiederholt werden.

Der **Zeitpunkt** der Veröffentlichung wird natürlich in erster Linie durch die Aktualität des zu berichtenden Ereignisses bestimmt. Sofern sich hier ein Gestaltungsspielraum für das Unternehmen ergibt, sollten wiederum die Redaktionszeiten bedacht werden: Je früher am Tag eine Meldung verschickt wird, desto mehr Zeit bleibt, für eine redaktionelle Bearbeitung der Nachricht und desto größer wird der Spielraum, der dieser auch einen Platz im Medium einräumt.

Um den Redakteuren den **schnellen Zugriff auf ältere Pressemeldungen** und die Vergleichsmöglichkeiten zu den darin gemachten Aussagen bzw. Prognosen zu erleichtern, sollten sämtliche Veröffentlichung der zumindest letzten zwölf Monate auf der Internet-Homepage eines Unternehmens archiviert sein.

Der **Dialog** zwischen Unternehmen und Journalisten ist für beide Seiten nützlich. Nichts spricht deshalb dagegen, dass ein Investor Relations-Mitarbeiter nach der Veröffentlichung einer Mitteilung von sich aus auf die Redaktionen zugeht und fragt, ob zu dem Komplex irgendwelche Fragen bestehen oder eventuell auf den besonderen Stellenwert einer Nachricht für das Unternehmen hinweist. Gleichzeitig kann der Invetor Relations-Vertreter dabei erfahren, weshalb zum Beispiel eine Meldung keine Berücksichtigung findet, die Gründe dafür können sehr vielseitig sein: Die Nachricht wird als generell nicht wichtig genug eingestuft, die Meldung wurde nicht richtig verstanden und deshalb verkehrt eingestuft, die Nachrichtenlage ließ der Berichterstattung keinen Raum, usw. Daraus lassen sich dann geeignete Rückschlüsse für die künftige Veröffentlichungspraxis ziehen.

4.4.4 Der Ablauf einer Pressekonferenz

Bei für ein Unternehmen existenziellen Ereignissen sollte neben der Veröffentlichung von Pressemitteilungen auch eine Pressekonferenz (PK) veranstaltet werden. Eine börsennotierte Gesellschaft sollten den Journalisten **zumindest einmal im Jahr** die Möglichkeit geben sich direkt mit Fragen an den Vorstand zu wenden. In der Regel ist das auf der **Bilanzpressekonferenz** der Fall. Gesellschaften, bei denen die Unternehmensführung für Journalisten nicht so leicht jederzeit per Telefon ansprechbar ist, ist eine höhere PK-Frequenz empfehlenswert. Bei Unternehmen, deren Vorstände in regelmäßigem Kontakt zur Presse sind, erscheint eine Pressekonferenz bei jeder Veröffentlichung von Quartalszahlen hingegen übertrieben. Als leicht abgestufte Form der PK bietet sich hier auch die Alternative einer **Telefonkonferenz,** die sowohl auf Unternehmens- als auch auf Journalistenseite zeitlich weniger Kapazitäten bindet.

Neben der Bilanzberichterstattung eigenen sich zum Beispiel folgende **Anlässe** zur Veranstaltung einer Pressekonferenz:

- Börseneinführungen bzw. die Emission von Unternehmensanleihen.
- Die Bekanntgabe einer Kapitalerhöhung.
- Fusionen, Unternehmenskäufe oder das Eingehen bedeutender Beteiligungen.
- Die Bekanntgabe bedeutender Kooperationen mit erheblichen Auswirkungen auf Umsatz und/oder Ertrag.
- Wechsel des Vorstandsvorsitzenden.
- Grundlegende Änderungen in der Unternehmensstrategie.

Darüber hinaus werden auch große **Messen** gerne zur Präsentation des Unternehmens in Form von Pressekonferenzen genutzt. Hier ist es meist sinnvoll, Fach- und Wirtschaftspresse zu getrennten Veranstaltungen einzuladen, da sich die Interessensschwerpunkt meist nicht sehr stark überschneiden.

Vor der **Wahl des Termins** sollte sich der Veranstalter unbedingt darüber informieren, ob nicht zum geplanten Zeitpunkt bereits von anderen Unternehmen Pressekonferenzen geplant sind. Gerade Bilanz-PK's treten naturgemäß recht zyklisch auf. Wer sich einer höheren Aufmerksamkeit gewiss sein will, tut gut daran, saisonale Spitzen wie sie zum Beispiel im April und Mai vorkommen, zu meiden.

Die **Einladung** zur PK sollte spätestens eine Woche vor dem eigentlichen Termin beim Adressaten angekommen sein. Auf ihr sollte neben genauem Datum und Ort auch der Grund für die Einladung und die voraussichtliche Dauer der Veranstaltung angegeben sein. Wer vermeiden möchte, dass sich aus Zeitgründen nur wenige Journalisten einfinden, der wählt außerdem als **Ort** der Veranstaltung nicht den Firmensitz, sondern eine Stadt, in der viele Wirtschaftsredaktionen ansässig sind. An erster Stelle muss hier Frankfurt genannt werden, erst weit danach kommen München, Berlin, Hamburg oder Düsseldorf. Solange sich ein Unternehmen eines hohen öffentlichen Interesses nicht gewiss sein kann, sollte es lieber zum Journalisten kommen, als zu erwarten, dass dieser zu ihm kommt. Das hat keineswegs etwas mit Überheblichkeit der Medienvertreter zu tun. Vielmehr stehen auch diese unter dem Zwang, ihre Arbeitszeit möglichst effizient nutzen zu müssen. Der für eine Veranstaltung aufzubringende Zeitaufwand wird deshalb immer ins Verhältnis zu dem erwarteten Ertrag gesetzt. Dieses entscheidet im Zweifel über Teilnahme und/oder Berichterstattung.

Der **Zeitpunkt** sollte aus den bekannten Gründen am Vormittag angesiedelt sein. Damit wird gewährleistet, dass die Medienvertreter nach dem offiziellen Teil nicht in ihre Redaktionen stürzen müssen, sondern sich auch noch die Gelegenheit für Interviews und vertiefende Einzelgepräche ergibt. Beim Festlegen der genauen Uhrzeit sollten Sie jedoch berücksichtigen, ob voraussichtlich Journalisten anreisen werden, die ihre Redaktion nicht vor Ort haben.

Für die Teilnehmer an der Pressekonferenz wird eine **Pressemappe** zusammengestellt, die folgende Bestandteile enthalten sollte:

- Pressemitteilung mit der zusammengefassten Meldung des Ereignisses.
- Alle auf der PK gehaltenen Reden in schriftlicher Form.
- Die auf der PK gezeigten Präsentationsgrafiken in gedruckter Form.
- Den aktuellen Geschäftsbericht.
- Fotos der Vorstandsmitglieder als Prints, Diapositive oder auf CD-ROM. Weitere Fotos über das Unternehmen sollten auf Nachfrage bereitgestellt werden können.
- Bei Emissionspressekonferenzen: Der Verkaufsprospekt und die Emissionsstudien der Konsortialbanken.

Eine Pressekonferenz ist keine Vortrags- sondern eine Diskussionsveranstaltung. Die **Reden** der Unternehmensvertreter sollten entsprechend kurz gehalten sein und sich auf die wesentlichsten Aussagen begrenzen. So sind

Wirtschaftsjournalisten beispielsweise in der Regel recht gut über die aktuelle konjunkturelle Lage im Inland informiert, auf die ausgesprochen beliebten volkswirtschaftliche Exkurse kann deshalb getrost verzichtet werden. Das schließt allerdings nicht aus, dass die erwarteten Auswirkungen der gesamtwirtschaftlichen Situation auf ein Unternehmen genannt werden können. Auch sollte nicht zu tief auf die vom Unternehmen angebotenen Produkte und Dienstleistungen eingegangen werden, schließlich handelt es sich nicht um eine Veranstaltung für Fachjournalisten oder eine Werbeveranstaltung, in der Kunden zum Kauf bewegt werden müssen. Es ist völlig ausreichend, wenn diese Themen nur kurz angeschnitten werden. Besteht der Bedarf an weiteren Informationen, werden die Journalisten dies in der Diskussion oder in den anschließenden Einzelgesprächen von sich aus kundtun. Die Finanzjournalisten sind in erster Linie am Zahlenwerk eines Unternehmens interessiert und an den Umständen, wie dieses Zustande gekommen ist.

Die von den Unternehmensvertretern gehaltenen Reden und aufgelegten Grafiken sollten unbedingt während des Vortrags den Journalisten in gedruckter Form vorliegen. Das erspart das mitschreiben, vermeidet Missverständnisse auf Grund von Hörfehlern und ermöglicht die volle Konzentration sowie das nahtlose Verfolgen des Textes.

Sollte nach dem Vortrag keine Fragen aufkommen, ist dies nicht unbedingt als positives Zeichen dafür zu werten, dass so umfassend informiert wurde, dass keinerlei Fragen mehr offen geblieben sind. Es ist wahrscheinlich eher ein Indiz dafür, dass die Zuhörer mit Informationen fast totgeschlagen wurden und irgendwann aufgehört haben, den Ausführungen zu folgen. Die Redner sollten vielmehr versuchen, Ansatzpunkte für das Frage- und Antwort-Spiel zu liefern. Im Idealfall dauern die Vorträge der Unternehmensvertreter insgesamt nicht länger als eine halbe Stunde. Für die **Diskussion** sollte dann mindestens noch einmal der gleiche Zeitraum eingeplant werden. Bei Konzernen, deren Umsätze sich auf mehrere bedeutende Teilbereiche verteilen, muss der Zeitrahmen natürlich etwas großzügiger gesetzt werden. Das heißt jedoch keineswegs, dass er proportional dazu ausgedehnt werden soll. Im Zweifelsfall macht es mehr Sinn, wenn zu den jeweiligen Sparten gesonderte Pressekonferenzen veranstaltet werden.

Für Detailfragen, die offensichtlich nur einen geringen Teil des Publikums interessieren, und deren Erörterung viel Zeit in Anspruch nimmt, sollte auf die nachfolgenden **Einzelgespräche** verwiesen werden. Für diesen abschließenden Teil der Veranstaltung sollen die Unternehmensvertreter noch einmal ausreichend Zeit reservieren. Eine Veranstaltung, die bereits im offiziellen Teil mit Worten wie »wir müssen nun leider zum Flieger/zur DVFA-Konferenz/zu einem TV-Interview« abgebrochen wird, hinterlässt mit Sicherheit eine große Zahl verärgerter Pressevertreter.

4.4.5 Der Stellenwert des Hintergrundgesprächs

Gerade viele der kleinen und mittelständischen Unternehmen, wie sie am Neuen Markt oder auch im SMAX zahlreich notiert sind, haben sehr erklärungsbedürftige Produkte. In den seltensten Fällen ist für diese Gesellschaften ausreichend Research-Material am Markt. Um sich ein genaues Bild machen zu können, ist es für Journalisten nützlich, wenn sie sich **außerhalb des Rahmens von Pressekonferenzen** in Einzelgesprächen über das Unternehmen, deren Geschäftsfelder, Marktstrategien und Business-Pläne informieren können. Im Gegensatz zur Pressekonferenz kann hier auch stärker auf Fachthemen eingegangen werden, weil sich der Unternehmensvertreter hierbei auf einen bestimmten Fachkenntnisstand eines einzelnen Gegenübers besser einstellen kann, als auf eine heterogene Masse von Journalisten mit stark differierenden Vorkenntnissen. Dem Redakteur fällt es gleichzeitig leichter, bei Verständnisschwiergigkeiten direkt einzuhaken.

Gerade die Anlegerzeitungen und Börsenbriefe legen auf solche Hintergrundgespräche großen Wert. Dem Unternehmen eröffnet sich auf diese Weise die Möglichkeit, auch abseits der Berichterstattung im Rahmen der Veröffentlichung von Unternehmenszahlen in den Medien und somit beim Anleger präsent zu sein. Die Bereitschaft zum Gespräch sollte allerdings nicht nur vor der Börseneinführung oder einer Kapitalerhöhung vorhanden sein, schließlich wollen sich die Journalisten nicht als Kurspfleger missbrauchen lassen.

Die **Anregung** für ein solches Gespräch geht in der Regel vom Unternehmen aus. Dabei ist es sinnvoll, die Gesprächstermine bei den unterschiedlichen Redaktionen über größere Zeiträume zu verteilen. Der Redakteur erwartet nämlich, dass er bei einem solchen Gespräch auch etwas erfährt, dass er bisher noch nirgendwo anders gelesen hat. Bei einer solchen News könnte es sich zum Beispiel um den geplanten Einstieg in neue Geschäftsfelder, Akquisitionspläne, Fortschritte bei viel versprechenden Neuentwicklungen, etc. handeln. Solche ›exklusiven Neuigkeiten‹ werden dann gerne als Aufhänger für einen Artikel benutzt. Doch Vorsicht, verrät der Unternehmensvertreter kursrelevante Tatsachen, macht er den Journalisten zum Insider.

Während der **Wettbewerb** zwischen den drei in Abschnitt 3. genannten Segmenten nicht so stark ausgeprägt ist, ist er innerhalb einer bestimmten Publikationsgattung, insbesondere bei den Börsendiensten, oft umso ausgeprägter. Für die Empfehlung von Aktien spielen oft auch subjektive Faktoren eine Rolle, das ist kein Phänomen, welches allein auf die Institution Presse beschränkt ist. Wer mit interessanten Neuigkeiten immer zuerst bei der gleichen Adresse vorstellig wird, zieht damit nicht unbedingt die Sympathien des vernachlässigten Rests der schreibenden Zunft auf sich. Um eine möglichst objektive Berichterstattung zu fördern, ist daher eine gleichmäßige Verteilung von Informationen ratsam.

4.5 Fazit und Ausblick

Noch stärker als bei den anderen Finanzmarktteilnehmern, steht die Beziehung zwischen Presse und Unternehmen also auf einem **Fundament gegenseitiger Abhängigkeit.** Zwar gibt es heute für die Investor Relations zahlreiche Möglichkeiten in direkten Kontakt mit dem Kleinanleger zu treten, aber ein **redaktioneller Beitrag** wird beim Leser, respektive Investor immer **größere Beachtung** finden, als eine als subjektiv eingestufte Veröffentlichung aus dem Unternehmen. Gerade der stark umworbene **private Investor sucht Orientierung** bei einem als unabhängig einzustufenden Dritten.

Da insbesondere die Kurse von Unternehmen mit eingeschränkter Liquidität sehr stark von Kleinanlegern bewegt werden, ist die **öffentliche Wahrnehmung ein entscheidender Faktor für die Kursentwicklung.** Die Kursbewegungen am Neuen Markt zeigen beispielsweise, dass eine ›gute Presse‹ oftmals wichtiger ist als harte Fakten. Das muss man nicht unbedingt für einen begrüßenswerten Umstand halten. Im Sinne seiner Aktionäre ist dies jedoch eine für erfolgreiche Investor Relations-Arbeit unbedingt zu berücksichtigende Tatsache. Ein gutes Verhältnis zur Presse kann für das Unternehmen sehr fruchtbar sein, denn auch die subjektiv empfunden **Transparenz** wird von den Anlegern meist positiv honoriert.

Der Nachfrage nach Publiziät von Seiten der Presse und der Anleger ist für viele Unternehmen meist gewöhnungsbedürftig, agierten sie doch vor ihrem Börsengang oft eher im Verborgenen. Für den ungeübten Akteur bieten sich hier reichlich Fußangeln. Umso erforderlicher ist ein professioneller Umgang mit der Öffentlichkeit. Eine ungeschickte Kommunikationspolitik ist nicht nur für das Unternehmen, sondern auch für die Aktionäre schmerzhaft, sie sind es, die als Erstes die Zeche für die Fehler in der Eigendarstellung zahlen müssen. Dies gilt insbesondere dann, wenn die zu erwartende **Verschärfung des Wettbewerbs zwischen den Wirtschafts- und Anlegertiteln,** sobald dieses Marktsegment von der Phase der Expansion in eine Konsolidierung tritt, einen agressiveren Recherchestil herbeiführt.

Hierbei geht es vor allem darum, positive Meldungen richtig zu verkaufen. Noch größer wird die Herausforderung, wenn das Unternehmen mal in eine Krisensituation gerät. In diesem Moment der Wahrheit lässt sich der **Wert einer Beziehung** am besten erkennen. Hat die Gesellschaft eine vertrauensvolle Verbindung zur Presse aufgebaut, kann sie darauf zählen, dass sie von der Presse fair behandelt wird. Die Voraussetzung dafür ist, dass die Kommunikation auch in einer solchen Situation aktiv gestaltet wird.

5. Der Umgang mit dem Medium Fernsehen

von Wolfgang Böhm

- Das Fernsehen vermittelt – mehr als jedes andere Medium – Gefühle.
- Unternehmen sollten darauf achten, dass sich bei den Fernsehsender eine gute Vorlage des Logos und ein neues Bild des Vorstandschefs befindet.
- Rohgeschnittenes Sendematerial mit einer so genannten Shotliste – der Beschreibung der gezeigten Bilder – versehen, werden von Fernsehsendern gerne verwendet. Allerdings sollte das Material nach einem bestimmten Schema zusammengestellt werden.
- Je besser und knackiger Statements formuliert sind, desto eher haben sie die Chance, gesendet zu werden.
- Da sich die TV-Programme vorwiegend an Kleinanleger wenden, sollten einfache Kennzahlen verwendet werden.

5.1 Ziel des Beitrags

Bis vor einigen Jahren reichte es, wenn ein Unternehmen regelmäßig Geschäftsberichte veröffentlichte, und so seinen Aktionären Rechenschaft ablegte. Diese Zeiten haben sich geändert. Heute spielen Printmedien (Wirtschaftswoche, Börse Online), die nicht nur einem eingeschworenen Kreis zugänglich sind, und elektronische Medien (Fernsehen, Internet, in geringerem Umfang auch Radio) eine bedeutende Rolle bei der Selbstdarstellung von Unternehmen.

Insbesondere das Medium Fernsehen ist in seiner Funktion nicht zu unterschätzen, wenn man die breite Masse der Privatanleger erreichen will. Das haben mir Gäste der n-tv Telebörse immer wieder bestätigt. Beiträge und/oder Interviews in den wichtigen TV-Wirtschaftsmagazinen beeinflussen Kurse und damit auch den Wert von Unternehmen. Es lohnt sich demnach in eine gute Investor Relations (IR) zu investieren. Das heißt natürlich nicht, dass der Erfolg eines Unternehmens ausschließlich aus guter Öffentlichkeitsarbeit resultiert. Fehlende Substanz eines Geschäfts ist nicht durch hervorragende Pressearbeit zu kompensieren. Aber es steht fest, dass ein gutes Unternehmen Schwierigkei-

Der Autor

Wolfgang Böhm

ten haben wird, sich am Markt durchzusetzen, wenn es heute nicht mit den Medien zusammenarbeitet. Beispiele hierfür gibt es genug. Der Blick hinter die Kulissen soll zeigen, wie Fernsehen funktioniert und wie es optimal für IR genutzt werden kann.

5.2 Einstimmung oder Appetizer

Um zu verdeutlichen, in welchem Maße Unternehmen sich bereits des Mediums Fernsehen bedienen, möchte ich kurz schildern, wie es beim Börsengang von Beate Uhse in Frankfurt zugegangen ist. Der Aufwand, der bei der Einführung Deutschlands erster Erotikaktie betrieben wurde, war enorm. Außer den ständigen Börsenreportern vor Ort, waren sieben weitere Fernsehteams zur Frankfurter Wertpapierbörse angereist. Hinzu kamen unzählige Hörfunk- und Zeitungsreporter. Dies entspricht dem Aufwand, den Medien bei einem Staatsbesuch betreiben.

Die Journalisten hatten sich einiges erhofft und sie wurden nicht enttäuscht. Das Spektakel war einzigartig, zumindest für diese altehrwürdige Kulisse: knapp bekleidete Models verteilten kleine Schokoladenbrüstchen und luden zu Champagner ein. Nüchtern betrachtet, übertraf der Medienrummel natürlich bei weitem die Bedeutung, die Beate Uhse als Aktienwert zusteht. (Auch wenn das Unternehmen erfolgreich gemanagt wird und mit seinen Aktivitäten die heute so wichtige Internet-Fantasie besitzt.) Die Berichte über den ersten Handelstag liefen überall. Das war perfekte IR-Arbeit, die der Börseneinführung zu ihrem Erfolg verhalf. Der Einsatz hat sich gelohnt. Der Ausgabepreis betrug 7,20 Euro, der Schlusskurs am ersten Handelstag lag bei knapp dem Doppelten.

Natürlich ist die Kombination von Fernsehen und Börse nicht immer so sexy wie in diesem konkreten Fall. Aber die Börse lebt von Stimmungen. Börsenguru André Kostolany fasste diese Grundregel einmal sehr treffend in folgende Worte: »Die Rolle der Psychologie an der Börse kann gar nicht überschätzt werden. Kurzfristig und mittelfristig macht sie – an der Börse und in der Wirtschaft – 90 Prozent aus.« Das bedeutet nichts anderes, als dass die Aufgabe von IR die ist, immer zu versuchen, aus guten aber trockenen Daten lebendige Geschichten zu machen und damit – für den Anleger – auch Visionen zu schaffen.

5.3 Zielgruppe

Diese tollen Geschichten und Visionen sind die Voraussetzung dafür, dass Menschen ihr Geld einem Unternehmen zur Verfügung stellen. Hier unterscheiden wir zwischen Fremd- und Eigenkapitalgebern. IR-Aktivitäten richten sich per Definition an Eigenkapitalgeber. Das heißt, es geht nicht in erster Linie darum, eine Bank für einen Kredit zu gewinnen. Bei den Eigenkapitalgebern wiederum wird zwischen Institutionellen und Privatanlegern getrennt. Diese Abgrenzung ist wichtig, weil die Bedürfnisse von Profis und Kleinanlegern unterschiedlich sind. So ist der Privatinvestor in der Regel kein Fachmann. Die Begriffe aus der Finanzwelt sind ihm nicht unbedingt geläufig. Die tollen Geschichten und Visionen müssen daher so einfach und anschaulich wie möglich darstellt werden. Die großen, »professionellen« Investoren, also die Institutionellen, erreichen die Unternehmen in der Regel auf direktem Weg. In neudeutsch »one-to-one« genannten Gesprächen präsentiert sich die Firma dem möglichen Kapitalgeber praktisch Auge in Auge. Zum Kleinanleger besteht nur selten dieser direkte Kontakt. Er wird auf Umwegen erreicht. Und hier kommen die Medien wie Zeitungen, Zeitschriften oder eben das Fernsehen ins Spiel. Viele Tipps für den Umgang mit dem Privatinvestor gelten selbstverständlich auch für die Institutionellen und die Fremdkapitalgeber.

5.4 Die Lage an den Finanzmärkten

Immer mehr Unternehmen buhlen an den Finanzmärkten um die Gunst oder besser gesagt um das Kapital möglicher Investoren. Bis inklusive 1996 hatten wir es im Schnitt mit zehn bis 20 Unternehmen pro Jahr zu tun, die sich an der Börse erstmals Kapital besorgten. 1997 waren es 35 Börsengänge, und nur ein Jahr später hatten wir es bereits mit fast doppelt so vielen Neuemissionen zu tun. Wenn man nach Amerika blickt, gibt es keinen Zweifel, dass dieser Trend weiter anhalten wird. Für Unternehmen bedeutet dies, dass es immer schwieriger wird, die Aufmerksamkeit auf sich zu lenken. Die Arbeit für IR-Abteilungen wird entsprechend immer wichtiger, aber auch schwieriger. Sie müssen durch gute Finanzkommunikation bei der Kapitalbeschaffung helfen. Das heißt, Zahlen und Fakten interessant und plausibel aufbereiten.

5.5 Die Bedeutung von Fernsehen als Mittel der Finanzkommunikation

Fernsehen ist ein Massenmedium. Die wichtigen Börsensendungen werden in Deutschland von Hunderttausenden von Anlegern gesehen. Der so genannte Streuverlust ist bei diesen Programmen extrem gering. Das bedeutet, dass diejenigen, die sich zum Beispiel eine Ausgabe der Telebörse anschauen, auch zu 100 Prozent an den Inhalten der Sendung interessiert sind. Und alle Zuschauer sind potenzielle Investoren. Im Unterschied zum Geschäftsbericht werden also auch diejenigen angesprochen, die bislang noch keine Anteile an der Firma XY halten.

Fernsehen ist das aktuellste Medium. Nichts ist älter als das, was in der Zeitung steht, heißt es in der Branche. In der Telebörse wird Tag für Tag auf die aktuellen Ereignisse und Entwicklungen an den Finanzmärkten reagiert und das Programm entsprechend angepasst. Unter zeitlichen Aspekten hat zwar mittlerweile das Internet manchmal die Nase vorn, hier mangelt es aber immer noch an der Verbreitung.

Mehr als jedes andere Medium vermittelt Fernsehen Gefühle. Entscheidungsträger bekommen bei einem Fernsehauftritt die Gelegenheit, sich und damit ihr Unternehmen dem Kleinanleger vorteilhaft zu präsentieren. Nur der Zuschauer wird entscheiden, ob das gelungen ist oder nicht. In dem einen Fernsehgast wird er den kreativen Macher erkennen, in dem anderen nur einen fantasielosen Verwalter wittern. Den einen wird er sympathisch finden und für glaubwürdig halten, den anderen für unsympathisch und unseriös. Alles hängt von der Art der Präsentation ab. Werden die richtigen Gefühle geweckt, wird der potenzielle Investor dem Unternehmen auch sein Vertrauen schenken, sprich sein Geld anlegen.

Fernsehen ist sexy und damit wichtig für das Image. Und schließlich bewegt Fernsehen die Kurse. Pro 7 hat bei seinem Börsengang 1997 drei informative halbstündige Dauerwerbesendungen auf n-tv geschaltet, um Deutschlands erste Medienaktie vorzustellen und dem Anleger schmackhaft zu machen. Im Gegensatz zu der später erfolgten Kursentwicklung war der Börsengang von Pro 7 ein voller Erfolg. Daimler-Benz, ein Unternehmen mit einer der weltweit besten IR-Abteilungen, hat mit einem ähnlichen Konzept bei seinen Privatanlegern für dieVerschmelzung mit Chrysler geworben. Kleine Unternehmen sollten es wie die Großen machen, sie sollten ausreichend Energie und nicht zuletzt Geld bei der Finanzkommunikation auf den Bereich Fernsehen verwenden. Letztlich muss Fernsehen nicht einmal teuer sein, wenn man es richtig anpackt.

5.6 TV-Wirtschaftsberichterstattung im Überblick: Welche Fernsehsender bzw. Fernsehsendungen es gibt und wie sie sich unterscheiden

Wenn man Fernsehen als Medium für sich nutzen will, muss man als Erstes wissen, welche Sender und Sendungen es überhaupt gibt. Für einen Vergleich bieten sich zwei Kriterien an: die Zielgruppe und die Verbreitung. Das heißt, die Programme werden danach unterschieden, welche Zuschauer und wie viele Zuschauer sie erreichen.

CNBC (Consumer News und Business Channel) hat seine Zentrale in London und deckt Deutschland vor allem über ein Korrespondentenbüro in Frankfurt/Main ab. Der Sender beginnt seine Wirtschaftsberichtserstattung morgens um 5:00 Uhr mit der Sendung Trading Day. CNBC wendet sich mit seinem Wirtschaftsprogramm vor allem an Kleinanleger. Aus IR-Sicht hat es aber zwei erhebliche Nachteile. Erstens, es ist in Englisch. Der deutsche Kleinanleger verlangt aber mehrheitlich ein deutschsprachiges Programm. Zweitens ist CNBC in Deutschland nicht in allen Kabelnetzen vorhanden. Vielerorts ist der Sender nur über Satellit zu empfangen. In anderen Worten, die Verbreitung in Deutschland ist gering. CNBC bietet sich für IR-Arbeit daher nur an, wenn sich ein großer Teil der potenziellen Anleger im europäischen Ausland befindet.

CNN (Cable Network News) besitzt ebenso wie CNBC für den Kleinanleger in Deutschland nur wenig Bedeutung. Das Wirtschaftsprogramm ist von seinen Inhalten her sehr amerikaorientiert. Deutsche Neuemissionen spielen zum Beispiel gar keine Rolle. Zwar bietet CNN um 19:30 Uhr und um 20:30 Uhr eine deutschsprachige Nachrichtensendung an. Doch diese beschäftigt sich ähnlich wie die »Tagesschau« nur am Rande mit den Finanzmärkten. Insofern ist auch CNN für IR-Arbeiten deutscher Unternehmen zu vernachlässigen. Ausnahmen sind nur die Global Player wie DaimlerChrysler oder SAP.

Bloomberg TV spricht die halbprofessionellen und professionellen Anleger an. Das Programm ist in Deutsch. Das auffälligste Merkmal an dem Sender ist die Aufteilung des Bildschirms in mehrere Fenster, in denen unterschiedliche Informationen angeboten werden. So finden sich im rechten oberen Bildviertel verschiedene Indizes und Devisenkurse. Am unteren Bildschirmrand informieren zwei Laufbänder über die aktuellen Aktienkurse. Und im rechten oberen Feld läuft das Fernsehprogramm. Diese komprimierte Art der Finanzinformationen ist sicherlich sehr gewöhnungsbedürftig. Nur wer regelmäßig im Internet surft oder mit einem Reuters- oder Bloomberg-Terminal arbeitet, ist diese Art der Bildaufteilung gewöhnt. Dies sind in erster Linie professionelle oder halbprofessionelle Anleger, also zum Beispiel Banker, Fondsmanager oder Day-Trader.

Verbreitet wird Bloomberg vor allem über Satellit. In Frankfurt, wo es viele Beschäftigte im Finanzgewerbe gibt, wird das Programm darüber hinaus in das Kabelnetz eingespeist. Obwohl die Reichweite des Senders vergleichsweise gering ist, ist sein Stellenwert bei der »finance-community« in Frankfurt nicht zu unterschätzen. Für IR ist es zudem interessant zu wissen, dass das Programm mehrmals am Tag wiederholt wird. Das heißt, ein Interview, das einmal gegeben wurde, läuft öfter über den Schirm. Bloomberg sollte deshalb auf der Liste jeder guten IR-Abteilung stehen.

Die **3SAT-Börse** zielt auf den Sparbuchbesitzer ab, der erkannt hat, dass es eine Alternative zu zwei Prozent Zinsen gibt. Das Programm bietet eine Mischung von Rechtschutz-Tipps bei Urlaubsreisen, Beiträgen zur richtigen Auswahl einer Lebensversicherung und Börsenthemen. Es werden regelmäßig Neuemissionen sowie bereits börsennotierte Unternehmen vorgestellt. Die Redaktion wendet sich bewusst an Zuschauer mit geringen bis keinen Vorkenntnissen und ist damit erfolgreich. Die Sendung läuft freitags von 21:30 Uhr bis 22:00 Uhr und ist in Deutsch. Außerdem ist 3SAT in allen Kabelnetzen eingespeist. Für die Beziehungspflege zu den Investoren bietet die Sendung damit eine gute Plattform.

N24 ist eine Pro 7-Tochter, die Anfang 2000 ein eigenes Nachrichtenprogramm anbieten will. Der Anteil der Wirtschaftsberichterstattung soll bei rund 50 Prozent liegen und damit sogar noch n-tv übertreffen. N24 hat sich bei seinem Programm-Konzept an der Wahlkampagne von Bundeskanzler Schröder orientiert. Der Sender will nicht vieles anders machen als n-tv, aber vieles besser. Der Sender wird also für IR-Abteilungen interessant sein. Zumindest am Anfang wird er aber mit einem erheblichen Nachteil zu kämpfen haben. Da die deutschen Kabelnetze derzeit weitgehend ausgelastet sind, wird der Sender anfangs nur ein Drittel bis die Hälfte aller Fernsehzuschauer erreichen.

n-tv hat bislang mit der Telebörse die Nase ganz klar vorn, ist also im Segment Börsensendung eindeutiger Marktführer. Dies liegt sicherlich auch an der bislang kaum vorhandenen Konkurrenz. n-tv hat außerdem einen weiteren Vorteil: es ist bislang der letzte Spartensender, der von so gut wie jedem Zuschauer empfangen werden kann. Wendet sich die 3SAT-Börse an den bisherigen Sparbuchbesitzer, so will die Telebörse den Kleinanleger informieren, der bereits ein Aktiendepot bei seiner Bank unterhält. Ein renommierter Frankfurter Aktienanalyst bezeichnete mir gegenüber einmal die 3SAT-Börse als Bildzeitung und die Telebörse als den Focus unter den Wirtschaftssendungen. Aber auch viele Profis sehen die Telebörse. Die Sendung erreicht demnach das gesamte Spektrum vom Privatinvestor bis zum Institutionellen.

Abschließend lässt sich feststellen, dass die oben aufgeführten Sender bzw. Sendungen in vielen Bereichen nicht exklusiv arbeiten. Wenn ein Unternehmenschef in der 3SAT-Börse ein Interview gibt, ist er für die Telebörse nicht tabu und umgekehrt. Gleiches gilt auch für Videomaterial, das Unternehmen häufig kostenlos den verschiedenen Fernsehredaktionen zur Verfügung stellen. Auf 3SAT liefen zum Teil die gleichen Bilder von Beate Uhse wie bei n-tv.

IR-Abteilungen sollten folglich die verschiedenen Sendungen oder Sender parallel für Ihre Arbeit nutzen.

5.7 Wie Wirtschaftssendungen funktionieren und wo Unternehmen den Hebel ansetzen können, um sich optimal in Szene zu setzen

Es gibt verschiedene Möglichkeiten, im Fernsehen Nachrichten aufzubereiten. Es wird unterschieden zwischen Textnachrichten, Filmbeiträgen und Interviews. Teil der IR-Arbeit ist es, Nachrichten zu kommunizieren, deshalb sollten diese verschiedenen Varianten allgemein geläufig sein. Nachdem geklärt wurde, wie Fernsehnachrichten produziert werden, werden auch die verschiedenen Ansatzpunkte für IR-Aktivitäten deutlich.

5.7.1 Textnachrichten (Nachrichtenmeldung oder Moderation)

Bei Nachrichtenmeldungen ebenso wie bei Moderationen sieht man den Sprecher bzw. Moderator im Zentrum des Bildschirms. Ein Bild oder eine Grafik neben ihm vermittelt optisch das Thema, das gerade vorgestellt wird. Wenn es Neuigkeiten von einem Unternehmen gibt, wird meistens das entsprechende Firmenlogo eingeblendet. Es sollte also darauf geachtet werden, dass sich in den Redaktionen eine gute Vorlage des Logos befindet. Je nach technischer Ausstattung eines Fernsehsenders ist es besser das Logo als Foto oder als e-mail zu verschicken. Gibt es noch kein Logo, sollte bei der Erstellung auf die Farbe Rot verzichtet werden, weil diese dazu neigt auszufransen, also an den Rändern unscharf zu werden.

Auch auf das Format des Logos sollte geachtet werden. Ein handelsüblicher Fernsehbildschirm besitzt das Format 16 zu neun (Breite zu Höhe). Ein rundes Logo, wie der Mercedes-Stern, passt von den Maßen gut neben den Moderator. Dagegen muss der breite Schriftzug DaimlerChrysler verkleinert werden, damit er nicht hinter dem Moderator verschwindet und zum Schluss kaum mehr sichtbar ist. Höhe und Breite des Logos sollten also ähnlich groß ausfallen.

Zusätzlich sollte den Redaktionen ein neueres Bild vom Vorstandschef und vom Finanzvorstand zur Verfügung gestellt werden. In der Hierarchie niedriger angesiedelte Mitarbeiter spielen für das Fernsehen in der Regel keine Rolle.

Den Inhalt einer Nachrichtenmeldung bzw. der Moderation beziehen Redaktionen meistens über Nachrichtenagenturen. Am weitesten verbreitet sind hier Reuters, vwd und dpa. Gibt ein Unternehmen Neuigkeiten bekannt, sollte es Redaktionen nur dann ansprechen, wenn es wichtige Informationen gibt, die über das hinausgehen, was die Nachrichtenagenturen bereits vermelden. Letztlich wird das nur sehr selten der Fall sein. Denn alle wichtigen Informationen sind in der Regel auch relevant für den Aktienkurs, und unterliegen somit der Ad-hoc-Publizität. Das hat zur Folge, dass diese Neuigkeiten automatisch über Reuters, vwd und den n-tv text ab Seite 460 ff. verbreitet werden und damit den Redaktionen bekannt sind. Überflüssige Telefonanrufe von IR-Abteilungen sind bei Journalisten unbeliebt, da sie von der eigentlichen Arbeit abhalten. Insgesamt ist hier Fingerspitzengefühl gefragt.

In letzter Zeit ist es bei einigen Firmen zur Mode geworden, jede Nichtigkeit ad hoc zu publizieren. Dies wird sich langfristig negativ auswirken, da es sich herumspricht, welche Unternehmen dieses Instrument zu Marketingzwecken missbrauchen. Wenige, aber inhaltsreiche Ad-hoc-Meldungen finden größere Beachtung und sind somit effektvoller.

5.7.2 Nachrichtenfilme

Nachrichtenfilme sind 20 bis 60 Sekunden lange Beiträge, die in der Regel in der Redaktion produziert werden. Ihnen kommt eine wesentlich höhere Bedeutung zu als Textnachrichten. Zum einen wurde Fernsehen natürlich erfunden, um Informationen in Bildern zu transportieren. Gerade bewegte Bilder machen den Reiz dieses Mediums aus. Zum anderen erhöhen Bilder aber auch die Aufmerksamkeit des Zuschauers. Untersuchungen ergaben, dass bis zu 80 Prozent der Informationen visuell aufgenommen werden. Das bedeutet, die Informationsdichte ist bei Bildern deutlich höher. Nachrichtenredaktionen favorisieren aus diesen Gründen Themen, die sie auch gut im Film bearbeiten können.

Paradoxerweise sind Bilder beim Fernsehen aber aus Kostengründen immer wieder ein Engpass. Ein vor Ort, beispielsweise bei einem Unternehmen, gedrehter und sendefertig geschnittener Beitrag kostet durchschnittlich 3000 Mark. Ein Redakteur, der aus Archivmaterial Filmbeiträge (beim Fernsehen wird Film und Video alternativ verwendet) in der Redaktion produziert, schlägt pro Tag lediglich mit 400 bis 600 Mark zu Buche. Hier können IR-Abteilungen den Hebel ansetzen. Ihnen sollte daran gelegen sein, dass in den Redaktionen geeignetes Bildmaterial von ihrem Unternehmen vorhanden ist.

Der derzeitige technische Standard beim Fernsehen heißt Beta bzw. Beta SP. Es ist zu beachten, dass einige Fernsehsender bereits auf digitale Technik umgestellt haben, andere dagegen noch mit analogen Geräten produzieren. Um unnötigen Kosten vorzubeugen, empfiehlt es sich, mit einer Produktionsfirma zusammenzuarbeiten, die zwischen den Techniken hin- und herkopieren kann.

Nachrichten stellen besondere Anforderungen an die Bildgestaltung. Bilder, die in der Werbung gut ankommen, sind hier ungeeignet. Die Aufgabe der Redaktionen ist es, die Objektivität zu wahren. Unternehmen stellen manchmal so genannte Imagevideos, mit denen sie sich zum Beispiel auf Messen präsentieren, kostenlos zur Verfügung. Vom Stil her erinnern diese häufig eher an ein Musikvideo-Clip als an eine seriöse Dokumentation. Sie sind schnell geschnitten, nicht selten auch passend zu einer Musik, es gibt viele Blenden und manchmal wird sogar ein Weichzeichner verwendet. Dieses Material mag zu Imagezwecken hervorragend geeignet sein, für Fernsehredaktionen ist es untauglich. Nachrichtenfilme müssen weit gehend auf technische Trickeffekte verzichten. Sie sind unerwünscht, weil sie den Blick auf die Realität verschleiern. Die unabhängige redaktionelle Arbeit ist nicht mehr gewährleistet.

Ideal für TV-Sender oder -Redaktionen ist ein Band mit rohgeschnittenem Material. Das heißt, Bildsequenzen sind nur vorsortiert; unscharfe Bilder gibt es nicht; und die Einstellungen stehen länger als nur ein paar Sekunden. Außerdem gibt es von jedem Bildmotiv verschiedene Einstellungen, so daß dem bearbeitenden Redakteur noch Raum für eigene Entscheidungen bleibt. Auf der zweiten Tonspur befindet sich die so genannte Atmo (von Atmosphäre), das heißt das Hintergrundgeräusch, sodass Bilder von Maschinen mit dem entsprechenden Lärm unterlegt sind.

Die Einstellungen sollten zunächst das Unternehmen von Außen und anschließend von Innen zeigen, und dort zum Beispiel den Produktionsablauf abbilden. Grundsätzlich gilt, Naheinstellungen sind spannender als Totalen. Wenn historisches Filmmaterial vorhanden ist, sollte es auf Video überspielt und ebenfalls den Redaktionen angeboten werden. Ein kurzer Blick in die Vergangenheit macht einen Beitrag sofort lebendiger und damit auch interessanter. Eine eingeschränkte Alternative sind alte Fotos.

Das Videomaterial sollte durch eine so genannte Shotliste ergänzt werden, in der beschrieben wird, was man auf den Bildern sieht, also welches Produkt oder welcher Standort. Das Videomaterial kann durchaus auch um eine schriftliche Information ergänzt werden. Hilfreich ist zum Beispiel eine kurze Historie des Unternehmens. Außerdem sollte die Produkt- oder Dienstleistungspalette beschrieben werden. Falls es verschiedene Standorte gibt, sollten diese auch mit dem entsprechenden Umsatzanteil aufgeführt sein. Diese Zusatzinformationen sollten den Rahmen von ein bis maximal zwei gut lesbaren DIN-A4-Seiten nicht sprengen.

Produktionsfirmen bieten gutes rohgeschnittenes Material inklusive Shotliste für weniger als 15 000 Mark an. Die Kosten steigen, wenn ein Kamerateam lange Anfahrtswege hat, es mehr als einen Drehtag benötigt, viel Licht gesetzt werden muss oder an verschiedenen Standorten gedreht wird. Preise vergleichen lohnt sich wie überall. Es gibt Kamerateams, deren Honorare sich um bis zu 100 Prozent unterscheiden, abhängig davon, für welchen Auftraggeber sie arbeiten. Ein Team bestehend aus einem Kameramann, einem Tonmann bzw. Assistenten sollte inklusive Ausrüstung nicht mehr als 1500 Mark pro Tag kosten. Ein Schnittplatz, der für den Rohschnitt notwendig ist, schlägt pro Tag mit maximal 2000 Mark zu Buche. Ansonsten fallen noch Kosten für einen Redakteur sowie für die Kopien an.

Dasselbe Material kann auch für Werbesports, Imagevideos, CD-Roms oder Internetauftritte genutzt werden. Wichtig ist, den Umfang des gewünschten Pakets im Vorhinein festzulegen, so daß auch ausreichend Material vorhanden ist. Außerdem sollte darauf geachtet werden, dass die Rechte für das Rohmaterial und die Videos, die daraus gefertigt werden, bei dem Unternehmen und nicht bei der Produktionsfirma liegen. Ansonsten fallen bei jeder weiteren Kopie Kosten für Rechte an. Wenn sich bei einem Unternehmen etwas ändert, sollte es das Videomaterial neu produzieren und wieder verteilen. Solche Änderungen können die Produkt- bzw. Dienstleistungspalette betreffen, es können aber auch beispielsweise Übernahmen anderer Firmen sein.

5.7.3 O-Töne und Interviews

Mehr noch als Nachrichtenfilme sind Interviews im Fernsehen eine gute Gelegenheit, um sich dem Kleinaktionär postiv zu präsentieren. Die Länge, die Authentizität und vor allem der große Gestaltungsspielraum bei den Antworten machen die Bedeutung von Interviews für IR aus. Dieser Abschnitt bietet eine Reihe praktischer Tipps für die Personen, die für Unternehmen vor der Kamera Rede und Antwort stehen.

Das Fernsehen unterscheidet zwischen O-Tönen (für Original-Töne) und Interviews. Ein O-Ton ist im Prinzip ein Mini-Interview, bestehend aus einer Antwort oder einem Statement, wie man gerne beim Fernsehen sagt. Diese sind um die 30 Sekunden lang und beinhalten im günstigsten Fall eine knackige Kernaussage zu dem gewünschten Thema. Wichtig sind ein starker Anfang und ein gutes Ende. Von Redewendungen, wie »Drei Punkte sind wichtig, erstens..., zweitens und drittens« sollte Abstand genommen werden. Politiker wenden gerne diesen Trick an, um eine möglichst lange Aussage zu platzieren und damit mehr Sendezeit zu erhaschen. Im Zweifelsfall entscheidet sich aber eine Redaktion für eine kürzere Version (das drittens wird zum Beispiel weggelassen und statt dessen in Kurzfassung vom Moderator nachgeliefert). Auch rate ich davon ab, mit der Stimme immer oben zu bleiben. Dieser Kniff stammt ebenfalls aus der Rhetorik von Politikern und verfolgt den gleichen Zweck wie »erstens, zweitens, drittens ...«, nämlich dass der bearbeitende Redakteur nichts aus der Aussage herausschneiden kann. Doch geht diese Taktik meistens nicht auf. Der O-Ton wird mittendrin gekürzt, um Zeitvorgaben einzuhalten. Ein schlechter O-Ton ist letzendlich für beide Seiten unbefriedigend. Viel besser und wirkungsvoller ist es, von sich aus eine TV-gerechte, gute und knappe Aussage zu treffen. Die Amerikaner nennen so etwas Soundbites, was vage übersetzt soviel wie »Laut-Happen« bedeutet. Der Begriff liefert aber eine recht gute Idee dafür, was gemeint ist. Unter dem Strich kann man feststellen, je besser, das heißt knackiger und treffender, vielleicht auch humorvoller ein solches Statement ist, desto häufiger wird es sich im Programm wiederfinden.

Gibt ein Unternehmen etwas entscheidendes bekannt, sollte es von vornherein Zeit für die Presse mit einplanen. Auf Grund der wesentlich höheren Glaubwürdigkeit ist redaktionelle Sendezeit weit mehr wert als teuer bezahlte Werbezeit. Es gibt immer noch Unternehmen, die wirklich bewegendes (nicht nur auf den Aktienkurs bezogen) vermelden und dann nicht für ein Interview zur Verfügung stehen. Das ist schlechtes Timing. Umgekehrt bieten Firmen immer wieder selbst produzierte Interviews oder O-Töne an. Ich rate davon ab. Die meisten Redakteure werden solches Material nicht verwenden, um ihre Unabhängigkeit zu wahren. Fragen sollten von einem Journalisten kommen und nicht von einer Person, die auf der Gehaltsliste des befragten Unternehmens steht.

Im Folgenden möchte ich auf häufige Fehler in Interviews eingehen, und zwar in diesem Fall einmal auf die, die von den Gästen begangen werden. Erst möchte ich einige praktische Ratschläge geben, anschließend gehe ich auf die inhaltliche Präsentation ein. Die Personen, die ihr Unternehmen repräsentieren, sollten auf ihr Äußeres achten. Das hört sich trivial an, muss aber leider deutlich angesprochen werden. Die Finanzbranche ist tendenziell eher konservativ. Manschettenknöpfe kommen hier besser an als ein Drei-Tage-Bart. Aus TV-technischen Gründen sollte auf klein gemusterte Kleidungsstücke verzichtet werden, da diese Farbschlieren nach sich ziehen. Das sieht unschön aus und lenkt vom Inhalt des Interviews ab. Außerdem muss sichergestellt sein, dass eine Maskenbildnerin vor Ort ist. Fernsehscheinwerfer heizen schnell auf und verursachen in den Studios häufig eine Bruthitze. Dazu kommt die Aufregung vor einem Fernsehauftritt. Man fängt an zu schwitzen und im Gesicht zu glänzen. Falls keine Maskenbildnerin vorgesehen ist, sollte man entweder selbst eine buchen oder sich zumindest selbst abpudern. Das mag gerade Männern ungewohnt vorkommen, aber hier zeigt sich Professionalität. Ich habe bei Interviews immer eine Puderquaste und Puder dabei. Diese sind in jedem Supermarkt erhältlich und das Abpudern selbst ist auch von Männern zu bewältigen. Nach einem Interview sollte man das Abschminken nicht vergessen.

Wenn der Interviewte dem Moderator direkt gegenübersitzt, schaut er den Fragesteller an. Alles andere wirkt unnatürlich. Anders ist es, wenn ein so genanntes Schaltgespräch geführt wird. In dieser Situation ist der Befragte vom Moderator örtlich getrennt. Der Gast sitzt zum Beispiel in einem Studio in Frankfurt, der Moderator in Berlin. Meistens besteht eine Blickverbindung über einen Monitor. Hier empfiehlt es sich bei den Antworten in die Kamera zu blicken. Das ist sicherlich eine ungewohnte Situation, denn man schaut und spricht in das schwarze Loch des Kameraobjektivs. Es hilft, wenn man sich statt dessen eine Person vorstellt und versucht diese im Objektiv zu visualisieren. Grundsätzlich gilt, es ist immer leichter ein Interview vor Ort zu geben, also dort, wo der Moderator sitzt. Das sollte bei allen Planungen Priorität besitzen. Hände lassen sich durch einen Kuli ruhig stellen.

Die Antworten sollten so weit wie möglich in deutscher Sprache gegeben werden, auch auf englische Fachtermini sollte man verzichten. Bei dem Überblick über die verschiedenen Wirtschaftssendungen, die es in Deutschland gibt, habe ich bereits erwähnt, dass der Zuschauer Programme in deutscher Sprache bevorzugt. Für fast jeden englischsprachigen Ausdruck gibt es auch einen deutschen oder zumindest eine vernünftige deutsche Umschreibung. Gleiches gilt für Fachbegriffe. Diese müssen dem Zuschauer verständlich erklärt werden. Ein Produkt oder eine Dienstleistung gewinnt nicht dadurch, dass es bzw. sie kompliziert beschrieben wird. Im Gegenteil: hier ist Einfachheit Trumpf. Stellen Sie sich vor, dass der Zuschauer einen harten 10-Stunden-Tag hinter sich hat, gerade nach Hause gekommen ist und zum Abendessen ein Glas Wein getrunken hat. Müde und abgespannt sitzt er um 22:15 Uhr vor dem Fernseher, um noch einmal den letzten Stand in der Telebörse zu erfahren. Ich denke, niemand will um diese Zeit etwas von »content « hören, den jemand liefert, dessen »assets« das Ergebnis eines »market screenings« sind. Der Zuschauer verlangt, in möglichst unkomplizierter, also leicht verständlicher Sprache darüber informiert zu werden, was das Produkt oder die Dienstleistung auszeichnet. Dabei gilt als Faustregel: Sätze mit mehr als dreizehn Worten sind verboten. Es lohnt sich, anschauliche Bilder und Anwendungsbeispiele einzubauen, weil diese besser greifen. Tatsächlich gibt es kein Produkt und keine Dienstleistung, über die nicht eine gute fantasievolle Geschichte erzählt werden kann. Selbst der technologische Vorsprung eines Computerprogramms oder außergewöhnlich niedrige Kosten eines Bremsenherstellers können, richtig vermittelt, überaus interessant und spannend sein. Hinter jeder Nachricht und hinter jeder Entwicklung steht eine Geschichte, denken Sie daran. Übrigens wollen auch die Analysten von Banken die Story und die Fantasie eines Unternehmens einfach, verständlich und und bildhaft erzählt bekommen.

5.8 Die richtigen Kennzahlen

Da sich im Prinzip alle TV-Programme, die für IR in Frage kommen, an den Kleinanleger richten, sind vorzugsweise einfache Kennzahlen zu verwenden. Ich halte Umsatz und Vorsteuergewinn immer noch für die geeignetsten Größen. In letzter Zeit hört und liest man immer häufiger EBIT, EBDIT und EBITDA (earnings before interests, taxes, depriation and amortisation, also Gewinn vor Zinsen, Steuern, Abschreibung und Amortisation). Diese Ergebnisgrößen sind zwar für den Fachmann geeignet, die Masse der Zuschauer kann damit aber nicht unbedingt etwas anfangen. Darüber hinaus sind Betrachtungen über einen Zeitraum spannender als zu einem Zeitpunkt. Die Börse belohnt die Wachstumsraten, nur in seltenen Fällen absolute Zahlen. Zudem spielen die Zukunftsaussichten eine wesentlich größere Rolle als die Ergebnisse aus der Vergangenheit.

Grundsätzlich gilt, so wenig Zahlen wie möglich, so viel Story wie möglich. Trotzdem müssen die Interviewten das gesamte Zahlenwerk parat haben, um auch einer kritischen Befragung standhalten zu können. Die Kennzahlen sollten offen und seriös aufbereitet und publiziert werden. So sollte ein verkauftes und zurückgemietetes Bürogebäude nicht als ganz normaler Gewinn ausgewiesen werden, wenn man nicht als Immobilienhändler arbeitet. Außerdem gehört es heutzutage dazu, mit Schwächen offen und vor allem offensiv umzugehen. Ein Unternehmen zeigt Stärke, wenn es erklärt, wie es seine Schwächen beseitigen wird und, besser noch, in Wettbewerbsvorteile ummünzen will.

5.9 Das richtige Timing

Sendungen werden zu einem gewissen Teil im Voraus geplant. Viele Termine, wie die Veröffentlichung des Jahresabschlusses oder die Bekanntgabe der

Halbjahreszahlen, sind lange bekannt. Es ist inzwischen durchaus üblich, dass Unternehmen vor solchen Ereignissen Redaktionen ansprechen, ob diese Interesse an einem Interview mit dem Vorstandschef haben. Dabei gilt für Wochenmagazine wie die 3SAT-Börse sicherlich eine etwas längere Vorlaufzeit als für börsentägliche Sendungen wie die Telebörse. Je tagesaktueller eine Sendung berichtet, desto kurzfristiger wird geplant und desto weniger Themen werden weit im Voraus festgelegt. Es empfiehlt sich, tagesaktuell arbeitende Redaktionen nicht mehr als zwei Wochen im Voraus anzusprechen, bei Wochenmagazinen halte ich sechs bis acht Wochen für eine gute Richtschnur. Ansonsten gilt, dass bei vorher nicht bekannten Ereignissen genügend Zeit für mögliche Interviewanfragen miteinkalkuliert werden muss. Hier denke ich beispielsweise an die überraschende Bekanntgabe einer Übernahme. Zudem dürfen sich Unternehmen heutzutage auch oder gerade an schlechten Tagen nicht verstecken. Gibt es negative Nachrichten aus dem Unternehmen, erwartet der Markt und damit natürlich auch der Fernsehzuschauer, dass sich jemand aus der Führungsriege äußert. Shareholder-value bedeutet auch, wenn auf Grund negativer Meldungen der Wert der Aktien verliert, dass das den Anteilseignern erklärt und erläutert wird. Das macht Professionaltät aus, alles andere ist imageschädigend.

5.10 Checkliste

Zum Schluss möchte ich noch eine Checkliste mitgeben, anhand der man seine IR-Arbeit überprüfen kann.

Checkliste

- Ist das Unternehmenslogo samt Foto vom Vorstandschef und vom Finanzvorstand an die relevanten Redaktionen verschickt worden?
- Ist aktuelles, rohgeschnittenes Videomaterial produziert und den verschiedenen Fernsehredaktionen zur Verfügung gestellt worden?
- Ist bei einer Anfrage für ein Fernsehinterview alles darangesetzt worden, diese Chance wahrzunehmen?
- Gibt es eine Möglichkeit, das Interview vor Ort, also dort, wo die Sendung produziert wird, zu geben?
- Wird das, was das Unternehmen auszeichnet, einfach und für jedermann verständlich erklärt? Falls kein anschauliches Produkt hergestellt wird, gibt es einfache, auch von Laien leicht nachvollziehbare Anwendungsbeispiele, die das Produkt erklären? (Gleiches gilt für Dienstleistungen)
- Werden die Kennzahlen in einer Zeitraumbetrachtung, vor allem in die Zukunft gerichtet, dargestellt?

Wenn diese Punkte erfüllt sind, ist der Fernsehbereich sicherlich gut abgedeckt. Langfristig muss bei aller Psychologie sowieso vor allem eines stimmen: das Unternehmen. Auch das hat André Kostolany treffend in Worte gefasst: »Für langfristige Tendenzen indes ist die Psychologie nicht so wesentlich. Die großen Unternehmen von heute wären nie das geworden, was sie sind, wenn sie keine fundamentalen Gründe für Ihren Erfolg gehabt hätten. Es war nicht die Psychologie, die die Aktien dieser Konzerne so hoch steigen ließ, sondern die wirtschaftliche Entwicklung«.

6. Die Rolle der Abteilung Corporate Finance und ihre Anforderungen an die IR

von Michael J. Hubmann und Norbert Lipphardt

6.1 Einleitung

In Zeiten eines immer stärkeren Zusammenwachsens der internationalen Warenmärkte reagieren auch die nationalen Kapitalmärkte weitgehend nach global anerkannten Standards. Die Orientierung des Managements eines börsennotierten Unternehmens am Shareholder Value gilt heute weltweit als ein zentraler Bewertungsfaktor einer Aktie. Die Corporate Finance Abteilungen der Investmentbanken tragen mit ihrer Beratungstätigkeit dazu bei, dass zusammen mit dem Top-Management der börsennotierten Aktiengesellschaften adäquate Wertsteigerungsstrategien unter Berücksichtigung der werttreibenden Faktoren des Kapitalmarktes entwickelt werden. Für die sinnvolle Umsetzung einer solchen Strategie ist vielfach die Weiterentwicklung der Aufgaben der Investor Relations Funktion notwendig. Wir werden in dem nachfolgenden Beitrag die relevanten Unternehmenswertfaktoren aus der Kapitalmarktperspektive systematisch darstellen und dabei die Rolle der Investor Relations Funktion, die im Wesentlichen als Kommunikator dieser Faktoren, aber auch als eigenständiger Werttreiber auftritt, in ihrer zentralen Bedeutung erläutern. Im Verlaufe wird deutlich werden, dass das Anforderungsprofil der Investor Relations Funktion weit über einen formellen Katalog von (gesetzlichen) Mindestansprüchen hinausgeht. Vielmehr wird heute volles Verständnis der wertsteigernden unternehmensspezifischen Faktoren, ein hohes Maß an aktiver Identifikation mit der Unternehmensstrategie und die vorausgreifende Kommunikation der relevanten Themen gefordert. Dieser Aufgabe kann die Investor Relations Funktion nur bei engster Anbindung an das Top-Management und bei dauerhafter Einbindung in die unternehmensstrategischen Fragestellungen gerecht werden. Es wird darüber hinaus deutlich werden, dass ein regelmäßiger Dialog zwischen der Corporate Finance Abteilung der mit dem Unternehmen zusammenarbeitenden Investmentbank und der

Die Autoren

Michael J. Hubmann

Norbert Lipphardt

Investor Relations Funktion notwendiger Bestandteil einer aktiven Investor Relations Politik des Unternehmens sein muss.

6.2 Wandel der Paradigmen an den Kapitalmärkten

Die Kapitalmärkte sind in den letzten Jahren weitgehend dereguliert und – unterstützt durch die grundlegende Neugestaltung der Informationstechnologie – globalisiert, zumindest regionalisiert worden. Damit steht dem anlagesuchenden Kapital heute ein wesentlich größeres Angebot an Investitionsmöglichkeiten gegenüber. Zugleich ist der Kapitalbedarf der Unternehmen tendenziell gestiegen. Neben den stark wachsenden neuen Industrien beobachten wir dies auch in reifen Branchen, wo der Wettbewerb in einer zunehmend globalisierten Wirtschaft neben dem Druck auf die Preise oftmals auch zu gestiegenen Anforderungen an die Innovationskraft geführt hat. Dadurch ist nicht nur quantitativ mehr Kapital aufzubringen, auch die Risikostruktur hat sich in vielen Branchen verändert. Die klassische Fremdfinanzierung verliert vor diesem Hintergrund an Bedeutung. Die genannten Umstände haben entscheidend dazu beigetragen, die Rolle der Aktionäre im Verhältnis zu den Unternehmensleitungen strukturell zu stärken.

Daneben hat sich auch die Aktionärsstruktur verschoben. Der hohe Anteil der Retailinvestoren in der Anfangsphase des Neuen Marktes nach Implementierung durch die Deutsche Börse AG, darf nicht darüber hinwegtäuschen, dass global institutionelle Investoren die Kapitalmärkte dominieren. Die volle Dynamik dieses Prozesses ist in Deutschland auf Grund des derzeit noch stark von staatlichen Institutionen geprägten Alterssicherungs-Systems nur eingeschränkt wahrnehmbar. Hierzulande haben die Pensionsfonds noch nicht das Gewicht, das ihnen in angelsächsischen Ländern bereits zukommt. Gleichwohl haben die institutionellen Investoren schon heute durch ihren relativ größeren Anteil im Konzert der Aktionäre in der jeweiligen Aktiengesellschaft eine höhere Bedeutung. Sie sind im Vergleich mit den Privatinvestoren eher geneigt, komplexe Analyseverfahren anzuwenden und insbesondere theoretisch fundierte Maßstäbe für die Generierung von Shareholder Value zu Grunde zu legen. Auch große Aktiengesellschaften berichten, dass Diskussionen mit bedeutenden internationalen Investoren, wie zum Beispiel US-amerikanischen Pensionsfonds oder Index Tracking Funds, sehr präzise, mitunter auch scharf geführt werden. Dieser Druck der Institutionellen auf die Unternehmen, an denen sie beteiligt sind, ist dabei ein Reflex auf den Performance-Druck, dem diese Investoren selbst unterliegen.

6.3 Der Zusammenhang von Shareholder Value und Investor Relations

Der Wechsel der Paradigmen an den Kapitalmärkten hat zu Forderungen an die börsennotierten Aktiengesellschaften geführt, die unter dem Schlagwort Shareholder Value zusammengefasst werden. Der Inhalt dieses Begriffes, seine Berechtigung als Kriterium und die Rechtfertigung einer Sonderrolle der »Shareholder« im Verhältnis zu den anderen »Stakeholdern« wie Arbeitnehmern, Kunden oder »der Gesellschaft«, wird an politischen Fronten kontrovers diskutiert. Aus Kapitalmarktsicht hingegen ist heute die Steigerung des Shareholder Value ein etabliertes Kriterium der Einschätzung einer Aktie.

Dabei beobachten wir weit gehendes Einvernehmen bei Investoren und Analysten, was den konkreten wirtschaftlichen Inhalt von Shareholder Value anbelangt. Unzweifelhaft steht dabei die Frage nach der Performance der Aktie, das heißt die Kurs- und Dividendenentwicklung, im Vordergrund. Die Analyse geht aber zu Recht tiefer und fragt danach, ob durch die operative Tätigkeit des Unternehmens die Rendite des in der Aktiengesellschaft gebundenen Aktionärsvermögens die Opportunitätskosten des Kapitals übersteigt. Hierfür sind eine Reihe von Modellen entwickelt worden; beispielhaft seien nur EVA oder CFROI genannt. Zahlreiche Untersuchungen weisen auf den engen Zusammenhang zwischen der Entwicklung der Börsenkurse und solcher Wertmesser hin. Darüber hinaus aber wird die Bewertung eines Unternehmens am Kapitalmarkt von nicht-operativen Faktoren beeinflusst, die wir im Verlauf darstellen werden. Aus Praktikersicht wird ein auf Steigerung des Shareholder Value bedachtes Unternehmen gut beraten sein, sowohl auf den Börsenkurs als auch auf die zugrundeliegenden Faktoren zu achten.

In jedem Fall ist es für die Transmission der wertsteigernden Strukturen und Maßnahmen im Unternehmen in eine Verbesserung der Aktienkursperformance von entscheidender Bedeutung, Investoren und Analysten die relevanten Faktoren zu kommunizieren. Dies erscheint uns als die zentrale Aufgabe einer Investor Relations Funktion, auf deren Details wir im Folgenden eingehen. Wir werden zusätzlich darstellen, dass neben der Qualität der Erfüllung dieser Aufgabe auch die strukturelle Ordnung, die sich die Investor Relations Funktion gegeben hat, zu den Werttreibern gehört.

6.4 Die Rolle einer Corporate Finance Abteilung

Der oben beschriebene Shareholder Value Gedanke hat dem strategischen Dialog der Corporate Finance Abteilungen mit den Vorstandsvorsitzenden und Finanzvorständen der börsennotierten Gesellschaften einen neuen Focus gegeben und damit auch die Anforderungen des Marktes an die Corporate Finance Bereiche verändert.

Bis in die letzten Jahre hinein sahen die Corporate Finance Abteilungen noch den Schwerpunkt ihrer Tätigkeit darin, spezifische Transaktionen durchzuführen. Daher standen die Produktbereiche vielfach getrennt nebeneinander. Heute definieren Sal. Oppenheim und andere führende Investmentbanken ihre Kompetenzen weiter. Die Dynamik der Kapitalmärkte wie der Märkte für Beteiligungen an nicht börsennotierten Gesellschaften kann von den meisten Unternehmen nicht mehr vollständig verfolgt und beurteilt werden. Zugleich verlangt die Steigerung des Shareholder Value Managemententscheidungen auf diesen Märkten. Hier sehen sich zunehmend Relationship Manager in den Corporate Finance Abteilungen als proaktive Berater, die industrielle Tendenzen verstehen, mit den spezifischen Bedingungen der Kapitalmärkte abgleichen und daraus wertsteigernde Maßnahmen für den Kunden entwickeln. In das Vorfeld der »Execution« von konkreten Transaktionen ist daher eine komplexe »Advisory« getreten. Dabei werden die einzelnen Produkte nicht beziehungslos nebeneinander oder gar konkurrierend angeboten. Vielmehr sind im Dialog mit dem Kunden Optionen zu entwickeln und wertsteigernd zu implementieren. Dazu gehört notwendig auch das Gespräch über Struktur und Inhalt der Investor Relations Funktion.

Ein seriöser Investmentbanker wird dabei in der »Advisory« seine fachlichen Kompetenzen nicht überschreiten. Die Frage, wie ein Unternehmen optimal mit Investoren und Analysten kommuniziert und welcher Methoden es sich bei dieser Selbstdarstellung bedient, kann in ihrer Gesamtheit nur ein spezialisierter Investor Relations-Berater beantworten. Der Investmentbanker wird sich demgegenüber darauf konzentrieren, welche Kommunikationsinhalte aus Kapitalmarktsicht zur Vermittlung anstehen und welche Struktur eine Investor Relations Funktion aus der Sicht eines Equity Research Analysten haben sollte.

6.5 Systematischer Ansatz einer Wertsteigerungsstrategie

Am Anfang eines Dialoges über die Umsetzung einer Wertsteigerungsstrategie sehen wir eine Einschätzung des Wertsteigerungspotenzials. Dazu kann unter anderem »Outside-in« die Aktienkursentwicklung des Unternehmens im Vergleich mit einer geeigneten Benchmark (Index, vergleichbare Unternehmen) oder der Vergleich des Kapitalmarktwerts des Unternehmens mit dem Wert der Summe seiner Geschäftsbereiche (»Sum-of-parts value«) herangezogen werden.

Darauf aufbauende Wertsteigerungsstrategien sollten nach unserer Überzeugung berücksichtigen, dass werttreibende Faktoren auf der Ebene der Unternehmensleitung einerseits oder in den Divisionen andererseits zum Tragen kommen und daher auch auf der jeweiligen Ebene entwickelt und implementiert werden müssen.

Auf der Ebene der Unternehmensleitung lassen sich folgende Schlüsselfaktoren zur Steigerung des Shareholder Value identifizieren:

- Attraktivität des Business-Portfolios
- Management der Komplexität des Business Portfolios
- Attraktivität der Aktienstruktur
- Optimierung der Finanzstruktur
- Effizienz der Hauptverwaltung
- Qualität der Investor Relations

Auf der Ebene der Geschäftsbereiche wird die Wertschaffung für die Aktionäre letztlich davon bestimmt, ob im oben angesprochenen Sinne die Rendite auf das gebundene Aktionärsvermögen die Opportunitätskosten des Kapitals übersteigt. Dieser Vergleich ist ohne Einblick in ein entsprechend ausgelegtes internes Rechenwerk nicht vollständig möglich; erfahrene Equity Research Analysten gelangen aber auf der Basis ihrer Erfahrungswerte oftmals zu wichtigen ersten Hinweisen.

6.6 Die Rolle der Investor Relations im Rahmen einer Wertsteigerungsstrategie

Die Kommunikation der auf der Ebene der Geschäftsbereiche ergriffenen wertsteigernden Maßnahmen und ihrer Auswirkungen auf das Unternehmen sind nach Art und Weise sowie Terminierung situativ bestimmt. Für die Bewältigung dieser Aufgabe sehen wir eher Organisations- und Methodenthemen der Investor Relations im Vordergrund, auf die wir weiter unter eingehen. Im Übrigen spielt die Inszenierung der Kommunikation eine maßgebliche Rolle, wofür sich die Investor Relations-Funktion eines spezialisierten Investor Relations Beraters bedienen sollte.

Wir möchten den ersten Schwerpunkt unserer Überlegungen auf die Rolle der Investor Relations-Funktion bei der Kommunikation der werttreibenden Faktoren auf der Ebene der Unternehmensleitung legen und im Folgenden näher beschreiben.

6.6.1 Attraktivität des Business-Portfolios

Ein zentrales Element der Shareholder Value Debatte stellt die Diskussion um den »Conglomerate/Diversification Discount« dar. Darunter wird allgemein ein Abschlag auf die Martkbewertung verstanden, der bei zahlreichen diversifizierten Unternehmen beobachtet wird. Zur Ermittlung eines solchen Bewertungsabschlags wird der Equity oder Enterprise Value eines Unternehmens aus Kapitalmarktsicht mit den entsprechenden Wertansätzen der Geschäftsbereiche verglichen. Zur analytischen Begründung eines »Conglomerate Discount« werden vor allem angeführt:

- Institutionelle Investoren richten sich zunehmend nach Sektoren aus und nehmen damit bewusst sektorspezifische Risiken in Kauf. Soweit sie einen Risikoausgleich in der Diversifikation ihrer Assets suchen, möchten sie Art und Umfang sowie die evtl. Kosten dieses Risikoausgleichs selbst definieren. Dieser Grundsatz mag dort nicht gelten, wo Investoren der Führung eines diversifizierten Unternehmens die relativ größere Fähigkeit zur Risikodiversifikation zugestehen; derartige Fälle sind aber heute die Ausnahmen. Die Abneigung von Investoren gegenüber Anlagen in diversifizierten Unternehmen wird noch deutlich verstärkt, wenn die Geschäftsbereiche keine erkennbaren Synergien aufweisen.
- Investoren sind bei diversifizierten Unternehmen besorgt, ob das Management die Komplexität des Portfolios zu bewältigen vermag. Sie befürchten, dass die Aufmerksamkeit des Managements zu sehr in Gebieten außerhalb der Kernkompetenz des Unternehmens gebunden ist und damit das volle Potenzial der Wertsteigerung aus dieser Kernkompetenz heraus nicht entfaltet wird. Hinzu tritt die Besorgnis einer Quersubventionierung der weniger erfolgreichen Bereiche aus dem Erfolg der Kernaktivitäten und damit eine relative Minderung des Ertrags aus diesem Bereich. Zentrale Bedeutung dürfte jedoch die Frage der Mittelallokation im diversifizierten Unternehmen haben und deren strikte Orientierung am Gesichtspunkt der Mehrung des Shareholder Value. Schlagwortartig wird die Bildung von diversifizierten Unternehmen ohne Orientierung an messbaren Kriterien der Kapitalallokation gerne abschätzig als »Empire building« bezeichnet.

Wir verkennen nicht, dass an den nationalen und internationalen Kapitalmärkten durchaus nicht alle diversifizierten Unternehmen mit einem Bewertungsabschlag versehen werden. Das klassische Beispiel für einen Unternehmensverbund, der zugleich in hohem Maße diversifiziert und von Investoren hoch bewertet wird, ist General Electric (US). Aus der Vielfalt der vorstellbaren Ursachen dieser Wertschätzung ragt die wahrgenommene Fähigkeit des Top-Managements hervor, den Kapitalmärkten plausibel erklärt zu haben, dass die Effizienz des internen Personal- und Kapitalmarktes über der der externen Märkte liegt und damit die Vielfalt der einzelnen Teile von General Electric eine größere Wertsteigerung für den Aktionär bewirkt als dies jede Aktivität für sich isoliert vermag. Hinzu kommt, dass den Kapitalmärkten über lange Jahre hinweg glaubwürdig kommuniziert wurde, welche Strategien der Marktführerschaft der Konzern verfolgt und mit welchen Mitteln auf eine Verfehlung der strategischen Ziele reagiert wird. Schließlich konnten den Investoren die Kriterien der Investition in neue Bereiche aber auch die eines Divestment konsistent beschrieben werden.

Beobachtet also ein Unternehmen, gegebenenfalls unterstützt von seiner Investmentbank, einen »Conglomerate Discount«, kommt neben der Arbeit an den Ursachen im Unternehmen der Kommunikation mit der Investorengemeinschaft entscheidende Bedeutung zu. Analysten haben in der Regel ein klare Vorstellung über den synergetischen Zusammenhang der Unternehmensteile auf Ebene von Einkauf, Produktion und Vertrieb. Darüber hinausgehende Sondereffekte, die den Wert des Ganzen über die Summe der Teile heben, müssen daher klar vermittelt werden.

6.6.2 Management der Komplexität des Business Portfolios

Ein konsistentes Management der Komplexität eines gegebenen Business Portfolios verlangt vielfach über die herkömmlichen Steuerungsinstrumente hinaus die Einrichtung eines wertorientierten Controlling- und Planungsprozesses, wie er auch von einer Reihe von Unternehmensberatungen entwickelt wurde und gegebenenfalls implementiert werden kann. Diese Instrumente und ihre Anwendung sind in hohem Maße erklärungsbedürftig und bedürfen daher der besonderen Aufmerksamkeit der Investor Relations Funktion. Die Existenz derartiger Instrumente war zum Beispiel bei Veba und Alusuisse über mehrere Jahre hinweg von den Kapitalmärkten gewürdigt worden; zuletzt ist aber auch die Konsequenz der Durchführung zunehmend angemahnt worden. Daher kommt der Vermittlung des Umstandes, dass wertorientierte Steuerungsinstrumente auch langfristig angewandt werden, besondere Bedeutung zu. Wichtige Punkte sind in diesem Zusammenhang:

- *Die Kommunikation des Prozesses der Kapitalallokation zu den einzelnen Unternehmensbereichen und konkrete Bespiele für Investitionsentscheidungen unter dem Gesichtspunkt einer adäquaten Rendite auf das eingesetzte Kapital*: Diese Prozesse rücken vor allem dann in den Mittelpunkt des Interesses, wenn Investoren besorgt sind, dass das Unternehmen die Zusammensetzung des Business Portfolios als »Heilige Kuh« betrachtet und ein radikaler Ansatz erforderlich erscheint, um wertvernichtende Aktivitäten zu restrukturieren oder abzugeben. Soweit solche Aktivitäten in einem diversifizierten Unternehmen identifiziert sind, ist es für Investor Relations wichtig, mit den Investoren in einen Dialog über die Optionen für diesen Unternehmensteil einzutreten und vor allem die relevanten Absichten und Ziele zu kommunizieren.

- *Die Erläuterung von Management Incentive Systemen*: Investoren wünschen zunehmend, dass sich nicht unerhebliche Gehaltsbestandteile des Managements an der Höhe des generierten Shareholder Value orientieren. In der Praxis haben sich dabei verschiedene Formen herausgebildet, in denen Gehaltsbestandteile, zumeist in Form eines Stock Option Plans oder eines Wandelschuldverschreibungs-Modells, an der (relativen) Börsenkursentwicklung, an der Entwicklung wertorientierer Renditekennziffern oder an Mischformen ausgerichtet sind. Die Mechanismen solcher Modelle wird die Investor Relations Funktion den Investoren detailliert erläutern müssen.

- *Die transparente Kommunikation von Quersubventionen*: Investoren stehen der Quersubventionierung von Geschäftsbereichen kritisch gegenüber. Die Entwicklung eines neuen interessanten Geschäftsfeldes in einem diversifizierten Unternehmen auf der Grundlage der Free Cash-Flows aus reiferen Aktivitätsfeldern kann aber eine wirtschaftliche sinnvolle Entscheidung sein. In diesem Falle möchten Investoren ein klares Verständnis über Kriterien, Ziele und Zeitrahmen derartiger Beziehungen zwischen den betroffenen Unternehmensbereichen gewinnen.

Insgesamt steht damit die Investor Relations Funktion eines diversifizierten Unternehmens nicht per se auf verlorenem Posten. Es geht vielmehr darum, wertsteigernde Strukturen aktiv zu kommunizieren und nicht abzuwarten, bis sich in der »Investor Community« anderweitige Wahrnehmungen verfestigt haben.

6.6.3 Attraktivität der Aktienstruktur

Unter einer aus Investorensicht attraktiven Aktienstruktur verstehen wir:

- Hohe Liquidität der Aktie als eine Funktion der absoluten Höhe des Free-Float und des Aktienumsatzes relativ zur Marktkapitalisierung
- Breite und internationale Aktionärsbasis
- Möglichkeit des Hedging durch liquide OTC-Derivate, zum Beispiel DTB-Options
- Zugehörigkeit der Aktie zu einem Index, der von Fondsmanagern als Benchmark akzeptiert ist
- Ausgestaltung der Aktie, die allen Aktionären gleiche Rechtspositionen, insbesondere identische Stimmen- und Gewinnanteilsrechte gibt
- Transparente Dividendenpolitik

Auf den ersten Blick bleibt hier, wenn eine spezifische Aktienstruktur einmal entwickelt ist, für Investor Relations wenig zu tun. Bei näherem Hinsehen ergeben sich jedoch wichtige Detailaufgaben, von denen wir Beispiele nachfolgend beschreiben.

Bei der Frage, wie groß der *Free Float* einer Aktie tatsächlich ist, stützen sich Investoren neben den Angaben in den Gesellschaftsblättern über die Anteile Dritter an der Aktiengesellschaft gemäß § 20 Absatz 6 AktG oder die Anteilsbesitzliste im Anhang des Jahresabschlusses der Obergesellschaft nach § 285 Nr. 11 HGB zumeist auf die typischerweise verwendeten Datenbanken, insbesondere Bloomberg. Die Investor Relations Funktion wird daher die öffentlich gemachten Angaben, aus denen ein Free Float abgeleitet werden kann, beständig auf die Übereinstimmung mit den Informationen des Unternehmens abgleichen und Widersprüche – im Rahmen des rechtlich zulässigen – interessierten Investoren kommunizieren.

Auch die *Breite und Internationalität der Aktionärsbasis* ist für Investoren zunächst nur auf Basis der öffentlich verfügbaren Informationen nachzuvollziehen. Viele Unternehmen lassen turnusgemäß die Aktionärsstruktur durch die Depotbanken untersuchen. Zwischen diesen Untersuchungen hat das Unternehmen selbst keinen vollständigen Überblick über die Verteilung von Inhaberaktien. Insbesondere aus Bloomberg lassen sich aber Rückschlüsse auf die in der Aktie engagierten institutionellen Investoren und die Höhe/Veränderung ihrer Bestände ziehen. Die Investor Relations Funktion steht ihrerseits im Gespräch mit institutionellen Investoren und kann insoweit ein eigenes Bild der Verteilung der Aktien gewinnen. Zudem haben auch die Equity Handelsbereiche der Investmentbanken einen Eindruck von den aktiv handelnden großen Aktionären. Die Investor Relations Funktion sollte diese Erkenntnisse mit den öffentlich zugänglichen Informationen abgleichen und Abweichungen im Rahmen des rechtlich zulässigen kommunizieren. Bei Namensaktien ist naturgemäß die Zusammensetzung des Aktionärskreises für das Unternehmen vollständiger zu erfassen und damit leichter kommunizierbar. Insofern ist auch die zunehmende Bedeutung von Namensaktien in Deutschland, nicht zuletzt infolge der beispielgebenden Emission von Namensaktien der Daimler Chrysler AG, über die damit einhergehende Verbesserung der Kommunikation mit den Aktionären hinaus zu begrüßen.

Für den *Aktienumsatz* stützen sich Investoren vielfach auf die veröffentlichten Umsatzzahlen, die im Wesentlichen auf den Angaben der Deutsche Börse AG beruhen. Diese Angaben enthalten jedoch Mehrfachzählungen, bei denen ein Umsatz bis zu viermal erfasst werden kann. Die Investor Relations Funktion wird hier in Zusammenarbeit mit dem Relationship Manager seiner Investmentbank versuchen, durch Gespräche mit dem Equity Handelsbereich der Bank ein klareres Bild der tatsächlichen Umschlaghäufigkeit zu gewinnen und diese Erkenntnis in die Gespräche mit Investoren einfließen zu lassen.

Die mittlerweile klassische Diskussion zwischen Emittenten und den Investmentbanken um die Frage *Vorzugsaktien versus Stammaktien*, die in jüngster Zeit in die Debatte über die geeignete Rechtsform *AG versus KGaA* transformiert wurde, geht an dem Anforderungskatalog der Investor Relations Funktion naturgemäß nicht spurlos vorbei. Während aus der »Vogelperspektive« insbesondere der internationalen Investoren die zum Teil komplexen deutschen Rechtsgestaltungen kaum vermittelbar sind, kann im Rahmen der Detaildiskussion mit dem Corporate Finance Berater gleichwohl wertvolle Vorarbeit für die Gespräche mit Analysten und Investoren geleistet werden. Das Unternehmen sollte in jedem Fall dem interessierten Investor die Gestaltung seiner Rechtsform schlüssig begründen können.

Dazu halten wir es insbesondere für wichtig, dass das Unternehmen eine klare Vorstellung der objektiven Faktoren hat, die in der Praxis den typischerweise auftretenden Discount der Vorzugsaktien gegenüber den Stämmen beeinflussen. Eine nähere Untersuchung dieses Punkts würde den Rahmen dieser Betrachtung übersteigen. Allgemein kann jedoch gesagt werden, dass es von Bedeutung ist, neben den strukturellen Unterschieden der Aktiengattungen und ihres Marktauftritts auch zu verstehen, wie die Kurse der Aktiengattungen auf Unternehmensnachrichten relativ zueinander reagieren. Hier kommt wiederum der Relationship Manager der Investmentbank ins Blickfeld, der gemeinsam mit dem Equity Research Analysten seines Hauses derartige Zusammenhänge untersucht und mit dem Unternehmen diskutiert. Zur KGaA-Frage ist es vor allem zielführend, dass die Investor Relations Funktion die im Unternehmen gewählte Detailkonstruktion im Vergleich mit anderen KGaA-Gestaltungen börsennotierter Gesellschaften voll erfasst. Hier geht es vor allem darum, welche Rechte die Kommanditaktionäre im Vergleich zu den übrigen Gesellschaftern im Unternehmen haben und wie diese Verteilung der Herrschaftsmacht im Spektrum der denkbaren Lösungen einzuordnen ist.

Auch spezifische Sonderfälle, wie zum Beispiel signifikante *Mehrfachstimmrechte von Familienaktionären,* wird die Investor Relations Funktion in den Gesamtzusammenhang einzubetten haben. Entscheidend ist hier in der Regel, die konkreten Auswirkungen dieser Mehrfachstimmrechte vor dem Hintergrund der historischen Hauptversammlungs-Präsenzen erläutern zu können.

Allgemein erscheint es geboten, dass die Investor Relations Funktion aus Ihren Gesprächen mit Investoren und Analysten wahrgenommene Bedenken zur Aktienstruktur sorgfältig aufnimmt und in die Diskussion der Unternehmensleitung mit dem Investmentbank-Berater einbringen kann. Dem Investmentbank-Berater obliegt es dabei vor allem, Maßnahmen zur Erhöhung der Liquidität bzw. Verbreiterung der Aktionärsbasis vorzuschlagen, Hilfestellung bei der Auflösung der aus Investorensicht strukturbedingten Nachteile aktienrechtlicher Sonderformen zu entwickeln und ggf. gemeinsam mit dem Equity Research Analysten Inhalt und Timing einer Kommunikation dieser Schritte am Kapitalmarkt zu entwickeln.

Mit besonderer Öffentlichkeitswirkung kommt die *Dividendenpolitik* eines Unternehmens auf dessen Hauptversammlungen in die Diskussion. Auf diesem Forum wird der Gegenstand zumeist auf die absolute Höhe der Ausschüttung focussiert und zum Teil von Kleinaktionären emotionalisiert. Demgemäß sind die Antworten der Unternehmensleitung zumeist eher standardisiert und erfolgen formelhaft unter den Oberbegriffen »Dividendenkontinuität« und »ertragsbezogene Ausschüttungspolitik«. Die Investor Relations Funktion sollte zur Unterstützung ihrer Gespräche mit Investoren und Analysten ein transparentes und auf die konkreten Verhältnisse abgestelltes Bild der die Dividendenpolitik treibenden Faktoren im Gespräch mit dem Vorstand gewinnen, um die Diskussion mit den eigenen Gesprächspartnern spezifizierter führen zu können.

6.6.4 Optimierung der Finanzstruktur

Vereinfacht lässt sich sagen, dass Investoren die Finanzstruktur vor allem unter dem Aspekt einer Optimierung der Kapitalkosten betrachten und in diesem Zusammenhang auch ein besonderes Augenmerk auf die Vorhaltung von »Kriegskassen« richten. Hier kommt der Investor Relations Funktion wiederum erläuternde und kommentierende Funktion zu, in der unternehmensspezifische Besonderheiten der Bilanzstruktur, die von außen als wertvernichtend interpretiert werden können, aufgedeckt werden. Als Beispiele seien hier zwei unterschiedliche Bilanzsituationen genannt: Während aus der Sicht eines Investors die projektbezogenen Liquiditätsreserven eines Anlagenbauers akzeptiert werden, soweit eine entsprechende Kommunikation des Zusammenhangs mit den erhaltenen Anzahlungen erfolgt ist, wird die Bindung von Liquidität in einem internen Pensionsfonds mit entgegenstehenden Pensionsrückstellungen nur schwer kommunizierbar sein. In beiden Fällen ist die Trennlinie zwischen operativem Ergebnis und Finanzergebnis a priori unscharf, kann aber über Hilfsrechnungen für die erhaltenen Anzahlungen hergestellt werden. Demgegenüber ist das Potenzial einer Rendite der Liquidität im Pensionsfonds über den Kapitalkosten in der Regel nicht zu begründen.

6.6.5 Effizienz der Hauptverwaltung

Insbesondere in Mehrspartenunternehmen achten Investoren darauf, dass die nicht operativ tätigen Einheiten, schlagwortartig »die Zentrale«, schlank dimensioniert sind und einen Wertbeitrag über die Beiträge der Geschäftsbereichsleitungen hinaus leisten. Die Investor Relations Funktion muss daher ein klares Verständnis der Aufgaben der Hauptverwaltung kommunizieren sowie Aussagen darüber treffen können, warum Stabsfunktionen »Inhouse« wahrgenommen werden und nicht im Wege des »Outsourcing« durch Dritte erledigt werden können. Hier kann auch ein Benchmarking mit der Dimensionierung von Hauptverwaltungen vergleichbarer Unternehmen zur Begründung der Größe der eigenen »Zentrale« dienen.

6.6.6 Qualität der Investor Relations

Die bisherigen Betrachtungen haben die Investor Relations Funktion im Wesentlichen als kommentierend und erläuternd dargestellt haben. Für die Erfüllung dieser Aufgabe ist zu gewährleisten, dass die erforderlichen Rahmenbedingungen gegeben sind und sachdienliche Methoden angewandt werden. Hierzu zählen wir:

- *Anbindung an das Top-Management:* Die hohe Bedeutung der Investor Relations muss nach außen dokumentiert werden. Dies lässt sich durch eine unmittelbare Berichtslinie zum Vorstandsvorsitzenden oder Finanzvorstand erreichen und durch den Zugang der Investor Relations-Funktion zu den Informationssystemen des Top-Management sowie zu den Kernaussagen der operativen und strategischen Planung.

- *Ausreichende Dimensionierung der Investor Relations-Funktion*: Die Aufgabe kann nur dann glaubwürdig wahrgenommen werden, wenn die Funktion mit mehr als einer Vollzeitkraft besetzt wird, so daß eine Vertretung in Urlaubs- und anderen Abwesenheitsfällen möglich ist.

- *Moderne Formen der Präsentation*: Zu den Spezifika der Selbstdarstellung vermag eine Investmentbank aus eigener Sachkompetenz nur beschränkt beizutragen. Aus der Kapitalmarktperspektive lassen sich jedoch einige Kernelemente einer erfolgreichen Investor Relations Arbeit definieren.

  Hierzu zählt in verfahrensmäßiger Hinsicht die Durchführung von *Analystenpräsentationen oder Road Shows* im heimischen Kapitalmarkt und in den Märkten, in denen Aktien des Unternehmens notiert sind oder in signifikantem Umfang gehalten werden. In der Regel kann für deutsche Unternehmen davon ausgegangen werden, dass institutionelle Investoren aus Großbritannien Anteile halten, so daß Präsentationen in London oder Edinburgh geboten sind, deren Begleitung der dem Unternehmen besonders verbundenen Investmentbank übertragen werden sollte, die aus der Platzierung von Aktien des Unternehmens einen engen Kontakt mit den einzuladenden Investoren pflegt. Neben solchen Präsentationen kann es auch sinnvoll sein, zeitkritische Informationen über konkrete Umstände oder Ereignisse durch *Telefon- oder Internet-Konferenzen* zu vermitteln. Eine zeitnahe und focussierte Information von Analysten und Investoren setzt voraus, dass die das Unternehmen verfolgenden Analysten und zumindest die signifikant beteiligten institutionellen Investoren in einer Datenbank im Unternehmen erfasst und diese Datenbestände für einen effizienten Zugriff sinnvoll gegliedert sind.

- *Offene Kommunikation:* Inhaltlich versteht es sich von selbst, dass die gebotenen Informationen einem (späteren) Vergleich mit der Wirklichkeit standhalten und *keine Überraschungen* vor allem negativer Art vorkommen sollten; Analysten haben in diesen Punkten – auch kollektiv – ein besonders langes Gedächtnis. Analysten schätzen auch Arbeitsvereinfachungen, wie sie sich etwa aus der Möglichkeit ergeben können, durch ein *Company Statistics Book* auf aussagefähige quantitative Informationen auch über zurückliegende Jahre zugreifen zu können.

  Zu den von Analysten sorgfältig beobachteten Methoden einer Investor Relations Funktion zählt die *»Penalty box«*. Damit wird die Gesamtheit der negativen Reaktionen eines Unternehmens auf ein bestimmtes Verhalten eines Analysten bezeichnet, insbesondere jede Art der Diskriminierung auf Grund »unbequemer« Fragen auf Analystentreffen oder eine Herabstufung der Aktien zu »Hold« oder »Sell«. Eine Aktiengesellschaft mit hoher Marktkapitalisierung und starken Börsenumsätzen mag sich ein derartiges

Verhalten noch leisten können, da Analysten in der Regel die Alternative nicht haben, als Antwort auf eine »Penalty box« die Coverage einzustellen. Für die vergleichsweise kleinen Small Caps, die die IPOs der jüngsten Zeit dominiert haben, kann eine »Penalty box« schwerwiegende Nachteile mit sich bringen.

- *Detaillirte und zentrale Finanzberichterstattung*: Während sich für die Kommunikation von »soft facts« einheitliche Maßstäbe der Kommunikation noch nicht herausgebildet haben, beobachten wir vor allem unter dem Einfluss angelsächsischer Muster das Entstehen eines standardisierten Finanzreportings, das zum Teil über die aktien- oder börsenrechtlichen Mindestanforderungen hinausgeht.

  Dies wird am augenscheinlichsten durch den freiwilligen Übergang zahlreicher Unternehmen zu einer Rechnungslegung nach IAS oder US-GAAP sowie die spezifischen Rechnungslegungsvorschriften für Unternehmen am Neuen Markt. Eine Segmentberichterstattung führen solche Unternehmen, die sich dem Gedanken des Shareholder Value bereits frühzeitig verschrieben haben, schon seit Jahren durch. Investoren wünschen neben einer Berichterstattung über die Ergebnisse/den Cash Flow auf Divisionsebene auch eine Aufschlüsselung des »Capital employed«, um daraus für die Beurteilung der Wahrung des Shareholder Value kritische Kapitalrenditen ableiten zu können. Eine Verpflichtung zur Segmentberichterstattung wird auch diejenigen Unternehmen, die – nur zum Teil berechtigt – hieraus Wettbewerbsnachteile befürchten, zur Änderung ihres Finanzreportings zwingen.

  Neben dem Detaillierungsgrad des Finanzreportings ist auch die zeitliche Nähe zu den relevanten Stichtagen für Bilanz und Zwischenberichte von Bedeutung. Unabhängig von den gesetzlichen Vorschriften wie zum Beispiel § 325 Absatz 1 HGB kann die Vorlage eines Geschäftsberichts mehr als vier Monate nach dem Bilanzstichtag heute kaum mehr als »Best practice« bezeichnet werden. Während § 244 HGB die Erstellung des Jahresabschlusses in deutscher Sprache zwingend vorschreibt, kommt bei Unternehmen mit internationaler Streuung des Aktienbesitzes einer englischsprachigen Berichterstattung die höhere Bedeutung zu; für den Neuen Markt ist eine englische Fassung ohnehin vorgeschrieben.

- *Messbare Zielgrößen*: Neben der rückblickenden Berichterstattung fordern Investoren zunehmend auch die Diskussion strategischer Ziele und messen das Management an der Zielerfüllung. In der Regel wirkt sich das Verdikt eines einflussreichen Analysten, die Strategie des von ihm verfolgten Unternehmens sei nicht nachvollziehbar oder das Unternehmen entziehe sich der Messbarkeit seiner Ziele, auf den Aktienkurs erheblich negativ aus. Die Investor Relations Funktion sollte daher aus den strategischen Zielen des Unternehmens abgeleitete Profitabilitätsgrößen kommunizieren sowie die wesentlichen Maßnahmen zur Erreichung dieser Profitabilität. Die gewünschte Offenheit in Fragen der strategischen Zielsetzung ist aber erst erreicht, wenn neben die Kommunikation der Ziele auch regelmäßig über den Grad der Zielerreichung Auskunft gegeben wird.

6.7 Ausblick

Im Rahmen unserer Beratungstätigkeit haben wir Gespräche mit zahlreichen neu an den Kapitalmarkt gekommenen Aktiengesellschaften geführt, an denen oftmals die Gründer-Unternehmer nicht unerhebliche Anteile halten. Die Optimierung des Shareholder Value und die damit einhergehende Verbesserung der Aktienkurs-Performance ist dort auch ein durchaus persönliches Anliegen ist. Demgemäß beobachten wir schon heute in vielen dieser Unternehmen aktive und umfassende Investor Relations. Insbesondere bei kleineren Aktiengesellschaften in »traditionellen« Branchen sehen wir jedoch noch ein erhebliches Entwicklungspotenzial. Die relative Underperformance zahlreicher Aktienkurse solcher Small und Mid Caps, die in den zurückliegenden Jahrzehnten in den Geregelten Markt oder den Amtlichen Handel eingeführt wurden, fordert die Vorstände, sich mit dem Shareholder Value Konzept verstärkt und noch systematischer auseinander zu setzen, unabhängig davon, ob nennenswerte Anteile von Familiengesellschaftern gehalten werden.

Im Wettbewerb um Investoren müssen sich diese Gesellschaften als eine attraktive »Value proposition« im Vergleich mit den Neue Markt-Unternehmen präsentieren, die vor allem für viele Retailinvestoren als »Zukunftsbranchen« von vornherein positiv besetzt sind. Dies verlangt von den »etablierten« Small und Mid Caps, die Spielregeln des Kapitalmarktes voll zu akzeptieren und Art und Inhalt der Kommunikation daran auszurichten. Auf die Corporate Finance-Abteilungen der Investmentbanken werden daher verstärkt Beratungsaufgaben zukommen. Dabei werden Corporate Finance-Berater zusammen mit Equity-Research-Analysten die auf den jeweiligen Kundenbedarf individuell zugeschnittene Strategie zur Optimierung des Shareholder Value aus Kapitalmarktperspektive entwickeln und gemeinsam mit dem Unternehmen umzusetzen.

Vor dem Hintergrund des in Zukunft stark zunehmenden privaten Anteils der individuellen Altersabsicherung, des damit einhergehenden Wachstums deutscher Pensionsfonds und des immer größer werdenden internationalen Anlagekapitals, wird die Investition in Aktien noch an Bedeutung gewinnen. Daraus ergeben sich Chancen sowohl für Neuemissionen als auch für die bereits börsennotierten Aktiengesellschaften. Sie werden jedoch nur von Unternehmen mit einer umfassenden Wertsteigerungsstrategie voll genutzt werden können, in deren Entwickung und Umsetzung sie sowohl das Top-Management als auch die Investor Relations-Abteilung und der Corporate Finance-Berater intensiv eingebunden sind.

7. Die Anforderungen der Schutzvereinigung für Wertpapierbesitz an die Investor Relations

von Ulrich Hocker

- Die deutschen Aktiengesellschaften unterschätzen nach wie vor die Bedeutung der privaten Aktionäre. Entsprechend gering ist die Bereitschaft, sich dem Thema »Investor Relations für Privatanleger« ernsthaft zu widmen.
- Genutzt werden häufig nur die traditionellen Instrumente wie Geschäftsbericht oder Hauptversammlung. Dies reicht aber bei weitem nicht aus.
- Ziel muss es sein, die privaten Anleger genauso schnell und ausführlich mit Informationen zu versorgen, wie die professionellen Marktteilnehmer.
- Um dies zu gewährleisten, ist der Einsatz moderner Medien wie Internet und Call-Center sowie der direkte Kontakt über Aktienforen oder Aktionärsmessen in der Investor Relations Arbeit notwendig.

7.1 Investor Relations für Privatanleger in der Gegenwart

Das Konzept der Investor Relations (IR) ist bereits vor über 50 Jahren in den USA entstanden. Die ursprüngliche Idee war so einfach wie genial: Mit einem Höchstmaß an Informationen an bereits gewonnene und potenzielle Investoren sollte die Kapitalaufnahme verbilligt werden. Außerdem wird durch gute und gezielte Investor Relations der Bekanntheitsgrad des Unternehmens gesteigert, was wiederum weitere potenzielle Investoren aufmerksam macht und gleichzeitig einen gewissen Marketingeffekt mit sich bringt.

Das Unternehmen, das gute IR-Arbeit leistet, hat somit etliche Vorteile:

Die Aktionäre sind zufriedener, weil sie gut und ausführlich informiert werden. Damit steigt auch die Identifikation mit der Aktiengesellschaft, die Papiere werden nicht so schnell verkauft, selbst wenn die Nachrichten einmal weniger positiv sein sollten. Der steigende Bekanntheitsgrad des Unternehmens erhöht die Nachfrage nach den Aktien, was sich wiederum positiv auf den Kurs auswirkt.

Der Autor

Ulrich Hocker

Investor Relations schaffen Planungssicherheit für Aktionäre

Aber auch für die Aktionäre bringt das Konzept einige Vorteile mit sich. So wird das Risiko des Anlegers durch die objektivierte, unabhängige Unternehmensbewertung und die Offenlegung der jeweiligen Unternehmenssituation sowie der erwarteten Unternehmensentwicklung verringert. Die Informationsgewinnung wird für den einzelnen Aktionär erheblich vereinfacht, da das Unternehmen von sich aus eine breite Informationsbasis bietet. Überzogene Erwartungen können so am Markt nur noch schwer entstehen. Damit schützt gute IR sowohl das Unternehmen als auch die Marktteilnehmer vor negativen Überraschungen und sorgt für eine Verstetigung des Kurses. Dies schafft eine gewisse Planungssicherheit für die Investoren. Auf diese Weise wird die Risikoprämie gesenkt, mit der bei einem Aktienkauf im Vergleich zu risikoloseren Anlageformen kalkuliert werden muss.

Deutschland hat großen Nachholbedarf

Gut drei Jahrzehnte war das Konzept der Investor Relations in den USA bereits bekannt, bevor es sich anschickte, die weite Reise über den großen Teich nach Deutschland zu wagen. Diese Zeitspanne sagt sicher auch einiges darüber aus, wie weit der deutsche Aktienmarkt in seiner Entwicklung noch hinter dem US-amerikanischen herhinkt. Erst in den 80 er Jahren drang also die Kenntnis davon, dass es sinnvoll ist, den eigenen Aktionären und potenziellen Investoren verstärkt Aufmerksamkeit zu schenken, auch in die Vorstandsetagen der deutschen Aktiengesellschaften vor.

Für den privaten Anleger in Deutschland veränderte sich aber zunächst nichts, trotz der intensiven Diskussion, die sich rund um das amerikanische Konzept der Investor Relations entwickelte. Die Unternehmen gingen davon aus, dass der deutsche Markt keine hinreichende Basis für an Privatanleger gerichtete IR biete. Deshalb waren die Anstrengungen der neu gegründeten IR-Abteilungen fast ausschließlich auf professionelle Anleger gerichtet. Während ausführliche Analystenkonferenzen und Road Shows, auf denen das Unternehmen in- und ausländischen institutionellen Anlegern vorgestellt wird, bei deutschen Aktiengesellschaften zur Normalität gehörten, erhielten Privatanleger auf Anfrage lediglich einen Geschäftsbericht zugeschickt. Im übrigen bekamen sie im Rahmen der Hauptversammlung ein mehr oder minder attraktives Menue. Weiter gehende Informationen waren nicht vorgesehen, da die Meinung vorherrschte, der hierfür notwendige finanzielle Aufwand stünde in keinem Verhältnis zum erreichbaren Effekt.

Ausbruch des Börsenfiebers in Deutschland

Diese Einschätzung wurde erst im Zuge des Börsengangs der Deutschen Telekom zumindest von einem Teil der deutschen Aktiengesellschaften revidiert. Bei der Emission des ehemaligen Staatsmonopolisten wurden mit einem bis dahin nicht gekannten Werbeaufwand ganz gezielt in erster Linie private Anleger angesprochen. Die Rechnung ging auf: Die Emission war ein voller Erfolg.

Die Mobilisierung eines Millionenpublikums für das Aktiensparen im Zuge dieses Börsengangs hat deutlich gezeigt, dass die Bereitschaft der Privatanleger, in Aktien zu investieren, von den deutschen Unternehmen bislang unterschätzt worden war. Viele Sparer, die ihr Geld bisher in risikoloseren Sparformen angelegt hatten, ließen sich von dem aufkommenden Börsenfieber anstecken und zeichneten die T-Aktie. Einmal an der Börse, wendeten sich die Neu-Aktionäre sehr schnell auch den anderen Papieren zu.

Gefördert wurde diese Euphorie durch den Höhenflug der deutschen Aktien in den Jahren 1996/97 sowie teilweise auch in 1998. Der Deutsche Aktienindex DAX schwang sich bis zu einem historischen Hoch von 6200 Punkten auf. Gewinne von bis zu 50 Prozent und mehr in einem halben Jahr waren keine Seltenheit. Das hat ebenfalls viele, die sich über die eher bescheidene Verzinsung ihrer Spargroschen ärgerten, mit der Alternative Aktie liebäugeln lassen.

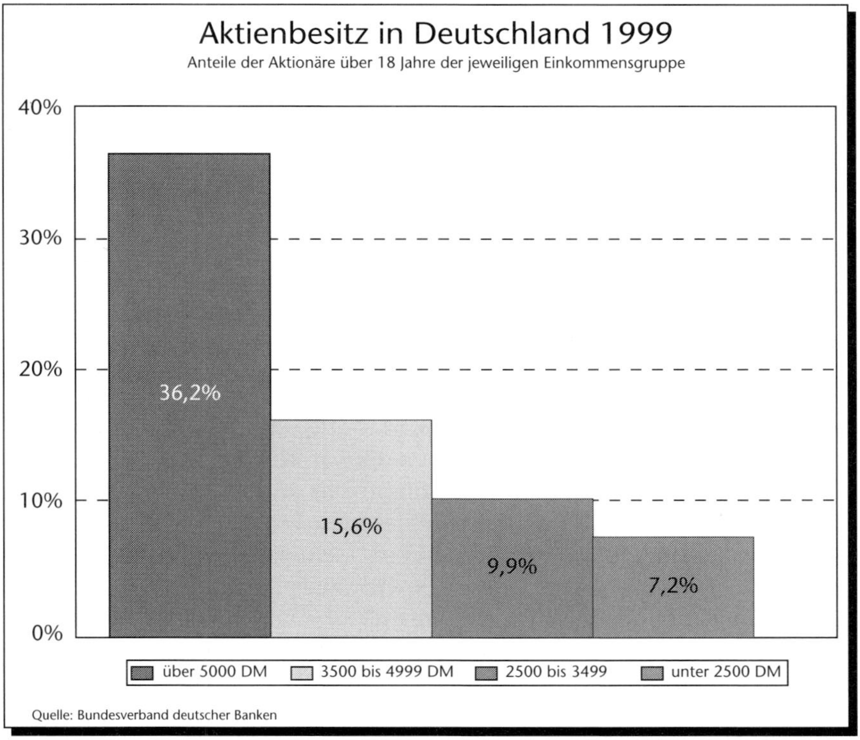

Abb. 1: Aktienbesitz in Deutschland

Die Diskussion um die private Altersvorsorge bewirkte einen weiteren Anstieg der Aktionärszahl. Immer mehr Arbeitnehmer sorgen privat vor und entdecken die Aktie als renditeträchtige Langfristanlage. Aktien setzen sich also langsam auch bei breiteren Bevölkerungsschichten als eine normale und weithin akzeptierte Anlageform durch. Sie sind jetzt nicht mehr nur in den Depots einiger begüterter Haushalte zu finden. Nach jüngsten Umfragen besitzen mittlerweile knapp 20 Prozent aller Deutschen über 18 Jahre Aktien. Zwischen den Einkommensgruppen gibt es allerdings nach wie vor deutliche Unterschiede. Während gut jeder dritte Bundesbürger mit einem Nettoeinkommen von über 5000 Mark Aktien besitzt, sind es bei denjenigen mit einem monatlichen Einkommen von unter 2500 Mark nur rund sieben Prozent. Vor dem Hintergrund der Rentendiskussion wird sich die Aktie aller Voraussicht nach mittelfristig in den unteren Einkommensbereichen ebenfalls vermehrt durchsetzen.

Immer mehr Unternehmen konkurrieren um das vorhandene Kapital
Aber auch auf der Seite der Unternehmen hat sich in den letzten Jahren einiges bewegt. Die Zahl der Aktiengesellschaften, die um das am Markt vorhandene Kapital konkurrieren, ist deutlich größer geworden. Losgetreten wurde die wahre Emissionslawine, die in den letzten Jahren über die Börse hereingebrochen ist, durch die Einführung des Neuen Marktes am 10. März 1997 mit den beiden Unternehmen Bertrandt AG und Mobilcom AG. Anfangs wurde das neue Börsensegment belächelt und ein frühes Ende prognostiziert. Nur wenige glaubten, dass in Deutschland genug risikobereites Kapital vorhanden sei, um solch einen Markt zu bedienen. Das Gegenteil stellte sich als wahr heraus. Der Neue Markt wurde zur Erfolgsstory, die zu Beginn fast ausschließlich von Privatanlegern getragen wurde. Das Interesse der professionellen Marktteilnehmer hielt sich zunächst stark in Grenzen, was sich jedoch angesichts enormer Kursgewinne, steigender Liquidität der Werte und der zunehmenden Anzahl von Aktiengesellschaften geändert hat.

Der Neue Markt und seine erfolgreiche Einführung in Deutschland haben gezeigt, dass die risikobehaftete Anlageform »Aktie« sich auch hierzulande zu einer wichtigen Anlagealternative entwickelt hat und dass die Anleger nicht nur auf die großen und sicheren Blue Chips fixiert sind. Vielmehr ist durchaus die Bereitschaft da, auch in riskantere Werte zu investieren, wenn die Kursaussichten positiv sind. Immer mehr deutsche Unternehmen entdeckten vor diesem Hintergrund die Aktie als eine interessante Finanzierungsalternative. Hinzu kam die enorm positive Kursentwicklung an den deutschen Börsen bis Mitte des Jahres 1998. Auch dies hat einige Unternehmen dazu bewogen, den Gang an die Börse zu wagen. Die Konkurrenz um das vorhandene Kapital ist also härter geworden. Zusätzlich beschleunigt wurde diese Entwicklung durch die Einführung des Euro. Damit hat sich der Anlagehorizont gerade der privaten Anleger deutlich erweitert. Das Währungsrisiko ist weggefallen, außerdem vereinfacht die europäische Einheitswährung die Vergleichbarkeit der Unternehmen. Entscheidender als das Herkunftsland sind für die Aktionäre jetzt die Branche und deren Chancen.

Trotz Besserung sind die Informationen häufig unzureichend

Vor diesem Hintergrund haben Investor Relations in den letzten Jahren in Deutschland eine andere Bedeutung bekommen. Eine immer größere Zahl von Unternehmen betrachtet aktive IR als wesentlichen Teil der Unternehmensphilosophie. Allerdings haben sich noch lange nicht alle deutschen Aktiengesellschaften von ihrer Bunkermentalität verabschiedet, zumindest nicht in Bezug auf die Information der Privatanleger. Nach wie vor beschränken sich etliche auf eine unspezifische Kommunikation mit dem breiten Kapitalmarkt. Für die Privatanleger, so die weit verbreitete Meinung in den Vorstandsetagen, reiche die allgemeine Pressearbeit und die Beratung durch die Hausbank aus. Unternehmen, die mit dieser Einstellung Investor Relations betreiben, werden die Erwartungen der Privatanleger sicher nicht annähernd erfüllen. Aber auch die Aktiengesellschaften, die ihre IR für Privatanleger verbessert haben, informieren nach wie vor in den meisten Fällen die professionellen Marktteilnehmer sehr viel schneller und ausführlicher. Hier gibt es also immer noch einen deutlichen Informationsvorsprung, der so nicht hingenommen werden kann.

Neben der allgemeinen Pressearbeit werden zur Kontaktaufnahme mit den privaten Aktionären in erster Linie althergebrachten Mittel wie Geschäftsbericht und Hauptversammlung genutzt. Schon hierbei sind die Qualitätsunterschiede gravierend. Gerade in den Geschäftsberichten sind immer wieder Aussagen zu finden, deren Informationsgehalt gegen Null geht. Ein Beispiel hierfür sind die Lageberichte, die eigentlich klare und nachvollziehbare Prognosen liefern sollten. Statt dessen kann der interessierte Investor in einigen Lageberichten lesen, dass die Unternehmensleitung erwartet, auch im laufenden Jahr wieder eine Dividende ausschütten zu können. Dies ist wenig hilfreich für eine fundierte Investitionsentscheidung. Auf einer Analystenkonferenz wäre eine solche Aussage nicht denkbar, zumindest nicht ohne ein lautes Gelächter zu provozieren. Insgesamt wird das für die Aktionäre und ihre zukünftigen Anlageentscheidungen so wichtige Feld der Prognosen oft vernachlässigt. Da hangelt sich der Text durch einen Dschungel von Konjunktiven und vermeidet gewissenhaft die Nennung jeder konkreten Zahl.

Bei vielen Aktiengesellschaften noch weit verbreitet ist die Unsitte, die Aktionäre in eine gehobene, ständig zu umhegende Klasse, und das gemeine Fußvolk zu unterteilen. Die Edelaktionäre werden von den Großaktionären und den institutionellen Anlegern gestellt, die angesichts ihrer großen Aktienpakete von den meisten Unternehmen nicht nur bevorzugt behandelt, sondern auch bevorzugt informiert werden. Das Fußvolk sind die privaten Anleger, der so genannte Streubesitz. Vergessen wird in diesem Zusammenhang häufig, dass die Zahl der Privataktionäre in den meisten Fällen den mit Abstand größten Block in der Aktionärsstrukturbilanz ausmachen.

Geschäftsbericht und Hauptversammlung reichen für gute IR-Arbeit nicht aus

Die Unternehmen, die den Begriff Investor Relations ernst nehmen und wirklich in direkten Kontakt mit ihren privaten Aktionären treten wollen, nutzen neben Geschäftsbericht und Hauptversammlung weitere Medien. Schließlich sind Pflichtveröffentlichungen und die traditionellen Instrumente für eine an die Privatanleger gerichtete Investor Relations Arbeit nicht sonderlich tauglich, sie kommen allenfalls als Ergänzung in Betracht. Entscheidend ist es, einen dauerhaften Kontakt zu den Anlegern aufzubauen. Hierfür sollten Zwischenberichte veröffentlicht und ein Investor-Handbook erstellt werden. Auch das Internet bietet neue, noch weitgehend ungenutzte Informationsmöglichkeiten. Nicht zu vergessen sind die Veranstaltung von Investoren Tagen oder die Teilnahme an Aktionärsmessen. Callcenter können ebenso genutzt werden wie das Direktmarketing. Wobei für letzteres die Einführung der Namensaktie Voraussetzung ist. Nur dann ist gewährleistet, dass das Unternehmen seine Aktionäre kennt und individuell anschreiben kann. Auch die von der DSW organisierten Aktienforen bieten den Unternehmen eine gute Gelegenheit, mit ihren Aktionären und potenziellen Privatinvestoren in direkten Kontakt zu treten. Möglichkeiten gibt es also mehr als genug, sie werden allerdings noch viel zu selten genutzt.

In Sachen Investor Relations und offener Kommunikationspolitik haben die deutschen Aktiengesellschaften also noch einen weiten Weg vor sich. Zwar hat sich die Qualität der Informationen in den vergangenen Jahren weiter verbessert, doch weist die Mängelliste wie beschrieben noch immer eine stolze Länge auf.

7.2 Die Erwartungen der Privatanleger

Checkliste

für gute Investor Relations

Kommuniziert wird:

- nachvollziehbare Prognosen
- die Strategie des Unternehmens
- Darstellung der Wettbewerbssituation
- frühzeitige Vorstellung und Erläuterung der Bilanz sowie der Gewinn- und Verlustrechnung
- Informationen über das politische Umfeld
- Hintergrundinformationen zu aktuellen Entwicklungen und neuen Nachrichten

Folgende Medien werden genutzt:

- Hauptversammlung
- umfangreicher und informativer Geschäftsbericht
- Zwischenberichte
- ausführliche und aktuelle Informationen im Internet
- Call-Center
- Investor-Handbook
- Investorentage
- Aktionärsmessen
- Aktienforen
- Veröffentlichung der Hauptversammlungsrede des Vorstandes
- Anzeigen

Die Privatanleger erwarten mehr von den Investor Relations Abteilungen. Der dumme und freche Aktionär fürstenbergischer Prägung, dumm, weil er einer Aktiengesellschaft Geld gibt, und frech, weil er dafür auch noch Geld in Form von Dividenden und Kurssteigerungen verlangt, ist heute obsolet. Die Privatanleger sind aufgeklärter und selbstbewusster denn je. Und das aus gutem Grund, schließlich geht heute ohne sie an den Börsen der Welt nur noch wenig. Der Kapitalbedarf der Unternehmen ist zu groß, als dass sie auf das Geld der Privaten verzichten könnten. Deshalb verlangt der Aktionär nicht nur eine angemessene Verzinsung seines Kapitals, sondern auch umfassende Informationen.

Privatanleger erwarten aussagefähige Prognosen

Grundsätzlich wird eine sachlich richtige, vollständige und vor allem rechtzeitige Information von den Unternehmen erwartet. Für den Privatanleger ist es ebenso wichtig wie für die professionellen Marktteilnehmer, dass ihm die Informationen zur Verfügung gestellt werden, die zur sachgerechten Beurteilung des Unternehmens und der von ihm emittierten Wertpapiere notwendig sind. Weiter sollten die nach außen kommunizierten Strategien und Ziele realistisch und erreichbar, möglichst konkret sowie fundiert sein. Das Hauptinteresse jedes Anlegers ist schließlich die Zukunft seines Unternehmens; seine zentrale Frage zielt auf das Kurspotenzial, welches die Aktie in mittel- bis langfristiger Perspektive realisieren kann. IR-Maßnahmen dürfen sich daher nicht auf das Verbreiten und Bekanntmachen positiver Unternehmensmeldungen beschränken, sonst reduziert sich ihr Informationsgehalt auf bloße Werbung. Eine verantwortliche Kommunikationspolitik informiert die Aktionäre und potenzielle Investoren gerade auch in wirtschaftlich ungünstigen Zeiten über das Unternehmen und seine Perspektiven.

Gute Investor Relations-Arbeit ist ein Kaufsignal

Schließlich sind sich die privaten Aktionäre bewusst, dass die Geldanlage in Aktien ein gewisses Risiko mit sich bringt. Auch die Neueinsteiger, die über die Telekom-Emission an die Börse gekommen sind und zunächst nur steigende Kurse gesehen haben, sind durch die Asienkrise und den anschließenden Sturz des DAX bis auf 3800 Punkte wieder auf den Boden der Tatsachen zurückgeholt worden. Die Frage: »Welche Aktien soll ich mir ins Depot legen?« wird umso entscheidender, je schwächer sich die Börse entwickelt. Ein wichtiger Entscheidungsgrund für oder gegen ein bestimmtes Papier ist die Kommunikationspolitik, sprich die Investor Relations des Unternehmens. Langfristig lassen sich die privaten Aktionäre nur halten, wenn sie umfassend und möglichst zeitnah über die Unternehmensstrategie, über Erfolge und auch Misserfolge sowie über die unternehmerischen Ziele informiert werden.

Für die Unternehmen heißt das natürlich auch, dass die einzusetzenden finanziellen Mittel wachsen. Investor Relations für Privatanleger sind auf Grund ihrer Anzahl und der Heterogenität dieser Gruppe kostenintensiver, als dies die traditionellen, vorwiegend an professionelle Marktteilnehmer gerichteten Investor Relations Aktivitäten sind. Hinzu kommt, dass die klassischen Marketingtechniken – wie etwa Anzeigen in den Printmedien – allein den Anforderungen bei weitem nicht genügen. Erst die Kombination mit weiteren Instrumenten schafft eine langfristig tragfähige Basis. Neuere technische Entwicklungen geben IR-Abteilungen aber Werkzeuge an die Hand, mit denen das Ziel einer dauerhaften Pflege der Beziehungen zu Privatanlegern bei akzeptablen Kosten umgesetzt werden kann. Neben dem Internet sind hierbei in erster Linie Call-Center und Direktmarketing zu nennen.

Ziel der Investor Relations für Privatanleger muss es daher sein, den zeitlich und inhaltlich parallelen Einsatz aller verfügbaren Instrumente zu erreichen. Emittenten sollten hierauf gezielt achten, um insbesondere zeitliche Informationsnachteile der Privatanleger gegenüber den professionellen Marktteilnehmern mit direktem Zugang zu den Dienstleistungen der Nachrichtenagenturen auszugleichen. Auch die Informationsdichte muss für Profis und Privatanleger gleich sein. Es geht nicht an, dass beispielsweise auf Analystenkonferenzen konkrete Zahlen genannt werden, die in den allgemeinen Veröffentlichungen dann nicht mehr auftauchen.

Kleine Unternehmen haben oft großes Potenzial ohne dies zu kommunizieren

Der Privatanleger wird nach wie vor häufig in seiner Bedeutung verkannt. Die Unternehmen vergessen, dass der private Anleger ein stabilisierendes Element innerhalb eines großen Aktionärskreises sein kann. Er verfügt über einen tendenziell langfristigen Anlagehorizont und zeichnet sich durch ein besonderes Treueverhältnis zu seiner Gesellschaft aus. Er ist ein wichtiger Ausgleichsfaktor und trägt mit zur Vermeidung von Kursausschlägen bei. Damit unterscheidet er sich auch von dem Kauf- und Verkaufsverhalten der institutionellen Anleger.

Um im Bereich der Investor Relations für Privatanleger etwas zu verändern, muss zunächst das Bewusstsein in den Köpfen der Unternehmen geändert werden: der Aktionär ist keine einmal zu melkende Kapitalkuh, sondern ein langfristiger Partner. Eine dauerhafte Beziehung und der stetige Dialog mit diesen Eigentümern stabilisieren das Unternehmen und schützen zudem vor Übernahmen. Wenn es nicht gelingt, dem Markt durch stabile Investor Relations die Akzeptanz für einen höheren Aktienkurs zu entlocken, so geht dies letztlich auf Kosten der Kapitalbeschaffung. Denn dann finden sich beispielsweise nicht genügend Anleger für das emittierte Eigenkapital; oder die Emissionskurse müssen wegen fehlender Nachfrage niedriger angesetzt werden. Dabei können mit steigendem Aktienkurs niedrigere Fremd- und Eigenkapitalkosten realisiert werden. Davon profitieren sowohl die Unternehmen als auch die Anleger. Leider ist jedoch immer wieder festzustellen, dass mit der sinkenden Größe der Unternehmen auch die Defizite im IR-Bereich zunehmen. Das liegt zum einen an der Angst vor Geheimnisverrat an die Konkurrenz, aber auch daran, dass die Schaffung und das Betreiben einer eigenständigen IR-Abteilung mittleren und kleinen Unternehmen häufig einfach zu teuer ist. Dabei wird jedoch verkannt, dass gerade kleinere Unternehmen oft ein sehr viel größeres Wachstumspotenzial aufweisen als große. Die Anleger werden über diese sich bietende Chance mangels geeigneter IR-Maßnahmen aber garnicht erst informiert.

DSW-Forderungen

Die Schlüsselfaktoren, die zur Wertsteigerung im Unternehmen beitragen, sind: Information bzw. Transparenz und Teilhabe am Unternehmenserfolg. Der bessere Informationszugang von Seiten der Unternehmen ist eine Grundvoraussetzung für die Entscheidung des Anlegers zu Gunsten der Aktie. Mehrmals jährlich stattfindende Presse- und Analystenkonferenzen sollten ebenso selbstverständlich sein, wie Aktienseminare im kleineren Kreis und die Teilnahme an der Internationalen Anlegermesse. Darüber hinaus sollte es dem interessierten Anleger ohne Probleme möglich sein, direkt beim Unternehmen die wesentlichen Informationen wie Geschäftsberichte, Zwischenberichte oder Pressemitteilungen anzufordern, um sich vor seiner Entscheidung für die Aktie entsprechend zu informieren. Ebenfalls ein Muss ist der Einsatz des Internets. Bei richtiger Nutzung gibt es kaum einen besseren und effektiveren Weg, wenn es darum geht, Informationen schnell zu verbreiten. Leider beschränken sich die Auftritten etlicher Unternehmen im Netz auf reine Werbe- und Verkaufsauftritte. Zur Verbreitung von relevanten Informationen wird das Internet noch viel zu wenig genutzt. Eine weitere relativ kostengünstige Möglichkeit, die die technische Entwicklung der letzten Jahre hervorgebracht hat, sind die Call-Center. Auch hier ist die Nutzung im Vertrieb bei vielen Unternehmen schon tägliche Praxis. Die Möglichkeiten, die in diesem Instrument für die Investor Relations stecken, sind dagegen kaum entdeckt. Dabei könnten sich die Anleger hier permanent über die neuesten Entwicklungen informieren und wären damit ständig auf dem Laufenden. Für Unternehmen, die bereits auf Namensaktien umgestellt haben, ist Direktmarketing eine weitere sinnvolle Alternative, um die Aktionäre über die neuesten Entwicklungen zu informieren.

8. Die Anforderungen institutioneller Anleger an die Investor Relations

von Christian Humbert

Die Anforderungen von institutionellen Investoren an die Unternehmenskommunikation lassen sich in drei Punkten zusammenfassen: eine hohe Entscheidungsrelevanz, eine hohe Effizienz, das heißt die Bereitstellung der Information im richtigen Umfang, sowie Zeitoptimalität, also immer im passenden Moment. Werden Investor Relations entsprechend dieser Anforderungen ausgerichtet, so ist der Weg frei für eine gemeinsame Vertrauensbasis von Unternehmen und Investoren. Diese dient letztlich den Interessen beider: Unternehmen wie Investoren.

8.1 Problemstellung

Institutionelle Aktienanleger sind bei ihren Anlageentscheidungen auf eine Fülle von Informationen angewiesen. Je zielgerechter Unternehmen ihre Investor-Relations-Arbeit auf die Bedürfnisse institutioneller Investoren ausrichten, umso eher können sie hoffen, bei diesen Gehör zu finden und entsprechend bei Anlageentscheidungen berücksichtigt zu werden. Nur in diesem Sinne optimierte Investor Relations sind erfolgreich und führen zu niedrigeren Kapitalbeschaffungskosten bei den jeweiligen Unternehmen. Der folgende Beitrag zeigt auf, was Unternehmen bei ihren Investor Relations beachten sollten.

8.2 Die Rolle der Information bei der Anlageentscheidung

Institutionelle Investoren haben vor allem eines im Sinn: Bei vertretbarem Risiko eine möglichste hohe Rendite zu erzielen. Im Besonderen müssen sich Fondsmanager aktiv gemanagter Aktienfonds ständig damit auseinander setzen, eine über der Benchmark liegende Rendite zu generieren bzw. die lang-

Der Autor

Christian Humbert

fristig überdurchschnittlich hohen Wachstumsraten besonders aussichtsreicher Branchen in einem diversifizierten Portefeuille abzubilden.

Wie immer ein Aktienfonds auch gemanagt sein mag, letztlich steht der Fondsmanager vor der Selektion von Einzeltiteln. Ob er einen Titel kauft, hält oder verkauft, hängt ausschließlich von Informationen ab. Dabei bezieht das Fondsmanagement eine Fülle Informationen von Nachrichtenagenturen, der Tages- und Fachpresse, Funk- und Fernsehen, aus eigenem und fremden Research und letztlich auch von den Unternehmen, die es bei seinen Anlageentscheidungen berücksichtigt. Mit Investor Relations haben Unternehmen die Möglichkeit auf die Investitionsentscheidung direkt Einfluss zu nehmen – zu ihrem Vorteil, aber auch zu Ihrem Nachteil.

Will die Unternehmenskommunikation ein wichtiger Bestandteil bei der Titelauswahl sein, muss sie die wirtschaftliche Leistungsfähigkeit des Unternehmens umfassend und zutreffend darstellen können. Dabei ist zu berücksichtigen: Je weniger aus den bereit gestellten Daten verlässliche Prognosen abgeleitet werden können, umso größer ist die Unsicherheit der Investoren über die wirtschaftliche Leistungsfähigkeit eines Unternehmens. Dies führt zwangsläufig zu höheren Risikoprämien und zu einer geringeren Investitionsneigung der Anleger und damit zu höheren Kapitalkosten für das Unternehmen.

Unternehmenskommunikation ist damit – richtig verstanden – einer der zentralen Schlüssel zum Unternehmenserfolg. Anhand von Beispielen werden Anforderungen an die Unternehmenskommunikation dargestellt und Vorschläge für ihre maßgeschneiderte Ausgestaltung unterbreitet.

8.3 Anforderungen an die Information

Die übermittelten Informationen sollten weitgehend definierten Kriterien entsprechen, denn die Informationssammlung, -speicherung und -verarbeitung bindet Ressourcen, die anderweitig eingesetzt werden könnten. Fehlerhafte oder unzureichende Informationsbereitstellung kann dabei zu Fehlallokationen führen. Eine effiziente Informationsbereitstellung ist daher ein Gebot der Wirtschaftlichkeit für jedes Unternehmen.

Eine Vorstellung über Umfang und Dynamik der Informationsbereitstellung seitens der Unternehmen allein in Deutschland mögen folgende Zahlen geben. Aus der Statistik des Bundesaufsichtsamtes für den Wertpapierhandel bzw. der Deutschen Börse AG geht im Falle der Ad hoc-Mitteilungen (nach § 15 WpHG) hervor, dass es bis zum Stichtag 31. 07. 1999 1601 Veröffentlichungen im Jahr 1999 gab, das heißt im Durchschnitt elf Meldungen pro Arbeitstag. Dies entspricht einem Plus von nahezu 60 Prozent gegenüber dem gleichen Zeitraum des Vorjahres. Eine stichprobenartige Untersuchung der DAX-30-Unternehmen ergab, dass die teilweise sehr umfangreichen Presseveröffentlichungen, die zumeist die Grundlage für Investoren-/Analystenmitteilungen bilden, zwischen 1996 und 1999 nahezu eine Verdopplung ihrer Anzahl erfahren haben und zum Teil bis zu sechzig Seiten Länge aufwiesen.

Wir möchten keinesfalls eine historisch bezogene Wertung in Bezug auf die Anzahl oder den Inhalt der Informationen vornehmen, zumal verschiedene Adressaten bedient und gesetzlichen Vorschriften entsprochen werden muss. Zudem sehen wir uns als Advokat einer offenen und breit angelegten Informationspolitik. Im Wettbewerb der Informationen sollte von Unternehmensseite jedoch darauf geachtet werden, welche Informationen in welcher Form und mit welchem Inhalt veröffentlicht werden.

Um die formalen Anforderungen an die Kommunikation des Unternehmens zu präzisieren, können drei Grundeigenschaften in Anlehnung an Pümpins dynamische strategische Führung formuliert werden:

- ein hoher Differenzierungsgrad; dies entspricht einer hohen Entscheidungsrelevanz,
- eine hohe Effizienz, das heißt die Bereitstellung der Information im richtigen Umfang, sowie
- Zeitoptimalität; dies entspricht hinreichender Zeitnähe.

Auf jeden der drei Punkte soll nun näher eingegangen werden. Dabei nimmt die Entscheidungsrelevanz auf Grund des fundamentalen Hintergrunds naturgemäß den größten Raum ein.

8.3.1 Entscheidungsrelevanz der Information

Die Entscheidungsfindung sollte als ganzheitlicher Ansatz betrachtet werden. Wir möchten hier nur die wesentlichen Strukturelemente beleuchten:

- Geschäftsmodell,
- Management,
- Finanzkennzahlen,
- Risikofaktoren und
- Bewertung.

Geschäftsmodell

Die zunehmende Wettbewerbsintensität in den etablierten Märkten, die Vergrößerung des globalen Wettbewerbsumfeldes sowie die ständig zunehmenden Kundenbedürfnisse und der Trend zur Dienstleistungs- und Informationsgesellschaft haben nicht nur eine Dynamisierung der Globalisierung bewirkt, sondern auch die Komplexität der Geschäftsprozesse erhöht.

Die Reduktion der Komplexität von Geschäftsprozessen auf ein klar strukturiertes Geschäftsmodell muss höchste Priorität besitzen. Erfolgreiche Unternehmen zeichnen sich durch ein in sich konsistentes, einfaches und folglich leicht nachvollziehbares Geschäftsmodell aus.

Ein Unternehmen wie Kamps ist ein hervorragendes Beispiel erfolgreicher Geschäftsmodelle. Kamps, Marktführer unter den deutschen Handwerksbäckereien, verfügt über ein schlüssiges Akquisitionskonzept, in dem verlustbringende oder wenig rentable Betriebe innerhalb von zwei Jahren auf ein deutlich erhöhtes Rentabilitätsniveau gehoben werden. Die Änderungen reichen von den Einkaufskonditionen über die Organisation bis hin zu den Verpachtungssystemen. Das im Inland angewendete Konzept wird auf das benachbarte Ausland erfolgreich übertragen. Insofern können wir hier von einer klassischen Wachstumsstrategie sprechen.

Erfolgreiche Unternehmen müssen jedoch nicht zwangsläufig Einprodukt- oder sehr spezialisierte Unternehmen sein, es kann sich hierbei auch um Multi-Business-Enterprises handeln. Bei diesen muss jedoch eine an den Konzernzielen ausgerichtete Übereinstimmung von Strategie, Strukturen, Führungsinstrumenten und Prozessen implementiert sein (siehe dazu den nächsten Abschnitt).

Die vom Unternehmen geforderten Informationen sollten neben einer allgemeinen Umfeldanalyse (Branche, Markt, Wettbewerb) eine Untersuchung bzw. Prognose der kritischen Erfolgsfaktoren oder Werttreiber erlauben. Dabei handelt es sich auf der übergeordneten Ebene vor allem um das Umsatzwachstum, die operative Marge, die Investitionen, das Netto-Umlaufvermögen, die EBIT-Steuerquote sowie die Kapitalkosten.

Eine der daraus ableitbaren Anforderungen ist die Bereitstellung von Marktforschungsdaten bzw. -reports, selbstverständlich nur insoweit dem keine vertraglichen Regelungen entgegenstehen. Darüber hinaus sollte eine Disaggregation zusammengefasster Daten möglich sein. Vielfach ist zu beobachten, dass nur das aktuelle sowie das geplante Umsatzwachstum in toto genannt werden, ohne Angaben zum organischen Wachstum zu vermerken. Selbst wenn bei stark akquirierenden Unternehmen die Berechnung des organischen Wachstums nur schwierig zu erreichen ist, wären detaillierte Angaben hier von großem Nutzen. Selbst so erfolgreiche Unternehmen wie die spanische Supermarktkette Superdiplo nennen nur auf begrenzter Basis organische Wachstumsraten. Von noch größerem Gewicht ist, wenn unzureichende Angaben zur operativen Marge bzw. den Kostenfaktoren gemacht werden. Prominentere Beispiele sind die aus dem Bereich General Retail stammenden britischen Unternehmen Dixons und Next, die kaum oder keinerlei Daten zur Marge bzw. den Kostenverläufen liefern und so weder die Prognosemöglichkeiten noch die Transparenz und damit das Vertrauen in die Aktie erhöhen.

Gerade in neuen Geschäftsfeldern ist der Bedarf an Informationen besonders groß, da die Unternehmen zumeist erst am Anfang eines Wachstumszyklus stehen und zumeist nur über eine kurze Historie verfügen. Bei diesen jungen Unternehmen sind die einzufordernden Risikoprämien deutlich höher einzustufen als bei den etablierten.

Zudem bestehen Probleme allgemeiner Natur. Vielfach existiert das so genannte strategische Fenster potenzieller Wachstumsunternehmen nur während einer kurzen Zeitspanne. Wartet das Unternehmen zu lange, werden die Positionen von Wettbewerbern eingenommen, agiert es zu früh, sind die Märkte vielleicht noch nicht reif für das Produkt, den Prozess oder die Technologie. Investitionen in diese Unternehmen sind nur mit einem überzeugenden Geschäftsmodell erwägenswert.

Management

Das Management muss sich durch unternehmerisches Handeln auszeichnen, einer wertmehrenden Geschäftspolitik verschreiben und die dazu korrespondierende Unternehmenskultur geschaffen haben.

Das Postulat der Maximierung des Aktionärsvermögens (Shareholder Value) als Ziel der Managementbemühungen kann sicherlich dann von institutionellen Investoren mitgetragen werden, wenn es sich um eine langfristige Orientierung der ergriffenen Maßnahmen handelt. Die zur Zielerreichung zu beeinflussenden Größen (Werttreiber) sollten nicht nur auf der betrieblichen, finanziellen oder investiven Ebene liegen, sondern auch die kommunikativen Elemente umfassen. Erhebt das Unternehmen den Shareholder Value zur Handlungsmaxime, so kann der Führung EVA (Economic Value Added) als Basis dienen bzw. die interne Corporate Governance gestalten. Dabei ist jedoch zu beachten, dass eine Unternehmenskultur geschaffen wird, die eine erfolgreiche Implementierung der Systeme erlaubt.

Anhaltspunkte für eine offene, werteschaffende Unternehmenskultur sind beispielsweise kurze Entscheidungswege, Systeme zur Innovationsförderung und eine ausgeprägte Kunden- oder Serviceorientierung. Neben den Entrepreneuren liegt ein Hauptaugenmerk auf den Intrapreneuren – unternehmerisch denkenden und handelnden Mitarbeitern. Von überragendem Interesse für den institutionellen Anleger sind die gemeinsam gelebten Werte und der Wille zum Erfolg der Mitarbeiter im zu betrachtenden Unternehmen. Denn das Meinungs-, Norm- und Wertgefüge eines Unternehmens formt nicht zuletzt die Strategieentwicklung und legt damit die zukünftige Stoßrichtung einer Gesellschaft fest.

Bei jeder Strategieänderung oder jeder Modifikation einer Dimension des strategischen Plans sowie der Zeitachse, muss die Kommunikation deutlich erhöht und der direkte, idealerweise persönliche Kontakt mit den Investoren hergestellt werden. Andernfalls muss, wie jüngst bei einem am Neuen Markt in Deutschland notierten Unternehmen, mit deutlichen Kurseinbußen gerechnet werden. Die Computec Media AG, der im Inland führende Medienanbieter auf dem Gebiet der Electronic Games, hatte seine weltweiten Expansionspläne so stark beschleunigt, dass deutliche zeitliche Änderungen im Geschäftsplan notwendig wurden. Diese Änderungen und die erwarteten Ergebnispotenziale wurden jedoch nicht hinreichend kommuniziert. Obwohl das Geschäftsmodell bekannt war und als solches keine grundlegende Änderung erfahren hatte, so litt doch die Glaubwürdigkeit des Unternehmens auf Grund mangelnder Kommunikation zeitlicher Vorgaben. Die Folge war ein Kursrückgang von über 60 Prozent.

Eine der direkt ableitbaren Anforderungen ist es deshalb, den intensiven Dialog mit dem Management von Seiten der Investor Relations zu fördern bzw. zu unterstützen. Zudem ist es wichtig, nicht nur die erste, sondern auch die zweite oder dritte Führungsebene kennen zu lernen. Der Gedankenaustausch mit dem Management erfordert es außerdem, dass ein Teil der Zeit den Investoren gewidmet werden muss. Darüber hinaus sollten im Geschäftsbericht oder in sonstigen Publikationen mehr Angaben zu den so genannten Human Assets gemacht werden.

Das Vertrauen des Anlegers in das Management und seine Mitarbeiter ist einer der Schlüsselfaktoren im Investmentprozess. Ist das Vertrauen erst einmal erschüttert, kann es Jahre dauern, bis der Bewertungsabschlag zu vergleichbaren Unternehmen aufgeholt ist. Als Beispiel mag hier das dänische Serviceunternehmen ISS dienen. Dort ist es in 1996 zu Unregelmäßigkeiten in der Buchführung der amerikanischen Tochtergesellschaft gekommen, was noch heute trotz Managementwechsels in der dänischen Zentrale belastend nachwirkt. Als weiteres Beispiel kann das britische Erfolgsunternehmen Rentokil herangezogen werden, das seine langfristigen Wachstumsziele änderte, ohne für entsprechende Transparenz zu sorgen. Die Konsequenz: ein Kurssturz von über 40 Prozent innerhalb von zwei Monaten. Selbst wenn ein Teil des Rückgangs auf leicht veränderte Perspektiven zurückgeführt werden kann, so ist doch nichts schädlicher am Aktienmarkt als mangelndes Vertrauen.

Finanzkennzahlen

Bei den Finanzkennzahlen stehen Transparenz und Berechenbarkeit im Vordergrund. Deshalb sollten diese Daten idealerweise international vergleichbar sein. Auch wenn damit der intersubjektive Handlungsspielraum hinsichtlich der Einschätzung von Geschäftsvorfällen bestehen bleibt, so liegt doch den Buchungen das gleiche Regelwerk zu Grunde.

Neben der Veröffentlichung von Zielvorgaben und Mindestrenditen muss deren Definition kommuniziert werden. Die Zielgrößenwerte – oder bei mehreren Größen der Zielgrößenvektor – sollten kontinuierlich und unter Angabe des Erfüllungsgrades publiziert werden. Zielvorgaben und Mindestrenditen sollten sich an der Best Practice ausrichten, auch wenn zu deren Erreichung größere Anstrengungen notwendig sind. Die Definitionen sollten verständlich sein und in den Kontext des Kapitalmarktes gestellt werden können. Die abgeleiteten Größen müssen von Dritten erkennbar und aus den Financial Statements direkt ersichtlich sein.

Risikofaktoren
Die einzelnen Risikofaktoren reichen von betrieblichen über technologische bis zu finanziellen Risiken. Es müssen nicht nur detaillierte Informationen über Derivate, die Reservenbildung und die Mitarbeiterkapazität gegeben werden. Von besonderem Interesse ist auch die Risikopolitik eines Unternehmens. Um diese besser einschätzen zu können, sollten Prognosen des Managements bezüglich der von ihm gehaltenen Positionen (zum Beispiel Stock Options als Managemententlohnung) abgegeben werden. In den USA ist im Rahmen von Stock Options die Anwendung von APB 23 unverändert die Regel. Ergebnisauswirkungen über den Ausweis von Personalaufwendungen werden damit vermieden, wenn auch die Erwähnung in den Non-Financial Information gegeben ist. In Deutschland gibt es aktuell keine spezifischen handelsrechtlichen Vorschriften zur Behandlung von Stock Options. Es werden zwar intensive Diskussionen in den Fachzeitschriften geführt, aber eine herrschende Meinung hat sich noch nicht herausgebildet. Alleine unter Transparenzgesichtspunkten sollten diese Positionen offen gelegt werden. Mehr noch gebietet der Verwässerungsschutz des Aktionärs eine Offenlegung, wenn nicht eine Einbeziehung der Optionen in das allgemein publizierte Rechenwerk.

Bewertung
Um eine hinreichend genaue Bewertung der Unternehmen vornehmen zu können, sind Discounted Cash Flow-Analysen zu erstellen. Selbst wenn diese nicht immer direkt von den Investoren ausgearbeitet werden, so werden sie doch partiell als Grundmodell herangezogen.

Um DCF-Analysen erstellen zu können, müssen dem Markt Informationen über die zukünftige Entwicklung der Value Driver verfügbar sein. Während bei zyklischen Unternehmen rund sechs bis sieben Jahre für die Prognose der ersten Phase eines Wachstumsmodells genügen (bei Nahrungsmittelherstellern gar nur drei bis vier Jahre), sollten es im Falle von Pharma-, Telekommunikations- oder Technologiefirmen bis zu zehn Jahre sein. Die strategische Vision eines Unternehmens sollte mit Zahlen untermauert werden können. Das häufig bemühte Credo, in Kürze die Marktführerschaft erreichen zu wollen, ist dagegen unzureichend. Selbstverständlich können die Unternehmensdaten nur eine Teilmenge aller relevanten Angaben darstellen, die mit externen Zahlen abgeglichen werden müssen, sie bilden aber dennoch unverzichtbare Elemente, die nicht zuletzt die Unternehmenserwartungen und -planungen widerspiegeln.

8.3.2 Effizienz der Information

Hier ist zwischen der veröffentlichten oder öffentlichen Charakter einnehmenden und der grundsätzlich bereitzustellenden Information zu unterscheiden.

Die publizierte Information sollte klar und präzise formuliert sein und nur die wesentlichen Elemente enthalten. Den Rezipienten fällt es bei der Vielzahl der Informationen umso schwerer, diese zu verarbeiten, je länger die Meldungen ausfallen. Zudem sollten die veröffentlichte Informationsmenge den zu erwartenden wirtschaftlichem Folgewirkungen des jeweiligen Unternehmens entsprechen.

Von noch größerem Gewicht ist in Zukunft die Verknüpfung von Rohinformationen des Unternehmens mit intelligenten Nutzerschnittstellen. Dem Investor (Analyst) sollte es möglich sein, über den teilweisen Zugriff auf unternehmensinterne Datenbänke eine Aggregation von Daten vorzunehmen. In der Aufstellung einer Bilanz wird in der Regel nur ein Wertansatz und eine Aggregationsform gewählt. Wir möchten (noch) nicht so weit gehen wie Pellens, der im Falle der Verbindlichkeiten fordert, nicht nur eine Aufschlüsselung nach Fälligkeiten, sondern auch nach Branchen offen zu legen bzw. die entsprechenden Rohdaten zur Aggregation bereitzustellen. Die Grenze der Informationsbereitstellung liegt spätestens dort, wo das Unternehmen besonderes Wissen preisgibt und sich genötigt sieht, Informationsvorsprünge aufzugeben. Eine Insiderproblematik sehen wir hier dann nicht, wenn die Informationen allgemein zugänglich gemacht werden.

8.3.3 Zeitoptimalität

Selbstverständlich sollte auch eine elektronische Verteilung der Informationen sein. Zentraler Vorteil ist die sekundenschnelle Übertragung und die gegen Null tendierenden Grenzkosten zusätzlicher Empfänger.

Darüber hinaus halten wir eine Übertragung von Analystenkonferenzen, aber auch von Hauptversammlungen über das Internet für sinnvoll. Gerade im Ausland stattfindende Konferenzen, so wie zuletzt bei DaimlerChrysler in New York geschehen, müssen für den Investor erreichbar sein, ohne zwei Tagesreisen für zwei Stunden Aufenthalt auf sich nehmen zu müssen, was unter Kostengesichtspunkten auch kaum zu rechtfertigen ist. Telefonschaltungen können auf Grund einer nicht immer hinreichend gewährleisteten Übertragungsqualität keine gleichwertige Alternative darstellen.

Das Unternehmen muss gerade in Krisenzeiten die ständige Ansprechbarkeit gewährleisten. Das Management ist den Aktionären und seinen Vertretern stets verpflichtet. In keinem Fall darf es zu solchen Vorfällen wie 1998 bei der österreichischen VA Technologie kommen, als im Anschluss zur Bekanntgabe von hohen Verlusten bei zwei Tochtergesellschaften Vertreter vom Top-Management nur schwerlich zu erreichen und dann kaum gewillt waren, über die Ereignisse zu sprechen. Die Strafe folgte auf dem Fuße. Während im Verlauf der letzten 18 Monaten das Papier zwischen 60 und 195 Euro schwankte, notiert es auch heute noch bei 88 Euro.

8.4 Fazit

Das Fondsmanagement fungiert als Bindeglied zwischen Kapitalgebern und Unternehmen im Sinne einer effizienten Allokation des Kapitals im Interesse ihrer Anleger. Um dieser Aufgabe gerecht zu werden, bedarf es neben zu erweiternden Offenlegungspflichten seitens der Unternehmen einer noch größeren Informationsbereitschaft, die auch durch Investor Relations als Multiplikator und Mittler sichergestellt werden muss. Denn nichts ist letztlich so entscheidend – und dies gilt für das gesamte Wirtschaftsleben – wie das Vertrauen, das institutionelle Anleger dem Management entgegenbringen und das Tag für Tag gegenüber den Aktionären gerechtfertigt werden muss.

8.5 Literatur

Copeland, Tom/Keller, Tim/Murrin, Jack: Valuation: Measuring and Managing the Value of Companies, erste Auflage, New York, 1990.

Pellens, Bernhard/Füllbier Rolf Uwe/Gassen, Joachim: Unternehmenspublizität unter veränderten Marktbedingungen, in: Börsig, Clemens/Coenenberg, Adolf G.: Controlling und Rechnungswesen im internationalen Wettbewerb, Stuttgart, 1998, S. 55–69.

Pümpin, Cuno: Strategische Erfolgspositionen: Methodik der dynamischen strategischen Unternehmensführung, Bern; Stuttgart, 1992.

Rappoport, Alfred: Creating Shareholder Value – The New Standard for Business Performance, New York, 1986.

Stewart III, G. Bennett: The Quest for Value: the EVA™ Management Guide, 1990.

F IR im Internet

Investor Relations aus Sicht des Internet-Investors

*von Boris Piwinger**

Das Internet verändert die Art, wie wir kommunizieren und Informationen rezipieren, grundlegend. Es hat neue Anlegertypen hervorgebracht. Für die Distribution von Informationen tun sich stark erweiterte Möglichkeiten auf. Hieraus ergeben sich veränderte Ansprüche an die klassische Investor Relations Arbeit.

Das Internet ist das zentrale Medium der Informations- und Kommunikationsgesellschaft. Nie zuvor war eine derart schrankenlose Kommunikation möglich. Sie erreicht einen unvergleichlich größeren Interessentenkreis und kann dessen Bedürfnisse dennoch relativ individuell befriedigen – das klassische Modell eines Senders und zahlreicher Empfänger wird dem nicht mehr gerecht. Der Begriff *Investor Relations* ist daher schon vom Ansatz her falsch. Es gibt nicht diesen einen (Muster-) Investor, dem man gelegentlich eine Hochglanzbroschüre zukommen lässt. Es wird vielmehr eine breite Schicht höchst unterschiedlicher Investoren mit ebenso unterschiedlichen Bedürfnissen angesprochen. Um dieser Vielfalt gerecht zu werden, sollte der Dialog mit ihnen eher als *Investors Relations*[1] bezeichnet werden.

Nicht nur die Zielgruppen sind differenziert, auch die Art der Informationsdarbietung unterscheidet sich von den klassischen Medien. Während Druckerzeugnisse, Filme, Diashows etc. im Wesentlichen linear sind, bietet das World Wide Web (WWW) die Möglichkeit baum- oder netzartiger Verknüpfungen und damit auch differenzierter Informationstiefen. Daher lassen sich klassische Medien nicht direkt auf das Netz übertragen, sondern bedürfen einer dem Internet gerecht werdenden Form.

---

* *Für die kritische Durchsicht und einige wertvolle Hinweise zu meinem Text danke ich Frau Heidrun Twesten.*

1 Die zweifelhafte grammatische Konstruktion wird hier bewußt hingenommen, um die Aufmerksamkeit auf diesen Punkt zu lenken.

Der Autor

Boris Piwinger

1. Internet: Informationen in Echtzeit

Dem privaten Anleger bietet das Internet Möglichkeiten, die bislang ausschließlich Profis vorbehalten waren.

Informationen sind in *Echtzeit* abrufbar, das heißt, die Geschwindigkeit der Datenübertragung ist nur noch durch die gegebenen physikalischen Grenzen[2] beschränkt. Verzögerungen entstehen natürlich weiterhin durch redaktionelle Bearbeitung, es gibt aber zunehmend auch Informationsangebote, die keiner Redaktion bedürfen; man denke etwa an die Liveübertragung von Hauptversammlungen und Analystenkonferenzen. Andere Verzögerungen werden künstlich erzeugt; so sind derzeit in Deutschland – anders als in den USA – Börsenkurse nur mit 15-minütiger Verzögerung kostenfrei abrufbar, Realtimekurse sind für die meisten Privatanleger noch viel zu teuer; jedoch bieten inzwischen einzelne Direktbanken für ihre Kunden derartige Daten kostenlos an.

Das Internet macht ein *riesiges Informationsangebot* zugänglich. So können kostenlos[3] Kurse, Charts und andere grundlegende Informationen zu allen börsennotierten Aktiengesellschaften abgerufen werden. Man kann ungefiltert Nachrichtenticker lesen (zum Beispiel dpa, Reuters, vwd) und Recherchen darüber durchführen. Zahlreiche Analystenmeinungen und Empfehlungen von Banken und Börsenbriefen lassen sich finden. Nicht zuletzt kann man sich meistens auch direkt auf der Firmen-HomepageHomepage[4] informieren, ohne zuvor umständlich einen Kontakt aufbauen zu müssen. Der Kontakt zum Unternehmen bzw. der IR-Abteilung ist leicht und schnell möglich. Je nach Bedarf kann man sich über Links[5] oder Suchmaschinen[6] weiter vorarbeiten, die Informationstiefe ist daher sehr hoch. Zum Vergleich stelle man sich vor, zu einem Bericht im Fernsehen oder in einer Zeitung Details zu suchen – hier ist ein Wechsel des Mediums notwendig, danach ist die Recherche immer noch sehr aufwändig und ohne fremde Hilfe meist nicht möglich.

---

2 Hier ist neben der Signalgeschwindigkeit die Bandbreite zu nennen, also das Datenvolumen, das pro Zeiteinheit über eine Leitung transportiert werden kann. Anders als bei klassischen Medien wie Radio, Fernsehen oder auch dem Zeitschriftenmarkt ist die Anzahl der Kanäle grundsätzlich nicht begrenzt.

3 Die Kosten für den Internetzugang fallen natürlich an.

4 Internetauftritt einer Firma oder Person im World Wide Web (WWW).

5 Verknüpfungen von einer Information zu einer anderen Quelle.

6 Eine Suchmaschine bietet die Möglichkeit, gezielt Informationen im gesamten Internet aufzuspüren. Dazu »lesen« die Maschinen alles, was sie finden können, und legen dies in Datenbanken ab. Durch das wirkliche Beherrschen einer solchen Maschine (etwa www.altavista.com oder google.com) kann man praktisch alles in wenigen Sekunden finden. Es sei jedem empfohlen, sich mehrere Stunden mit der bevorzugten Suchmaschine vertraut zu machen und die Anleitung genau zu studieren, dieser Einsatz macht sich später mehr als bezahlt. Suchmaschinen sind *der* Schlüssel zum Netz.

Herausragendes Merkmal des Internet ist seine *Interaktivität*. Typischerweise ist es möglich, von einem Informationsangebot (Firmenhomepage, Produktkatalog, ...) ohne Medienwechsel mit dem Anbieter in Kontakt zu treten – und zwar unabhängig von seiner Anwesenheit. Diese Eigenschaft des Mediums bietet Vorteile für beide Seiten: Die niedrige Hürde (sowohl technisch als auch von der Überwindung her) gestaltet die Kommunikation für den Nutzer sehr angenehm und unkompliziert. Der Informationsanbieter kann mit einer größeren Zahl von Interessierten »persönlichen« Kontakt halten, ohne unangemessen viel Zeit aufzuwenden, vorausgesetzt er etabliert Instrumente, die diese Möglichkeit intelligent strukturieren. Die Nutzer können aber nicht nur mit dem Anbieter von Informationen in Verbindung treten, sie haben auch Gelegenheit, selbst Informationen zusammen zu tragen und zu verbreiten, also selbst Informationsanbieter zu werden, und untereinander zu diskutieren[7].

2. Wen erreicht man über das Internet?

Die Frage müsste heißen: Wen nicht? Im Internet trifft man grundsätzlich alle gesellschaftlichen Gruppen und Altersschichten an, vom ungelernten Arbeiter bis zum Hochschullehrer, vom Schüler zum Rentner. Die Verteilung ist allerdings eine andere, wobei sich die Netzbevölkerung immer mehr an die RL-Gesellschaft[8] annähert. Im Schnitt ist der Netizen jünger, besser gebildet und verdient überdurchschnittlich.

Die oben dargestellten Möglichkeiten führen zu Verschiebungen im Anlageverhalten, so daß es gerechtfertigt erscheint, von neuen *Anlegertypen* zu sprechen; nicht, dass es diese Typen nicht schon zuvor gegeben hätte, durch das Internet werden sie aber zu relevanten Größen. Was kennzeichnet diese Anlegertypen? Je nachdem, wie stark die einzelnen Merkmale ausgeprägt sind, ergeben sich verschiedene Typen.

Bildung und Informiertheit. Ein hoher Bildungsgrad geht mit der Fähigkeit einher, große Mengen von Informationen zu verarbeiten und zu interpretieren. Nun ist die Netzbevölkerung aber keineswegs auf wenige Fachbereiche beschränkt, so daß die Art, wie mit Informationen umgegangen – und ihr Wahrheitsgehalt eingeschätzt – wird, höchst unterschiedlich ist.
So kann beispielsweise ein Naturwissenschaftler ein sehr tiefes Verständnis von den Vorgängen an Wertpapierbörsen haben, das sich aber stark von dem eines Betriebswirtes unterscheidet. Er kann auch (trotzdem oder deshalb?) wesentlich erfolgreicher handeln, mag sich aber nie mit Bilanzen anfreunden, unter-

7 Als Beispiele seien hier das Usenet, stellvertretend die Newsgroup de.etc.finanz.boerse, und webbasierte Diskussionsforen wie das ConSors-Broker-Board genannt.

8 RL steht für *real life* und bezeichnet alles »da draußen« aus Sicht des Netzes.

nehmerische Buchhaltung hat er vielleicht nie gelernt. Abgesehen von der höchst unterschiedlichen Sichtweise ist es typisch, dass die versierten Anleger im Internet von den vielfältigen Informationen reichlich Gebrauch machen und so jeden Anlageberater in einer Bank bequem in die Tasche stecken können.

Selbstständigkeit. Aus vorstehendem ergibt sich, dass viele Netizens auf die Anlageberater gleich verzichten und zu einer Direktbank wechseln. Statt sich auf einen Berater zu verlassen, entscheiden sie selbst, auf welche Informationsquellen sie ihre Anlageentscheidungen gründen. Dazu gehören auch die zahlreichen Börsenzeitschriften und -briefe als Ergänzung zum Onlineangebot. Im Netz werden dann Erfahrungen und Empfehlungen ausgetauscht, um sich in dem schier unendlichen Markt dieser Publikationen zurechtzufinden.

Der Internet-Investor trägt somit das Anlagerisiko bewusst selbst – dabei beschränkt er sich klassischerweise nicht auf die (vermeintlich) sicheren Werte sondern greift auf ein wesentlich breiteres Spektrum von Aktien und anderen Anlageformen zurück. Da hierfür viele und schnelle Informationen notwendig sind, zeigt er ein hohes Anspruchsdenken gegenüber den Informationsanbietern, insbesondere gegenüber den Unternehmen, in die er investiert.

Herdentrieb. Neben der beschriebenen Individualität entwickeln sich unter den Internet-Investoren auch starke gruppendynamische Prozesse: Es gibt Gurus (die nicht selbst im Netz sein müssen) und ihre Anhängerschaft, die oft eine starke Opposition gegeneinander aufbauen. Diese wirkt dann selbstverstärkend, so dass sich viele als leicht beeinflussbar erweisen, Gerüchte können hier zu beachtlichen Wirkungen führen. Ein interessantes Studienobjekt bietet hier das ConSors-BrokerBoard.

Der ConSors-Typ. Der Discount-Broker ConSors hat es geschafft, sich als Innovationsführer zu etablieren und genießt wie kein vergleichbares Institut einen ausgezeichneten Ruf unter den im Netz aktiven Anlegern – man könnte teilweise schon fast von Kult-Status sprechen. Die Tochter der SchmidtBank bietet ihren Kunden größte Freiheiten und Möglichkeiten. Dazu gehört der Zugang zu den relevanten Märkten (etwa über eine Zusammenarbeit mit einer US-Gesellschaft direkter Handel an den amerikanischen Börsen oder Zugang zur Eurex) in Echtzeit, also die direkte Weiterleitung der Aufträge und sofortige Ausführungskontrolle; so kann es vorkommen, dass zwischen Auftragsaufgabe und Ausführungsbestätigung nicht einmal eine Minute vergeht. Hinzu kommt die Möglichkeit, Intradayhandel zu betreiben. OTC-Handel von Optionsscheinen mit allen relevanten Emittenten ist ebenso problemlos. Der Abstand zu den Möglichkeiten der Profis schrumpft, und so findet man hier hochaktive Trader (für die es noch bessere Konditionen und eine spezielle Betreuung gibt) und Spezialisten für Terminmärkte ebenso wie ganz normale Anleger. Die meisten sind flexibel und schnell am Markt.

3. Wie erreicht man die Anleger?

Hier sind zwei Faktoren zu berücksichtigen: Die inhaltliche Seite, also die Frage, welche Informationen wie aufbereitet angeboten werden sollten, und die technische Seite, also die Frage nach den Standards in denen die Daten zur Verfügung gestellt werden.

Inhalt. Während bei gedruckten Informationen durch Kosten und Art der Informationsaufnahme eine Beschränkung notwendig ist, können im Internet praktisch unbegrenzt Informationen zum Abruf angeboten werden. Dieses Mehr an Daten lässt sich so gestalten, dass der Rezipient seinen Bedürfnissen entsprechend auf ihn zugeschnittene Angebote wesentlich leichter auffinden kann als in klassischen Medien, die eine *Differenzierung* verschiedener Anlegertypen nur sehr unzureichend zulassen. Darüber hinaus ist eine zeitnahe Information technisch kein Problem. Klassisch wird dies durch nicht zu vernachlässigende Kosten und zeitliche Verzögerungen bei der Informationsübermittlung stark eingeschränkt. Diese reinen Transaktionskosten können im Internet ignoriert werden. Aus den Möglichkeiten resultiert auf Anlegerseite der Wunsch, entsprechende Informationen auch tatsächlich angeboten zu bekommen. Es wird erwartet, über wichtige Ereignisse zeitnah, wahrheitsgetreu und vollständig ins Bild gesetzt zu werden. Als Beispiel sei hier die komplette Auflistung aller vorliegenden Analystenmeinungen auf der Website genannt, oftmals entsteht der Eindruck, nur die vorteilhaften genannt zu bekommen. Gerade im Internet stehen den Investoren aber Wege zu anderen Meinungen offen, so dass ein Verschweigen sehr schnell bemerkt und sich herumsprechen würde. Um die Möglichkeiten und Vorstellungen in ihrer vollen Tragweite zu erkennen, ist es notwendig, das Netz mit seiner eigenen Kultur wirklich zu verstehen. Dazu kann ein Buch nur Anstöße geben. Am besten kann man das Netz jedoch dort kennen lernen, wo am meisten kommuniziert wird: im Usenet[9].

Technik. Das Netz basiert darauf, dass es keine Rolle spielt, wo man sich aufhält, welchen Computer oder welche Software man benutzt, also auf größtmöglicher *Kompatibilität*[10]. Der größte Fehler vieler Webseiten besteht darin, diese Kompatibilität zu vernachlässigen – es werden wilde Annahmen darüber getroffen, unter welchen Bedingungen der Betrachter arbeitet. Dies ist schlicht nicht möglich. Anspruch sollte sein, ein vernünftiges Angebot ins Netz zu stellen – wozu es ausreicht, auf die gängigen Fehler zu verzichten. Diese zu vermeiden, ist nicht sonderlich schwierig, wenn man nicht versucht, dem neuesten Hype hinterherzurennen. Oftmals ist es heilsam, einen zwei bis drei Jahre alten Computer hinter einem Modem zu benutzen, um zu sehen, wie gut die ver-

---

9 Zusammenschluß von thematisch gegliederten Informationsgruppen, vgl. die Literaturangaben.

10 Aus diesem Grunde verzichten wir auch auf die Betrachtung proprietärer Onlinedienste, die unter diesem Aspekt einen kommunikationstechnischen Rückfall in die Steinzeit darstellen.

wendeten Techniken wirklich funktionieren. Nichts spricht dagegen, auch neueres einzusetzen, wenn es nicht zur Benutzung des Angebots notwendig ist; man ist dann aber gezwungen, die hierdurch eingebaute Inkompatibilität anderweitig abzufangen.

3.1 Mailinglisten

Ein ausgezeichnetes Mittel, die Kommunikation zu den Anlegern aufrecht zu erhalten, sind Mailinglisten[11], die jeder Interessierte abonnieren kann. Auf diesem Wege kann man informieren, ohne dass der Empfänger von sich aus aktiv werden müsste (nachdem er sich einmal eingetragen hat).

Von diesem Instrument wird im Zusammenhang mit IR bisher kaum Gebrauch gemacht. Gelegentlich anzutreffen sind Verteiler für Quartalsberichte sowie für Presse- und Ad-hoc-Mitteilungen. Die theoretischen Möglichkeiten sind dadurch bei weitem nicht ausgeschöpft.

Über eine Mailingliste kann der IR-Manager den Investor in »sein« Unternehmen einbinden, ihm das Gefühl geben, dabei zu sein, die Vorgänge mitzuerleben. Alle relevanten Informationen, die dieses Ziel unterstützen – zum Beispiel (als Vorbereitung auf eine Pressekonferenz oder Road Show) aktuelle Fragen- und Antworten-Kataloge (FAQ), können Inhalt einer Investoren-Mail sein. Unterschiedliche Personen können zu Wort kommen und darstellen, was sie derzeit bewegt, so könnte auch mal ein Ingenieur aus der Entwicklung neue Technologien vorstellen.

Es ist keineswegs erforderlich, Mails in festen Zeitabständen zu versenden. Sie sollen Interesse wecken und wach halten. Wenn der Abonnent sich nicht von Beiträgen überflutet sieht (»message of the day«) oder vergisst, dass die Liste überhaupt existiert, so ist die Frequenz gut gewählt. Der Umfang einer einzelnen Mail sollte angemessen sein. Romane möchte niemand lesen, ohne dass hier eine konkrete Höchstgrenze angegeben werden kann. Genauso wenig ist es erforderlich, eine Mail künstlich zu strecken, wenn es nicht viel zu sagen gibt. Verweise auf weitere Informationen auf den Webseiten bieten sich an, wobei möglichst konkrete Adressen angegeben werden sollten, nicht »Auf unserer Homepage finden Sie ...«

Auf die Mailingliste kann man auf den Webseiten aufmerksam machen oder auch in gedruckten Mitteilungen wie Quartalsberichten. Je nach Umfang des geplanten Verteilers (etwa bei vielen Pressemitteilungen) bietet es sich an, dem Abonnenten die Möglichkeit zu geben, sich nur für bestimmte Informa-

11 Ein Verteiler für E-Mails. Jede an die Liste geschickte Mail wird an alle eingetragenen Mitglieder verteilt. Zweckmäßig wird man jedoch den Abonnenten kein Schreibrecht auf dieser Liste einräumen.

tionen einzutragen. Es ist sehr wichtig, dass bei jeder Mail über die Liste klar zu erkennen ist, von wem sie kommt und wie man sich wieder abmeldet.

Es versteht sich von selbst, dass so genannter Spam[12] nicht eingesetzt werden sollte. Hierunter versteht man Mail, die unaufgefordert zugesandt wird, meist mit kommerziellem Hintergrund. Diese stellt eine erhebliche Belästigung dar und kann das Medium E-Mail nahezu unbenutzbar machen. Spamming ist darüber hinaus rechtlich nicht zulässig, was allerdings in einem grenzenlosen Netz nicht sehr wirkungsvoll ist.

Unter diesem Aspekt sollte es selbstverständlich sein, dass Adressen der Leser nicht weitergegeben oder für andere Zwecke als die in der Anmeldung angegebenen missbraucht werden und dass man niemanden in die Liste aufnimmt, der nicht explizit darum ersucht hat.

Die technische Umsetzung einer Mailingliste kann über Mailinglistensoftware realisiert werden, das bekannteste Beispiel dürfte Majordomo sein, das für Unix[13]-Systeme verfügbar ist. Hiermit lässt sich die Liste komfortabel verwalten. Insbesondere muss derjenige, der sich eintragen will, seine Anmeldung per Mail bestätigen, so daß es nicht möglich ist, dass jemand gegen seinen Willen auf die Liste gelangt. Auf keinen Fall sollte man Spam-Software – so genannte Bulk-Mailer – einsetzen.

Zur technischen Gestaltung der einzelnen Mails gibt es ein Grundprinzip: einfacher Text. Typische Fehler bestehen im Versenden von HTML[14] oder dem Mitsenden von Dateianhängen (Visitenkarten, Grafiken, Dokumente aus Textverarbeitungen oder Tabellenkalkulationen etc.; diese blähen das Datenvolumen dramatisch auf und sind beim Empfänger oftmals nicht lesbar). In der Mail enthaltene, direkte Links zu weiteren Informationen, zum Beispiel auf den Firmen-Sites, werden hingegen als Möglichkeit der Wahl zur weiteren Informationstiefe gern gesehen.

Das schöne an Mails – auch solchen, die über eine Liste verteilt werden – ist, dass man dem Verfasser direkt, also ohne Wechsel des Mediums, antworten kann. Daher ist es wichtig, dass der Absender der richtige Ansprechpartner hierfür ist; es muss sich dabei keineswegs stets um dieselbe Person handeln.

3.2 One-to-one-Kommunikation

Während man klassisch per Brief, Fax oder Telefon mit einer Gesellschaft in Kontakt treten kann, was eine mehr oder weniger große Hürde darstellt, er-

12 Vgl. a. die Onlinequellen zu diesem Kapitel

13 Betriebssystem, das vor allem für Internet-Server verwendet wird, insbesondere bekannt ist hier Linux, das für diesen Zweck am besten geeignet sein dürfte.

14 HyperText Markup Language, in dieser Sprache werden Webseiten geschrieben.

leichtert E-Mail diesen Schritt deutlich. Dies gilt vor allem, wenn man unmittelbar an einen Kommunikationsvorgang anknüpfen kann, indem man etwa auf eine Mail über einen Mailverteiler reagiert. Mail ist schnell und einfach bequem.

Die Antwort per E-Mail ist inhaltlich nicht anders zu sehen als die per S-Mail[15], weshalb hierauf nicht weiter eingegangen wird. Wichtig ist, dass die Antwort schnell kommt – dies ist ein zentraler Vorteil. Wünschenswert ist, dass derjenige, der antwortet, mit eigener Adresse schreibt, so dass man bei Rückfragen wieder bei derselben Person landet.

Was die Gestaltung von Mails angeht, so ist zu beachten, dass der Empfänger sie lesen kann. Was so banal klingt, wird oft völlig unnötig missachtet. Dabei gibt es im Wesentlichen nur zwei Punkte, die berücksichtigt werden wollen: Zum einen, dass man reinen Text schickt, den man direkt im Mailprogramm eingibt (also nichts durch eine Textverarbeitung aufgearbeitetes oder ungeeignete Formatierungen wie HTML), zum anderen, wie man die Fragemail aufnimmt. Ebenso, wie man lernt, einen Geschäftsbrief abzufassen, muss man auch lernen, wie richtig E-Mails geschrieben werden.

Beim Erstellen einer solchen Mail erweist sich ein hochwertiges Mailprogramm, das von selbst die technischen Standards beachtet, als hilfreich. Leider ist dies heute keine Selbstverständlichkeit mehr, so dass das derzeit am weitesten verbreitete Produkt nur als stark mangelhaft bezeichnet werden kann. Am schnellsten erlernt man einen guten Mailstil im Usenet[16]. Überhaupt bietet das Usenet viele nützliche und aktuelle Informationen zu Technik und Stil im Netz. Sicher ist es auch möglich, dass sich eine IR-Abteilung an Usenet-Diskussionen über die Firma einbringt, dies bietet sich aber nur selten an.

Mail-Antworten vermitteln häufig den Eindruck, dass der Schreiber mal eben kurz geantwortet hat, ohne sich wirklich inhaltlich mit der Anfrage auseinander zu setzen – Hauptsache geantwortet. Dabei beginnt die Mail mit der Antwort, die genau so aussieht, wie sie per S-Mail aussehen würde. Dahinter hängt dann der gesamt vorangegangene Schriftwechsel. Man stelle sich nur einmal vor, dass man jemandem einen Brief schreibt und die Anfrage mitsamt Briefumschlag und Beförderungsschein der Post beilegt. Was so verrückt klingt, findet man bei E-Mail erschreckend oft, schlechte Software verleitet hierzu. Dabei ist kein durchschnittlicher Mailbenutzer in der Lage, diese anhängenden technischen Informationen überhaupt zu verstehen. Und was man in seiner Frage geschrieben hat, weiß man eigentlich auch, die Antwort hingegen macht oft den gegenteiligen Eindruck, da wird dann die Hälfte übersehen. Hieraus kann nur geschlossen werden, dass viele E-Mail noch nicht besonders ernst nehmen.

15 Snail-Mail, also die klassische Briefpost

16 Usenet-Artikel sind praktisch wie Mails aufgebaut, die Standards sind etwas strenger, vgl. die angegebene Literatur.

Demgegenüber sieht eine vorbildliche Mail so aus, dass aus der zu beantwortenden Mail der Text übernommen wird, auf den man sich bezieht (und nur dieser, alles Übrige wie Anrede und ergänzende Informationen wird gelöscht). Dieser Text wird als Zitat gekennzeichnet, indem man den so übernommenen Zeilen ein > voranstellt. Dies nennt man quoten. Diese Quotings und die Antworten darauf wechseln sich ab, so daß eine Frage immer unmittelbar beantwortet wird. Hierdurch ist stets der Zusammenhang klar, und man spart sich das umständliche Herstellen desselben (»Sie haben gefragt, wie ...«). Die Art des Antwortens mag zunächst gewöhnungsbedürftig erscheinen, erweist sich jedoch als extrem leistungsfähig, wie Diskussionen im Usenet mit einigen hundert Beiträgen beweisen. Eine solche Antwort sieht ungefähr so aus:

```
To: Boris 'pi' Piwinger <3.14@detebe.org>
From: Erika Mustermann <em@muster.firma>
Subject: Re: Nachfrage zum Aktionaersbrief

Sehr geehrter Herr Piwinger,
vielen Dank für Ihre Mail.

>Sie hatten vor einigen Monaten angekuendigt, dass die
>Muster.Firma AG einen Segmentwechsel anstrebt, leider
>finde ich hierzu im juengsten Aktionaersbrief keine
>Hinweise. Was ist hieraus geworden?

Wir befinden uns gerade in der abschließenden Prüfung und
beabsichtigen, dazu in der kommenden Woche eine ausführliche
Stellungnahme abzugeben. Wir werden diese über unseren
Mailverteiler (http://www.muster.firma/IR/mail.html) und
auf unserer Website veröffentlichen:
http://www.muster.firma/IR/news/

>Bzgl. des neuen Muster.Firma-Produkts wuesste ich gerne,

Ich kann Ihnen dies leider auch nicht beantworten, habe aber
die Frage an einen Mitarbeiter weitergeleitet, der mit den
technischen Details vertraut ist, er wird sich in Kürze bei
Ihnen melden.
```

Und weiter in diesem Stil.

3.3 Web-Präsenz

Eine eigene Web-Präsenz hat inzwischen jeder als wichtige Form der Selbstdarstellung identifiziert. Umso überraschender ist die überwiegend noch niedrige Qualität. So sind über zwei Drittel der IR-Angebote der im DAX vertretenen Firmen weit von entsprechenden Benchmarks entfernt, in zwei Fällen gibt es gar kein IR-Angebot. Es finden sich durchaus viel versprechende Ansätze, jedoch führt die technische Gestaltung der Seiten regelmäßig zur Abwertung, da die Seiten nicht funktionieren – bis zum Programmabsturz.[17] Man findet alles, was man sich wünscht, nur leider nicht alles bei auch nur einer einzigen Gesellschaft.

Was gehört in ein gutes Web-IR-Angebot? Der Leitsatz der New York Times beschreibt dies recht gut: »All news that fit to print« wobei hier die Beschränkung auf Druckbarkeit auch noch wegfällt. Mit anderen Worten geht es darum, ein möglichst *umfassendes Bild der Gesellschaft* aus Sicht des Investors aufzubauen. Es sollte den unterschiedlichen Anforderungen der verschiedenen Zielgruppen gerecht werden. So muss man die Geschäftssituation sowohl in leicht verständlichen Worten und Grafiken darstellen als auch detaillierte Finanzdaten für den professionellen Anleger oder Analysten bereithalten. Hierbei kommt einem die gute *Strukturierbarkeit* der HTML-Technologie entgegen (Hypertext, also miteinander verlinkte Texte mit multimedialer Unterstützung). So kann parallel die im Prinzip gleiche Information für unterschiedliche Zielgruppen aufbereitet angeboten werden. Durch die Nutzung der Links kann der Surfer entscheiden, wie tief er in das Informationsangebot einsteigen will oder nicht.

Die Möglichkeit dessen, was im Rahmen des Webauftritts machbar ist, lassen sich nicht abschließend auflisten, die folgende Liste deutet zumindest das Potenzial an:

- finanzielle Situation, einschließlich Jahres- und Quartalsberichten
- Börsendaten, Charts, Kapitalmaßnahmen, Kennzahlen
- Analystenberwertungen (alle), möglichst im vollen Wortlaut, ggf. verlinkt
- Einschätzungen der Marktsituation
- Geschäftsfelder und Produkte
- Firmengeschichte
- Kalender mit wichtigen Terminen
- FAQ (Frequently Asked Questions, häufig gestellte Fragen und die Antworten dazu)
- Ad-hoc-Mitteilungen
- Pressemitteilungen
- Liveübertragung von Analysten- und Pressekonferenzen, später Aufzeichnungen
- Bestellservice für Informationsunterlagen (Druckwerke, CDs)
- Bestellmöglichkeit für Mailingliste
- Kontaktmöglichkeit (darf nicht fehlen), auf jeden Fall E-Mail-Adresse, möglichst personalisiert
- Links zu externen Informationsquellen
- alle wesentlichen Informationen mehrsprachig

17 getestet im Sommer 99 mit einem aktuellen Netscape Browser, JavaScript ausgeschaltet, unter Linux

Bei der Veröffentlichung von Informationen im Internet ist die *klare Gliederung* ebenso unumgänglich wie die dem Medium angemessene optische Gestaltung. Zusammen optimieren sie die Übersichtlichkeit und Nutzbarkeit der Seiten. Es empfiehlt sich eine Darstellung der Struktur des Webangebotes (Site-Map), in der der Besucher eine Übersicht (zurück-) gewinnen kann, und eine *Suchfunktion*.

Da die Webseiten nicht nur Erstbesucher ansprechen, sollten neu hinzugefügte Informationen besonders hervorgehoben werden. Eine *Übersicht der Veränderungen*, absteigend nach Datum sortiert, hilft dem Nutzer dabei, immer auf dem aktuellen Stand zu sein. Bei Listen mit häufigen Einträgen (beispielsweise Pressemitteilungen) bietet es sich an, nur die neuesten anzuzeigen und die alten über ein Archiv zur Verfügung zu stellen. Wenn man bei einer großen deutschen Bank überhaupt nur eine Pressemitteilung findet, die darüber hinaus einige Monate alt ist, ist das wenig glaubwürdig und wird dem hochaktuellen Medium sicher nicht gerecht. Die einzelnen Webseiten dürfen keinen Staub ansetzen.

Die besten Inhalte sind nichts wert, wenn der Betrachter sie nicht nutzen kann. Die technische Gestaltung von Webseiten darf sich nicht allein aus Design und Strukturierung ergeben, sie muss auch berücksichtigen, dass das Internet auf Kompatibilität von verschiedensten Systemen basiert. Um dies zu gewährleisten, werden Standards festgelegt, die man – unter Verzicht auf proprietäre Erweiterungen – so weit wie möglich auch einhalten sollte.

Eine gute Webseite zeichnet sich durch hohe Funktionalität, gepaart mit exzellentem Design aus. Häufig zu beobachten ist der Versuch, möglichst »fancy« zu sein, also allerneueste Techniken, deren Funktion beim Anwender nicht garantiert ist, ohne Zusatznutzen zu verwenden, möglicherweise um zu demonstrieren, wie modern man ist.

Es gilt zu berücksichtigen, dass zahlreiche Browser im Einsatz sind. Selbst von den gängigsten Browsern führen die verschiedenen Versionen zu durchaus unterschiedlichen Ergebnissen. Es wäre ein Fehler, anzunehmen, dass immer alle auf dem neuesten Stand sind. Gerade in großen Netzen wird Software oft auf einem einheitlichen Stand gehalten, was zu Verzögerungen führt. Die einfachste, dennoch ausgezeichnete, Möglichkeit, die Nutzbarkeit einer Website zu überprüfen, heißt lynx. Dies ist ein rein text-basierter Webbrowser ohne Unterstützung für Skriptsprachen. Webseiten, die mit lynx nutzbar sind, werden den Benutzer beliebiger Software nicht ausschließen.

Demgegenüber stehen zahlreiche Webseiten mit Hinweisen, dass sie für die Verwendung bestimmter Webbrowser und Bildschirmauflösungen optimiert sind. In Wirklichkeit ist dies jedoch keine *Optimierung* sondern eine Pessimierung, die einfach nur bedeutet, dass der Ersteller der Seiten schlicht unfähig ist, sie so zu gestalten, dass sie unabhängig von diesen Rahmenbedingungen nutzbar sind. Tatsächlich ist nicht anzunehmen, dass sich jemand durch einen solchen Hinweis gemüßigt fühlen wird, einen anderen Browser einzusetzen oder seine Bildschirmauflösung[18] zu verändern, so dies überhaupt im vorgeschlagenen Rahmen möglich ist.

Vorsicht ist in mehrfacher Hinsicht beim Einsatz von *Grafiken* angebracht. Dienen diese zu Navigationszwecken, so müssen sie eindeutig verstehbar sein. Vor allem aber führen sie zu einem erheblichen Anstieg des Datenvolumens, was oftmals deutliche Verzögerungen beim Ladevorgang bedeutet. Gerade, wenn eine große Bilddatei die gesamte Navigation enthält, so bedeutet dies, dass man entweder viel Geduld haben muss oder gleich weiterklickt, was ja gerade vermieden werden soll. Von herausragender Bedeutung ist es daher, die Grafiken mit Alternativtexten zu versehen, so daß die Nutzbarkeit selbst bei totalem Verzicht auf die Anzeige von Bildern keiner Einschränkung unterliegt. Bei der Auswahl der Größe sollte man neben dem Datenvolumen nicht aus dem Auge verlieren, dass sie auch bei kleiner Bildschirmauflösung noch im sichtbaren Bereich des Browsers betrachtet werden kann.

Zurückhaltung ist beim Einsatz von *Skriptsprachen* (vor allem JavaScript und ActiveX), geboten. Da diese immer wieder zu nicht zu vernachlässigenden Sicherheitslücken führen (insbesondere, wenn man vom selben Rechner aus auch Homebanking betreibt) und sich mit Skripten eine weit gehende Kontrolle über den Bildschirm des Nutzers gewinnen lässt, ist diese Funktion bei zahlreichen Benutzern deaktiviert. Aus Sicherheitsgründen blockieren manche Firmen sogar die Ausführung derartige Skripte vollständig, so dass der Einzelne diese nicht einmal zulassen könnte, wenn er denn wollte. Aus diesen Gründen darf man Skripte nicht so einsetzen, dass sie notwendig für die Nutzbarkeit der Seiten sind. Bei vielen Webangeboten gibt es nicht einmal einen Hinweis darauf, dass man JavaScript benötigt, man wundert sich einfach, dass nichts geht, und ist darauf angewiesen, die Ursache des Problems zu erraten.

Ein besonderes Highlight ist auf der Homepage eines großen deutschen Telekommunikationsunternehmens zu finden. Dort verwendete jede einzelne Seite JavaScript; jedes davon führte zu einer Fehlermeldung, die jeweils mit einem Mausklick zu bestätigen war. Damit war das Webangebot beim besten Willen nicht zu nutzen. Ein weiterer Bereich, in dem Skripte gelegentlich zum Einsatz kommen, sind Webformulare, in die der Nutzer umfangreiche Eintragungen machen kann. Hat man die Skripte deaktiviert, so reicht ein nachträgliches Aktivieren (wenn überhaupt möglich) meist nicht aus, um das Formular doch noch abzuschicken, so dass man alle Eingaben erneut vornehmen muss; einfacher kann man Kommunikation gar nicht unterbinden. Eine we-

18 In diesem Zusammenhang beachte man auch, daß sich Schriftgrößen höchst unterschiedlich darstellen. Die Verwendung absoluter Angaben führt zu verheerenden Ergebnissen, oftmals ist der Text dadurch so winzig, daß er nicht mehr lesbar ist.

sentlich bessere Lösung besteht darin, die Auswertung server-seitig vorzunehmen (CGI).

Gerne werden *Frames*[19] genutzt, um eine Art Inhaltsverzeichnis dauerhaft auf dem Bildschirm zur Verfügung zu stellen. Bei der Umsetzung werden oft die einfachsten Grundregeln missachtet. Durch die Aufteilung des Bildschirms wird der Nutzbereich zusätzlich eingeschränkt, jedes Teilfenster braucht genügend Raum. Meist ist eine Aufteilung vorgesehen, die wilde Annahmen über die zur Verfügung stehende Bildschirmauflösung trifft. Passt der Inhalt nicht, so überdecken die Scrollbalken[20] eine gewisse Fläche; dies nicht berücksichtigt ergibt, dass man praktisch nichts mehr erkennen kann, der Vorteil ist dahin.

Im Beispiel einer Fluggesellschaft sah das so aus, dass die Links sich nicht hinter den Texten verbargen, die den Inhalt weisen sollten, sondern hinter kleinen Grafiken rechts davon, die jedoch verdeckt waren. Dies zu entdecken, ist dem durchschnittlichen Benutzer nicht möglich und vor allem nicht zumutbar. Um diesem Effekt entgegenzutreten, schließen einige Webseitenautoren diese Balken ganz aus, was dazu führt, dass man einige Funktionen überhaupt nicht mehr erreichen kann. Ein weiteres Problem besteht darin, dass der Benutzer vielleicht später zu einer bestimmten Seite zurückkehren möchte, sich zu dieser Adresse also ein Bookmark[21] anlegt. Bleibt der Rahmen aber immer derselbe, so ist dies nicht (bzw. nur sehr umständlich) machbar. Dies sollte bei der Seitenerstellung berücksichtigt werden. Insbesondere muss man damit rechnen, dass ein Benutzer eine Seite im Inneren von Frames anwählt – typischerweise über Bookmarks oder Suchmaschinen, was sich – zum Glück – nicht verhindern lässt; damit bricht das ganze Konzept zusammen. Hier ist also Vorsicht angesagt, meist findet sich eine Frame-freie Lösung, die wesentlich leichter handhabbar ist.

An einigen Stellen reichen die Möglichkeiten einfacher Webseitenerstellung nicht, um bestimmte Effekte zu erzielen. Man greift dann auf andere *Datenformate* zurück, die der Besucher nach dem Download mit einem weiteren Programm betrachten kann. Diese Fälle sollten auf ein Minimum reduziert und auf webfähige Ersatzdarstellungen zurückgegriffen werden. Wo dies nicht möglich ist, sollte ein Format gewählt werden, das allgemein nutzbar ist. Leider sieht man sehr oft Dateien, die nur mit bestimmter Software (zum Beispiel Microsoft Word, Excel) lesbar sind, was große Benutzergruppen ausschließt. Nicht einmal jeder Windows-Benutzer hat diese Programme, geschweige denn die Nutzer anderer Betriebssysteme. Selbst, wenn die Programme vorhanden sind, sind zwei beliebige Versionen derart unterschiedlich, dass oft nur ein

19 Aufteilung des Browserfensters in mehrere Frames (Teilfenster)

20 Das sind die Balken, mit denen man den sichtbaren Bildschirmbereich rauf/runter oder links/rechts verschieben kann.

21 elektronisches Lesezeichen, das mit dem Browser dann direkt angesteuert werden kann.

unleserlicher Zeichensalat übrig bleibt – lediglich die möglicherweise enthaltenen Viren gedeihen prächtig. Als geeignetes Format, das mit Hilfe eines kostenlos verfügbaren Readers für praktisch alle Betriebssysteme angezeigt werden kann, bietet sich PDF[22] an.

Zur Technik der Websitegestaltung sei zusammenfassend nochmals betont, dass gewünschte Effekte oftmals stark von den Rahmenbedingungen beim Betrachter abhängen. Es ist daher unerlässlich, die Webseiten unter den unterschiedlichsten Bedingungen zu testen (verschiedene Betriebssysssteme, Browser, Bildschirmauflösungen). Dies ist umso wichtiger, je komplexer die eingesetzten Methoden sind; lediglich bei sehr einfacher Struktur[23] kann hierauf verzichtet werden.

Es sind die ersten Sekunden, die entscheiden, ob man auf einer Webseite verweilt oder gleich weiter zieht. Durch Fehler und störende Kleinigkeiten sowie Unübersichtlichkeit wird man zwar aufmerksam, aber sicher nicht zum Bleiben ermuntert. Häufig bestechen gerade die Seiten, die durch ein durchdachtes Konzept und einfachste technische Methoden entstanden sind. Hierdurch kommt der Inhalt besser zur Geltung und der Nutzwert steigt.

4. Literatur

Bins, Elmar K., Piwinger, Boris-A.: Newsgroups: Weltweit diskutieren, 1. Aufl., Bonn, Internat. Thomson Publ., 1997

Aktuelle Diskussionen zum Thema findet man im Usenet. Für eine aktuelle Liste der entsprechenden Newsgroups sowie weitere Quellen im Netz vgl.: http://www.detebe.org/3.14/IR/

22 Portable Document Format, besser bekannt unter dem Namen Adobe Acrobat

23 Bezeichnenderweise findet man solche oftmals dort, wo die besten Informationen zusammengestellt sind.

Anhang

Glossar

Dieses Glossar wurde vom Deutschen Aktieninstitut erstellt.

Ad hoc-Publizität
Das Wertpapierhandelsgesetz verpflichtet die Emittenten zur »Ad hoc-Publizität«, also zur sofortigen Veröffentlichung wichtiger Nachrichten im Bereich des Unternehmens, die den Börsenkurs erheblich beeinflussen könnten. Dies soll ausschließen, daß kursrelevante Nachrichten nur »Insidern« bekannt sind, die diesen Wissensvorsprung zu ihrem Vorteil ausnutzen. Die Nachrichten müssen zunächst dem Bundesaufsichtsamt für den Wertpapierhandel und den Börsengeschäftsführungen gemeldet werden, die darüber entscheiden, ob der Kurs der Aktie ausgesetzt werden muß.

Agio
(Aufgeld) Der Betrag, der bei der Neuausgabe von Wertpapieren den Nennbetrag übersteigt.

Aktie
Der Begriff Aktie bezeichnet sowohl die Mitgliedschaftsrechte (Beteiligung an der Aktiengesellschaft) als auch das Wertpapier, das diese Rechte verkörpert. Der Inhaber einer Aktie (**Aktionär**) ist »Teilhaber« am Vermögen der Aktiengesellschaft. Seine Rechte werden durch die Bestimmungen des Aktiengesetzes geschützt.

Aktienanalyse
Um den Anlegern die Anlageentscheidung zu erleichtern, werden von Fachleuten Aktien, Aktiengesellschaften und Aktienmärkte analysiert. Aufgaben der Aktienanalyse sind einerseits Information, andererseits Prognose.

Die **Fundamentalanalyse** erarbeitet wichtige Unternehmensdaten zur Beurteilung einer Aktie und berücksichtigt auch volkswirtschaftliche Größen wie Auftragseingang, Lohnentwicklung und Wechselkurse.

Unter **Chartanalyse** versteht man eine Methode zur Analyse des Kursverlaufs einer Aktie oder einer Gruppe von Aktien, bei der die Kurswerte graphisch dargestellt werden, um bestimmte Entwicklungen (Formationen, Trends) besser ableiten zu können.

Aktienoptionspläne
Aktiengesellschaften setzen Optionspläne ein, um Mitarbeitern und besonders Führungskräften anstelle anderer Boni eine vom Aktienkurs abhängige Vergütung zu gewähren. Dies soll insbesondere zur Gewährleistung einer Shareholder-Value -Orientierung des Unternehmens beitragen.

Aktienrückkauf
Ein Verfahren, bei dem eine Aktiengesellschaft eigene Aktien erwirbt und damit Kapital an die Aktionäre zurückfließen läßt. Aus diesen Aktien stehen der Gesellschaft keine Rechte (Stimmrecht, Dividendenanspruch, Bezugsrecht etc.) zu.

Amtlicher Handel
Der Amtliche Handel ist ein Marktsegment an den deutschen Börsen. Dieses Segment stellt die höchsten Anforderungen an kapitalsuchende Unternehmen. Bei der Börseneinführung ist ein ausführlicher Prospekt mit genauen Angaben über die Gesellschaft erforderlich. Zudem müssen Zwischenberichte und jährlich eine Bilanz in einem Börsenblatt veröffentlicht werden. Die Kursfeststellung erfolgt durch amtliche Kursmakler. Die Auftraggeber haben Anspruch auf Ausführung der Aufträge zum festgestellten Kurs. Die meisten Geschäfte werden auf diesem Markt abgewickelt.

Anleihe
Die Anleihe gehört wie der Pfandbrief, die Industrieobligation oder die Kommunalobligation zu den verzinslichen Wertpapieren. Anleihen verbriefen ein Gläubigerrecht. Meist garantiert sie ihrem Inhaber gleichbleibende Zinsen und die Rückzahlung eines bestimmten Betrages.

Anrechnungsverfahren
Die von einem Unternehmen auf die ausgeschütteten Dividenden gezahlte Körperschaftsteuer kann zur Vermeidung einer Doppelbesteuerung vom Aktionär in vollem Umfange auf seine Einkommensteuerschuld angerechnet werden. Ist er nicht einkommensteuerpflichtig oder ist seine Steuerschuld geringer als das Steuerguthaben, wird ihm die Körperschaftsteuer ganz oder teilweise erstattet.

Durch die ab 2000 geplante Unternehmensteuerreform wird es voraussichtlich wieder zu einer Doppelbesteuerung von Dividendenerträgen kommen.

Aufsichtsrat und Vorstand
An der Spitze der Verwaltung einer Aktiengesellschaft stehen Aufsichtsrat und Vorstand. Der Aufsichtsrat ernennt den Vorstand, überwacht und berät ihn bei der Geschäftsführung. Der Vorstand leitet die laufenden Geschäfte des Unternehmens.

Baisse
Stärkerer, meist länger anhaltender Kursrückgang an der Börse. Gegenteil: Hausse.

Belegschaftsaktie
Zahlreiche Aktiengesellschaften bieten ihren Mitarbeitern Aktien des eigenen Unternehmens zum Erwerb an. Der Kaufpreis liegt üblicherweise unter dem Börsenkurs. Belegschaftsaktien bieten dieselben Rechte wie andere Aktien, sind aber unter bestimmten Voraussetzungen steuerbegünstigt. Will man die

steuerlichen Vergünstigungen in Anspruch nehmen, müssen die Belegschaftsaktien für sechs Jahre festgelegt werden, das heißt sie können vor dem Ablauf der Sperrfrist nur unter Verlust der Vergünstigungen verkauft werden.

Berichtigungsaktien (»Gratisaktien«)
Diese werden ausgegeben, wenn eine Aktiengesellschaft offene Rücklagen in Grundkapital umwandelt. Die Eigenmittel der Gesellschaft werden dadurch nicht verändert, so daß die Beteiligung eines Aktionärs gleich bleibt, sich aber auf eine größere Anzahl von Aktien verteilt.

Betreuer (= Designated Sponsor)
Der Betreuer berät den Emittenten vor, während und nach dem Börsengang. Darüber hinaus sorgt er durch die Verpflichtung, auf Anfrage An- und Verkaufskurse zu stellen, für zusätzliche Liquidität in einem Wert. Researchberichte und Informationen über das von ihm betreute Unternehmen schließen die Informationslücke zwischen Emittent und Anleger.

Bezugsrecht
Das Recht des Aktionärs, bei einer Kapitalerhöhung seiner Gesellschaft neue (= »junge«) Aktien zu erwerben. Die Aktionäre können auf die Ausübung ihres Bezugsrechts verzichten und die Bezugsrechte an der Börse verkaufen.

Bilanz
Gegenüberstellung von Aktiva und Passiva, also »Soll« und »Haben« zum Ende des Geschäftsjahres, woraus der Vermögensstand der Aktiengesellschaft hervorgeht. Bestandteil des Jahresabschlusses.

Bonus
Zusätzlich zur Dividende gewährte Sondervergütung an die Aktionäre. Mögliche Anlässe: Firmenjubiläum, Sondererträge.

Börse
Die Börse ist der Markt (Treffpunkt von Angebot und Nachfrage) für Wertpapiere. Der Börsenhandel findet in der Bundesrepublik Deutschland an bestimmten Orten zu bestimmten Zeiten statt. Die deutschen Wertpapierbörsen unterliegen der staatlichen Aufsicht. Über die Zulassung von Personen zum Börsenhandel entscheidet der Börsenvorstand. Über die Zulassung von Wertpapieren zum Börsenhandel entscheidet eine vom Land überwachte Zulassungsstelle. An den deutschen Wertpapierbörsen gibt es verschiedene Teilmärkte, auch Handels- oder Marktsegmente genannt. Dies sind der Amtliche Handel, der Geregelte Markt, der Freiverkehr und der Neue Markt.

Für Wertpapiere, die zu keinem der Marktsegmente zugelassen sind, dürfen Kauf- und Verkaufsaufträge während der Börsenzeit im Börsensaal weder angenommen noch vermittelt werden.

Börsenkurs
Siehe Kurswert

Bundesaufsichtsamt für den Wertpapierhandel
(BAWe) Das Bundesaufsichtsamt soll die ordnungsgemäße Durchführung des Wertpapierhandels überwachen. Insbesondere ist es für den Schutz gegen verbotenen Insiderhandel zuständig.

Courtage
Gebühr des Kursmaklers, der ein Wertpapiergeschäft vermittelt.

DAX
Der Deutsche Aktienindex DAX spiegelt die Wertentwicklung der 30 wichtigsten deutschen Aktien wider. Außer den Kurswerten gehen hier auch die Dividendenzahlungen ein. Der DAX startete Ende 1987 mit einem Wert von 1000.

Depot
Einrichtung der Kreditinstitute zur Verwaltung von Wertpapieren für ihre Kunden. Wertpapiere können für jeden Kunden gesondert in einem Streifband (Streifbanddepot) oder mit Zustimmung des Kunden auch bei einer Wertpapiersammelbank (Girosammeldepot) verwahrt werden. Letzteres ist die übliche und kostengünstigere Form. In beiden Fällen werden die Kundendepots von den Eigenbeständen der Bank getrennt gehalten und unterliegen nicht dem Zugriff der Gläubiger der Bank.

Dividende
Jeder Aktionär hat Anspruch auf einen – der Höhe seines Aktienbesitzes entsprechenden – Teil des ausgeschütteten Jahresgewinns seiner Gesellschaft. Dieser Teil des Gewinns heißt Dividende (lateinisch dividere = aufteilen, verteilen).

Effekten
Bezeichnung für Wertpapiere, die an der Börse handelbar sind.

Emission
Ausgabe von Wertpapieren durch öffentliches Angebot; geschieht in der Regel durch Vermittlung einer Gruppe von Kreditinstituten (Emissionskonsortium).

Emittent
Emittenten sind in der Regel Unternehmen oder Behörden, die Wertpapiere ausgeben.

Freimakler
Freimakler sind Börsenmakler, die Handelsgeschäfte über Wertpapiere zwischen Kreditinstituten vermitteln. Sie stellen die Kurse für die Wertpapiere des Geregelten Marktes und des Freiverkehrs fest. Siehe auch Kursmakler.

Freiverkehr
In diesem Marktsegment der Börse werden solche Wertpapiere gehandelt, die weder zum amtlichen Handel noch zum Geregelten Markt zugelassen sind. Die Einbeziehung in den Freiverkehr erfolgt bei den einzelnen Börsen auf Antrag eines »zum Börsenhandel zugelassenen Unternehmens«, meist eines Kreditin-

stitutes. Voraussetzung ist, daß ein ordnungsgemäßer Börsenhandel gewährleistet erscheint. Die Preise werden durch spezielle Makler festgestellt und börsentäglich veröffentlicht.

Geschäftsbericht
Jährlicher Rechenschaftsbericht einer Aktiengesellschaft über den Geschäftsverlauf und die Lage der Gesellschaft. Im Geschäftsbericht wird außerdem der Jahresabschluß abgedruckt und erläutert. Der Geschäftsbericht steht allen Aktionären zur Verfügung.

Genußschein
Ein gesetzlich nicht geregeltes Wertpapier, das je nach Ausgestaltung eher der Aktie oder der Anleihe ähnelt. Wie eine Anleihe gewähren die »Genüsse« regelmäßig die Rückzahlung des Anlagebetrages zum Nominalwert am Laufzeitende und einen grundsätzlichen Anspruch auf eine jährliche Verzinsung. Die Höhe dieser Verzinsung hängt aber – wie die Dividende bei der Aktie – von der Gewinnentwicklung des jeweiligen Unternehmens ab.

Geregelter Markt
Der geregelte Markt bietet als Börsensegment gegenüber dem Amtlichen Handel den Unternehmen einen erleichterten Zugang zum Börsenhandel. Der Börseneinführungsprospekt (»Unternehmensbericht«) kann kürzer sein. Die Pflichtveröffentlichung muß nicht unbedingt in der Börsenpresse erfolgen, sondern kann auch an den Schaltern der Kreditinstitute zur Einsicht ausgelegt werden. Durch diese und andere Erleichterungen soll vor allem mittelständischen Unternehmen die Möglichkeit geboten werden, kostensparend an die Börse zu gehen. Der Handel folgt den gleichen Regeln wie der Amtliche Handel.

Grundkapital
Das in der Satzung einer Aktiengesellschaft festgelegte Kapital. Die Satzung bestimmt auch, in wieviele Anteile das Grundkapital eingeteilt ist. In Höhe ihres Grundkapitals gibt die Gesellschaft Aktien aus. Siehe »Nennwert« und »Stückaktie«.

Hauptversammlung
Mindestens einmal jährlich versammeln sich die Aktionäre einer Aktiengesellschaft zur Hauptversammlung. Diese wählt den Aufsichtsrat und den Abschlußprüfer, faßt Beschlüsse über die Verwendung des ausgewiesenen Jahresgewinns, über Maßnahmen der Kapitalbeschaffung, über Satzungsänderungen und andere grundsätzliche Fragen; nur sie kann den Aufsichtsrat und den Vorstand entlasten.

Hausse
Stärkerer, meist länger anhaltender Kursanstieg an der Börse. Gegensatz: Baisse.

Index
Kennziffer, die Veränderungen bestimmter Größen zum Ausdruck bringt und Vergleiche, insbesondere von Wert- oder Preisveränderungen ermöglicht. Ein Aktienindex spiegelt den Kursverlauf eines Wirtschaftszweiges oder eines nationalen Marktes wider. Für den deutschen Aktienmarkt werden Indices unter anderem von der Deutsche Börse AG, von einigen Kreditinstituten und von verschiedenen Presseorganen ermittelt. Siehe auch DAX.

Insider
Im Börsenhandel Bezeichnung für Personen, die wegen ihrer beruflichen Stellung oder sonstiger Umstände einen Informationsvorsprung haben. Dessen Ausnutzung zum eigenen Vorteil bei Wertpapiergeschäften ist verboten; Verstöße können mit Freiheits- oder Geldstrafen geahndet werden.

Investmentzertifikate
Anteilscheine, die eine Beteiligung am Vermögen eines Investmentfonds verbriefen. Zu diesem Vermögen gehören neben Bankguthaben (Liquidität) vor allem Wertpapiere, also je nach Art des Fonds festverzinsliche Wertpapiere oder Aktien, beide in breiter Streuung.

Jahresabschluß
Der Jahresabschluß umfaßt die Bilanz und die Gewinn- und Verlustrechnung eines Unternehmens. Bei einer Aktiengesellschaft wird er vom Vorstand aufgestellt, durch einen staatlich vereidigten Wirtschaftsprüfer auf seine Ordnungsmäßigkeit geprüft und durch den Aufsichtsrat überprüft.

Kulisse
Berufsmäßiger Wertpapierhandel der Makler und Kreditinstitute, wenn diese für eigene Rechnung am Börsengeschehen teilnehmen.

Kupon
Besonderes Wertpapier, auch Dividendenschein genannt, das zur Aktie gehört und auf dessen Vorlage die Dividende ausgezahlt wird (siehe Mantel und Bogen). Auch die den verzinslichen Wertpapieren beigegebenen Zinsscheine werden Kupon genannt.

Kursmakler
Die amtlichen Kursmakler sind Börsenmakler, die aufgrund staatlicher Bestellung für die im amtlichen Handel notierten Wertpapiere den Börsenkurs feststellen. Siehe auch Freimakler.

Kurswert
Der Preis der Aktie bildet sich nach Angebot und Nachfrage an der Börse. Der jeweilige Börsenpreis wird Kurs genannt. Zu unterscheiden vom Nennwert.

Limitieren
Festsetzen einer Preisgrenze beim Kauf- oder Verkaufsauftrag für Wertpapiere.

Makler
Siehe Freimakler und Kursmakler.

Mantel und Bogen
Zu jeder Aktienurkunde (in der Fachsprache: Mantel) gehört ein Bogen mit 10 oder 20 Dividendenscheinen (Kupons) und einem Erneuerungsschein (Talon), der zum Bezug eines neuen Bogens berechtigt. Die Dividende wird dem Aktionär gegen Vorlage des jeweils fälligen Dividendenscheins direkt von der Aktiengesellschaft oder üblicherweise von seinem Kreditinstitut ausgezahlt. Mäntel und Bögen werden aus Sicherheitsgründen bei den Kreditinstituten getrennt verwahrt.

MDAX (Midcap-Index)
Der MDAX spiegelt die Wertentwicklung der 70 größten börsennotierten deutschen Aktiengesellschaften wieder, die auf die 30 DAX-Gesellschaften folgen. Neben Dividendenzahlungen fließen auch Bezugsrechtserlöse in die Berechnung des Index ein, der 1987 mit einem Stand von 1000 Punkten startete.

NASDAQ
Amerikanische Computerbörse (National Association of Securities Dealers Automated Quotation System), die vor allem einen Markt für Technologieunternehmen darstellt. Sie ist nach der Zahl der notierten Aktiengesellschaften die größte Aktienbörse, nach Marktkapitalisierung steht sie weltweit auf Platz vier.

Nennwert
Auf Nennwertaktien ist ein bestimmter Betrag in Euro oder DM abgedruckt: der Nennwert. Er gibt an, mit welchem Anteil der Aktionär am Grundkapital und damit am gesamten Vermögen seiner Aktiengesellschaft beteiligt ist.

Der geringste Nennwert einer Aktie ist nach dem Aktiengesetz 1 Euro; alle höheren Nennwerte lauten auf ein Vielfaches davon. Zu unterscheiden vom Kurswert. Siehe auch Stückaktie.

Neuer Markt
Der von der Deutschen Börse AG geschaffene »Neue Markt« soll als weiteres Börsensegment der Stärkung des Eigenkapitalmarktes für junge Hochtechnologieunternehmen dienen. Erfahrungsgemäß treten bei Werten des Neuen Marktes besonders hohe Kursschwankungen auf.

NYSE
Abkürzung für die New Yorker Börse (New York Stock Exchange), die nach Marktkapitalisierung und Handelsumsatz weltweit größte Aktienbörse, die häufig nur nach dem Straßennamen als »Wall Street« bezeichnet wird.

Option
Im Börsenhandel versteht man hierunter das Recht, gegen Zahlung einer Prämie innerhalb einer vereinbarten Frist Wertpapiere (Aktien oder Renten) zu einem im voraus bestimmten Kurs zu kaufen oder zu verkaufen, ohne hierzu auch verpflichtet zu sein.

Optionsanleihen
Wertpapiere, die dem Inhaber neben einer festen Verzinsung ein befristetes Bezugsrecht (Option) auf Aktien des betreffenden Unternehmens bieten. Bezugspreis und Bezugsverhältnis für die Aktie werden vor der Emission der Optionsanleihe festgelegt. Nach Ausübung des Bezugsrechts oder Trennung des Optionsrechts bleibt die Optionsanleihe als gewöhnliche Schuldverschreibung bis zu ihrer Rückzahlung bestehen. Es können auch Anleihen mit Optionsscheinen angeboten werden, die zum Bezug weiterer Anleihen berechtigen.

Optionsscheine
Das verbriefte, mit der Optionsanleihe ausgegebene Recht auf Bezug von Aktien oder – seltener – von Anleihen. Siehe Optionsanleihe.

Optionsscheine können getrennt von der Optionsanleihe an der Börse gehandelt werden. Durch Kauf eines Optionsscheins kann ein Anleger schon mit begrenztem Einsatz an den Kurschancen der Aktie teilhaben. Da Optionsscheine aber am Ende ihrer Laufzeit wertlos werden und verfallen, droht dem Anleger u. U. ein Totalverlust.

Rendite
Bei Wertpapieren der in Prozenten des Erwerbspreises angegebene Ertrag, den das Papier bei Berücksichtigung aller Faktoren (Zins bzw. Dividende, Kurs, Laufzeit etc.) jährlich erbringt. Die Rendite ist also in aller Regel nicht mit dem Nominalzins oder dem Dividendenprozentsatz identisch.

Shareholder Value
Shareholder Value bezeichnet die Wertschöpfung für den Aktionär. Eine am »Shareholder Value« oreintierte Unternehmenspolitik hat zum Ziel, für den Aktionär eine angemessene Rendite seiner Anlage zu gewährleisten. Dies nutzt auch anderen Gruppen, die dem Unternehmen zum Beispiel als Arbeitnehmer oder Lieferanten verbunden sind, durch die langfristige Sicherung der Rentabilität der Aktiengesellschaft.

SMAX (Small-Cap-Exchange)
In dieses 1999 eingeführte »Qualitätssegment« können sich kleine börsennotierte Aktiengesellschaften, die im amtlichen Handel oder im Geregelten Markt in Frankfurt notiert sind, auf freiwilliger Basis aufnehmen lassen. Dabei müssen die Aktiengesellschaften weitergehende Veröffentlichungspflichten etc. übernehmen.

SDAX (Small-Cap-Index)
Er enthält mit unterschiedlicher Gewichtung die Kurse der nach Marktkapitalisierung und Umsatz bedeutendsten 100 deutschen Aktiengesellschaften aus dem »Qualitätssegment« SMAX. Neben Dividendenzahlungen fließen auch Bezugsrechtserlöse in die Berechnung des Index ein.

SMAX-All-Share-Index
Er enthält die Kurse aller Aktiengesellschaften des »Qualitätssegments« SMAX gewichtet nach der jeweiligen Marktkapitalisierung.

Stammaktie
So nennt man die stimmberechtigten Aktien ohne Vorzugsrechte im Unterschied zu den meist stimmrechtslosen Vorzugsaktien, wenn eine Gesellschaft beide Aktienarten ausgegeben hat.

Steuerguthaben
Siehe Anrechnungsverfahren

Steuern
Der Aktionär muß seine Dividendenerträge wie anderes Einkommen versteuern, wobei ihm bereits durch das Unternehmen gezahlte Körperschaftsteuer angerechnet wird. Kursgewinne sind hingegen steuerfrei, wenn der Aktionär die Aktie länger als ein Jahr besessen hat.

Stimmrecht
Jeder Aktionär hat auf der Hauptversammlung sein gesetzlich verankertes Stimmrecht. Die Anzahl der Stimmen, die ein Aktionär auf sich vereint, richtet sich nach der Zahl der stimmberechtigten Aktien in seinem Besitz. Der Aktionär kann sein Stimmrecht auch von einem Dritten, zum Beispiel seinem Kreditinstitut oder einer Aktionärsvereinigung ausüben lassen.

Stückaktie
Die Stückaktie weist keinen Nennwert auf, ihr Anteil am Grundkapital bestimmt sich nur nach der Zahl der ausgegebenen Aktien. Alle Stückaktien verkörpern den selben Anteil an der Gesellschaft.

Terminhandel
Wertpapier- oder Warentransaktionen, deren Erfüllung nicht alsbald (Kassageschäft), sondern erst zu einem späteren Termin erfolgt. In der Bundesrepublik findet der Terminhandel vor allem an der Eurex (früher Deutsche Terminbörse, DTB) statt.

Vorstand
Der Vorstand leitet die Geschäfte des Unternehmens und vertritt es nach außen. Siehe auch unter Aufsichtsrat.

Vorzugsaktie
Vorzugsaktien haben in der Regel kein Stimmrecht. Zum Ausgleich dafür gewähren diese Aktien ihrem Besitzer andere Vorteile (Mindestdividende, Nachzahlungspflicht für etwa ausgefallene Dividende usw.).

Wandelanleihe
Der Inhaber einer Wandelschuldverschreibung kann diese während der Laufzeit der Anleihe zu einem vorher festgelegten Verhältnis in Aktien umwandeln. Ob die Wandlungsmöglichkeit für den Inhaber interessant ist, hängt von der

Entwicklung des Aktienkurses ab. Soweit das Wandlungsrecht nicht ausgeübt wurde, wird die Anleihe am Ende der Laufzeit zurückgezahlt (getilgt). Ähnlich: Optionsanleihe.

Xetra
Der Begriff Xetra steht für das elektronische Börsenhandelssystem der Deutsche Börse AG (E**x**change **E**lectronic **Tr**ading System).

Zusatzaktie = Gratisaktie
Viele aktuelle Informationen können Sie auch auf den Internet-Seiten des Deutschen Aktieninstituts abrufen: http://www.dai.de

Autorenverzeichnis

Wolfgang Böhm, Jg. 1962, Studium der Betriebswirtschaftslehre, anschließend journalistische Ausbildung beim Südwestfunk, der Deutschen Welle und bei der Tele-F. A. Z.. Nach Tätigkeit als Chefreporter für RTL-Geldmarkt, seit 1992 bei n-tv. Hat dort die Wirtschaftsredaktion in Berlin mitaufgebaut. Entwicklung und Einführung der Telebörse am Mittag und der Frühsendung Märkte am Morgen. Zwischenzeitlich Redaktionsleitung des Wochenmagazins »Karriere«. Mittlerweile verantwortlich für das börsentägliche Magazin Telebörse und stellvertretender Ressortleiter der größten Wirtschaftsredaktion im deutschen Fernsehen.

Ralf Brammer, Jg. 1963, ist seit April 1998 Leiter der Direktion Investor Relations und Mitglied des Direktoriums der DaimlerChrysler AG und war im Rahmen des Zusammenschlusses von Daimler-Benz und Chrysler unter anderem verantwortlich für die Entwicklung und das Listing der ersten Globalen Aktie sowie die Abwicklung des Aktienumtausches. Er studierte Wirtschaftsingenieurwesen, Informatik und Business Administration an der Universität Karlsruhe und an der Washington State University. Seine Studien schloss er als Diplom-Wirtschaftsingenieur, Diplom-Informatiker und mit einem MBA ab. Zwischen 1990 und 1998 war Brammer als Gastdozent an den Universitäten Harvard, MIT, St. Gallen, Insead, Karlsruhe, Genf und München zu den Themen Management, Organisationales Lernen, Strategische Planung und nichtlineare Theorie.

Prof. Dr. Georg Franck, Jg. 1946,ist seit 1994 Ordinarius für EDV-gestützte Methoden in Architektur und Raumplanung an der Technischen Universität Wien. Er studierte Philosophie, Architektur und Volkswirtschaftslehre in München. Promotion im Fach Volkswirtschaftslehre. Von 1974 bis 1991 war er tätig als freier Architekt, Stadtplaner und Entwickler von Software für die Stadtplanung, von 1991 bis 1993 Unternehmer im Bereich der Entwicklung und des Vertriebs räumlicher Informationssysteme. Zahlreiche Veröffentlichungen zum Ausgleich von Ökonomie und Ökologie, zur Stadtplanung und Stadtentwicklung, zur maschinellen Unterstützung des räumlichen Entwerfens und Planens, zur räumlich-zeitlichen Wirksamkeit der neuen Medien sowie zur Philosophie der Zeit. 1998 erschien das Buch »Ökonomie der Aufmerksamkeit« bei Hanser, München.

Dieter Franke, Jg. 1935, Studium der Psychologie in Bonn und Paris. Gründete 1962 das Markt- und Sozialforschungsinstitut IRES, das 1998 rund 60 Forschungsprojekte für namhafte Unternehmen aus Wirtschaft und Industrie durchführte. Seit 1991 bilden Capital Market Relations einen Studienschwerpunkt in der Arbeit des Instituts.

Manfred Gotta, Jg. 1947, besuchte nach seinem Abitur die Werbefachschule in Frankfurt. Er war Kundenberater in verschiedenen Werbeagenturen, zuletzt bei Ogilvy & Mather und TBWA. Im April 1986 gründete er die GOTTA GmbH, Institut für creative Entwicklung neuer Markennamen für Produkte, Dienstleistungen und Unternehmen.

Ulrich Hocker, Jg. 1950, studierte nach einer Banklehre Rechtswissenschaften in Bonn. Seit 1983 ist er Rechtsanwalt. Er arbeitete zunächst als wissenschaftlicher Mitarbeiter bei der Industrie- und Handelskammer in Johannesburg, Südafrika und seit 1983 bei der Deutschen Schutzvereinigung für Wertpapierbesitz e. V. (DSW) und der »Das Wertpapier« Verlagsgesellschaft mbH. Seit 1985 ist er in der Geschäftsführung und seit 1994 Hauptgeschäftsführer der DSW.

Michael J. Hubmann, Jg. 1956, studierte nach einer Banklehre Rechtswissenschaften. Beginn der beruflichen Laufbahn 1989 Trainee bei der Deutschen Bank. 1990 Wechsel zur heutigen DB Investor AG. 1994 Übernahme der Leitung einer Betreuungseinheit im Firmenkundengeschäft der Deutsche Bank Filiale Stuttgart. 1996 Eintritt als Senior Associate Director in die Investment Banking Division von Deutsche Morgan Grenfell mit Tätigkeit in Frankfurt und London. Seit 1998 zuständig für die Industriegruppe Konsumgüter im Geschäftsbereich Corporate Finance des Bankhauses Sal. Oppenheim jr. & Cie.

Dr. Christian Humbert, Jg. 1937, absolvierte nach einer Lehre beim Privatbankhaus Merck, Finck & Co. sein Studium der Betriebswirtschaft in München. Im Anschluss war er Trainee beim Broker Strauß Turnbull in London, bevor er fünf Jahre in der Finanzabteilung der BASF AG in Ludwigshafen tätig war. 1968 promovierte er an der Universität München zum Doktor oec. publ. 1970 ging er zur Bayerischen Vereinsbank AG und wurde dort zunächst Geschäftsführer der Bayerischen Vermögensverwaltungs GmbH. 1978 wurde ihm die Leitung des Zentralbereichs Wertpapiergeschäft der Bayerischen Vereinsbank übertragen. 1990 trat er als persönlich haftender Gesellschafter in das Bankhaus Gebrüder Bethmann in Frankfurt ein. Seit Oktober 1991 ist er Geschäftsführer der ADIG Allgemeine Deutsche Investment-Gesellschaft mbH.

Heiner Kamps, Jg. 1955, ist Vorstandsvorsitzender der Kamps AG mit Sitz in Düsseldorf. Nachdem er sich nach seiner Ausbildung zum Bäckermeister und zum Betriebswirt selbstständig gemacht hatte, verkaufte er sein Unternehmen 1992 an die Wilhelm Weber GmbH in Pfunstadt, eine Tochter des Lebensmittelkonzerns Borden Inc. in Amerika. Von 1992 bis 1996 baute Kamps für die Wilhelm Weber GmbH den Handwerksbäckerbereich in Deutschland auf. Nachdem 1994 der Mutterkonzern Borden in Amerika an den Finanzinvestor KKR verkauft wurde, entschloss er sich mit seinem Management-Team ein MBO durchzuführen, welches im Dezember 1996 realisiert wurde. Im April 1998 hat Kamps die Kamps AG in den amtlichen Börsenhandel geführt. Zur Kamps AG gehören heute neun selbstständige Filialbäckereien mit 1968 Shops und über DM 700 Millionen Umsatz im Geschäftsjahr 1999.

Klaus Rainer Kirchhoff, Jg. 1956, ist Rechtsanwalt und Vorstandsvorsitzender der Kirchhoff Consult AG. Sein Unternehmen ist die führende Beratungsgesellschaft für Geschäftsberichte und Investor Relations. Es betreute 1999 mehr als 55 Geschäftsberichte und begleitete 20 Unternehmen an die Börse.

Thomas Knorr, Jg. 1953, Dipl.-Kfm, und Gründer des in der KNORR CAPITOL PARTNER AG aufgegangenen Unternehmens Knorr, Reinsch & Partner. Vor seiner Beratungstätigkeit sammelte er Managementerfahrung im PHILIPS-Konzern und bei BMW, wo er unter anderem die Ventura Capital-Aktivitäten leitete und Geschäftsführer mehrer Beteiligungsunternehmen war. Knorr verfügt über vielfältige Erfahrungen im Beteiligungs- und Emissionsgeschäft. Er war führender Berater bei zahlreichen internationalen Unternehmensübernahmen und Beteiligungen. Die Internet AG beriet er als Emissionsberater bei deren Einführung im Neuen Markt der Deutsche Börse AG. Knorr ist in verschiedenen Wirtschaftsverbänden aktiv. Im BVK Bundesverband Deutsche Kapitalbeteiligungsgesellschaften German Venture Capital Association e. V., Berlin, leitet er den Arbeitskreis »Börse«. Dem BVB Bundesverband Informations- und Kommunikations-Systeme e. V., Bad Hombrug, steht er als Referent für Fragen der Wachstumsfinanzierung in Technologie-Unternehmen zur Verfügung und ist Vorsitzender der »Kooperationsbörse« des Verbandes. Er ist stellvertretender Vorsitzender des Aufsichtsrates der börsennotierten Gold-Zack AG, Mettmann, sowie der IT-Adventure AG für Beteiligungen, München.

Dr. Peter A. Labhart; Jg. 1970, ist wissenschaftlicher Mitarbeiter am Institut für schweizerisches Bankwesen der Universität Zürich. Er absolvierte ein Studium mit den Schwerpunkten Banking und Finance an der Unversität Zürich, das er 1995 abschloss. Im Anschluss an sein Doktorandenstudium mit denselben fachlichen Spezialisierungen und einem Forschungsaufenthalt in den USA promovierte er 1999 mit der Arbeit »Value Reporting«. In seiner Funktion als wissenschaftlicher Mitarbeiter wirkt er in verschiedenen Forschungs- und Beratungsprojekten mit. Weitere Informationen zum Autor und seinen Publikationen finden Sie unter www.isb.unizh.ch.

Dr. John Lange, Jg. 1966, startete nach Studium der Betriebswirtschaftslehre und Promotion seine berufliche Laufbahn 1994 als Trainee bei der Axel Springer Verlag AG. Dort war er drei Jahre als Referent in der Leitung Finanz- und Rechnungswesen/ Zentrales Controlling tätig, wo unter anderem die Betreuung des Geschäftsberichts und der Hauptversammlung zu seinen Aufgaben gehörten. Seit April 1998 ist er als Director Investor Relations & Controlling für die weltweiten Investor Relations-Aktivitäten der INTERSHOP Communications AG, Hamburg, verantwortlich, deren erfolgreichen Börsengang im Juli 1998 am Neuen Markt er maßgeblich mitbegleitete.

Josef Leis, Jg. 1929, ist Diplom-Volkswirt, war fünf Jahre Ressortchef der Finanzzeitung des »Handelsblatt«, anschließend 23 Jahre Bankdirektor, Pressesprecher und Leiter des Zentralbereichs Kommunikation der Westdeutschen Landesbank und ist seit zwölf Jahren selbständig als Unternehmensberater für Finanzkommunikation/Investor Relations.

Norbert Lipphardt, Jg. 1957, ist gelernter Bankkaufmann und arbeitet seit 1980 in den Geschäftsbereichen Firmenkunden namhafter Banken. Parallel zur Berufstätigkeit absolvierte er das Studium der Wirtschaftswissenschaften. Seit Beendigung des Studiums im Jahre 1986 war er in verschiedenen Funktionen für die Beratung von Unternehmen zu Corporate Finance Themen bei der Commerzbank AG, Schröder Münchmeyer Hengst & Co. sowie seit 1994 bei Sal. Oppenheim jr. & Cie. tätig. Seit 1998 zuständig für die Industriegruppe Automotive Manufacturing im Geschäftsbereich Corporate Finance des Bankhauses Sal. Oppenheim jr. & Cie.

Petra Nix, Jg. 1962, absolvierte ein berufsbegleitendes Studium der Betriebswirtschaft. Die University of Rochester, N. Y., USA; verlieh ihr 1996 den Grad des Master of Business Administration (M. B. A.). Während ihrer beruflichen Laufbahn arbeitete sie bei verschiedenen Investmentbanken in den Bereichen Research, Institutional Sales und Handel. Von 1993 bis 1996 Investor Relations Manager bei Wella AG, Darmstadt. Juli 1996 Wechsel als Leiterin Investor Relations zur VIAG Aktiengesellschaft, München. Petra Nix war mehrere Jahre Mitglied des Vorstandes des Deutschen-Investor-Relations-Kreises (D. I. R. K. e. V.). Seit Dezember 1999 ist sie bei der Bank J. Vontobel & Co AG, Zürich, als Analystin für europäische Telekommunikationsaktien tätig.

Boris-A. Piwinger, Jg. 1971, studierte Mathematik, Physik und Astronomie an der Fernuniversität Hagen, der Universität Bonn und dem Massachusetts Institute of Technology (MIT). Derzeit promoviert er in mathematischer Logik an der Universität Wien. Seit Beginn der 90 er Jahre beschäftigt er sich mit der Entwicklung des Internet; in der Szene zählt man ihn zur Netzelite.

Manfred Piwinger, Jg. 1936, Dipl.-Ing. ist einer der dienstältesten PR-Chefs der deutschen Industrie; zuletzt beim Familienunternehmen Vorwerk & Co. Zuvor einige Jahre im Journalismus. Seit 1998 berät er Unternehmen auf dem Image- und Kommunikationssektor. Einen Namen hat er sich über Deutschland hinaus mit dem Vorwerk-Geschäftsbericht gemacht, der neue Maßstäbe setzte und international hohe Anerkennung fand (60 Auszeichnungen). Piwinger ist Mitglied im Deutschen Rat für Public Relations und Lehrbeauftragter an der Universität Leipzig. 1997 in Helsinki Auszeichnung mit dem »PR-Oscar«, dem »Golden World Award« der IPRA (International Public Relations Association). Umfangreiche Publikationen zu den Themen Öffentlichkeitsarbeit, Unternehmenskommunikation, Image und Unternehmenskultur

Prof. Dr. Harald J. Schäfer, Jg. 1951, Wirtschaftprüfer und Steuerberater, hat in Mannheim Betriebswirtschaftslehre studiert. Für seine Doktorarbeit hatte er ein Forschungsstipendium in den USA. Er war bei der internationalen Wirtschaftsprüfungsgesellschaft KPMG tätig. Danach war er Geschäftsführer für Finanzen, Recht, Personal, Controlling, EDV und Logistik von ESPRIT. Heute ist er Seniorpartner einer Kanzlei mit Wirtschaftsprüfern, Steuerberatern und Rechtsanwälten in Mannheim. Seine Beratungsschwerpunkte sind: Gestaltungsberatung, Nachfolgeregelungen, Internationales Steuerrecht und Unternehmenskauf- und verkauf. Schäfer ist daneben noch in der Lehre tätig.

Dr. Klaus Schmidt, Jg. 1946, ist seit 1981 geschäftsführender Inhaber des Londoner Beratungsunternehmens für Brand und Corporate Identity Henrion, Ludlow & Schmidt. Er studierte Grafik-Design und experimentelle Umweltgestaltung an der Staatlichen Hochschule für Bildende Künste in Braunschweig. Hierauf war Schmidt als Forschungsassistent am Institut für angewandte Psychologie an der Universität Braunschweig, anschließend als freiberuflicher Designer und Berater tätig. Später arbeitete er als Projektleiter für CI bei HDA International, London. Seine Dissertation schrieb Schmidt zum Thema »Corporate Identity in einem multikulturellen Markt«.

Frank Schwarz, Jg. 1970, studierte Volkswirtschaftslehre mit den Schwerpunkten Finanzwissenschaft und Publizistik an der Universität Mainz. Seine berufliche Laufbahn startete er 1997 als Redakteur des Börseniformationsdienstes Der Platow Brief. Seit Juli 1999 leitet er das Franfurter Büro der Finanz- und Geld-Zeitung EURO am Sonntag.

Helmut Taubert, Jg. 1968, ist seit 1998 zugelassener Rechtsanwalt in Düsseldorf. Taubert studierte in der Zeit von 1990 bis 1995 Rechtswissenschaften an der Westfälischen-Wilhelms-Universität zu Münster/Wstf. sowie an der Universität de Barcelona/Spanien. Seit 1998 ist er als Rechtsanwalt bei der Andersen Freihalter Rechtsanwaltsgesellschaft mbH tätig und berät deutsche sowie ausländische Unternehmen in börsenrechtlichen und allgemeinen gesellschaftsrechtlichen Angelegenheiten. Seine Sachgebiete sind Gesellschafts- und Börsenrecht, seine Arbeitsgebiete sind Börsengänge, Mergers and Akquisition, Deutsch-spanischer Rechtsverkehr.

Prof. Dr. Rudolf Volkart; Jg. 1946, ist Ordinarius für Betriebswirtschaftslehre, insbesondere Corporate Finance und Direktor des Instituts für schweizerisches Bankwesen der Universität Zürich. Er ist neben seiner akademischen Tätigkeit als Berater und Verwaltungsrat verschiedener Gesellschaften aktiv. Einer seiner besonderen Arbeitsschwerpunkte liegt in den Bereichen von Unternehmensbewertung und betrieblichem Wertmanagement. Er ist Autor verschiedener Aufsätze und Buchpublikationen zum Themenkreis Shareholder Value und Corporate Valuation. Weitere Informationen zum Autor und seinen Publikationen finden Sie unter www.isb.unizh.ch.

Dr. Axel Zitzmann, Jg. 1956, ist seit 1985 zugelassener Rechtsanwalt in Düsseldorf. Bis 1989 war er als Rechtsanwalt in der Anwaltskanzlei Galler Meyer-Landrut Miller tätig; nunmehr Shearman und Sterling. Von 1989 bis 1992 kooperierte er als selbständiger Rechtsanwalt mitARTHUR ANDERSEN. Seit 1992 ist er Partner der Andersen Freihalter Rechtsanwaltsgesellschaft mbH, und seit September 1998 leitet er die Corporate Finance Service Line der Andersen Freihalter Rechtsanwaltsgesellschaft mbH in Deutschland. Seine Sachgebiete sind das Gesellschafts- und Kartellrecht, seine Arbeitsgebiete sind Börsengänge, Unternehmenskauf, Konzernorganisation

Stichwortverzeichnis

Unternehmen, Institutionen und Personennamen sind kursiv gesetzt.